中国科技成果转化年度报告 2021

（高等院校与科研院所篇）

中国科技评估与成果管理研究会
国家科技评估中心 编著
中国科学技术信息研究所

科学技术文献出版社
SCIENTIFIC AND TECHNICAL DOCUMENTATION PRESS

·北京·

图书在版编目（CIP）数据

中国科技成果转化年度报告. 2021：高等院校与科研院所篇 / 中国科技评估与成果管理研究会，国家科技评估中心，中国科学技术信息研究所编著. —北京：科学技术文献出版社，2022.4

ISBN 978-7-5189-8983-6

Ⅰ. ①中… Ⅱ. ①中… ②国… ③中… Ⅲ. ①科技成果—成果转化—研究报告—中国—2021 Ⅳ. ① F124.3

中国版本图书馆 CIP 数据核字（2022）第 040234 号

中国科技成果转化年度报告2021（高等院校与科研院所篇）

策划编辑：李 蕊 郝迎聪 责任编辑：李 鑫 责任校对：王瑞瑞 责任出版：张志平

出 版 者	科学技术文献出版社
地 址	北京市复兴路15号　邮编　100038
编 务 部	（010）58882938，58882087（传真）
发 行 部	（010）58882868，58882870（传真）
邮 购 部	（010）58882873
官方网址	www.stdp.com.cn
发 行 者	科学技术文献出版社发行　全国各地新华书店经销
印 刷 者	北京时尚印佳彩色印刷有限公司
版 次	2022年4月第1版　2022年4月第1次印刷
开 本	710×1000　1/16
字 数	405千
印 张	33.75
书 号	ISBN 978-7-5189-8983-6
审 图 号	GS（2022）1683号
定 价	168.00元

版权所有　违法必究

购买本社图书，凡字迹不清、缺页、倒页、脱页者，本社发行部负责调换

编委会

顾　问：郭向远
主　任：聂　飙
编　委：贾敬敦　潘教峰　李志民　赵志耘　黄灿宏
　　　　郭铁成　李有平　陈兆莹　郭书贵　韩　军
　　　　梁　冰　张春鹏

编写组

组　长：张春鹏　董红霞
成　员：王天琪　李思敏　张　希　屈宝强　余本朝
　　　　马荣荣　李依灵　张　丁　张静园　张　杰
　　　　梁玲玲　钟　科　盛　睿　刘斯达　曾津国

出版说明

2020年是"十三五"收官之年，而2021年则是"十四五"开局之年，在这重要的历史交汇点，党和国家对科技成果转化提出了新要求。习近平总书记在中央全面深化改革委员会第十九次会议和中共中央政治局会议等多个场合的讲话中对科技成果转化和科技成果评价做出重要指示，要求"科技政策要加快落地，继续抓好关键核心技术攻关，强化国家战略科技力量，强化企业创新主体地位，实现科技、产业、金融良性循环""加快实现科技自立自强，要用好科技成果评价这个指挥棒，遵循科技创新规律，坚持正确的科技成果评价导向，激发科技人员积极性"，为促进科技成果转化和完善科技评价制度指明了方向，提供了根本遵循。党中央、国务院将科技成果转化摆在了更加重要的位置。《中华人民共和国国民经济和社会发展第十四个五年规划和2035年远景目标纲要》提出"创新科技成果转化机制""改革国有知识产权归属和权益分配机制，扩大科研机构和高等院校知识产权处置自主权。完善无形资产评估制度，形成激励与监管相协调的管理机制"，这些政策的实施，积极推动了我国科技成果转化工作。

根据《中华人民共和国促进科技成果转化法》《实施〈中华人民共和国促进科技成果转化法〉若干规定》的要求，国家设立的研究开发机构、高等院校，有科技成果转化活动的，均要报送上一年度的科技成果转化年度报告。2017年以来，科技部、财政部积极建立和完善科技成果转化年度报告制度，旨在切实掌握研究开发机构和高等院校的科技成果转化进展、取得的成效、主要经验和存在的问题等。2021年，共有3554家单位填报了符合要求规范的2020年成果年报数据，比2019年的3450家增加104家。

在科技部成果转化与区域创新司的指导下，中国科技评估与成果管理研究会、国家科技评估中心（科技部科技评估中心）、中国科学技术信息研究所综合采用数理统计、专家咨询、电话访谈及实地调查等方法，对3554家研究开发机构和高等院校的科技成果转化情况进行分析研究，组织编写本报告。本报告的编写与发布，旨在使政府部门和社会公众了解科技成果转移转化的进展情况和成效，总结工作案例，针对当前科技成果转移转化存在的问题和障碍，进一步完善科技成果转化政策体系。希望本报告能为各部门、地方、高校院所和科研人员提供参考，进一步释放全社会科技成果转化热情与活力，推动科技成果转化真正落地生根。

本报告分为总体情况、高等院校、科研院所3篇，主要包括：一是介绍以转让、许可、作价投资和技术开发、咨询、服务方式转化科技成果整体概况；二是重点介绍《中华人民共和国促进科技成果转化法》规定的技术转让、许可、作价投资活动的总体分析，财政资助项目，收入的分配情况；三是介绍技术开发、咨询、服务方式转化科技成果的情况；四是介绍兼职及离岗创业和创设参股新公司、技术转移机构建设、工作案例等内容。

本报告数据源于各填报单位提交的2016—2020年年报数据，工作案例源于2020年填报单位提交的本单位近3年产生的成效内容，政策概述相关的政策文本源于公开渠道搜集整理的2021年党中央、国务院和各部委发布的涉及科技成果转化的法律法规和政策文件。由于每年填报单位总数不同，部分单位填报不具有连续性，因此本报告中涉及"比上一年变化率"的统计口径为同时填报2020年和2019年年度报告的3043家单位相应数据。编委会在2020年年度报告数据核对过程中发现，部分单位的单位性质及个别数据有误，与填报单位进行了确认并更正，因此本年度报告中显示的2016—2019年个别数据与往年已发布报告中的数据略有不同。

《中国科技成果转化年度报告（高等院校与科研院所篇）》已连续出版发布4年，基于前期的工作基础及分析需求，2021年对年度报告的内容进行了进一步优化完善，主要包括以下4个方面：一是丰富以技术开发、咨询、服务方式转化科技成果的相关内容，将其纳入科技成果转化整体情况。根据历年统计结果显示，产学研合作是科技成果转化的主要方式，促进科技成果转化的作用越来越突显。2021年将"产学研合作"明确表述为"技术开发、咨询、服务"，新增"当年到账金额"指标，在"以技术开发、咨询、服务方式转化科技成果的情况"中完善平均合同金额、当年到账金额等数据，并将"以转让、许可、作价投资和技术开发、咨询、服务方式"转化的科技成果作为整体进行分析呈现，有利于读者更加全面地了解我国高校院所科技成果转化的整体进展。二是提升工作案例的时效性和精准性。根据党中央、国务院2020年针对科技成果转化重点工作部署安排，结合新冠肺炎疫情防控科研攻关工作坚持向科学要答案要方法的现实需求，精心筛选赋权改革，科技抗疫，产业、科技、金融相融合等相关典型案例，及时总结宣传赋权改革试点工作成效及高校院所在科技抗疫过程中发挥的重要作用，回应社会各界关切，提升年度报告的时效性和精准性。三是提升政策述评、问题和建议的精准性和实用性。认真梳理2021年党中央、国务院及各部委发布的关于科技成果转化政策内容，聚焦重点，找准亮点，分类呈现，及时做好科技成果转化系列政策的宣传述评。对于问题和政策部分，认真梳理各高校院所填报的及其他途径发现的问题和建议，归纳查实问题，剖深析透根源。针对问题，精准献策，推动科技成果转化政策落实落细，提升年度报告的精准性和实用性。四是提升年度报告的可读性和实用性。丰富完善第一篇第一章概况的内容，增加3篇涉及不同主体间（高等院校与科研院所、中央所属高校院所与地方所属高校院所、不同地方等）科技成果转化总体情况对比；增加当年到账金额等数据；增加15个附录，包括整体情况合同金额排名、不同转化方式合同金额排名、当年到账金额排名、不同省份合同金额排名等。增加正文相应内容与附录的关联表述，提高报告的可读性和实用性。

在年度报告的填报和编写过程中，虽然编委会不断进行优化和完善，但是由于每年都会新增填报指标，且填报单位会有所不同，导致不同报送主体对填报指标的认识存在一定差异，个别数据填报仍存在一定不足。随着逐年数据的积累，综合研究分析方法仍有进一步优化空间，科技成果转化对经济社会的贡献和影响有待进一步梳理和总结。本报告以反映客观数据为主，有待社会各界一起进行深入研究。报告中难免存在疏漏，欢迎各位读者批评指正，以便进一步完善。

本报告在编写过程中得到了方衍、霍竹、高文义、陈彦、王燕、吴寿仁、陈柏强、田永生、张彦奇、高静、刘军、刘毅婷、陈靖、张娴、王钦丽、商立伟、白德发、刘群彦、杨书生、任孝平、昝婷婷等多位专家的大力支持，在此表示衷心感谢。

《中国科技成果转化年度报告2021
（高等院校与科研院所篇）》
编委会

目 录

第一篇 总体情况

第一章 概 况 3
  一、科技成果转化总体进展 5
  二、科技成果转化政策概述 11
  三、科技成果转化工作创新 23
  四、科技成果转化存在的问题 26
  五、相关建议 32

第二章 以转让、许可、作价投资方式转化科技成果的情况 39
  一、基本情况 40
  二、以转让方式转化科技成果 55
  三、以许可方式转化科技成果 56
  四、以作价投资方式转化科技成果 57
  五、科技成果转化定价方式 58
  六、科技成果转化流向 60

第三章 财政资助项目以转让、许可、作价投资方式转化科技成果 74
  一、基本情况 74
  二、中央所属高校院所科技成果转化 76

  三、地方所属高校院所科技成果转化 79
  四、各地区财政资助科技成果转化 83

第四章 以转让、许可、作价投资方式转化科技成果收入的奖励分配情况 87
  一、基本情况 88
  二、中央所属高校院所收入的奖励分配 95
  三、地方所属高校院所收入的奖励分配 102
  四、地区收入的奖励分配 110

第五章 以技术开发、咨询、服务方式转化科技成果的情况 111
  一、基本情况 111
  二、中央所属高校院所以技术开发、咨询、服务方式转化科技成果 115
  三、地方所属高校院所以技术开发、咨询、服务方式转化科技成果 116
  四、地区以技术开发、咨询、服务方式转化科技成果 119

第六章 兼职及离岗创业和创设参股新公司 121
  一、兼职及离岗创业人员 121
  二、创设和参股新公司 122

第七章 技术转移机构建设 124
  一、高校院所技术转移机构及人才建设 124
  二、与企业共建研发机构、转移机构、转化服务平台 126
  三、技术转移机构发挥作用 127

第八章　工作案例 130
一、全面启动赋权改革试点工作，推进体制机制创新 130
二、完善科技创新体系建设，实现成果转化全方位支撑 141
三、面向国家重大需求和人民生命健康，科技抗疫显威力 151
四、从产业和市场需求发力，推动科技成果走出实验室 158
五、加强知识产权管理，培育高质量科技成果 165
六、推进人才队伍和机构建设，提升技术转移专业服务水平 173
七、协同财政资金与社会资本，科技金融助力成果高效转化 181

第二篇　高等院校

第一章　概　况 191
一、科技成果转化规模 193
二、不同转化方式相关情况 195
三、科技成果转化交易金额 196
四、以转让、许可、作价投资方式转化科技成果获得的奖励 197
五、以转让、许可、作价投资方式转化科技成果流向 197

第二章　以转让、许可、作价投资方式转化科技成果的情况 199
一、基本情况 200
二、以转让方式转化科技成果 213
三、以许可方式转化科技成果 214
四、以作价投资方式转化科技成果 215
五、科技成果转化定价方式 216
六、科技成果转化流向 218

第三章　财政资助项目以转让、许可、作价投资方式
　　　　　　转化科技成果 232
　　一、基本情况 232
　　二、中央所属高等院校科技成果转化 234
　　三、地方所属高等院校科技成果转化 236
　　四、各地区财政资助科技成果转化 240

第四章　以转让、许可、作价投资方式转化科技成果
　　　　　　收入的奖励分配情况 245
　　一、基本情况 245
　　二、中央所属高等院校收入的奖励分配 252
　　三、地方所属高等院校收入的奖励分配 259
　　四、地区收入的奖励分配 267

第五章　以技术开发、咨询、服务方式转化科技成果的情况 268
　　一、基本情况 268
　　二、中央所属高等院校以技术开发、咨询、服务方式转化科技成果 272
　　三、地方所属高等院校以技术开发、咨询、服务方式转化科技成果 272
　　四、地区以技术开发、咨询、服务方式转化科技成果 275

第六章　兼职及离岗创业和创设参股新公司 277
　　一、兼职及离岗创业人员 277
　　二、创设和参股新公司 278

第七章　技术转移机构建设 280
　　一、高等院校技术转移机构及人才建设 280

二、与企业共建研发机构、转移机构、转化服务平台 282
三、技术转移机构发挥作用 283

第三篇 科研院所

第一章 概况 289
一、科技成果转化规模 291
二、不同转化方式相关情况 293
三、科技成果转化交易金额 294
四、以转让、许可、作价投资方式转化科技成果获得的奖励 295
五、以转让、许可、作价投资方式转化科技成果流向 295

第二章 以转让、许可、作价投资方式转化科技成果的情况 297
一、基本情况 298
二、以转让方式转化科技成果 310
三、以许可方式转化科技成果 311
四、以作价投资方式转化科技成果 312
五、科技成果转化定价方式 313
六、科技成果转化流向 315

第三章 财政资助项目以转让、许可、作价投资方式转化科技成果 328
一、基本情况 328
二、中央所属科研院所科技成果转化 330
三、地方所属科研院所科技成果转化 333
四、各地区财政资助科技成果转化 336

第四章 以转让、许可、作价投资方式转化科技成果收入的奖励分配情况 341
- 一、基本情况 341
- 二、中央所属科研院所收入的奖励分配 348
- 三、地方所属科研院所收入奖励的分配 355
- 四、地区收入的奖励分配 363

第五章 以技术开发、咨询、服务方式转化科技成果的情况 364
- 一、基本情况 364
- 二、中央所属科研院所以技术开发、咨询、服务方式转化科技成果 368
- 三、地方所属科研院所以技术开发、咨询、服务方式转化科技成果 368
- 四、地区以技术开发、咨询、服务方式转化科技成果 371

第六章 兼职及离岗创业和创设参股新公司 373
- 一、兼职及离岗创业人员 373
- 二、创设和参股新公司 374

第七章 技术转移机构建设 376
- 一、科研院所技术转移机构及人才建设 376
- 二、与企业共建研发机构、转移机构、转化服务平台 378
- 三、技术转移机构发挥作用 379

附 录

附录 1　2016—2021 年涉及科技成果转化的主要政策法规......383

附录 2　2020 年高校院所以转让、许可、作价投资和技术开发、
咨询、服务方式转化科技成果合同金额前 100 名......395

附录 3　2020 年高校院所以转让、许可和技术开发、咨询、
服务方式转化科技成果的当年到账金额前 100 名......400

附录 4　2020 年高校院所以转让、许可、作价投资方式转化科技成果
合同金额前 100 名......405

附录 5　2020 年高校院所以转让、许可、作价投资方式转化
科技成果的平均合同金额前 100 名......410

附录 6　2020 年高校院所以转让、许可方式转化科技
成果的当年到账金额前 100 名......415

附录 7　2020 年高校院所以技术开发、咨询、服务方式转化科技
成果合同金额前 100 名......420

附录 8　2020 年高校院所以技术开发、咨询、服务方式转化科技
成果的当年到账金额前 100 名......425

附录 9　2020 年高校院所以转让方式转化科技成果
合同金额前 100 名......430

附录 10　2020 年高校院所以转让方式转化科技成果的当年
到账金额前 100 名......435

附录 11　2020 年高校院所以许可方式转化科技成果合同
金额前 100 名......440

附录 12　2020 年高校院所以许可方式转化科技成果的当年到账
金额前 100 名......445

附录13　2020年高校院所以作价投资方式转化科技成果合同金额前100名 450

附录14　2020年高校院所以转让、许可、作价投资方式转化的科技成果奖励个人现金和股份总金额前100名 455

附录15　2020年地方辖区内的高校院所以转让、许可、作价投资和技术开发、咨询、服务方式转化科技成果的合同金额排名 460

附录16　2020年地方辖区内的高校院所以转让、许可、作价投资方式转化科技成果的合同金额排名 462

附录17　2020年地方辖区内的高校院所以技术开发、咨询、服务方式转化科技成果的合同金额排名 464

附录18　2020年地方辖区内高校院所产出科技成果以转让、许可、作价投资方式转化至本地方的合同项数与合同金额情况 466

附录19　2020年地方辖区内高校院所产出科技成果以转让、许可、作价投资方式输出至其他地方合同金额占合同总金额比重的相关情况 468

附录20　2020年高等院校以转让、许可、作价投资和技术开发、咨询、服务方式转化科技成果合同金额前100名 470

附录21　2020年高等院校以转让、许可、作价投资方式转化科技成果合同金额前100名 475

附录22　2020年高等院校以转让、许可、作价投资方式转化的科技成果奖励个人现金和股份总金额前100名 480

附录23　2020年地方辖区内的高等院校以转让、许可、作价投资和技术开发、咨询、服务方式转化科技成果的合同金额排名 485

附录24　2020年地方辖区内的高等院校以转让、许可、作价

	投资方式转化科技成果的合同金额排名	487
附录25	2020年地方辖区内的高等院校以技术开发、咨询、服务方式转化科技成果的合同金额排名	489
附录26	2020年科研院所以转让、许可、作价投资和技术开发、咨询、服务方式转化科技成果合同金额前100名	491
附录27	2020年科研院所以转让、许可、作价投资方式转化科技成果合同金额前100名	496
附录28	2020年科研院所以转让、许可、作价投资方式转化的科技成果奖励个人现金和股份总金额前100名	501
附录29	2020年地方辖区内的科研院所以转让、许可、作价投资和技术开发、咨询、服务方式转化科技成果的合同金额排名	506
附录30	2020年地方辖区内的科研院所以转让、许可、作价投资方式转化科技成果的合同金额排名	508
附录31	2020年地方辖区内的科研院所以技术开发、咨询、服务方式转化科技成果的合同金额排名	510
附录32	科技成果转化年度报告指标体系	512
附录33	名词解释	520

第一篇

总体情况

第一章 概　况

本篇对2020年3554家[①]研究开发机构（以下简称"科研院所"）[②]和高等院校（科研院所和高等院校统称为"高校院所"）的科技成果转化进展和成效、工作案例、2021年出台政策、存在的主要问题及相关建议等内容进行了研究分析[③]。3554家高校院所中，按属地划分，中央所属高校院所554家，地方所属高校院所3000家；按单位性质划分，高等院校1433家，科研院所2121家。2020年高校院所科技成果转化总体进展主要数据如表1-1-1所示。

[①] 注册科技成果转化年度报告系统的单位数量为4456家，其中共有3554家填报了符合要求规范的2020年成果年报数据。
[②] 本报告中"科研院所"指《中华人民共和国促进科技成果转化法》中"研究开发机构"，涉及法律法规原文时，仍用"研究开发机构"，其他均使用"科研院所"。
[③] 本篇涉及各维度总数分别指2020年3554家、2019年3450家、2018年3200家、2017年3395家、2016年2590家高校院所相对应总数。
上一年变化率说明：报告中涉及"比上一年变化率"的统计口径是同时填报了2020年和2019年年度报告的3043家高校院所相应数据。

表 1-1-1　2020 年高校院所科技成果转化总体进展主要数据

	指标	2020 年	比上一年变化率
总体概况	总合同项数 / 项	466 882	6.5%
	总合同金额 / 万元	12 560 971.6	12.6%
	当年到账金额①/ 万元	8 116 739.5	/②
	平均合同金额 / 万元	26.9	5.8%
高等院校总体概况	总合同项数 / 项	221 893	9.5%
	总合同金额 / 万元	8 265 026.3	12.9%
	当年到账金额 / 万元	5 432 512.9	/
	平均合同金额 / 万元	37.2	3.1%
科研院所总体概况	总合同项数 / 项	244 989	3.8%
	总合同金额 / 万元	4 295 945.3	12.0%
	当年到账金额 / 万元	2 684 226.6	/
	平均合同金额 / 万元	17.5	7.9%
以转让、许可、作价投资方式转化科技成果	合同项数 / 项	20 977	39.9%
	合同金额 / 万元	2 026 440.2	32.3%
	当年到账金额 / 万元	545 558.6	21.8%
	财政资助项目产生的科技成果转化合同金额 / 万元	690 908.1	44.7%
	中央财政资助项目产生的科技成果转化合同金额 / 万元	628 488.0	61.7%
	平均合同金额 / 万元	96.6	−5.4%

① 当年到账金额是指当年新签订和往年签订的合同在当年实际到账的总金额。详见附录 33 名词解释 9。

② "/"处数据说明：因为 2020 年首次填报"以技术开发、咨询、服务方式转化科技成果当年到账金额"，往年无该指标数据，因此，无法计算。

续表

指标		2020年	比上一年变化率
以转让、许可、作价投资方式转化科技成果	单项科技成果转化合同金额超过1亿元（含）的成果/项	37	50.0%
	个人获得的现金和股权奖励金额/万元	559 074.3	4.8%
	奖励人次/万人次	6.6	−9.6%
	人均奖励金额/万元	8.5	16.0%
以技术开发、咨询、服务方式转化科技成果	合同项数/项	445 905	5.3%
	合同金额/万元	10 534 531.4	9.3%
	当年到账金额/万元	7 571 180.8	/
其他	与企业共建研发机构、转移机构、转化服务平台数量/家	11 683	5.5%
	创设和参股新公司[①]/家	2808	28.9%
	兼职从事成果转化和离岗创业人员数量/人	14 043	−3.0%

一、科技成果转化总体进展

总体来看，随着我国促进科技成果转化系列政策法规的逐步落实，各高校院所科技成果转化已进入平稳发展阶段。

（一）科技成果转化活动持续活跃

本报告统计的以转让、许可、作价投资和技术开发、咨询、服务[②]

---

① 创设和参股新公司是指研究开发机构、高等院校及其科技人员可以采取多种方式转化高新技术成果，创办高新技术企业和参股新公司。详见附录33名词解释21。
② 技术开发、咨询、服务：原指产学研合作（技术开发、技术咨询、技术服务）。

方式转化科技成果的合同项数略有增长[①]、合同金额有所增长。2020年，3554家高校院所的合同项数为466 882项，其中连续填报的3043家高校院所的合同项数比上一年增长6.5%；总合同金额约为1256.1亿元，比上一年增长12.6%；当年到账金额约为811.7亿元。以转让、许可、作价投资和技术开发、咨询、服务方式转化科技成果超过1亿元[②]的高校院所数量为261家，比上一年增长5.0%。

高校院所以转让、许可、作价投资和技术开发、咨询、服务方式转化科技成果的合同项数均略有增长、合同金额均有所增长（图1-1-1）。高等院校转化的合同项数为221 893项，比上一年增长9.5%，占整体情况的比重为47.5%；合同金额为826.5亿元，比上一年增长12.9%，占整体情况的比重为65.8%。科研院所转化的合同项数为244 989项，比上一年增长3.8%，占整体情况的比重为52.5%；合同金额为429.6亿元，比上一年增长12.0%，占整体情况的比重为34.2%。

---

① 本报告中增长率对应表述：0表示与上一年基本持平；0（不含）~10%表示略有增长；10%（含）~20%表示有所增长；20%（含）~40%表示明显增长；40%（含）~60%表示显著增长；60%（含）~100%表示大幅增长；100%（含）以上，按"约增长××倍"表述，保留1位小数；减少的情况按类似规则修改为××降低。

② 本报告所述"超过××元"均为包含本身数值。

图 1-1-1　高校院所以转让、许可、作价投资和技术开发、咨询、服务方式转化科技成果基本情况

中央所属高校院所以转让、许可、作价投资和技术开发、咨询、服务方式转化科技成果的合同项数略有增长、合同金额有所增长，地方所属高校院所转化科技成果的合同项数和合同金额均略有增长。中央所属高校院所转化的合同项数为 129 724 项，比上一年增长 3.1%，占整体情况的比重为 27.8%；合同金额为 792.3 亿元，比上一年增长 15.1%，占整体情况的比重为 63.1%。地方所属高校院所转化的合同项数为 337 158 项，比上一年增长 7.8%，占整体情况的比重为 72.2%；合同金额为 463.8 亿元，比上一年增长 8.6%，占整体情况的比重为 36.9%。

合同项数和合同金额排名居前 3 位的地方位于东部地区[①]。以转让、

---

① 根据国家统计局公布的《东西中部和东北地区划分方法》，本报告中东部、中部、西部、东北地区分别指：东部地区包括北京、天津、河北、上海、江苏、浙江、福建、山东、广东和海南（10 个省市）；中部地区包括山西、安徽、江西、河南、湖北和湖南（6 个省）西部地区包括内蒙古、广西、重庆、四川、贵州、云南、西藏、陕西、甘肃、青海、宁夏和新疆（12 个省、自治区、直辖市）；东北地区包括辽宁、吉林和黑龙江（3 个省）。详见附录 33 名词解释 11。

许可、作价投资和技术开发、咨询、服务方式转化科技成果合同项数排名居前3位的地方（包含中央所属和地方所属的高校院所）分别为广东省（133 857项）、北京市（45 093项）、江苏省（35 127项）；合同金额排名居前3位[①]的地方分别为北京市（263.9亿元）、江苏省（130.9亿元）、上海市（118.4亿元）。

（二）不同方式转化的科技成果均呈上升趋势

1. 以转让、许可、作价投资方式转化科技成果的情况

一是以转让、许可、作价投资方式转化科技成果的合同项数、合同金额、当年到账金额均明显增长。2020年，3554家高校院所以转让、许可、作价投资方式转化科技成果的合同项数为20 977项，其中连续填报的3043家高校院所的合同项数比上一年增长39.9%，合同总金额为202.6亿元，比上一年增长32.3%。当年到账金额达54.6亿元，比上一年增长21.8%，占当年签订合同总金额的26.9%。二是转化合同总金额超过1亿元的高校院所数量超过40家。以转让、许可、作价投资方式转化科技成果合同总金额超过1亿元的高校院所有42家，比上一年增长41.4%。三是财政资助项目产生的科技成果转化合同项数明显增长、合同金额显著上升。财政资助项目产生的科技成果以转让、许可、作价投资方式转化合同项数为3445项，比上一年增长22.9%；合同金额为69.1亿元，比上一年增长44.7%。其中，中央财政资助项目产生的科技成果转化合同项数为2230项，比上一年增长42.8%；合同金额为62.8亿元，比上一年增长61.7%。

2. 技术开发、咨询、服务等方式转化科技成果的情况

一是技术开发、咨询、服务合同项数、合同金额略有增长。2020年，

---

① 详见附录15。

技术开发、咨询、服务合同项数为445 905项，比上一年增长5.3%；合同金额为1053.5亿元，比上一年增长9.3%，占合同总金额的83.9%。技术开发、咨询、服务合同金额超过10亿元的高校院所共有12家。二是与企业共建研发机构、转移机构、转化服务平台数量比上一年略有增长、创设和参股新公司数量比上一年明显增长。2020年与企业共建研发机构、转移机构、转化服务平台总数为11 683家，比上一年增长5.5%。创设和参股新公司2808家，比上一年增长28.9%。三是兼职从事科技成果转化和离岗创业人员数量略有下降。高校院所兼职从事成果转化和离岗创业人员数量为14 043人，比上一年下降3.0%。

（三）科技成果平均合同金额整体呈增长趋势

高校院所以转让、许可、作价投资和技术开发、咨询、服务方式转化科技成果的平均合同金额略有增长。以转让、许可、作价投资和技术开发、咨询、服务方式转化科技成果的平均合同金额[①]为26.9万元，比上一年增长5.8%。以转让方式转化科技成果的平均合同金额有所下降，以许可方式转化科技成果的平均合同金额略有增长，以作价投资方式转化科技成果的平均合同金额明显增长。2020年，以转让方式转化科技成果平均合同金额为48.6万元，比上一年下降10.0%；以许可方式转化科技成果平均合同金额为110.7万元，比上一年增长4.9%；以作价投资方式转化科技成果平均合同金额为1335.4万元，比上一年增长32.4%，其中以作价投资方式转化科技成果的平均合同金额是转让方式平均合同金额的27.5倍，是许可方式平均合同金额的12.1倍。技术开发、咨询、服务平均合同金额略有增长。2020年以技术开发、咨询、服务方式转化科

---

① 不同行业领域科技成果的经济价值不同，因此文中所述平均合同金额只是客观统计的结果，不代表所有科技成果的平均合同金额。

技成果的平均合同金额为 23.6 万元，比上一年增长 3.9%。以转让、许可、作价投资和技术开发、咨询、服务方式转化大额科技成果项目数量略有增长。2020 年单项科技成果转化合同金额超过 1 亿元的成果为 47 项，比上一年增长 4.5%。其中，以转让、许可、作价投资方式转化的过 1 亿元科技成果数量为 37 项，以技术开发、咨询、服务方式转化的过 1 亿元科技成果数量为 10 项，可见，通过转让、许可、作价投资方式转化的大额科技成果数量更多。单项科技成果转化合同金额超过 5000 万元的有 101 项，与上一年基本持平；超过 1000 万元的有 882 项，比上一年增长 7.9%。

（四）以转让、许可、作价投资方式转化科技成果获得的现金和股权总金额略有增长，奖励人次略有下降

一是现金奖励金额有所下降，股权奖励明显增长。2020 年个人获得的现金和股权奖励金额达 55.9 亿元，比上一年增长 4.8%，其中现金奖励金额为 27.9 亿元，比上一年下降 10.5%；股权奖励金额为 28.0 亿元，比上一年增长 25.1%。二是研发与转化主要贡献人员获得的奖励金额略有增长。研发与转化主要贡献人员获得的现金和股权奖励总金额达 52.6 亿元，比上一年增长 8.9%，占奖励个人总金额（55.9 亿元）的比重达到 94.0%。三是奖励人次略有下降，人均奖励金额有所增长。现金和股权奖励个人 6.6 万人次，比上一年下降 9.6%，人均奖励金额 8.5 万元，比上一年增长 16.0%。

（五）以转让、许可、作价投资方式转化科技成果流向

一是科技成果超四成转化至制造业领域（以合同金额计，下同）。以转让、许可、作价投资方式转化的科技成果转化至制造业的合同金额为 84.6 亿元，占合同总金额的 41.7%。二是科技成果超六成转化至中小

微其他企业①。转化至中小微其他企业的合同金额为 129.8 亿元，占合同总金额的 64.0%。三是东部和中部地区是科技成果的主要产生地。科技成果产出合同金额排名居前 3 位②的地方分别是上海市、北京市、湖南省。四是科技成果主要转化至东部地区。分别承接科技成果转化合同金额排名居前 3 位的地方分别是上海市、山东省、广东省。

二、科技成果转化政策概述

2021 年，党中央、国务院及各部委把科技成果转化工作摆在越来越重要的位置，修订法律法规、发布多份③政策文件都涵盖了科技成果转化的内容与要求。修订《中华人民共和国科学技术进步法》（简称《科学技术进步法》）进一步为促进科技成果转化提供强有力的法律保障，在简政放权和国资管理等体制机制改革与创新、加快健全知识产权保护制度体系等 8 个方面构建了促进科技成果转化生态化、体系化的政策保障。

（一）《科学技术进步法》的修订为进一步促进科技成果转化提供强有力法律保障

2021 年 12 月，第二次修订的《中华人民共和国科学技术进步法》突出科技成果转化的相关内容。其中，第三章"应用研究与成果转化"，无论是篇幅还是内容都有较大的扩展，将《中华人民共和国促进科技成果转化法》自 2015 年施行以来的重要决策和政策举措，以及行之有效的经验做法上升为法律规范，并与《中华人民共和国促进科技成果转化法》

---

① 详见附录 33 名词解释 22。
② 详见附录 16。
③ 以官网发布时间为准，共搜集到 102 份文件，筛选出重要文件 56 份，具体政策详见附录 1。

进行了统一和衔接，主要内容包括促进基础研究与应用研究、成果转化融通发展；促进创新链产业链深度融合；加强科技成果中试、工程化和产业化开发及应用；利用财政性资金设立的科学技术研究开发机构和高等学校，应当积极促进科技成果转化，加强技术转移机构和人才队伍建设，建立和完善促进科技成果转化制度；鼓励企业、科学技术研究开发机构、高等学校和其他组织建立优势互补、分工明确、成果共享、风险共担的合作机制，协同推进研究开发与科技成果转化，提高科技成果转移转化成效；利用财政性资金设立的科学技术计划项目所形成的科技成果，在不损害国家安全、国家利益和重大社会公共利益的前提下，授权项目承担者依法取得相关知识产权并实施转化；国家实行以增加知识价值为导向的分配政策，探索赋予科学技术人员职务科技成果所有权或者长期使用权制度；国家培育和发展统一开放、互联互通、竞争有序的技术市场等。

（二）全方位推进科技成果评价、国资管理等改革与创新，逐步解开影响科技成果转化的"细绳子"

党中央、国务院将科技成果转化摆在了越来越重要的位置。2021年3月，国务院印发的《中华人民共和国国民经济和社会发展第十四个五年规划和2035年远景目标纲要》提出"创新科技成果转化机制"，不仅要"改革国有知识产权归属和权益分配机制，扩大科研机构和高等院校知识产权处置自主权"，还要"完善无形资产评估制度，形成激励与监管相协调的管理机制"，使高校院所敢于转化科技成果。

深入推进科技成果评价机制改革。2021年5月，习近平总书记主持召开中央全面深化改革委员会第十九次会议，审议通过了《关于完善科技成果评价机制的指导意见》。7月，国务院办公厅印发《关于完善科技成果评价机制的指导意见》提出"充分发挥科技成果评价的'指挥棒'作用，全面准确反映成果创新水平、转化应用绩效和对经济社会发展的实际贡献，着力强化成果高质量供给与转化应用。"同时，提出十大主要工作措施，包括全面准确评价科技成果的科学、技术、经济、社会、文化价值，健全完善科技成果分类评价体系等7项举措。12月，科技部、教育部、财政部等十部门联合启动科技成果评价改革试点工作，试点工作将全面落实科技成果评价机制改革任务部署。2021年10月，中共中央国务院印发的《国家标准化发展纲要》提出："完善科技成果转化为标准的评价机制和服务体系，推进技术经理人、科技成果评价服务等标准化工作。完善标准必要专利制度，加强标准制定过程中的知识产权保护，促进创新成果产业化应用。将标准研制融入共性技术平台建设，缩短新技术、新工艺、新材料、新方法标准研制周期，加快成果转化应用步伐。"

持续推进科技成果类国有资产管理改革和赋权改革，全方位提供法律法规和政策保障。《行政事业性国有资产管理条例》2021年4月1日起施行，该《条例》规定"国家设立的研究开发机构、高等院校对其持有的科技成果的使用和处置，依照《中华人民共和国促进科技成果转化法》、《中华人民共和国专利法》和国家有关规定执行"，即高校院所可以自主决定科技成果可以以使用、转让和作价投资方式转化科技成果。这是法律与行政法规之间的衔接，避免彼此产生冲突。11月，国务院印发《关于开展营商环境创新试点工作的意见》提出："深化科技成果使用权、处置权和收益权改革，赋予科研人员职务科技成果所有权或长期使用权，探索完善科研人员职务发明成果权益分享机制。"4月，国家发展改革委、科技部《关于深入推进全面创新改革工作的通知》将"促进技术要素市场体系建设"纳入改革任务，提出了以下改革措施："赋予科研人员职务科技成果所有权和长期使用权，制定科技成果转化尽职免责负面清单和容错机制，推进技术要素市场配置改革，建设专业化市场化技术转移机构和技术经理人队伍"等。上述改革环环相扣，涉及技术市场的各个方面，需同步推进。

进一步优化落实促进科技成果转化奖酬金分配制度。2021年8月，国务院办公厅印发的《关于改革完善中央财政科研经费管理的若干意见》提出："加大科技成果转化激励力度。科技成果转化所获收益可按照法律规定，对职务科技成果完成人和为科技成果转化做出重要贡献的人员给予奖励和报酬，剩余部分留归项目承担单位用于科技研发与成果转化等相关工作，科技成果转化收益具体分配方式和比例在充分听取本单位科研人员意见基础上进行约定。科技成果转化现金奖励计入所在单位绩效工资总量，但不受核定的绩效工资总量限制，不作为核定下一年度绩效工资总量的基数。"2月，人力资源社会保障部、财政部、科技部印发了《关于事业单位科研人员职务科技成果转化现金奖励纳入绩效工资管理有关问题的通知》，规定职务科技成果转化对科技人员给予的现金奖励以及科研人员在职务科技成果转化工作中开展技术开发、技术咨询、技术服务等活动获得的现金奖励都可以不受核定的绩效工资总额限制，不作为下一年度绩效工资核定基数，不作为社会保险缴费基数。6月，国务院办公厅印发《关于推动公立医院高质量发展的意见》提出"推动科技成果转化，所获收益主要用于对做出重要贡献的人员给予奖励"，使得公立医院是否适用《中华人民共和国促进科技成果转化法》等系列政策的问题得以解决。

（三）加快健全知识产权保护制度体系，为促进科技成果转化提质加速

知识产权是科技成果的重要表现形式，知识产权质量决定了科技成果质量，进而影响科技成果的转化成效。要提高科技成果转化成效，必须加强知识产权保护。为落实《中共中央关于制定国民经济和社会发展第十四个五年规划和二〇三五年远景目标的建议》提出的"加强知识产

权保护，大幅提高科技成果转移转化成效"，国家从源头治理入手，特别是注重提高知识产权创造质量，出台了一系列健全知识产权保护的政策文件。2021年9月，中共中央、国务院印发《知识产权强国建设纲要（2021—2035年）》，提出"改革国有知识产权归属和权益分配机制，扩大科研机构和高校知识产权处置自主权""打通知识产权创造、运用、保护、管理和服务全链条"，到2025年专利密集型产业增加值占GDP比重将达到13%。10月，国务院《关于印发"十四五"国家知识产权保护和运用规划的通知》提出到2025年"知识产权转移转化体制机制更加完善"的目标。明确"加强知识产权源头保护"，即高水平创造和高质量审查是提高知识产权质量的前提；"完善知识产权转移转化体制机制"，包括推进权益分配改革、优化运营服务体系、发展知识产权金融和促进产业协同运用4个方面；采取提升主体管理效能、知识产权融入产业创新发展、促进区域协同等措施"提升知识产权转移转化效益"。3月，国家知识产权局、中国科学院、中国工程院、中国科学技术协会印发了《关于推动科研组织知识产权高质量发展的指导意见》提出了两项促进创新成果转化的措施：探索知识产权权益分配改革和推动开展知识产权转化运用。7月，国务院办公厅印发《全国深化"放管服"改革着力培育和激发市场主体活力电视电话会议重点任务分工方案》提出："运用大数据等技术手段筛选高校院所质量较高、具备市场前景的专利，发现潜在许可实施对象，利用专利开放许可等机制，提高专利转移转化效率，助力中小企业创新发展。"

（四）大力支持并推动区域实施科技成果转化

科技成果转化是促进区域发展的重要抓手，能够为区域发展提供新动能。国家大力支持区域实施科技成果转化，并将促进科技成果转化纳入区域发展的重要举措。2021年2月，科技部印发《关于加强科技创新促进新时代西部大开发形成新格局的实施意见》提出"实施西部地区科技成果转移转化行动"，主要包括3个方面的内容："加快完善西部地区技术转移体系建设，支持新建一批国家科技成果转移转化示范区，加大对国家技术转移西北中心、国家技术转移西南中心建设支持力度，加快构建区域科技成果转化协同骨干网络""支持高校和科研院所建立专业化技术转移机构，培育高层次技术经理人队伍，促进西部科教资源实现当地转化""鼓励与发达地区高校、科研院所建立科技成果转化对接机制，实施科研人员、科技专家西部行和科技成果直通车行动，对西部地区特别是边疆民族地区发展急需的成果加大转化支持力度"。4月，科技部、国家发展改革委等六部门联合印发《长三角G60科创走廊建设方案》提出共建一批科技成果转移转化示范基地，制定跨区域科技成果转移转化政策，建立统一的技术交易市场等。2月，科技部、深圳市人民政府印发《中国特色社会主义先行示范区科技创新行动方案》提出"支持深圳建设知识产权和科技成果产权交易中心"。10月，国家发展改革委等部门《关于推广"十三五"时期产业转型升级示范区典型经验做法的通知》推广辽宁大连市、吉林长春市等地围绕产业链布局创新链，加强科技成果转化的典型经验做法。11月，国务院印发的《关于支持北京城市副中心高质量发展的意见》提出："探索科技成果转让市场化定价机制和利益分配机制,支持跨区域共建一批产学研创新和成果转化实体。"

（五）推进多个行业领域实施科技成果转化，为行业高质量发展和产业转型升级赋能

国家支持多个行业领域的科技成果转化，多个行业主管部门采取深化体制机制创新、加强载体建设、加强人才培养、加强技术攻关和成果

应用等措施促进科技成果转化，加快相关领域或行业的发展。

生态环境方面。2021年2月，国务院《关于加快建立健全绿色低碳循环发展经济体系的指导意见》提出"加速科技成果转化"，具体内容包括以下5个方面：从政策上，"积极利用首台（套）重大技术装备政策支持绿色技术应用"；从资金上，"充分发挥国家科技成果转化引导基金作用，强化创业投资等各类基金引导，支持绿色技术创新成果转化应用"；从载体建设上，"支持企业、高校、科研机构等建立绿色技术创新项目孵化器、创新创业基地"；从具体举措上，"及时发布绿色技术推广目录，加快先进成熟技术推广应用"；从技术市场上，"深入推进绿色技术交易中心建设"。10月，国务院《关于印发2030年前碳达峰行动方案的通知》提出"绿色低碳科技创新行动"，并明确多项相关措施。完善创新体制机制，"采取'揭榜挂帅'机制，开展低碳零碳负碳关键核心技术攻关""将绿色低碳技术创新成果纳入高等学校、科研单位、国有企业有关绩效考核""推进国家绿色技术交易中心建设，加快创新成果转化"；加强创新能力建设和人才培养，"深化产教融合，鼓励校企联合开展产学合作协同育人项目，组建碳达峰碳中和产教融合发展联盟，建设一批国家储能技术产教融合创新平台"；加快先进适用技术研发和推广应用，推广先进成熟绿色低碳技术，开展示范应用。

农业方面。2021年12月，全国人民代表大会常务委员会通过关于修改《中华人民共和国种子法》的决定，将第十二条第二款修改为："国家鼓励种子企业充分利用公益性研究成果，培育具有自主知识产权的优良品种；鼓励种子企业与科研院所及高等院校构建技术研发平台，建立以市场为导向、资本为纽带、利益共享、风险共担的产学研相结合的种业技术创新体系"。将第二十八条修改为：完成育种的单位或者个人对其授权品种，享有排他的独占权。任何单位或者个人未经植物新品种权所有人许可，不得生产、繁殖或者销售该授权品种的繁殖材料，不得为商业目的将该授权品种的繁殖材料重复使用于生产另一品种的繁殖材料；但是本法、有关法律、行政法规另有规定的除外"，为种子相关科技成果转化提供了法律依据和保障。

卫生健康方面。2021年2月，国务院办公厅《印发关于加快中医药特色发展若干政策措施的通知》提出"实施中医药产学研医政联合攻关工程"，主要内容包括："建设一批代表国家水平的中医药研究和科技成果孵化转化基地，解决制约中医药发展的重大科技问题，制定一批中医特色诊疗方案，转化形成一批中医药先进装备、中药新药""支持中医医院与企业、科研机构、学校加强协作、共享资源，促进优秀研究成果投入市场应用""探索运用区块链等技术加强中医药临床效果搜集和客观评价。"6月，国务院办公厅《关于推动公立医院高质量发展的意见》提出"依托现有资源建设一批国家中医药临床研究和科技成果孵化转化基地，制定一批中医特色诊疗方案，转化形成一批中医药先进装备、中药新药。"

制造业方面。2021年3月，国家发展改革委《关于加快推动制造服务业高质量发展的意见》提出"发展研究开发、技术转移、创业孵化、知识产权、科技咨询等科技服务业，加强关键核心技术攻关，加速科技成果转化"，以提升制造业创新能力。工信部、交通运输部、水利部、农业农村部、商务部、市场监管总局、国家文物局等部门也印发了有关科技创新的文件，都涉及科技成果转化。科技成果转化已成为促进相关行业或产业发展的重要措施。

（六）创新支持企业科技成果转化机制，强化企业主体地位

将支持企业开展科技成果转化摆在越来越重要的位置。《中华人民共和国国民经济和社会发展第十四个五年规划和2035年远景目标纲要》

第五章对提升企业技术创新能力进行专章部署,要求"完善企业创新服务体系。推动国家科研平台、科技报告、科研数据进一步向企业开放,创新科技成果转化机制,鼓励将符合条件的由财政资金支持形成的科技成果许可给中小企业使用。推进创新创业机构改革,建设专业化市场化技术转移机构和技术经理人队伍"。新修订的《中华人民共和国科学技术进步法》将原来的第三章企业技术进步修订为第四章企业科技创新,明确指出"支持企业牵头国家科技攻关任务,发挥企业在技术创新中的主体作用,推动企业成为技术创新决策、科研投入、组织科研和成果转化的主体,促进各类创新要素向企业集聚,提高企业技术创新能力",进一步为企业科技创新和成果转化提供了法律保障。

提供财政资金资助及成果转化公共服务,支持"专精特新"中小企业高质量发展。2021年1月,财政部、工业和信息化部联合印发《关于支持"专精特新"中小企业高质量发展的通知》,提出中央财政中小企业发展专项资金将安排100亿元以上奖补资金,分3批(每批不超过3年)支持1000余家国家级专精特新"小巨人"企业加大创新投入,推进工业"四基"领域或制造强国战略明确的十大重点产业领域"补短板"。同时,支持国家(或省级)中小企业公共服务示范平台,为国家级专精特新"小巨人"企业提供技术创新、上市辅导、创新成果转化与应用、数字化智能化改造、知识产权应用、上云用云及工业设计等服务。

实施专利转化专项计划,助力中小企业创新发展。2021年3月,财政部办公厅、国家知识产权局办公室印发《关于实施专利转化专项计划 助力中小企业创新发展的通知》,明确规定国家知识产权局、财政部对有关省份开展专利转化专项计划给予政策支持。指导有关省份建立涉及中小企业相关专利转让、许可、质押业务办理的绿色通道;对方案完善、措施得当、工作推进有力、专利技术转化运用成效显著的省份给予奖补资金，鼓励但不限于采取以奖代补、购买服务、股权投资、贷款贴息等方式；支持相关方梳理、盘点、发布可转化的专利技术，提供专利技术供需对接服务，辅导中小企业获取专利技术等。11月，国务院促进中小企业发展工作领导小组办公室印发《提升中小企业竞争力若干措施》，提出深入实施专利转化专项计划，择优奖补一批促进专利技术转移转化成效显著的省份，支持中小企业获取和转化专利技术，加大知识产权优势企业和示范企业培育力度。

支持创新创业，推动成果转化。2021年10月，国务院办公厅《关于进一步支持大学生创新创业的指导意见》提出"促进大学生创新创业成果转化"，提出了两项措施：完善成果转化机制，"研究设立大学生创新创业成果转化服务机构，建立相关成果与行业产业对接长效机制，促进大学生创新创业成果在有关行业企业推广应用"；强化成果转化服务，"推动地方、企业和大学生创新创业团队加强合作对接，拓宽成果转化渠道，为创新成果转化和创业项目落地提供帮助"。3月，国家发展改革委《关于深入组织实施创业带动就业示范行动的通知》提出"精益创业带动就业专项行动"，明确抓实科研人员创新创业政策落地，抓实科技成果转化，抓实创新型中小企业培育。

（七）实行分类评价，将科技成果转化实际绩效纳入人才评价指标体系

将科技成果转化绩效纳入行业人才评价指标体系，鼓励不同行业领域科技人员投身科技成果转化。乡村人才评价方面，2021年2月中共中央办公厅、国务院办公厅印发的《关于加快推进乡村人才振兴的意见》提出"建立健全乡村人才分级分类评价体系。坚持'把论文写在大地上'，完善农业农村领域高级职称评审申报条件，探索推行技术标准、专题报

告、发展规划、技术方案、试验报告等视同发表论文的评审方式。对乡村发展急需紧缺人才，可以设置特设岗位，不受常设岗位总量、职称最高等级和结构比例限制"。通过搭建各类平台，更好地引进高层次人才和急需紧缺人才。实验技术人才方面，8月，人力资源社会保障部、教育部发布《关于深化实验技术人才职称制度改革的指导意见》，突出实验技术人才在指导学生科技创新、实验创新、实验设备研制改造、技术开发、平台建设、解决问题、成果转化、技术推广、标准制定、决策咨询等方面的实绩和贡献。公共法律服务专业人员方面，7月，人力资源社会保障部、司法部印发的《关于深化公共法律服务专业人员职称制度改革的指导意见》提出"对于司法鉴定人，司法鉴定意见书、指导案例、标准规范制定等可作为业绩，重点评价司法鉴定实务、解决疑难复杂司法鉴定案件、新技术新方法运用、科技成果转化等方面的能力。"

（八）完善科技金融政策体系，为科技成果转化插上金融的翅膀

12月6日，习近平总书记在主持召开中共中央政治局会议时，要求"科技政策要加快落地，继续抓好关键核心技术攻关，强化国家战略科技力量，强化企业创新主体地位，实现科技、产业、金融良性循环"，为贯彻落实习总书记重要指示要求，2021年，国家层面主要采取了以下4个方面的科技金融相关举措。一是开展知识产权证券化试点。国务院于9月和11月分别印发《关于推进自由贸易试验区贸易投资便利化改革创新若干措施的通知》和《关于开展营商环境创新试点工作的意见》均提出"开展知识产权证券化试点"。知识产权证券化作为一种新型融资方式，既可以盘活存量知识产权资产，又可以增强知识产权资产流动性。二是优化国家科技成果转化引导基金的管理。2月，科技部、财政

部印发《国家科技成果转化引导基金创业投资子基金变更事项管理暂行办法》，通过规范国家科技成果转化引导基金已设立子基金变更事项管理，提高转化基金管理效率，促进子基金健康有序发展。10月，财政部、科技部修订了《国家科技成果转化引导基金管理暂行办法》，明确要求重点支持转化应用科技成果的种子期、初创期、成长期的科技型中小企业。三是加强科技与金融部门的协同对接。4月，科技部、中国农业银行印发的《关于加强现代农业科技金融服务创新支撑乡村振兴战略实施的意见》提出"结合科技部、财政部开展的'百城百园'等专项行动，支持一批现代农业科技重大成果转化项目，提升现代农业先进科技成果转化的金融服务水平。"9月，科技部办公厅、国家开发银行办公室印发的《关于开展重大科技成果产业化专题债有关工作的通知》提出"对科技部和各地推荐的重大科技成果转化和产业化规模化应用项目，确定项目实施主体和融资需求，统筹安排融资方式和融资总量，用好专题债募集资金，精准有效服务重大科技成果转化和产业化规模化项目。"四是银行业保险业着力推动金融支持科技成果转化。4月，中国银保监会办公厅发布的《关于2021年进一步推动小微企业金融服务高质量发展的通知》提出"探索完善科技型小微企业金融服务，促进新技术产业化规模化应用"。11月，中国银保监会《关于银行业保险业支持高水平科技自立自强的指导意见》提出7个方面21条意见，其中5条与知识产权与成果转化相关，包括加大科技型中小企业知识产权质押融资投放力度，支持开展首台（套）重大技术装备保险试点和新材料首批次应用保险试点，丰富知识产权保险业务品种，提高企业研发能力、技术优势、专利质量、团队稳定性等要素的权重，支持利用大数据、人工智能等技术手段，加大科技企业科技成果评价机制创新，通过搭建科技成果转移转化项目数据库等，缓解银行保险机构与科技企业之间的信息不对称,支持地方政府对科技企业贷款、知识产权质押融资等设立专门风险补偿基金,适当提高担保机构风险容忍度,支持扩大银行在线代办专利质押登记试点地区范围,优化知识产权质押登记服务等举措。

三、科技成果转化工作创新

在科技成果转移转化过程中,科研院所、高等院校结合实际,积极探索形成符合自身特点的科技成果转化工作模式。

(一)全面启动赋权改革试点工作,推进体制机制创新

2020年10月,40家单位在科技部等九部门联合确定下,全面启动了赋予科研人员职务科技成果所有权或长期使用权试点工作,并以改革试点为契机探索机制创新。上海交通大学构建了以成果转化为核心的赋权三段式决策链,明确成果转化流程,形成权责清晰的科技成果转化管理架构;实施教师创业企业阳光化行动,解除教师创业后顾之忧。复旦大学按照重大科技成果和非重大科技成果进行分类赋权,并加强了对科技成果转化赋权后的管理和服务。南京大学向在校外建设新型研发机构的科研人员团队赋予职务科技成果的长期使用权,降低向该新型研发机构许可知识产权的门槛,采取"较低入门费(5万元/可分期)+提成"的方式收取费用。

(二)完善科技创新体系建设,实现成果转化全方位支撑

部分单位推进科技创新体系化建设,打造成果转化全链条服务,从多维度进行成果转化支持。北京航空航天大学探索构建概念验证、创业孵化和股权投资三位一体联动机制,加强高质量科技成果源头供给,助

力高校科技成果转化应用。西北工业大学打通从基础研究、关键技术突破到工程化、产品化系统集成的科技创新链路，为重大科技成果转化奠定了坚实技术基础，将服务国防领域的高精尖技术转化为现实生产力。中国科学院上海微系统与信息技术研究所形成"三位一体"协同创新体系，打造产业集群，促进科技成果产业化与成果转化。

（三）面向国家重大需求和人民生命健康，科技抗疫显威力

在疫情发生之后，一些单位积极行动、全力奋战，成立科研攻关组，努力为疫情防控提供科技支撑。四川大学自新冠肺炎疫情暴发以来迅速反应、广泛动员，以学科交叉、医工融合为抓手，自筹资金紧急启动了多批次的抗击新冠肺炎疫情的应急攻关科研项目，形成"新冠疫苗21项专有技术"等多项成果。中国中医科学院在应急状态下构建了武汉临床救治与后方科研支撑相结合的科技抗疫攻关机制，并研发推出我国首批获得批准上市的3.2类中药新药产品。上海市公共卫生临床中心在医院伦理委员会的许可下，将研发的广谱抗呼吸道病毒产品用于临床医护人员的志愿预防性使用，以及新冠肺炎患者的救治和恢复，对院内感染防控发挥了积极作用。

（四）从产业和市场需求发力，推动科技成果走出实验室

部分单位强化科技成果与产业和市场对接，制定以需求为导向的科技成果转化机制，探索科技成果转化创新模式。湖南大学建立了"周演"制度，邀请发明人面向项目领域产业专家和投资机构演示研究成果，通过向市场准确传递科技成果信息，让市场自主筛选出有需求的技术。江苏省产业技术研究院着力构建集创新资源、企业需求和研发能力于一体

的产业技术创新体系，并从空间、人才、金融3个方面营造产业创新生态体系。中国科学院大连化学物理研究所持续深化实施大型骨干企业引领战略，与众多大型骨干企业开展深层次合作，以强化平台建设、提升平台服务质量为突破点，促进高效率成果转化与产业化。

（五）加强知识产权管理，培育高质量科技成果

一些单位完善知识产权和成果转化相关政策制度，培育高价值专利和成果，有效促进科技成果转化。中国科学院深圳先进技术研究院打通知识产权创造、运用、保护、管理与服务全链条，强化知识产权分级分类运营与管理，将"知产"变"资产"。东北大学构建一体化运营模式，强化知识产权质量管控，加快高质量专利和高价值成果的培育，从专利申请前和专利授权后两个方面进行评估和评价，围绕重点学科遴选12支高价值专利导航示范团队，推进专利导航工作机制建设。中国药科大学针对重点项目开展专利全流程管理，着重从项目立项、项目执行、项目验收及成果产出等各环节加强专利目标管理，提高专利来源的技术含金量，促进高价值专利产出。

（六）推进人才队伍和机构建设，提升技术转移专业服务水平

多数单位全力推进技术转移人才培养和机构建设，增强专业水平和服务能力，科技成果转化工作能力显著提升。江苏大学联合江苏省技术产权交易市场成立技术经理人事务所，采用专兼结合的技术经理人制度，丰富了科技成果转化人员配置，增强了学校服务地方的能力。中国矿业大学通过打造多角色、复合型的技术转移队伍，依托学校科研力量深入企业解决实际问题，使学校和企业实现了技术共研、人才

共育、成果共享的多赢。江苏省农业科学院针对农业发展中面临的技术瓶颈和生产难题，组建攻关团队，成立政研企、院地合作共建的产业研究院，形成"即研即推、即研即转"的科技研发新模式，前置技术转移节点。

（七）协同财政资金与社会资本，科技金融助力成果高效转化

部分单位为推进成果转化，构建了金融衔接互动机制，加强财政资金和社会金融资本对科技成果转化的促进和推动作用。北京大学设立北京大学科技成果转化基金，共建新型校企联合实验室，与地方政府合作建设异地科研机构，帮助大学原始创新跨越"死亡谷"，促进重大原始科技创新成果的转化。暨南大学设立暨科基金，投资暨南大学和粤港澳高校、科研院所的科研项目，在医疗大健康、新一代信息技术、新能源新材料等多个领域进行项目发掘，打造了一批精品科创企业。南方科技大学与深圳天使母基金合作设立南科天使基金，联合深圳高新投集团推动知识产权证券化项目，为科技成果转化插上"金融"的翅膀。

四、科技成果转化存在的问题

2020年度高校院所在填报年度报告中反映的情况[①]和相关调研显示，当前影响科技成果转化的主要问题涉及科技成果转化体制机制、新型研发机构、科技成果评价、专业化转移机构与人才、转化服务平台、科技成果质量、科技金融体系等方面。

---

① 2020年，3554家高校院所中1686家（占总数的47.4%）单位报送了目前存在的问题和建议。

（一）科技成果转化机制仍存堵点，有待进一步打通

一是高校院所推进科技成果转化的积极性有待进一步调动。大部分高校院所科技成果转化制度中约定奖励给研发人员的比例高达70%甚至90%，可能存在过度奖励问题，且留归单位的比例较少，单位缺乏资金推动科技成果转化的可持续发展，奖励存在极端化风险。同时，作价投资方式的科技成果转化风险和收入不成正比，高校院所对此方式的科技成果转化较为谨慎。另外，虽然2020年教育部发布的《第五轮学科评估工作方案》已经将"科研成果（与转化）"列为二级指标，但部分高校院所对科技成果转化工作重视仍然不够。二是科技成果转化相关政策有待进一步推进落实。科技成果转化制度的建立涉及科技、财政、人才等多个方面，部分高校院所解读不到位，且缺乏可借鉴经验。例如，适合科技成果转化规律的相关资产管理改革制度有待进一步深化探索。高校院所部分未能编制出本单位科技成果转化管理办法，部分仅针对横向课题管理进行规范，部分编制转让、许可方式的科技成果转化制度，对作价投资方式仍未涉及。高校院所流程制度仍需要进一步完善和摸索。三是尽职免责具体细则有待进一步明确。26家高校院所反映在专利申请前评估、科技成果转化、赋权改革等政策中，均存在尽职免责的规定，但依法依规免责的具体细则不明确，给高校增加很大工作负担，涉及科研工作的研发及成果产权管理，以及科技评价等问题，还有保证国有产权不流失的责任，很难实施。

（二）新型研发机构发展不均衡，体系化与精准化设计有待加强

一是顶层设计不足，各省市发展理念与思路差异较大。目前我国对新型研发机构在国家创新体系的定位还没有清晰界定，尚未形成明确的

认定标准、考核机制与分类管理细则，各省、自治区、直辖市在开展新型研发机构相关工作时较为散乱，认定和报送的新型研发机构水平参差不齐，法人主体类型多样，在一定程度上造成了财政资源的错配和浪费。二是"新型"特征有待进一步强化，市场发展能力亟须提高。近年来，新型研发机构能力水平参差不齐，部分新型研发机构不适应科技研发、成果转化要求。有的用人和薪酬制度仍按传统事业单位规定管理，体制机制不灵活，难以调动科研人员积极性。有的只是代理行使行政职能，未真正开展科技研发与成果转化的经营活动。有的注册为企业形式，被要求鼓励运营所得利润不进行分红，违背市场规律。三是新型研发机构的政策体系不完善，有待进一步打通。国家层面尚未结合新型研发机构新特征、新需求和现实问题实施精准性政策支持和深层次体制改革，针对新型研发机构项目申报、税收优惠、智库建设等方面体系化政策尚未出台。

（三）科技成果估值难，评价机制有待进一步完善

一是科技成果价值评估难。全面性、专业性评估难，专业机构和专业人才少。科技成果的使用环境、成本、商谈结果是由多元的最终需要市场决定。科技成果价值涉及技术水平高低和专利保护能力强弱、保护范围的大小及产生专利的直接投入成本，放在具体使用的环境中才能体现出来的价值，在一件专利没有实施应用前，大多是无法判断的，转化成果价格是否合理很难界定。二是部分单位反映科技成果评估多流于形式。财政部规定，国家设立的研究开发机构、高等院校将其持有的科技成果转让、许可或者作价投资给国有全资企业的可不进行评估，转化给非国有全资企业的由单位自主决定是否进行评估。年度报告统计数据显示，2020年高校院所将82.4%的科技成果转化至非国有企业。实际操作中为避免国产流失

带来的责任，许多评估流于形式，由双方协商好价格后，请评估机构按此价格进行评估，出具评估报告，费时费力费钱，增加了高校院所负担，阻碍了成果转化。三是国有企业下属事业单位无形资产交易定价仍需委托具有相应资质的评估机构进行估值。国有企业及其下属事业受财政部、国资委双重管理，技术类无形资产交易需遵照《企业国有资产交易监督管理办法》的要求，技术类无形资产交易均需进行资产评估，而且只能委托财政部认定的资产评估机构进行评估，国有企业下属事业单位的无形资产交易方式存在局限性。四是多维度、分类的科技成果评价体系不健全，指标单一化、标准定量化、结果功利化的问题还不同程度存在。现行评价指标体系主要适用基础研究，并不适用于应用类、技术开发类成果的综合评价。论文作为评价指标，与项目评审、人才帽子、科技奖励等过度挂钩。五是部分国家科技项目在立项与结题时未将科技成果转化作为评价指标。目前高校院所主要是以项目形式从国家获得科研经费，但国家对部分课题立项的要求一般侧重于技术前沿，高校科研人员在申请该项课题的过程中缺乏实践调研，形成的科研成果缺乏市场需求，科技成果转化的社会价值和经济价值大打折扣或根本没有实际应用价值。

（四）复合型转移转化人才欠缺，专业化转移转化机构有待加强

一是专业化的复合型技术转移人才供不应求。技术转移转化工作需要具备知识产权、法律、管理、行业等复合型背景的专业人才。高校院所受制于自身体制机制，很少能吸引到此类专业人才，因此缺少专业的转移转化队伍，不能适应过程复杂、风险较高、周期较长的技术转移工作。二是高校院所负责转移转化管理的人员较少且多为兼职。部分高校院所由于受编制的限制没有配备科技成果转化的专业人员，仅由学校科研处代为处

理科技成果转化事宜，成果管理人员兼职科技成果转化服务工作。转移转化人才队伍建设及综合服务能力还需进一步提升。三是科技成果转化人员激励机制有待完善。高校院所及相关管理部门普遍缺少对成果转化过程中技术经理人的激励机制，薪酬、工资评定、职位晋升等制度不明确，有关政策体系和分配机制亟待健全。四是高校院所自建转移转化机构能力有待提升。年度报告统计数据显示，2020年自建技术转移机构的高校院所占比为22.6%，高校院所自建转移转化机构的能力有待进一步加强。

（五）供需双方信息缺乏有效共享，平台专业化服务能力不足

一是缺乏有效的供需信息交流平台。企业、高校、科研院所之间信息流通不畅，科技成果资源信息无法实现有效共享，能与产业对接并快速产业化的科技成果较少。疫情期间有效的信息交流平台显得尤为重要。二是知识产权保护与运营等服务性平台有待进一步推进。目前国家知识产权运营公共服务平台已推出专利申请、商标注册、知识产权质押融资等职能，但知识产权质押登记、专利所有权著录项目变更、数据统计等便利化措施有待进一步完善，全国公共服务平台体系有待进一步构建。

（六）科技成果质量不高，成果转化引导不足、供给不足

一是原创性重大成果产出缺乏连续性。现有科技成果多是短频快项目，原创性、有重大影响力的成果往往需要长时间的培育，厚积才能薄发，现有高校院所的评价体系，如何保证一个科研团队安心地做一个领域的深耕，坚持10年以上，持续产出重大科技成果，值得进一步探讨。二是高校院所产出成果与市场需求不匹配。高校院所产出的科技成果多处于实验室阶段，与企业需求的成果阶段并不完全匹配。同时我国科技

成果转化中试平台不足，高校院所与企业两者之间缺乏具有服务功能的中间转化平台，企业无法承接高校院所科技成果。三是部分高校院所反映"四唯"问题仍然存在。部分单位重基础研究轻应用研究，不了解企业情况和市场需求，转化动力有待提升。四是企业对高校院所研发成果的承接能力不足。大多数的中小企业因自身规模、能力、资金限制，经营重心主要集中于科技成果转化的后期推广，企业自身缺乏研发队伍和研发能力，难以将科技成果充分吸收内化后继续开发，无法使科技成果持续性转化为先进、可靠、适用的产品。

（七）金融资本支持力度不足，科技与金融有待进一步融合

一是促进科技成果转化的股权融资支持规模和方式有待进一步探索。科技成果转化具有轻资产、高成长、高风险特征，从性质上更适合股权融资，而我国股权融资占比较低，2020年新增社会融资中股权融资仅占2.6%。私募股权基金投向种子期成果转化项目比例偏低。二是银行服务科技成果转化能力有待提升。服务科技成果转化的经验不足，人才缺乏，获取科研信息渠道窄。三是科技成果转化融资和研发风险的分担机制不完备。科技信贷风险补偿措施操作性不强，服务不够精准，科技保险产品类别少。四是知识产权处置难，质押融资规模难扩大。知识产权自身的不确定性较高，存续状态在时间、空间上均有法律界限的范围，即使在权利存续期内，知识产权质量也难评估。知识产权质押融资出现风险之后，质押标的难以处置，导致知识产权质押融资工作推进存在困难。

五、相关建议

（一）完善科技成果转化体系，促进政策协同与落实

一是推进科技成果转化实践与法律法规有效衔接。科技部门应加强与财政、税收、人才、审计等部门之间的政策协同，化解高校院所在横向项目管理、奖励发放及绩效工资管理等方面的顾虑。完善成果披露、国有资产管理、尽职免责等方面的实施细则，切实解决科技成果转化工作的难点，通过加强政策衔接，进一步促进科技成果转化政策的落实。目前部分地方在细则方面进行了探索，其他地方应积极借鉴、推广相关做法。例如，国有资产管理方面，四川省出台《职务科技成果转化前非资产化管理改革试点实施方案》积极探索对科技成果的特殊管理办法，激发科研人员积极性；尽职免责方面，北京市印发《关于促进本市国有科技成果与知识产权转化推进知识产权要素市场建设的指导意见》建立容错免责机制，规定"市属高等院校、科研机构、医疗卫生机构通过拍卖、在知识产权交易机构挂牌交易等方式确定价格的，或者通过协议定价并在本单位及知识产权交易机构公示拟交易价格的，可视为履行勤勉尽责义务；未牟取非法利益的，可免除因后续价值变化而产生的决策责任"；《佛山市高明区关于健全完善容错纠错工作机制激励干部担当作为的实施意见》中也提出了8种适用容错情形，其中明确指出"支持高明区经济促进、国有资产、城管执法以及生态环境等领域工作改革创新、攻坚克难的容错适用情形"。二是完善科技成果转化奖励激励制度。党中央、国务院对高校清理所办企业，规定今后原则上高校不再新办企业，同时明确高校可以通过资产经营公司持有管理作价投资的企业，建议允许通过持股平台转化的科技成果享受递延纳税政策。建议根据《民法典》的要求，将"专利申请"和"技术秘密"纳入《关于科技人员取得职务

科技成果转化现金奖励有关个人所得税政策的通知》的"科技成果"定义中，使其享受现金奖励减免50%纳税的优惠政策。2021年，人力资源社会保障部明确了技术开发、服务、咨询合同可按照促进科技成果转化法等法律法规给予科研人员的现金奖励，不纳入工资总额，建议各单位积极完善产学研合作相关现金奖励政策。三是针对赋权改革等新政策做好与旧政策的衔接。将职务科技成果赋权给科研人员后，转化取得的现金收益属于科研人员个人收入直接按照个人所得税进行缴税，不再享受税收减半、递延纳税等科技成果转化奖励相关优惠政策，科技成果赋权后相关政策有待进一步完善。四是加强科技成果转化相关政策宣贯培训力度。部委主管部门、地方科技主管部门应及时汇编科技成果转化相关政策、总结成功经验，加深对成果转化政策的认识、理解，做好政策导读与宣讲培训。例如，北京市编写操作指南与案例集对科技成果转化政策进行解读，为其他地方政府提供可借鉴方式。相关行业主管部门、主管单位应根据自身领域特点有针对性地对科技成果转化管理制度、成本核算、绩效考评、收益分配、公开公示等经验做法进行推广。法人单位应积极落实科技成果转化相关政策，加强对本单位科研人员培训。

（二）明确新型研发机构功能定位，建立健全体制机制

一是强化顶层设计，明确新型研发机构功能定位。深入开展系统性政策及战略研究，明确国家重点支持的新型研发机构类型，明确新型研发机构在国家和区域创新体系中的定位及核心功能，为国家和区域层面促进新型研发机构发展工作提供指引和方向。二是完善政策体系，加强监测评估与指导。在国家层面上，尽快提出支持新型研发机构发展的针对性政策措施。完善新型研发机构在项目申报、税收优惠、智库建设等方面政策，完善机构考核与淘汰机制，选拔各领域的重点新型研发机构，

建立健全新型研发机构的政策体系。例如,在税收优惠方面,2021年,财政部等十一部门联合印发《关于"十四五"期间支持科技创新进口税收政策管理办法的通知》,明确指出"符合科技部和省级科技主管部门规定的事业单位性质的社会研发机构(新型研发机构)条件"的社会研发机构享受此政策。三是探索精细化支持政策,鼓励新型研发机构开展体制机制创新。2021年《中华人民共和国科学技术进步法》提出"国家支持发展新型研究开发机构等新型创新主体,完善投入主体多元化、管理制度现代化、运行机制市场化、用人机制灵活化的发展模式,引导新型创新主体聚焦科学研究、技术创新和研发服务"。各地方探索制定针对性、精准化、体系化的新型研发机构支持政策,着力发展一批研发能力、服务能力强,经济实体强的高水平新型研发机构。鼓励新型研发机构创新成果转化激励机制、人才聘用机制等,着力打通科技成果向现实生产力转化的通道。

(三)积极推进科技评价改革,建立科学分类的评价机制

一是各单位应积极完善科技成果评价机制。深刻领会习近平总书记关于科技成果评价的重要指示精神,落实《国务院办公厅关于完善科技成果评价机制的指导意见》部署要求,明确科技成果"评什么""谁来评""怎么评""怎么用"的问题,各参加试点工作的高校院所应积极探索科学的科技成果评价机制。二是健全完善科技成果科学分类、多维度评价方法。针对科技成果具有多元价值的特点,科学确定评价标准,开展多层次差别化评价,提高成果评价的标准化、规范化水平,解决分类评价体系不健全,以及评价指标单一化、标准定量化、结果功利化的问题。三是发展科技成果市场化评价。探索建立现代化高水平技术交易市场,建立全国知识产权和科技成果产权交易中心,探索技术交易业务

与资本市场对接机制。积极推进市场协议定价，强化第三方科技成果评价机构自律管理。例如，福州市出台《关于促进科技成果转移转化若干措施》，规定"市属科研机构、高等院校等市级事业单位科技成果转让、许可、合作和作价投资遵从市场定价，通过协议定价、在技术交易市场挂牌交易、拍卖等市场化方式确定价格"，明确指出买卖双方可以进行市场化定价，让科技成果评价政策落地。四是加快推进国家科技项目成果评价改革。深入推进科研管理改革试点，抓紧建立科技计划成果后评估制度。建设完善国家科技成果项目库，建立健全重大项目知识产权管理流程等。

（四）培养专业化的技术转移队伍，加强建设市场化转移机构

一是分学科门类和层次不断壮大技术经理人队伍。有条件的高校设立科技成果转化研究生专业培养方向，健全从业人员转移转化理论知识的系统性。完善构建"专职＋兼职＋挂职"多层次科技成果转化技术经理人队伍，选择部分人员到技术交易市场和技术转移公司挂职锻炼，以提高实战能力。二是建议全国经理人纳入职称序列。全国增设技术经理人专业职称，完善技术经理人激励制度，允许技术经理人获得一定比例的转化奖励。三是加强市场化专业转移转化机构建设。2021年科技部与教育部为推动技术转移机构的建设发展，启动了20家高校专业化国家技术转移机构的试点工作。试点应遵循市场规律和科技成果转化规律，按照市场化专业化要求，进一步改革完善高校科技成果转化体系。四是推动完善技术转移机构和人才相关政策。整合强化国家技术转移管理机构职能，创新高校院所技术转移管理和运营机制，建立职务发明披露制度，实行技术经理人聘用制，明确利益分配机制，引导专业人员从

事技术转移服务，为促进科技成果发挥积极作用。

（五）拓展科技成果转化渠道，推进创新创业平台载体发展

一是探索建立国家级项目信息共享平台。一方面，科技部应积极推进国家科技专项成果的统计与披露，形成科技成果信息共享平台，并以市场化方式运行，有效促进科技资源开放共享；另一方面，有能力的第三方机构应及时统计市场来源的项目信息，形成市场化信息共享服务平台。二是探索建立一批国家级科技成果转移转化服务平台。国家知识产权运营等公共服务平台应积极发挥引导作用，引导市场探索共享机制，推进建立一批国家级转移转化服务平台，实现知识产权信息化。科技部批复的国家技术转移中心也应积极探索建立区域性科技成果转化服务平台。三是推进建立综合性信息共享服务平台。加强科技成果的线上推广工作，以科技成果库为突破点建立一个集知识产权、法律咨询、成果评价、项目融资、专家咨询等为一体的综合性服务平台，充分发挥市场对于科技成果、技术方向、技术路线等的导向作用，实现校企共同研发、快速转化，促进科技成果转化。

（六）加强高质量科技成果供给，释放创新驱动发展新动能

一是加强科技计划项目成果转化导向。加强科技成果管理与科技计划项目管理的有效衔接，明确由财政资金设立的应用类科技成果承担单位的科技成果转化义务，开展应用类科技项目成果以及基础研究中具有应用前景的科研项目成果信息汇交。二是发挥好高校院所高质量科技成果供给的主体作用。高校、科研院所、各类科技创新平台是科技成果供

给的主体和促进科技成果转化的客体，应强化面向需求的评价导向和立项机制，增加科技创新的有效供给，提升科技成果转化成效，实现科技创新与市场需求紧密联系。三是推动科技创新创业成为科技成果转化的一种有效方式。科技创新创业以技术成果商业化为目标，以市场需求为基础，快速将科技创新成果融入创业活动和产业迭代升级中。推动企业成为创新决策、创新投入、创新组织的主体，以及科技成果转化的主体，大幅提升科技成果转化成效。四是充分发挥联合实验室、新型研发机构等的中试平台作用。推进联合实验室、新型研发机构等成为高校院所与企业之间的桥梁，提供中试研发产地，配备专业的技术转移人才。高校院所可以对实验室形成的技术进行二次开发、集成、工艺、优化等，熟化技术，更有利于技术的大规模产业化应用，也可以在技术开发和成果转化推广上，引入企业合作伙伴，融汇企业思维、企业信息、企业资源，共同进行技术开发、技术集成、工艺优化，有效提高科技成果转移转化效率。

（七）丰富金融支持模式，强化财政金融资源引导作用

一是建立完善适应不同类型、不同阶段科技成果转化规律的金融支持模式。推进国家科技成果转化引导基金改革，发挥产业基金和中小企业基金引领作用，鼓励地方结合实际情况，设立支持科技成果转化和科技创新创业的投资引导性基金，着力发展天使投资，提升子基金投早投小的比例，重点支持转化应用科技成果的种子期、初创期、成长期的科技型中小企业。二是充分发挥金融机构对科技成果转化的支持作用，创新适应成果转化特点的金融产品。设立重大科技成果产业化工程专题债券，支持建设高新区金融创新发展示范单位，推动科技金融产品与孵化器、众创空间等平台联合建设。支持设立科技金融专营机构，探索推行

知识产权证券化等新型金融产品，扩大科技专项贷款等融资规模，加大对企业科技创新的支持力度。三是发挥财政资金的引导作用，吸引和鼓励更多民间资本进入科技创新领域。充分发挥国家科技成果转化基金的引导作用，探索形成"财政投入为引导、企业投入为主体、金融资本和民间资本竞相跟紧"的多元化科技投融资机制。建立符合创业投资特点的税收体系，给予低税率、递延纳税、亏损抵扣等政策，引导创投资金更多投向种子期、起步期创新企业。四是建立知识产权和科技成果产权交易体系，推进知识产权金融服务健康发展。各地要坚持市场化导向，推进知识产权运营，深入开展知识产权质押融资"入园惠企"等工作，积极推广北京、上海、湖北等创新知识产权质押融资模式。

第二章
以转让、许可、作价投资方式转化科技成果的情况

本篇涉及的 3554 家高校院所中，高等院校 1433 家，占 40.3%；科研院所 2121 家，占 59.7%。从隶属关系来看，中央所属高校院所共 554 家（占 15.6%），其中高等院校 101 家、科研院所 453 家；地方所属高校院所共 3000 家（占 84.4%），其中高等院校 1332 家、科研院所 1668 家（图 1-2-1）。从区域分布看，3554 家高校院所在东部、中部、西部、东北 4 个区域的分布情况为：东部地区 1670 家（占 47.0%），中部地

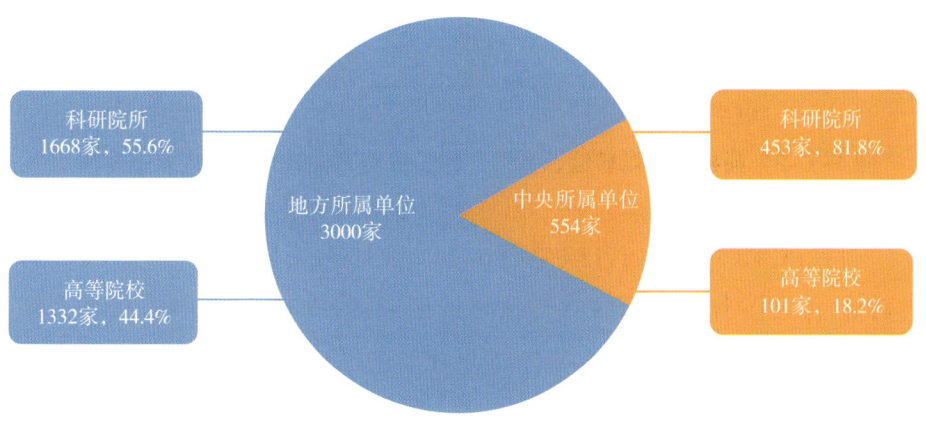

图 1-2-1　高校院所分布情况

区 763 家（占 21.5%），西部地区 851 家（占 23.9%），东北地区 270 家（占 7.6%）。

一、基本情况

科技成果转化活动日益活跃，以转让、许可、作价投资方式转化科技成果的合同项数、合同金额均明显增长。2020 年，3554 家高校院所以转让、许可、作价投资方式转化科技成果合同项数为 20 977 项，比上一年增长 39.9%；合同金额达 202.6 亿元，比上一年增长 32.3%（图 1-2-2）。

图 1-2-2　高校院所以转让、许可、作价投资方式转化科技成果基本情况

科技成果转化平均合同金额比上一年略有下降。3554 家高校院所以转让、许可、作价投资方式转化科技成果的平均合同金额为 96.6 万元，比上一年下降 5.4%。1935 项合同金额高于平均合同金额，占合同总项数的 9.2%。

第二章 以转让、许可、作价投资方式转化科技成果的情况

单项合同金额集中在 1 万（含）～10 万元。单项合同金额在 10 万元以下的合同项数为 13 202 项，合同项数占比为 62.9%，该区间的合同金额为 3.4 亿元，合同金额占比为 1.7%；10 万（含）～1000 万元的合同项数为 7483 项，合同项数占比为 35.7%，该区间的合同金额为 58.1 亿元，合同金额占比为 28.7%；1000 万元及以上的合同项数为 292 项，合同项数占比为 1.4%，该区间的合同金额为 141.2 亿元，合同金额占比为 69.7%。总体上，100 万元及以上的合同项数占比累计为 9.1%，合同金额占比达 90.2%，占合同总金额的九成以上（表 1-2-1、图 1-2-3）。

科技成果转化合同金额超过 1 亿元的高校院所数量显著增长。2020 年签订的以转让、许可、作价投资方式转化科技成果合同金额超过 1 亿元的高校院所数量为 42 家，比上一年增长 44.8%；超过 1000 万元的高校院所有 218 家，这 218 家高校院所的合同金额占 3554 家高校院所合同总金额的 91.9%。

表 1-2-1 高校院所以转让、许可、作价投资方式转化科技成果的合同金额区间分布分析情况

合同金额区间	合同项数/项	合同项数占比	合同金额小计/万元	合同金额占比
1 亿元及以上	37	0.2%	800 983.8	39.5%
1000 万（含）~1 亿元	255	1.2%	610 998.6	30.2%
100 万（含）~1000 万元	1 615	7.7%	416 128.5	20.5%
10 万（含）~100 万元	5868	28.0%	164 781.4	8.1%
10 万元以下	13 202	62.9%	33 547.8	1.7%
总计	20 977	/	2 026 440.2	/

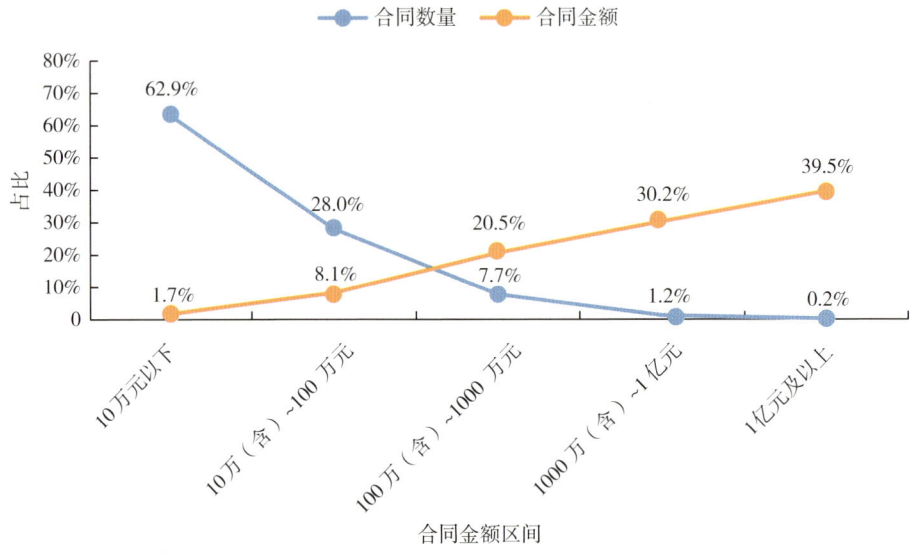

图 1-2-3　高校院所以转让、许可、作价投资方式转化科技成果的合同项数合同金额区间分布情况

统计显示，2020 年以转让、许可转化科技成果合同的当年到账金额[①]共计 54.6 亿元，比上一年增长 21.8%，占当年签订合同总金额的 26.9%（图 1-2-4）。其中，中央所属高校院所以转让、许可转化科技成果的当年到账金额为 31.3 亿元，比上一年增长 34.0%；地方所属高校院所以转让、许可转化科技成果的当年到账金额为 23.3 亿元，比上一年增长 7.7%。

---

① 由于科技成果转化合同中对执行方式和执行周期的具体约定不同，部分转让、许可方式的转化合同金额会按执行进展分阶段拨付，通常情况下高校院所会基于当年实际到账金额实施奖励。因此，为了能够更加准确地反映科技成果转化产生的实时经济效益，采集了各高校院所以转让、许可转化科技成果合同的当年到账金额。

第二章 以转让、许可、作价投资方式转化科技成果的情况

图1-2-4　高校院所以转让、许可方式转化科技成果的当年到账合同金额

高价值成果转化效益凸显，37项科技成果转化合同金额超过1亿元。2020年，以转让、许可、作价投资方式转化科技成果单项合同金额超过1亿元的合同有37项，超过5000万元的有63项，超过1000万元的有292项。将超过1亿元的科技成果按转化至单位所在地区来看，其中31项转化至东部地区（上海市8项、广东省6项、山东省5项、北京市3项、河北省3项、江苏省2项、海南省2项、浙江省1项、福建省1项），2项转化至东北地区（吉林省2项），3项转化至西部地区（四川省1项、内蒙古自治区1项、陕西省1项），1项转化至中部地区（湖南省1项）；按转化至单位类型来看，其中7项转化至国有企业（2项转化至大型国有企业、5项转化至中小微国有企业），30项转化至其他企业（8项转化至大型其他企业、22项转化至中小微其他企业）。上海交通大学、上海科技大学、中国科学院上海药物研究所均有3项以上的科技成果转化合同金额超过1亿元（表1-2-2）。

表 1-2-2　高校院所以转让、许可、作价投资方式转化科技成果合同金额超过 1 亿元的成果

序号	成果名称	合同金额/万元	转化方式	高校院所名称	转化去向	转化至单位所在地区
1	半导体激光技术	70 000.0	作价投资	中国科学院长春光学精密机械与物理研究所	境内（中小微其他企业）	吉林省
2	"新冠病毒疫苗"等21项科技成果	51 160.0	作价投资	四川大学	境内（中小微其他企业）	四川省
3	新型固体酸催化材料技术	50 000.0	许可	湘潭大学	境内（中小微国有企业）	山东省
4	20万及60万高温气冷堆技术（H1版，不含一回路）	47 371.1	作价投资	清华大学	境内（中小微国有企业）	北京市
5	SOMCL-18-202	47 000.0	转让	中国科学院上海药物研究所	境内（大型其他企业）	上海市
6	高品质稀土特殊钢成套制备技术	35 000.0	作价投资	中国科学院金属研究所	境内（中小微其他企业）	山东省
7	"用于治疗神经退行性疾病的化合物"等6项发明专利申请及相关技术	32 880.0	许可	复旦大学	境内（中小微其他企业）	浙江省
8	完全生物降解塑料技术	30 000.0	作价投资	中国科学院理化技术研究所	境内（中小微其他企业）	海南省
9	增强激动型抗体活性的抗体重链恒定区序列	29 305.0	许可	上海交通大学	境内（中小微其他企业）	上海市
10	CYH33（海外权益）	28 500.0	转让	中国科学院上海药物研究所	境内（大型其他企业）	上海市
11	靶向蛋白降解剂小分子	22 000.0	转让	中国科学院上海药物研究所	境内（中小微其他企业）	江苏省

第二章 以转让、许可、作价投资方式转化科技成果的情况

续表

序号	成果名称	合同金额/万元	转化方式	高校院所名称	转化去向	转化至单位所在地区
12	一种皮肤成纤维细胞转变为人工椎间盘的系统及其使用方法	21 900.0	许可	上海交通大学	境内（中小微其他企业）	上海市
13	半导体器件制造方法等专利333件	20 000.0	转让	中国科学院微电子研究所	境内（中小微其他企业）	广东省
14	基于深度形状先验的遥感图像目标精细化提取方法等42件	20 000.0	作价投资	中国科学院空天信息创新研究院	境内（中小微国有企业）	山东省
15	腺相关病毒介导的新型冠状病毒抗体诱导物及疫苗组合物	20 000.0	转让	中国科学技术大学	境内（中小微其他企业）	吉林省
16	中药宣肺败毒颗粒	18 000.0	转让	天津中医药大学	境内（大型其他企业）	山东省
17	单碱基基因组编辑治疗方法专利	17 968.0	许可	上海科技大学	境内（中小微其他企业）	上海市
18	蛋白降解药物PROTAD（Proteolysis Targeting Drug）专利	16 250.0	许可	上海科技大学	境内（中小微其他企业）	上海市
19	化湿败毒颗粒	15 000.0	转让	中国中医科学院	境内（大型国有企业）	广东省
20	DHODH抑制剂S-416相关专利	15 000.0	许可	华东理工大学	境内（大型国有企业）	海南省
21	甲醇制烯烃（DMTO）工艺包	15 000.0	许可	中国科学院大连化学物理研究所	境内（大型其他企业）	内蒙古自治区

续表

序号	成果名称	合同金额/万元	转化方式	高校院所名称	转化去向	转化至单位所在地区
22	烷氧基苯并五元（六元）杂环胺类化合物及其药物用途	15 000.0	转让	复旦大学	境内（大型其他企业）	河北省
23	一种用于识别或富集有核红细胞的方法等	13 809.7	作价投资	湖南大学	境内（中小微其他企业）	湖南省
24	"注射用盐酸伊立替康（纳米）胶束"技术	13 800.0	转让	国家纳米科学中心	境内（中小微其他企业）	广东省
25	一种诱导多能性干细胞的培养体系	12 500.0	许可	中国科学院动物研究所	境内（中小微其他企业）	北京市
26	金刚石热沉片	12 000.0	作价投资	集美大学	境内（中小微国有企业）	福建省
27	"通过互联网进行云端信息服务的电话系统"等70项成果	11 295.0	作价投资	上海交通大学	境内（中小微其他企业）	北京市
28	中科榆林能源技术运营有限责任公司	10 200.0	作价投资	中国科学院大连化学物理研究所	境内（中小微国有企业）	陕西省
29	新型MmpL3抑制剂	10 045.0	许可	上海科技大学	境内（中小微其他企业）	上海市
30	化1类创新抗肿瘤项目JND32066合作开发	10 000.0	许可	暨南大学	境内（中小微其他企业）	广东省
31	一种异羟肟酸类衍生物及其制备方法和应用	10 000.0	转让	中国医学科学院医药生物技术研究所	境内（大型其他企业）	河北省

第二章 以转让、许可、作价投资方式转化科技成果的情况

续表

序号	成果名称	合同金额/万元	转化方式	高校院所名称	转化去向	转化至单位所在地区
32	糖尿病肾病/纤维化治疗药物 WZY-314 项目的专利申请权与后续开发权益（含脲基苯并咪唑类衍生物及其制备方法和应用）	10 000.0	转让	中南大学	境内（中小微其他企业）	河北省
33	三叶因子 2 在制备治疗及预防肺支气管急性炎症疾病药物方面的应用；干扰素 K 在制备抗囊膜病毒药物方面的应用	10 000.0	转让	上海市公共卫生临床中心	境内（大型其他企业）	山东省
34	CXCR2 靶点药物	10 000.0	许可	上海科技大学	境内（中小微其他企业）	上海市
35	多氟取代芳联杂环类衍生物、含其的药物组合物及其应用/一种多氟取代芳联杂环类化合物的晶型、制备方法和应用/一种 Akt 抑制剂中间体 SM1 及其制备方法/一种多氟取代芳联杂环类化合物的制备工艺/	10 000.0	转让	浙江大学	境内（中小微其他企业）	广东省
36	一类创新药物 JAK3 抑制剂合作开发	10 000.0	许可	暨南大学	境内（中小微其他企业）	广东省
37	DC402267	10 000.0	转让	中国科学院上海药物研究所	境内（大型其他企业）	江苏省
	合计/万元				800 983.8	
	占全国以转让、许可、作价投资方式转化科技成果合同总金额的比重				39.5%	

（一）转化方式对比情况

转让合同项数占以转让、许可、作价投资方式转化科技成果合同总项数的比重近七成。2020年，以转让方式转化科技成果的合同项数为14 364项，比上一年增长44.6%；以许可方式转化科技成果的合同项数为6126项，比上一年增长34.5%；以作价投资方式转化科技成果的合同项数为487项，比上一年下降4.5%。转让合同项数占3种方式合同总项数（20 977项）的68.5%（图1-2-5）。

图1-2-5 高校院所以转让、许可、作价投资方式转化科技成果合同项数情况

以转让、作价投资方式转化科技成果的合同金额均明显增长，以许可方式转化科技成果的合同金额显著增长。以转让方式转化科技成果的合同金额为69.8亿元，比上一年增长30.2%；以许可方式转化科技成果的合同金额为67.8亿元，比上一年增长41.0%；以作价投资方式转化科技成果的合同金额为65.0亿元，比上一年增长26.4%（图1-2-6）。

第二章 以转让、许可、作价投资方式转化科技成果的情况

图 1-2-6 高校院所以转让、许可、作价投资方式转化科技成果合同金额情况

以转让方式转化科技成果的平均合同金额有所下降，以许可方式转化科技成果的平均合同金额略有增长，以作价投资方式转化科技成果的平均合同金额明显增长，其中以作价投资方式转化科技成果的平均合同金额最高。以转让方式转化科技成果的平均合同金额为48.6万元，比上一年下降10.0%；以许可方式转化科技成果的平均合同金额为110.7万元，比上一年增长4.9%；以作价投资方式转化科技成果的平均合同金额为1335.4万元，比上一年增长32.4%（图1-2-7）。作价投资方式转化科技成果的平均合同金额是转让方式的27.5倍，是许可方式的12.1倍。

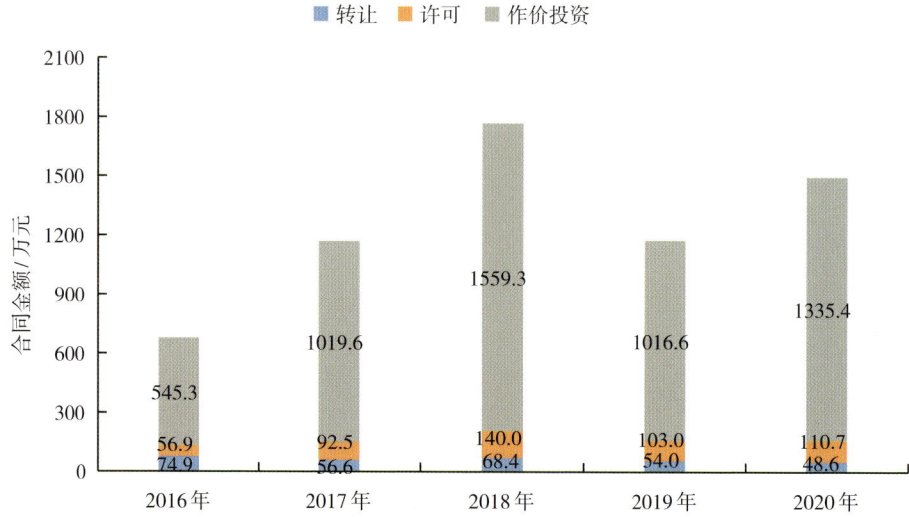

图 1-2-7　高校院所以转让、许可、作价投资方式转化科技成果平均合同金额情况

（二）中央所属高校院所科技成果转化情况

中央所属高校院所科技成果转化合同金额、合同项数均显著增长。2020年，中央所属高校院所以转让、许可、作价投资方式转化科技成果的合同项数为5935项，比上一年增长43.6%；合同金额为147.2亿元，比上一年增长45.5%；科技成果转化平均合同金额248.1万元，比上一年增长1.3%（图1-2-8）。

第二章 以转让、许可、作价投资方式转化科技成果的情况

图 1-2-8 中央所属高校院所以转让、许可、作价投资方式转化科技成果情况

部分高校院所科技成果转化效益凸显。中国科学院上海药物研究所 2020 年签订以转让、许可、作价投资方式转化科技成果的合同金额达 13.8 亿元，在中央科研院所中居合同金额首位。清华大学 2020 年签订以转让、许可、作价投资方式转化科技成果的合同项数为 136 项，比上一年增长 21.4%，合同金额 10.4 亿元，比上一年增长 161.7%，在中央所属高等院校中居合同金额首位[①]。

（三）地方所属高校院所科技成果转化情况

1. 成果转化概况

地方所属高校院所科技成果转化合同项数明显增长，合同金额略有增长，平均合同金额明显降低。2020 年，地方所属高校院所以转让、许可、作价投资方式转化科技成果的合同项数为 15 042 项，比上一年增长 38.5%；合同金额为 55.4 亿元，比上一年增长 5.6%；平均合同金

---

① 详见附录 4。

额 36.8 万元，比上一年降低 23.7%（图 1-2-9）。

图 1-2-9　地方所属高校院所以转让、许可、作价投资方式转化科技成果情况

上海科技大学科技成果转化合同总金额达 6.3 亿元，在全国地方所属高等院校中居首位。上海市公共卫生临床中心科技成果转化合同总金额达 1.0 亿元，在地方所属科研院所中居首位。常州大学科技成果转化合同项数为 496 项，转化合同项数在地方所属的高校院所中居首位。

2. 各地方成果转化情况

2020 年，地方所属高校院所以转让、许可、作价投资方式转化科技成果的合同金额排名居前 3 位的地方分别是上海市（9.7 亿元）、湖南省（6.0 亿元）、山东省（5.2 亿元）（图 1-2-10）。

第二章 以转让、许可、作价投资方式转化科技成果的情况

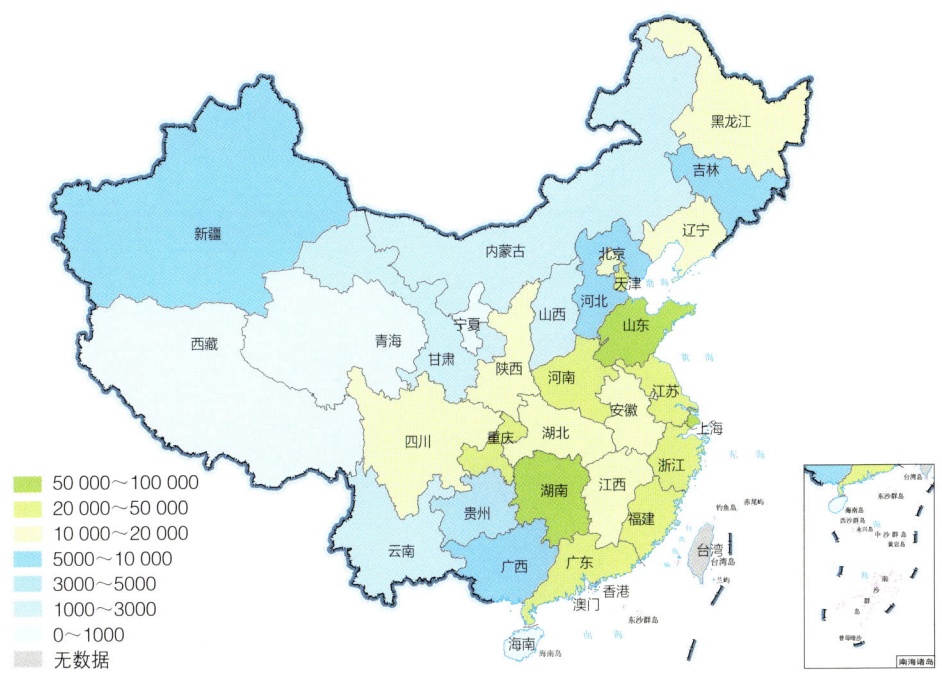

图 1-2-10　地方所属高校院所以转让、许可、作价投资方式转化科技成果合同金额情况（单位：万元）

（四）地区科技成果转化情况[①]

1. 高校院所所在辖区科技成果转化情况

按照高校院所所在地统计显示，2020 年各地方辖区内的高校院所以转让、许可、作价投资方式转化科技成果的合同金额排名[②]居前 3 位的地方分别是上海市（47.0 亿元）、北京市（42.5 亿元）、湖南省（11.8 亿元）（图 1-2-11）。

---

① 该部分各地方数据是指各地方所属高校院所及其辖区内中央所属高校院所相应数据的加和。
② 详见附录 16。

中国科技成果转化
年度报告2021
高等院校与科研院所篇

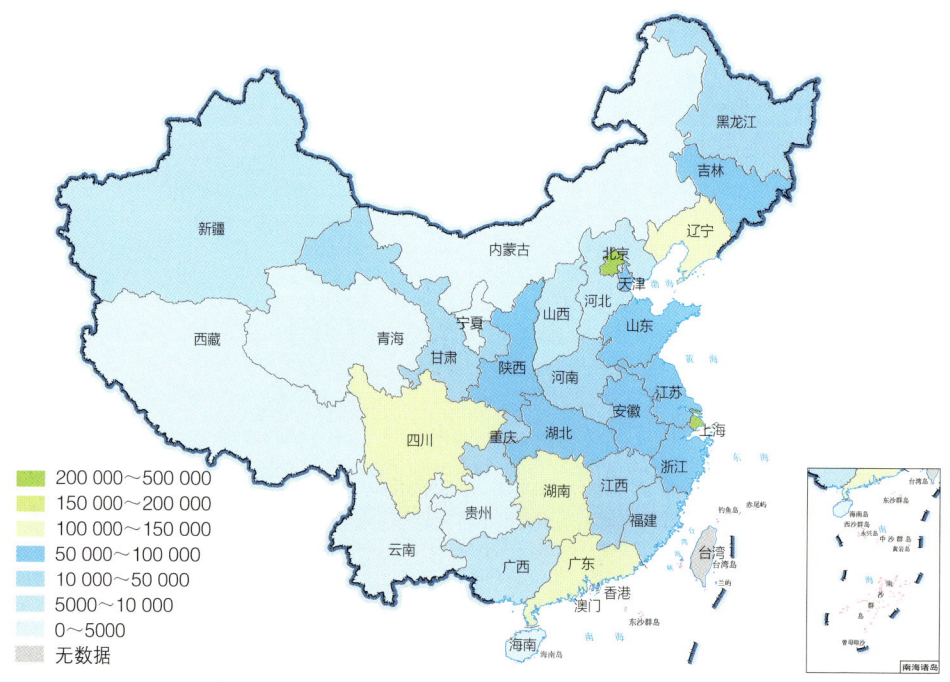

图 1-2-11　地方辖区内高校院所以转让、许可、作价投资方式转化科技成果的合同金额分布情况（单位：万元）

2. 东部、中部、西部、东北地区科技成果转化情况

按照填报高校院所所在地区统计，东部地区的高校院所以转让、许可、作价投资方式转化科技成果的合同金额有所增长，中部、西部及东北地区的高校院所以转让、许可、作价投资方式转化科技成果的合同金额均大幅增长。根据国家统计局2011年公布的我国东部、中部、西部、东北地区的划分方法，2020年，东部地区高校院所以转让、许可、作价投资方式转化科技成果合同金额最高，为129.3亿元，比上一年增长14.7%。中部地区高校院所以转让、许可、作价投资方式转化科技成果合同金额为26.9亿元，比上一年增长84.3%。西部地区高校院所以转让、许可、作价投资方式转化科技成果合同金额为24.3亿元，比上一年增

长 78.6%。东北地区高校院所以转让、许可、作价投资方式转化科技成果合同金额为 22.2 亿元，比上一年增长 81.7%（图 1-2-12）。

图 1-2-12　各地区高校院所以转让、许可、作价投资方式转化科技成果合同金额情况

二、以转让方式转化科技成果

以转让方式转化科技成果的合同项数显著增长，合同金额明显增长。2020 年，以转让方式转化科技成果的合同项数为 14 364 项，比上一年增长 44.6%；合同金额达 69.8 亿元，比上一年增长 30.2%；平均合同金额为 48.6 万元，比上一年下降 10.0%（图 1-2-13）。

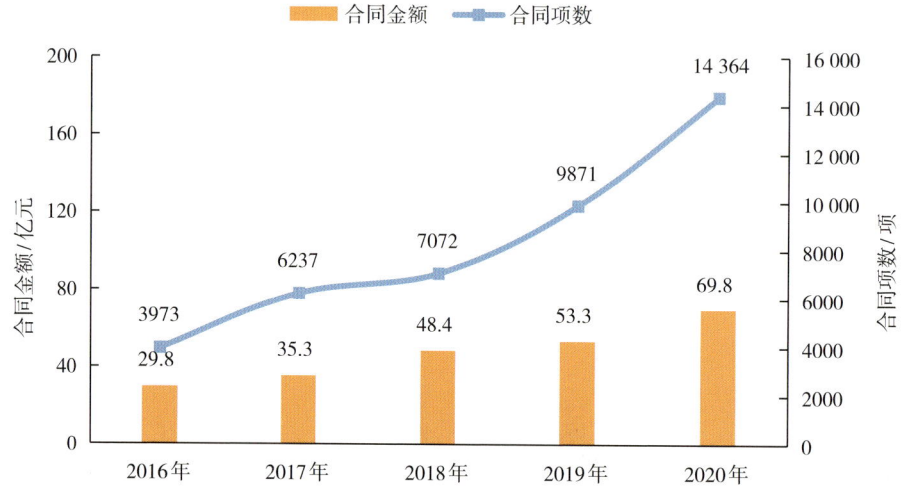

图 1-2-13　高校院所以转让方式转化科技成果合同项数、合同金额情况

2020年，以转让方式转化科技成果合同金额[①]超过1亿元的高校院所排名居前3位的分别是中国科学院上海药物研究所（12.8亿元）、浙江大学（2.2亿元）、中国科学技术大学（2.0亿元）、中国科学院微电子研究所（2.0亿元）。其中浙江大学、中国科学技术大学以转让方式转化科技成果合同金额成倍增长，均比上一年增长3倍以上。

三、以许可方式转化科技成果

以许可方式转化科技成果的合同项数明显增长，合同金额显著增长。2020年以许可方式转化科技成果的合同项数为6126项，比上一年增长34.5%；合同金额为67.8亿元，比上一年增长41.0%；平均合同金额为110.7万元，比上一年增长4.9%（图1-2-14）。

---

① 详见附录9。

第二章 以转让、许可、作价投资方式转化科技成果的情况

图 1-2-14 高校院所以许可方式转化科技成果的合同项数、合同金额情况

以许可方式转化科技成果合同金额[①]超过1亿元的高校院所排名居前3位的分别是上海交通大学（6.5亿元）、上海科技大学（6.3亿元）、湘潭大学（5.0亿元）。

四、以作价投资方式转化科技成果

以作价投资方式转化科技成果的合同项数略有下降，合同金额、平均合同金额均明显增长。2020年以作价投资方式转化科技成果的合同项数为487项，比上一年下降4.5%；合同金额为65.0亿元，比上一年增长26.4%；平均合同金额为1335.4万元，比上一年增长32.4%（图1-2-15）。

---

① 详见附录11。

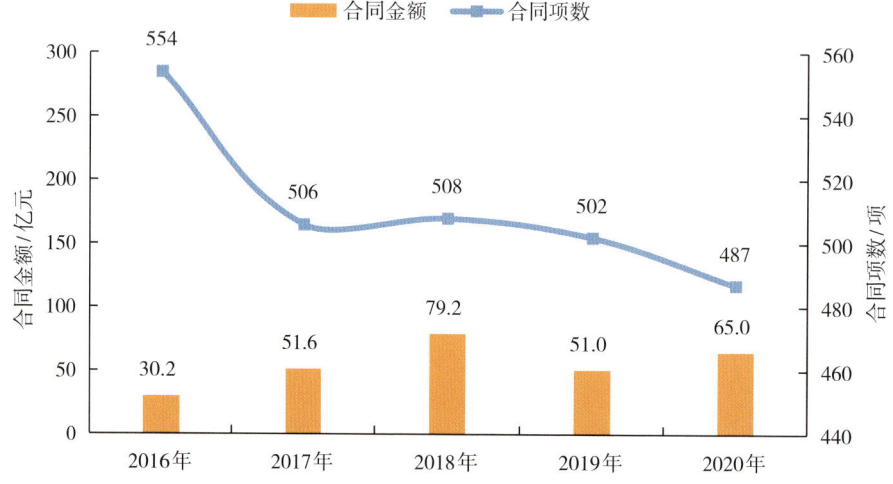

图 1-2-15　高校院所以作价投资方式转化科技成果合同项数、合同金额情况

作价投资成为部分单位大额科技成果转化的主要方式。2020年，清华大学以作价投资方式转化的合同项数62项，比上一年增长44.2%；合同金额8.0亿元，比上一年增长183.8%；平均合同金额1298.4万元，比上一年增长96.8%。四川大学以作价投资方式转化的合同项数11项，比上一年增长120.0%；合同金额7.0亿元，比上一年增长1070.1%；平均合同金额6379.0万元，比上一年增长431.9%。

五、科技成果转化定价方式

协议定价方式是科技成果转化主要定价方式，占比达到95%以上。2020年，3554家高校院所以转让、许可、作价投资方式转化的20 977项科技成果中，采用协议定价方式的有20 326项，占总数的96.9%，合同总金额193.8亿元，平均合同金额95.4万元；采用拍卖方式的有109项，占总数的0.5%，合同总金额0.9亿元，平均合同金额81.3万元；采用挂牌交易方式的有542项，占总数的2.6%，合同总金额7.9亿元，

第二章 以转让、许可、作价投资方式转化科技成果的情况

平均合同金额146.5万元（图1-2-16）。

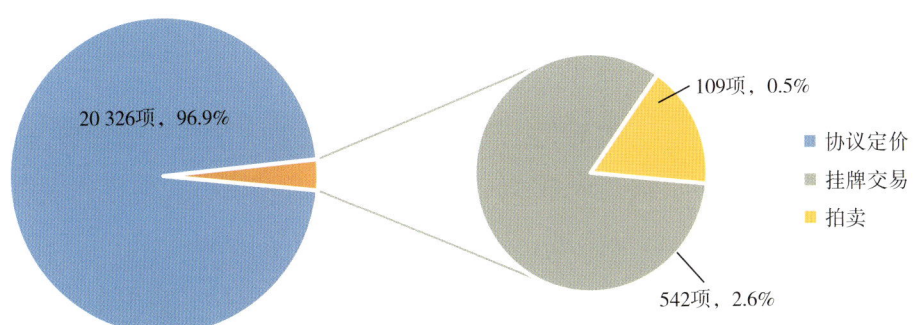

图1-2-16 高校院所以转让、许可、作价投资方式转化科技成果的定价方式情况

科技成果转化定价过程中，经过评估的转化成果为4903项，占总数的23.4%，合同总金额114.2亿元，平均合同金额233.0万元；未经过评估的转化成果为16 074项，占总数的76.6%，合同总金额88.4亿元，平均合同金额55.0万元（图1-2-17）。

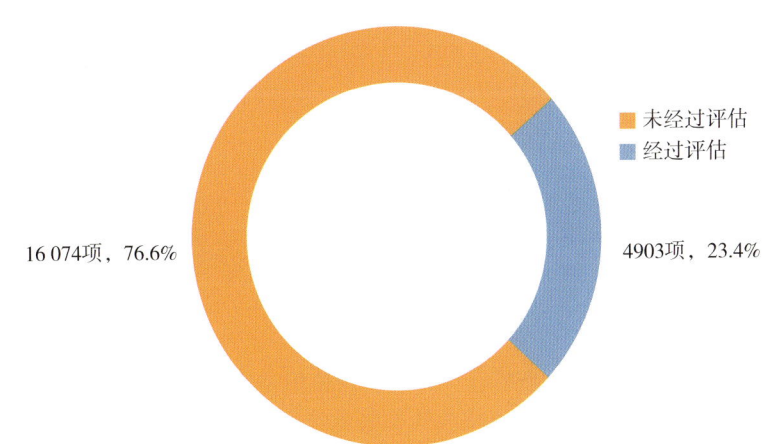

图1-2-17 高校院所以转让、许可、作价投资方式转化科技成果定价过程中的评估情况

六、科技成果转化流向

（一）转化至企业类型

科技成果主要在境内转化，转化至中小微企业[①]的成果数量最多、增速最快。2020年，科技成果以转让、许可、作价投资方式转化到境内、境外的数量分别是 20 947 项、30 项，占比分别为 99.9%、0.1%。在境内转化的科技成果中，转化至中小微企业、非企业单位、大型企业的科技成果数量分别为 18 551 项、1412 项、984 项（图 1-2-18），占科技成果转化合同总数的比重分别为 88.4%、6.7%、4.7%，比上年分别增长 49.2%、增长 14.4%、下降 6.8%。

图 1-2-18 高校院所转让、许可、作价投资方式转化的科技成果在境内转化去向情况

---

① 见附录 33 名词解释 22。

第二章 以转让、许可、作价投资方式转化科技成果的情况

科技成果转化至国有企业和其他企业的数量分别是2250项、17 285项，占比总合同项数的比重分别为10.7%、82.4%。转化至大型国有企业和中小微国有企业的合同项数分别为330项、1920项，分别占转化至国有企业科技成果合同总项数的14.7%、85.3%（图1-2-19）。

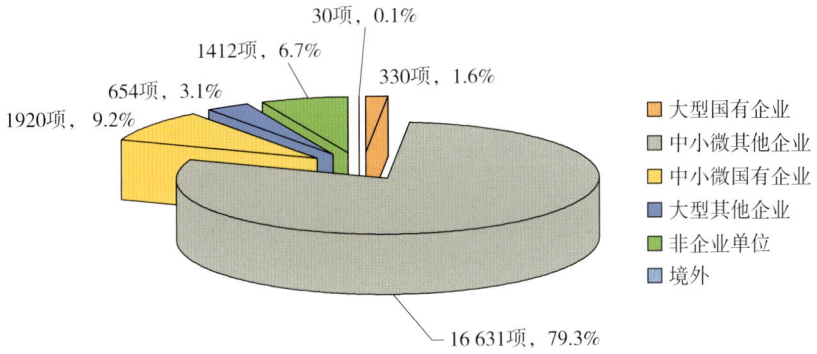

图1-2-19 高校院所以转让、许可、作价投资方式转化的科技成果转化去向合同项数及占比情况

科技成果转化至中小微企业的合同金额最多，且比上一年显著增长。2020年，科技成果以转让、许可、作价投资方式转化到境内、境外的合同金额分别是201.4亿元、1.2亿元，占比分别为99.4%、0.6%。在境内转化的科技成果中，转化至中小微企业、大型企业、非企业单位的科技成果合同金额分别为157.5亿元、38.7亿元、5.3亿元，占合同总金额的比重分别为77.7%、19.1%、2.6%，分别比上一年增长48.3%、下降8.7%、增长47.2%（图1-2-20）。

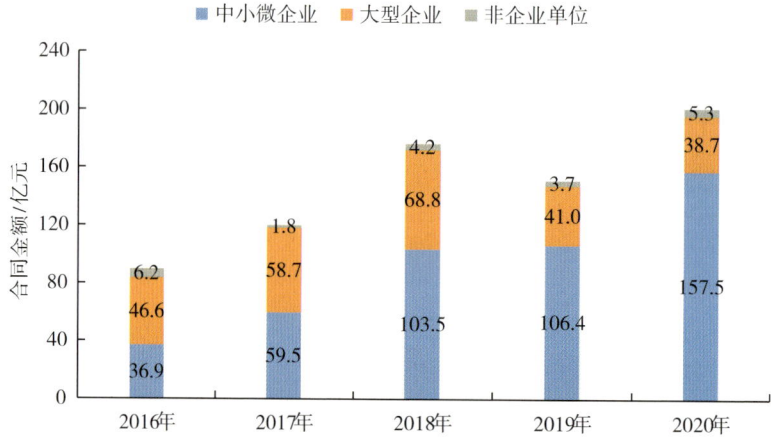

图 1-2-20 高校院所以转让、许可、作价投资方式转化的科技成果在境内转化合同金额情况

科技成果转化至国有企业和其他企业的合同金额分别是36.9亿元、159.2亿元，占总合同金额的比重分别为18.2%、78.6%。转化至大型国有企业和中小微国有企业的合同金额分别为9.2亿元、27.7亿元，分别占转化至国有企业科技成果合同总金额的25.0%、75.0%（图1-2-21）。

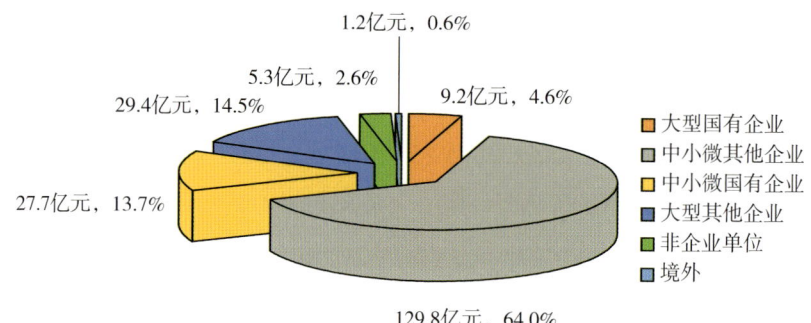

图 1-2-21 高校院所以转让、许可、作价投资方式转化科技成果转化去向的合同金额及占比情况

第二章 以转让、许可、作价投资方式转化科技成果的情况

（二）转化至单位所在地及行业领域特点

3554 家高校院所的科技成果转化至上海市的合同金额最高，转化至江苏省的合同项数最多。按照科技成果转化至单位所在地统计显示，2020 年高校院所以转让、许可、作价投资方式转化科技成果地方合同金额排名居前 3 位的分别是上海市、山东省、广东省，科技成果转化合同总金额分别为 30.2 亿元、26.6 亿元、19.6 亿元，占以转让、许可、作价投资方式转化科技成果合同总金额的比重分别为 14.9%、13.1%、9.7%（图 1-2-22）。转化至地方科技成果合同项数排名居前 3 位的分别是江苏省、广东省、浙江省，合同项数分别为 4218 项、2171 项、1604 项。

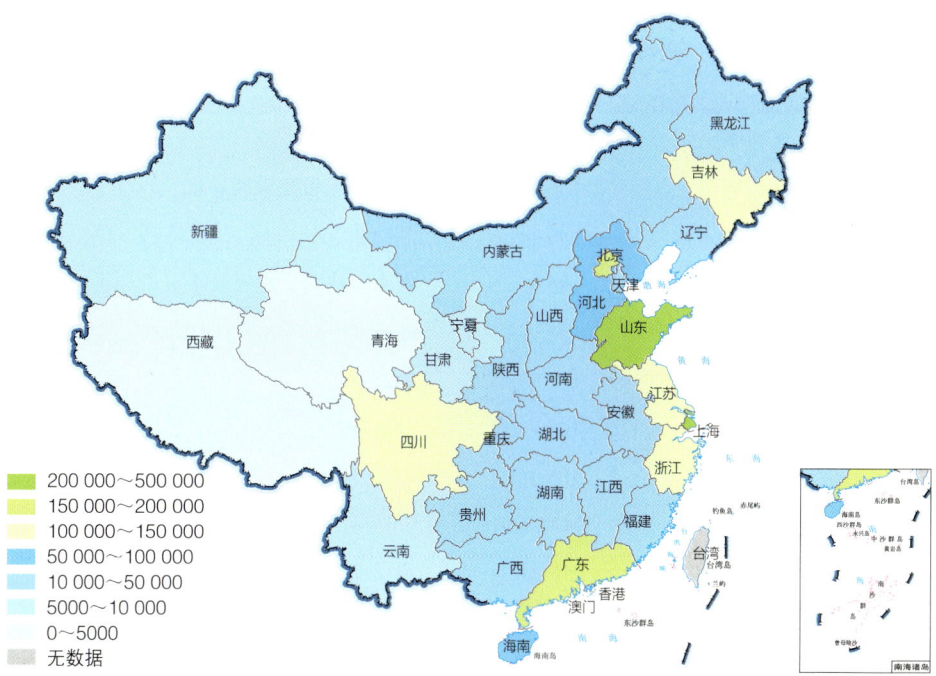

图 1-2-22　高校院所以转让、许可、作价投资方式将科技成果转化至单位所在地合同金额分布情况（单位：万元）

各地方承接科技成果所属行业领域数据显示,承接科技成果合同金额排名居前3位的地方分别是上海市、山东省、广东省,这3个地方合同金额最高的行业领域分别是制造业、科学研究和技术服务业及制造业。其中,各地方承接科技成果合同金额排名居前10位的省份中有8个(山东省、上海市、海南省、浙江省、广东省、河北省、江苏省、北京市)属于东部地区,1个(四川省)属于西部地区,1个(吉林省)属于东北地区,中部地区未进入前10名。排名居前10位的省份中合同金额最高的行业领域有7个是制造业,2个是科学研究和技术服务业,1个是电力、热力、燃气及水生产和供应业。数据表明,2020年成果转化较为活跃的两个行业领域是制造业、科学研究和技术服务业(表1-2-3)。

表1-2-3 地方高校院所以转让、许可、作价投资方式承接科技成果合同金额排名居前10位的省份及主要行业领域

排名	省份	合同总金额/万元	合同金额最高的行业
1	上海市	301 814.9	制造业
2	山东省	266 161.7	科学研究和技术服务业
3	广东省	196 441.6	制造业
4	北京市	196 095.6	电力、热力、燃气及水生产和供应业
5	江苏省	130 194.5	制造业
6	四川省	111 978.5	制造业
7	吉林省	105 916.5	制造业
8	浙江省	105 381.1	制造业
9	河北省	57 277.6	制造业
10	海南省	52 107.6	科学研究和技术服务业
合计/万元			1 523 369.6
占全国以转让、许可、作价投资方式转化科技成果合同总金额的比重			75.2%

第二章 以转让、许可、作价投资方式转化科技成果的情况

（三）成果转化应用的行业领域

科技成果转化合同金额最高、合同项数最多的行业领域是制造业领域。按照科技成果应用的行业领域①统计显示，在境内以转让、许可、作价投资方式转化合同金额排名前3位的依次是"制造业""科学研究和技术服务业""卫生和社会工作"，其合同总金额分别为84.6亿元、43.0亿元、17.3亿元，占以转让、许可、作价投资方式转化合同总金额的比重分别为41.7%、21.2%、8.6%。合同项数排名居前3位的依次是"制造业""科学研究和技术服务业""农、林、牧、渔业"，其合同项数分别为6853项、4497项、3505项（图1-2-23）。

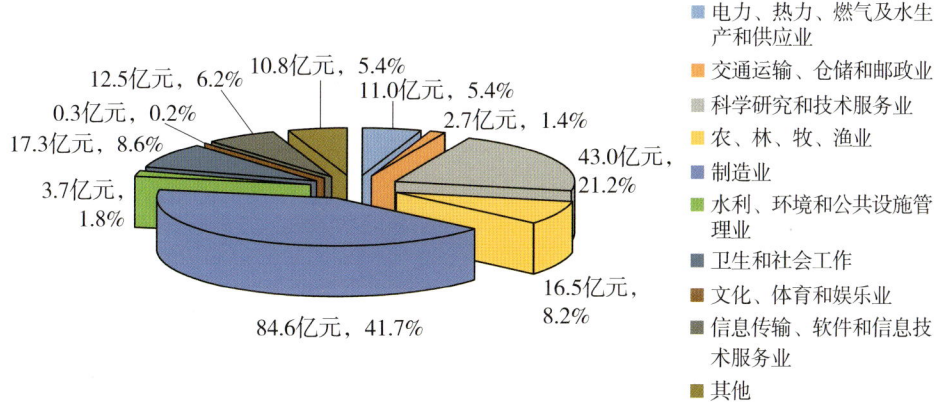

图1-2-23 高校院所以转让、许可、作价投资方式在境内转化科技成果合同金额的行业领域分布

---

① 按照国民经济行业门类，选取与科技相关性强的9个门类作为选项之一，剩余门类均归为"其他"。因此，2020年年度报告中设定行业领域分别为：①农、林、牧、渔业；②制造业；③电力、热力、燃气及水生产和供应业；④交通运输、仓储和邮政业；⑤信息传输、软件和信息技术服务业；⑥科学研究和技术服务业；⑦水利、环境和公共设施管理业；⑧卫生和社会工作；⑨文化、体育和娱乐业；⑩其他。由于第一次增加此指标，指标说明与各填报人员的理解可能不同，行业领域的选择存在一定偏差，后续有待完善。

（四）科技成果在本地方转化的情况

23个省、自治区、直辖市产出的50%以上（按合同金额占比计）科技成果在本地实现转化[①]。在本地方辖区内产出科技成果在本地方转化的合同项数排名居前3位的地方分别是江苏省（3264项）、浙江省（1155项）、广东省（1079项），占本地方辖区内产出科技成果转化合同总项数比例排名居前3位的地方分别是西藏自治区（100.0%）、新疆维吾尔自治区（86.0%）、内蒙古自治区（84.6%）。在本地方转化的合同金额排名居前3位的地方分别是上海市（27.3亿元）、北京市（15.5亿元）、四川省（9.3亿元），在本地方转化的合同金额占本地方辖区内产出科技成果转化合同金额比重排名居前3位的地方分别是西藏自治区（100.0%）、吉林省（94.3%）、青海省（94.2%）（表1-2-4）。统计显示，除安徽省、新疆维吾尔自治区、辽宁省、云南省、贵州省、天津市、北京市、湖南省以外，23个地方产出50%以上（按合同金额占比计）科技成果在本地实现转化，服务本地企业，促进本地经济发展。

表1-2-4　地方辖区内单位产出科技成果转化至本地方的合同金额排名[②]居前10位的省份相关情况

排名	省份	在本地方辖区内产出科技成果在本地方转化的合同项数/项	占本地方辖区内产出科技成果转化合同总项数的比重	在本地方辖区内产出科技成果在本地方转化的合同金额/亿元	占本地方辖区内产出科技成果转化合同金额的比重
1	上海市	266	46.9%	27.3	58.0%
2	北京市	706	44.6%	15.5	36.5%
3	四川省	627	69.5%	9.3	81.6%

---

① 详细排名见附录18。
② 详见附录18。

第二章　以转让、许可、作价投资方式转化科技成果的情况

续表

排名	省份	在本地方辖区内产出科技成果在本地方转化的合同项数/项	占本地方辖区内产出科技成果转化合同总项数的比重	在本地方辖区内产出科技成果在本地方转化的合同金额/亿元	占本地方辖区内产出科技成果转化合同金额的比重
4	广东省	1079	79.2%	8.4	81.5%
5	吉林省	205	67.4%	7.6	94.3%
6	山东省	812	66.9%	6.2	90.1%
7	江苏省	3264	75.7%	4.7	53.7%
8	湖南省	266	61.6%	4.2	35.8%
9	湖北省	544	58.2%	3.7	67.8%
10	浙江省	1155	65.5%	3.4	63.5%

（五）科技成果跨地方转化的情况

科技成果跨地方转化的合同项数达三成以上，合同金额达四成以上。2020年，本地方辖区内的科技成果以转让、许可、作价投资方式转化到本地方以外的合同项数是7219项，占总合同项数的34.4%；合同金额达91.0亿元，占总合同金额的44.9%。承接其他地方科技成果合同项数排名居前3位的地方分别是广东省（1092项）、江苏省（954项）、北京市（535项），合同金额排名居前3位的地方分别是山东省（20.4亿元）、广东省（11.3亿元）、江苏省（8.3亿元）。本地方产出科技成果输出至其他地方的合同项数排名居前3位的地方分别是江苏省（1048项）、北京市（876项）、陕西省（623项），合同金额排名居前3位的地方分别是北京市（27.0亿元）、上海市（19.8亿元）、辽宁省（9.3亿元）（图1-2-24、图1-2-25）。

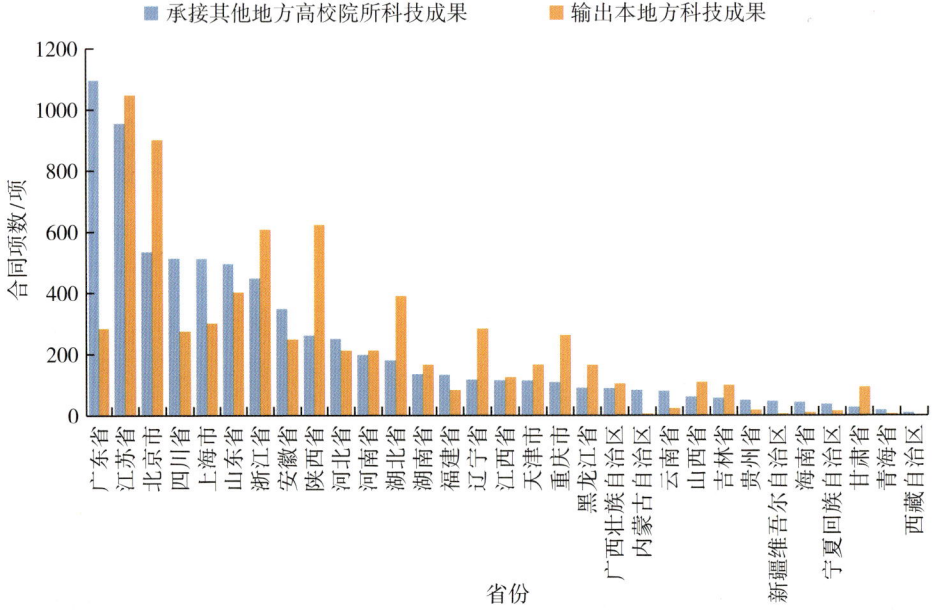

图 1-2-24　各地方承接其他地方高校院所科技成果/输出本地方科技成果合同项数统计

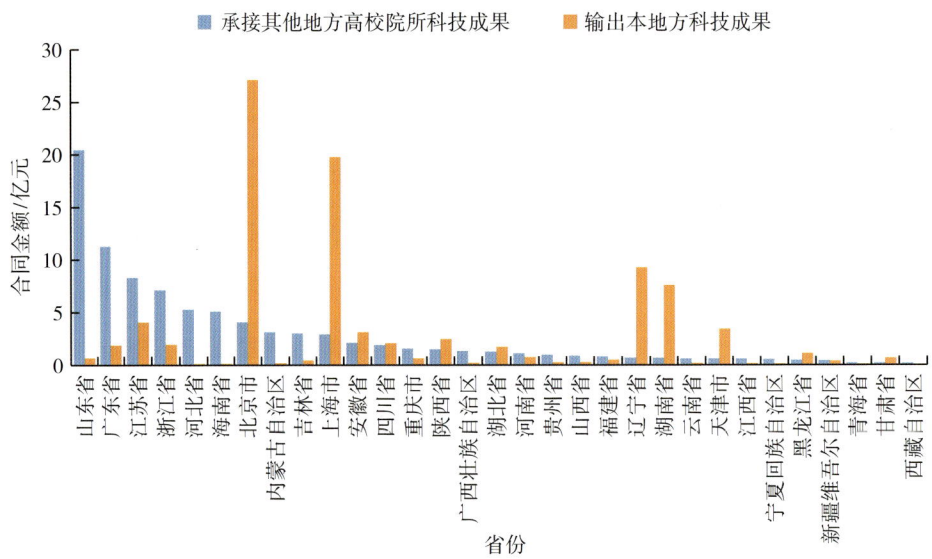

图 1-2-25　各地方承接其他地方高校院所科技成果/输出本地方科技成果合同金额统计

第二章 以转让、许可、作价投资方式转化科技成果的情况

各地方科技成果产出与承接能力呈现新变化。北京市和上海市高校院所多、科研能力强，输出成果到其他地方合同金额远大于承接其他地方成果转化合同金额，对其他地方的辐射能力强。与上海市相比，北京市吸引辖区内高校院所产出的科技成果在本地转化的能力有待提高。与 2019 年相比，上海市承接其他地方科技成果合同金额有所降低。山东省、四川省和广东省高校院所多，科技成果产出能力和承接能力均较强，均能够留住本辖区内产出的科技成果，且山东省和广东省承接能力明显提升，对其他地方产出的科技成果吸引能力也均较强。山东省的科技成果承接能力强于其自身的成果产出能力。与山东省和广东省相比，四川省吸引其他地方科技成果在四川省落地转化的能力还有待提高。江苏省和浙江省科技成果转化平衡有序发展，科技成果产出能力强，承接和输出能力较为匹配。辽宁省和湖南省高校院所较多，产出成果能力强，输出成果到其他地方合同金额远大于承接其他地方成果转化合同金额，对其他地方的辐射能力强，自身承接能力需提升。吉林省科技成果产出能力及承接能力明显提升，不仅留住本辖区内产出科技成果的能力显著提升，而且对其他地方产出科技成果的吸引力也有提升。海南省、河北省、内蒙古自治区等地承接其他地方高校院所产出科技成果的能力明显增强，较好地填补自身高校院所科研能力待提高的短板（表 1-2-5）。

表 1-2-5　各地方辖区内产出科技成果、输出科技成果及承接其他地方科技成果的相关情况

省份	单位数量/家		本地方辖区内产出科技成果合同总金额/万元		跨地方输出科技成果合同金额占本地方辖区内产出科技成果转化合同总金额的比重		承接其他地方科技成果合同金额/万元	
	2019年	2020年	2019年	2020年	2019年	2020年	2019年	2020年
北京市	253	280	261 785.2	425 418.7	67.5%	63.5%	34 088.9	40 745.1
天津市	79	72	49 530.0	50 074.1	51.4%	68.4%	10 315.8	5910.6
河北省	140	164	2838.9	5922.2	20.0%	24.5%	6935.1	52 809.2
山西省	45	94	8060.1	6508.1	20.2%	45.3%	5001.7	8776.8
内蒙古自治区	121	104	4164.5	2127.9	5.2%	44.3%	10 042.3	31 334.2
辽宁省	100	104	57 254.9	114 675.5	77.8%	80.7%	4125.5	6897.7
吉林省	65	54	49 648.6	80 335.2	83.1%	5.7%	2410.3	30 194.7
黑龙江省	52	112	19 717.6	26 794.4	34.9%	42.2%	4241.2	4631.1
上海市	135	131	359 758.8	470 448.7	36.8%	42.0%	105 929.0	29 047.0
江苏省	92	93	97 350.3	87 836.8	41.8%	46.3%	102 433.4	83 019.8
浙江省	150	169	74 361.7	53 873.2	25.8%	36.5%	59 052.0	71 149.8
安徽省	103	113	12 490.6	52 349.5	13.4%	59.9%	18 163.1	21 122.0
福建省	123	123	20 975.4	26 681.5	5.9%	19.3%	6962.7	8108.6
江西省	157	124	7541.9	12 228.7	28.0%	13.4%	8086.2	5992.6
山东省	381	327	40 223.6	68 501.5	19.2%	9.9%	107 043.8	204 464.1
河南省	120	128	20 192.4	25 377.5	26.7%	29.7%	15 653.8	11 199.1
湖北省	170	158	36 472.5	53 981.4	27.9%	32.2%	9253.8	12 745.4

第二章 以转让、许可、作价投资方式转化科技成果的情况

续表

省份	单位数量/家		本地方辖区内产出科技成果合同总金额/万元		跨地方输出科技成果合同金额占本地方辖区内产出科技成果转化合同总金额的比重		承接其他地方科技成果合同金额/万元	
	2019年	2020年	2019年	2020年	2019年	2020年	2019年	2020年
湖南省	164	146	61 729.7	11 8113.4	12.5%	64.2%	12 271.7	6584.0
广东省	244	287	204 807.2	102 575.5	49.4%	18.5%	62 518.5	112 836.4
广西壮族自治区	85	103	6809.5	9649.2	10.5%	11.4%	13 099.0	13 397.0
海南省	22	24	1875.9	1396.3	7.9%	15.3%	11 203.3	50 924.3
重庆市	60	63	16 750.0	31076.2	35.5%	20.9%	1709.1	15 660.8
四川省	169	157	28 672.5	113 746.1	21.8%	18.4%	36 455.6	19 139.7
贵州省	43	47	1476.8	3407.4	58.7%	79.3%	936.0	9795.8
云南省	104	103	4219.0	2957.9	35.9%	64.7%	747.9	6104.1
西藏自治区	11	13	86.0	105.0	0.0%	0.0%	65.0	641.7
陕西省	79	87	42 948.8	56 684.0	48.7%	43.9%	12 228.8	15 020.2
甘肃省	90	87	27 264.7	14 728.4	70.7%	45.7%	2065.7	897.9
青海省	20	20	688.0	730.7	1.9%	5.8%	1329.8	2079.2
宁夏回族自治区	23	19	359.4	921.7	13.8%	31.5%	1602.8	5506.5
新疆维吾尔自治区	47	48	3751.1	7213.8	23.2%	56.9%	1246.8	4374.5

（六）科技成果跨地区转化情况

科技成果跨地区转化的合同项数超两成，合同金额近两成。2020年，各地区科技成果以转让、许可、作价投资方式转化至其他地区的合同项数为4272项，占合同总项数的20.4%；合同金额达42.2亿元，占合同总金额的20.8%。东部地区产出的科技成果输出至其他地区的合同项数达1543项，合同金额达14.1亿元；东部地区承接其他地区的科技成果合同项数达2124项，合同金额达20.5亿元，承接科技成果的合同项数和合同金额均领先于其他地区。中部地区产出的科技成果输出至其他地区的合同项数达1079项，合同金额为13.1亿元；中部地区承接其他地区的科技成果合同项数为861项，合同金额为6.0亿元；西部地区产出的科技成果转化输出至其他地区的合同项数达1158项，合同金额为4.5亿元；西部地区承接其他地区的科技成果共1046项，合同金额为9.8亿元。东北地区产出的科技成果转化输出至其他地区的合同项数达492项，合同金额为10.6亿元；东北地区承接其他地区的科技成果合同项数达205项，合同金额3.9亿元（图1-2-26、图1-2-27）。

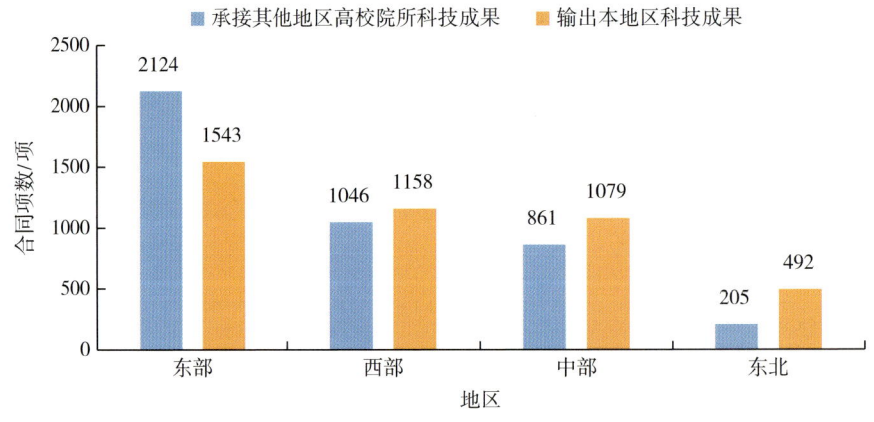

图1-2-26　各地区承接其他地区高校院所科技成果/输出本地区科技成果合同项数统计

第二章 以转让、许可、作价投资方式转化科技成果的情况

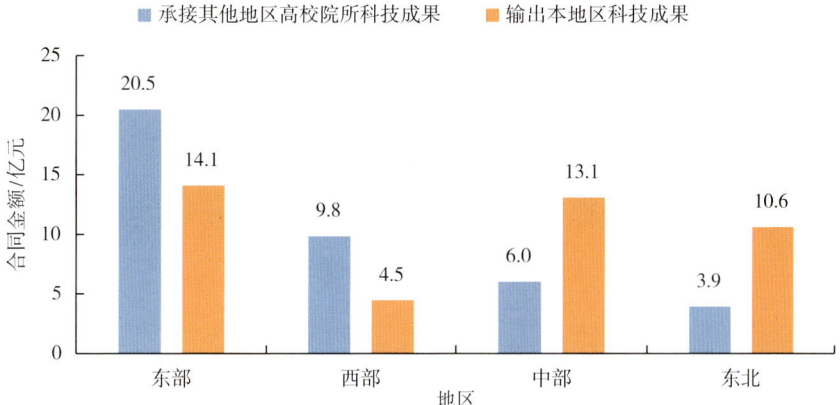

图 1-2-27 各地区承接其他地区高校院所科技成果/输出本地区科技成果合同金额统计

第三章
财政资助项目以转让、许可、作价投资方式转化科技成果

受财政资助产生的科技成果以转让、许可、作价投资方式转化的合同项数明显增长，合同金额显著增长。其中，中央财政资助项目产生的科技成果转化合同项数显著增长，合同金额大幅增长。

一、基本情况

（一）全国财政资助项目成果转化情况

全国财政资助项目[①]的科技成果转化合同项数明显增长，合同金额显著增长。2020年，全国财政资助项目成果以转让、许可、作价投资方式转化合同项数为3445项，比上一年增长22.9%，占转化合同总项数（20 977项）的16.4%；合同金额为69.1亿元，比上一年增长44.7%，占转化合同总金额（202.6亿元）的34.1%（图1-3-1）。

---

① 全国财政资助项目包括中央财政资助项目和地方财政资助项目。

第三章 财政资助项目以转让、许可、作价投资方式转化科技成果

图 1-3-1 高校院所受全国财政资助项目成果以转让、许可、作价投资方式转化的合同金额和合同项数情况

（二）中央财政资助项目成果转化情况

中央财政资助项目产生的科技成果以转让、许可、作价投资方式转化的合同项数显著增长、合同金额大幅增长。2020 年，高校院所受中央财政资助项目产生的科技成果以转让、许可、作价投资方式转化的合同项数为 2230 项，比上一年增长 42.8%，占受全国财政资助项目成果以转让、许可、作价投资方式转化合同总项数（3445 项）的 64.7%；合同金额达 62.8 亿元，比上一年增长 61.7%，占受全国财政资助项目成果以转让、许可、作价投资方式转化合同总金额（69.1 亿元）的 91.0%（图 1-3-2）。

图 1-3-2 高校院所受中央财政资助项目成果以转让、许可、作价投资方式转化合同金额和合同项数情况

二、中央所属高校院所科技成果转化

（一）全国财政资助项目成果转化情况

中央所属高校院所受全国财政资助项目产生的科技成果转化合同项数明显增长，合同金额显著增长。2020年，中央所属高校院所以转让、许可、作价投资方式转化的科技成果中受全国财政资助项目成果转化合同项数为1873项，比上一年增长22.7%，占中央所属高校院所转化合同总项数（5935项）的31.6%；合同金额为59.1亿元，比上一年增长52.1%，占中央所属高校院所转化合同总金额（147.2亿元）的40.2%（图1-3-3）。

第三章　财政资助项目以转让、许可、作价投资方式转化科技成果

图 1-3-3　中央所属高校院所受全国财政资助项目成果以转让、许可、作价投资方式转化的合同金额和合同项数情况

（二）中央财政资助项目成果转化情况

中央所属高校院所受中央财政资助项目产生的科技成果以转让、许可、作价投资方式转化的合同项数明显增长，合同金额大幅增长。2020年，中央所属高校院所受中央财政资助项目产生的科技成果中以转让、许可、作价投资方式转化合同项数为1607项，比上一年增长37.9%，占中央所属高校院所受全国财政资助项目成果转化合同总项数（1873项）的85.8%；中央财政资助产生的科技成果合同金额达56.5亿元，比上一年增长63.3%，占中央所属高校院所受全国财政资助项目成果转化合同总金额（59.1亿元）的95.6%（图1-3-4）。

图 1-3-4 中央所属高校院所受中央财政资助项目以转让、许可、作价投资方式转化科技成果合同金额和合同项数情况

中央所属高校院所受中央财政资助项目产生的科技成果转化日益增加。2020年，清华大学以转让、许可、作价投资方式共转化科技成果136项，合同金额达10.4亿元，其中，受中央财政资助项目产生的科技成果转化合同项数为5项，占合同总项数的比重为3.7%；合同金额达6.0亿元，占合同总金额的比重为57.7%。复旦大学以转让、许可、作价投资方式共转化科技成果18项，合同金额达5.8亿元，其中，受中央财政资助项目产生的科技成果转化合同项数为14项，占合同总项数的比重为77.8%；合同金额约达5.8亿元，占合同总金额的比重为98.8%。四川大学以转让、许可、作价投资方式共转化科技成果92项，合同金额达8.4亿元，其中，受中央财政资助项目产生的科技成果转化合同项数为20项，占合同总项数的比重为21.7%；合同金额达5.4亿元，占合同总金额的比重为64.1%。

第三章 财政资助项目以转让、许可、作价投资方式转化科技成果

三、地方所属高校院所科技成果转化

（一）全国财政资助项目成果转化情况

各地方所属高校院所受全国财政资助项目产生的科技成果转化合同项数明显增长、合同金额略有增长。2020年，各地方所属高校院所受全国财政资助项目成果转化合同项数为1572项，比上一年增长23.2%，占地方所属高校院所转化合同总项数（15 042项）的10.5%；合同金额为10.0亿元，比上一年增长9.0%，占地方所属高校院所转化合同总金额（55.4亿元）的18.0%（图1-3-5）。

图1-3-5　地方所属高校院所受全国财政资助项目成果以转让、许可、作价投资方式转化的合同金额和合同项数情况

2020年，地方所属高校院所受全国财政资助项目成果以转让、许可、作价投资方式转化的合同金额排名居前3位的地方分别是天津市（1.8亿元）、广东省（1.3亿元）、上海市（1.1亿元）（图1-3-6）。

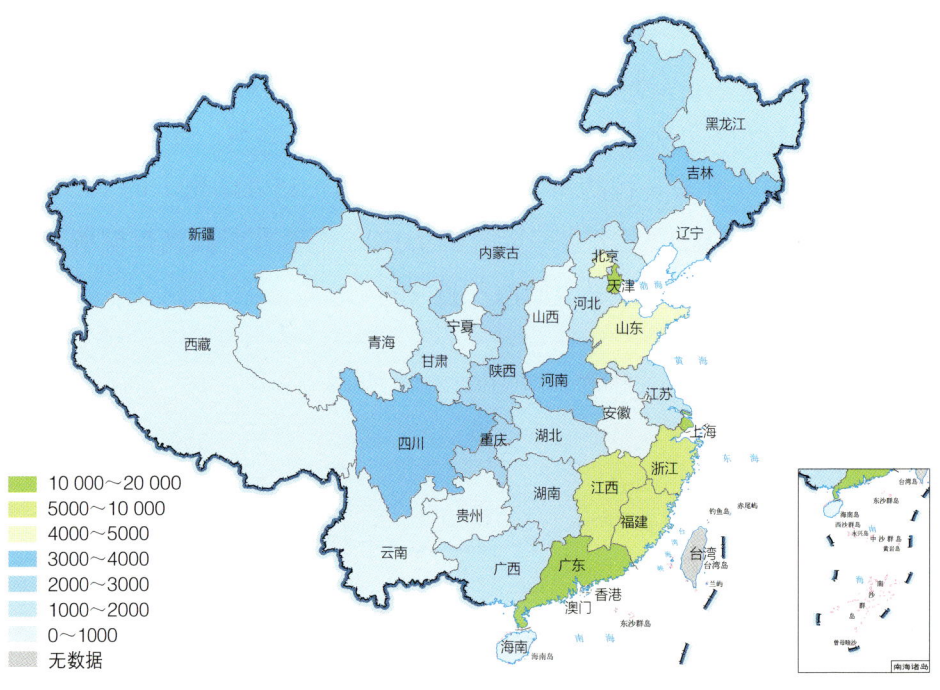

图1-3-6　地方所属高校院所受全国财政资助项目成果以转让、许可、作价投资方式转化的合同金额分布情况（单位：万元）

（二）中央财政资助项目成果转化情况

各地方所属高校院所受中央财政资助项目产生的科技成果以转让、许可、作价投资方式转化的合同项数、合同金额均显著增长。2020年，地方所属高校院所受中央财政资助项目成果以转让、许可、作价投资方式转化的合同项数为623项，比上一年增长56.9%，占地

第三章 财政资助项目以转让、许可、作价投资方式转化科技成果

方所属高校院所受全国财政资助项目转化成果合同总项数（1579 项）的 39.6%；合同金额达 6.3 亿元，比上一年增长 46.2%，占地方所属高校院所受全国财政资助项目转化成果合同总金额（10.0 亿元）的 63.3%（图 1-3-7）。

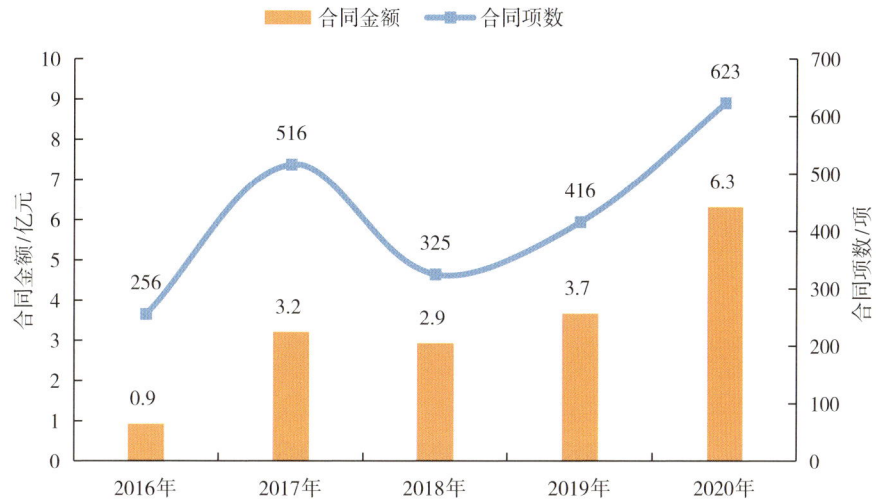

图 1-3-7 地方所属高校院所受中央财政资助项目成果以转让、许可、作价投资方式转化的合同金额和合同项数情况

2020 年，地方所属高校院所受中央财政资助项目成果以转让、许可、作价投资方式转化的合同金额排名居前 3 位的地方分别是天津市（1.8 亿元）、上海市（1.1 亿元）、江西省（0.6 亿元）（图 1-3-8）。

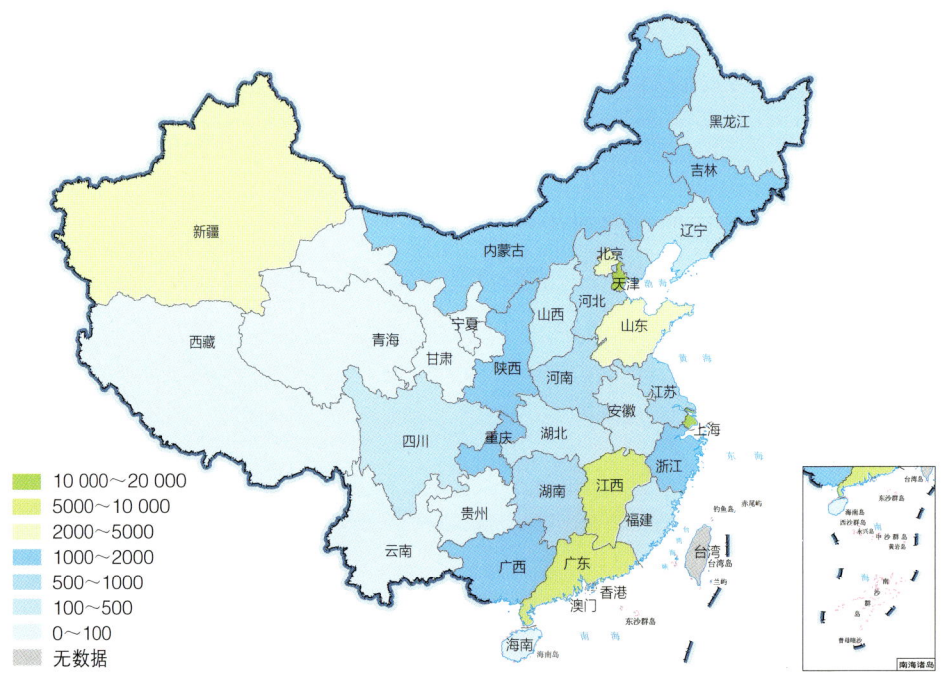

图 1-3-8 地方所属高校院所受中央财政资助项目成果以转让、许可、作价投资方式转化的合同金额分布情况(单位:万元)

2020年,重庆交通大学以转让、许可、作价投资方式转化科技成果的合同项数为167项,比上一年增长19.9倍,其中,受到全国财政资助的转化成果为113项,比上一年增长15.1倍,受到中央财政资助的转化成果为57项,比上一年增长7.1倍;广东省林业科学研究院以转让、许可、作价投资方式转化科技成果的合同项数为202项,比上一年增长32.9%,其中,受到全国财政资助的转化成果为22项,比上一年增长10.0%,受到中央财政资助的转化成果为22项,比上一年增长1.2倍。

第三章　财政资助项目以转让、许可、作价投资方式转化科技成果

四、各地区财政资助科技成果转化

（一）按照单位所在辖区科技成果转化情况

1. 全国财政资助项目成果转化情况

按单位所在地区统计，2020年地方辖区内的高校院所受全国财政资助项目成果以转让、许可、作价投资方式转化的合同金额排名居前3位的地方分别是上海市（21.8亿元）、北京市（14.3亿元）、四川省（6.3亿元）（图1-3-9）。

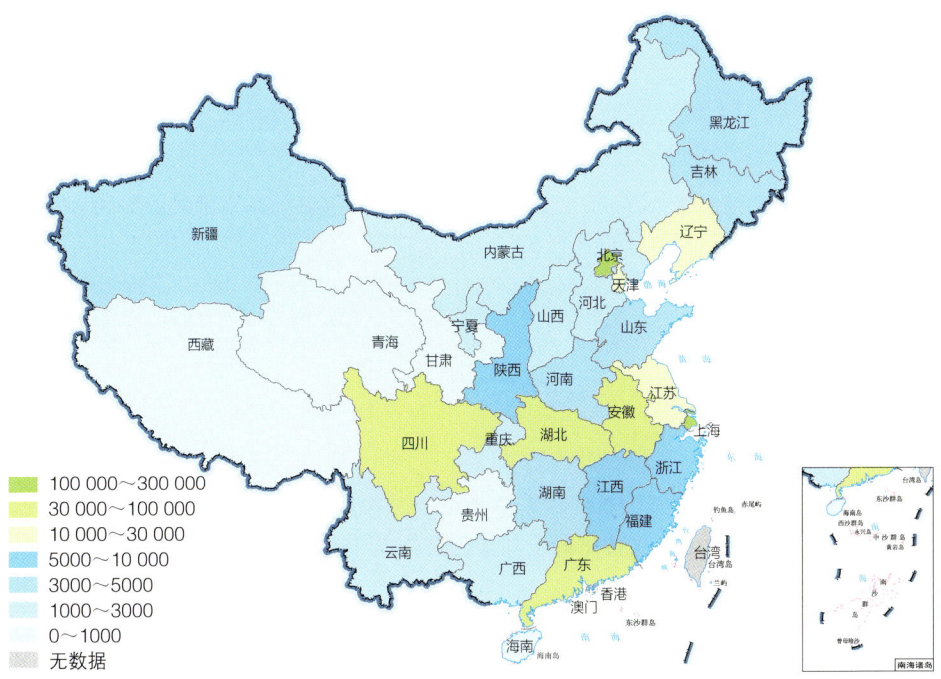

图 1-3-9　地方辖区内高校院所受全国财政资助项目成果以转让、许可、作价投资方式转化的合同金额分布情况（单位：万元）

2. 中央财政资助项目成果转化情况

2020年，地方辖区内高校院所受中央财政资助项目产生的科技成果以转让、许可、作价投资方式转化的合同金额排名居前3位的地方分别是上海市（21.6亿元）、北京市（14.0亿元）、四川省（5.9亿元）（图1-3-10）。

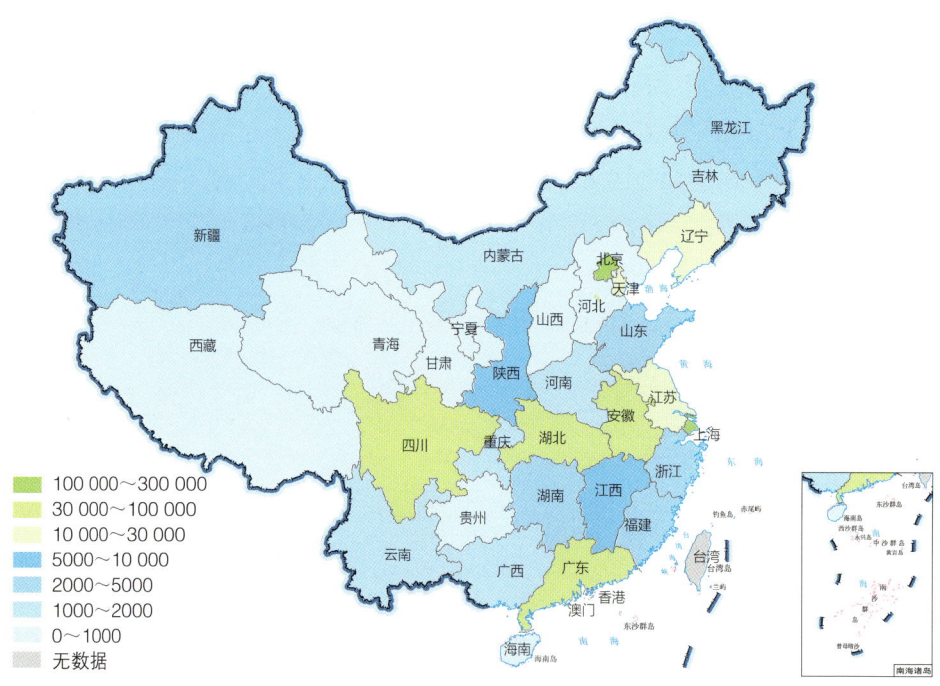

图 1-3-10　地方辖区内高校院所受中央财政资助项目成果以转让、许可、作价投资方式转化的合同金额分布情况（单位：万元）

第一篇
第三章 财政资助项目以转让、许可、作价投资方式转化科技成果

（二）东部、中部、西部和东北地区财政资助项目成果转化情况

1. 全国财政资助项目成果转化情况

东部地区高校院所受全国财政资助项目产生的科技成果以转让、许可、作价投资方式转化的合同金额明显增长，西部、东北地区显著增长，中部地区约增长1.2倍。2020年，东部地区高校院所受全国财政资助项目产生的科技成果以转让、许可、作价投资方式转化的合同金额为49.5亿元，比上一年增长36.7%；西部地区合同金额为8.7亿元，比上一年增长46.7%；中部地区合同金额为7.9亿元，比上一年增长1.2倍；东北地区合同金额为2.9亿元，比上一年增长59.9%（图1-3-11）。

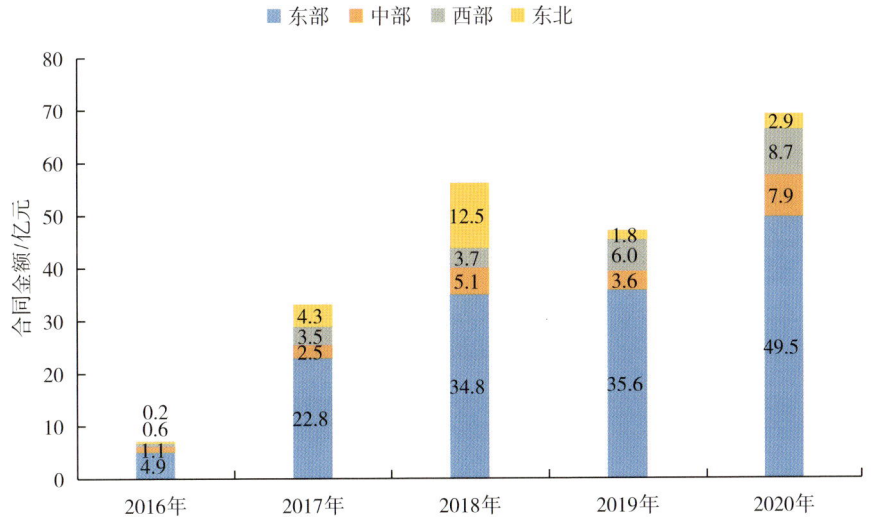

图1-3-11 各地区高校院所受全国财政资助项目成果以转让、许可、作价投资方式转化的合同金额情况

2. 中央财政资助项目成果转化情况

2020年，东部地区高校院所受中央财政资助项目产生的科技成果以转让、许可、作价投资方式转化的合同金额为45.1亿元，比上一年增长43.3%；西部地区合同金额为7.8亿元，比上一年增长1.3倍；中部地区合同金额为7.3亿元，比上一年增长1.6倍；东北地区合同金额为2.6亿元，比上一年增长1.2倍（图1-3-12）。

图1-3-12　各地区高校院所受中央财政资助项目成果以转让、许可、作价投资方式转化的合同金额情况

第四章
以转让、许可、作价投资方式转化科技成果收入的奖励分配情况

《中华人民共和国促进科技成果转化法》将科技成果的使用权、处置权和收益权下放到研究开发机构、高等院校，科技成果转化后由科技成果完成单位对完成、转化该项科技成果做出重要贡献的人员给予奖励和报酬，并规定转让、许可给他人实施的职务科技成果现金奖励比例不低于成果转化净收入的 50%，作价投资的职务科技成果股权奖励不低于股份或出资比例的 50%。《实施〈中华人民共和国促进科技成果转化法〉若干规定》要求，在研究开发和科技成果转化中做出主要贡献的人员，获得奖励的份额不低于奖励总额的 50%。统计数据显示，高校院所对个人奖励人次略有下降，个人获得的奖励金额略有增长。

一、基本情况

(一) 现金和股权收入的奖励分配[①] 情况

以转让、许可、作价投资方式转化科技成果获得的现金和股权收入略有下降，个人获得的现金和股权奖励略有增长。2020年，现金和股权收入总金额为99.6亿元，比上一年下降8.4%。个人获得的现金和股权奖励金额达55.9亿元，比上一年增长4.8%，其中研发与转化主要贡献人员所获现金和股权奖励达52.6亿元，比上一年增长8.9%（图1-4-1）。现金和股权奖励金额[②]超过1亿元的单位排名居前3位的分别是清华大学（6.3亿元）、中国科学院长春光学精密机械与物理研究所（3.6亿元）、中国科学院金属研究所（2.9亿元）。

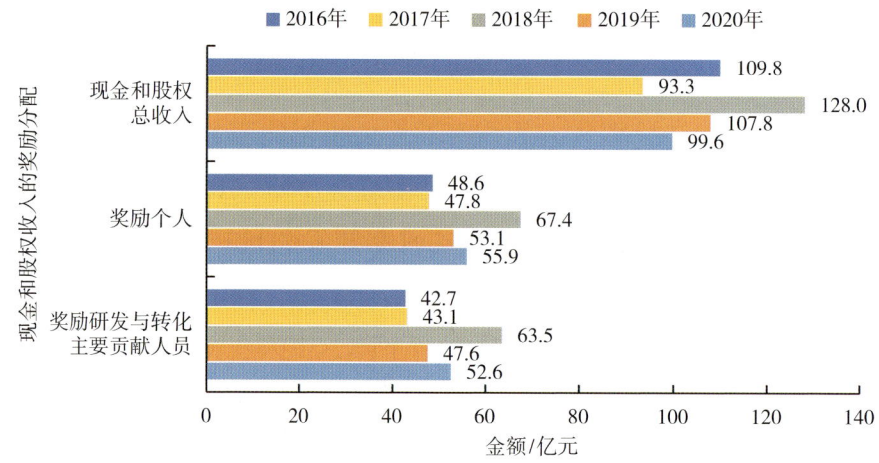

图1-4-1　高校院所以转让、许可、作价投资方式转化科技成果获得的现金和股权收入奖励分配情况

[①] 收入的奖励分配：以转让、许可、作价投资方式转化科技成果到账收入当年实际完成分配的情况，不统计到账后未完成分配的收入。
[②] 详见附录14。

第四章 以转让、许可、作价投资方式转化科技成果收入的奖励分配情况

奖励个人金额占现金和股权收入总额的比重超过50%，奖励研发与转化主要贡献人员金额占奖励个人金额的比重超过90%，奖励人次略有下降，人均奖励金额有所增长。2020年个人获得的现金和股权奖励占现金和股权收入的比重为56.2%，比上一年的49.3%有所增长，研发与转化主要贡献人员获得的奖励占奖励个人总金额的比重达到94.0%，比上一年的89.6%略有增长，基本符合《中华人民共和国促进科技成果转化法》《实施〈中华人民共和国促进科技成果转化法〉若干规定》的比重要求（图1-4-2、图1-4-3）。奖励人次为65 876人次，比上一年下降9.6%，人均奖励金额8.5万元，比上一年增长16.0%。

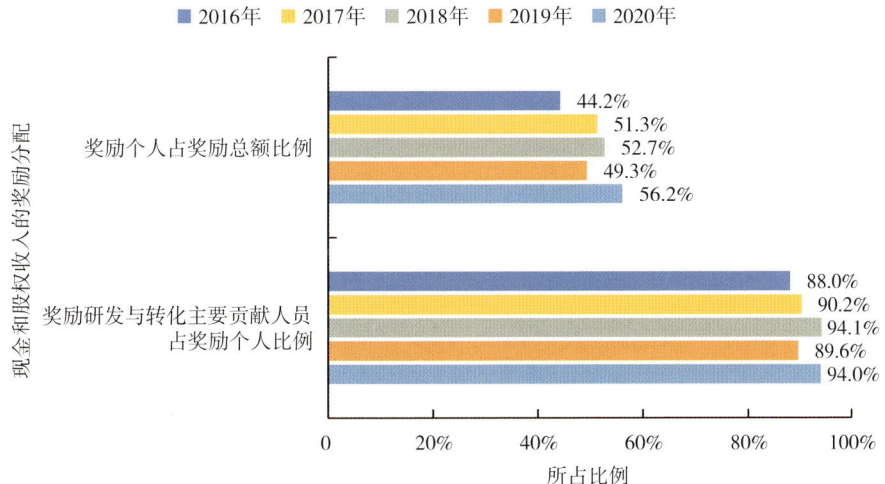

图1-4-2 高校院所以转让、许可、作价投资方式转化科技成果获得的现金和股权奖励金额占比情况

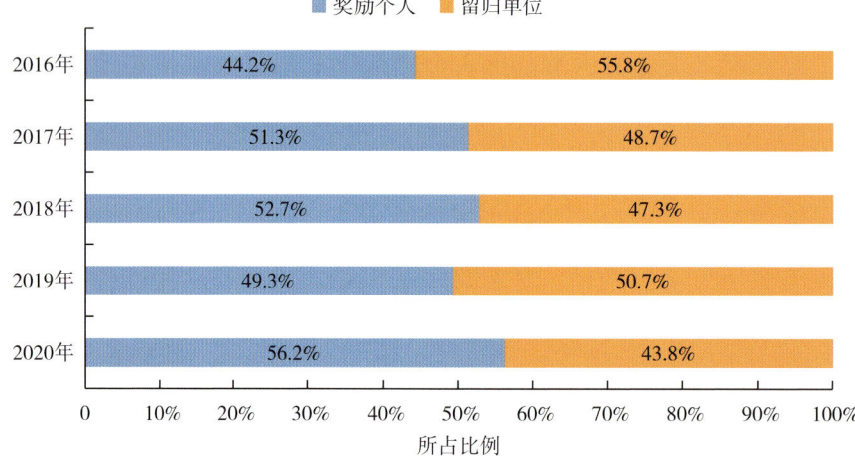

图 1-4-3　高校院所以转让、许可、作价投资方式转化科技成果获得的现金和股权收入留归单位和奖励个人分配情况

（二）现金收入的奖励分配情况

以转让、许可方式转化科技成果获得的现金收入明显下降，个人获得的现金奖励有所下降，研发与转化主要贡献人员所获得的现金奖励略有下降。2020年现金收入金额为49.4亿元，比上一年下降28.9%。个人获得的现金奖励金额为27.9亿元，比上一年下降10.5%，其中研发与转化主要贡献人员所获现金奖励为25.0亿元，比上一年下降6.9%（图1-4-4）。

第一篇

第四章 以转让、许可、作价投资方式转化科技成果收入的奖励分配情况

图 1-4-4 高校院所以转让、许可方式转化科技成果获得的现金收入奖励分配情况

奖励个人金额占现金收入总额的比重明显增长，奖励研发与转化主要贡献人员金额占奖励个人金额的比重略有增长，现金收入奖励人次略有下降。2020年，个人获得的现金奖励占现金收入的比重为56.6%，比2019年的44.7%明显增长，研发与转化主要贡献人员获得的奖励占奖励个人金额的比重为89.4%，比2019年的84.3%略有增长（图1-4-5、图1-4-6）。奖励人次为64 318人次，比上一年下降8.7%，人均奖励金额为4.3万元，比上一年下降2.0%。现金奖励个人金额1亿元及以上的单位共2家，分别是清华大学（1.6亿元）、中南大学（1.1亿元）。

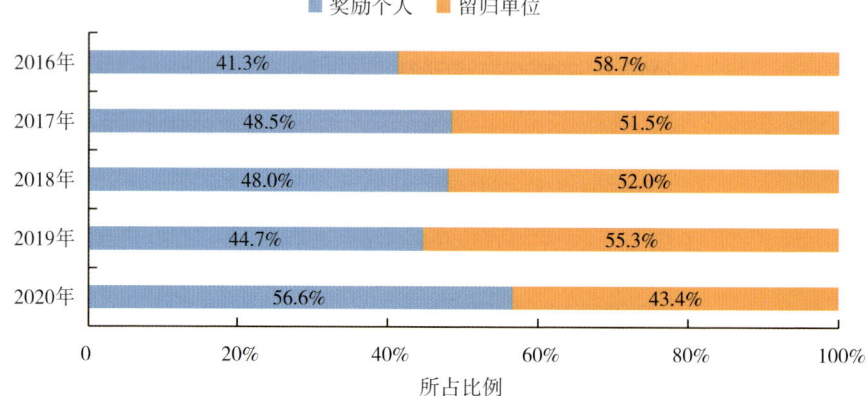

图 1-4-5　高校院所以转让、许可方式转化科技成果获得的现金收入留归单位和奖励个人分配情况

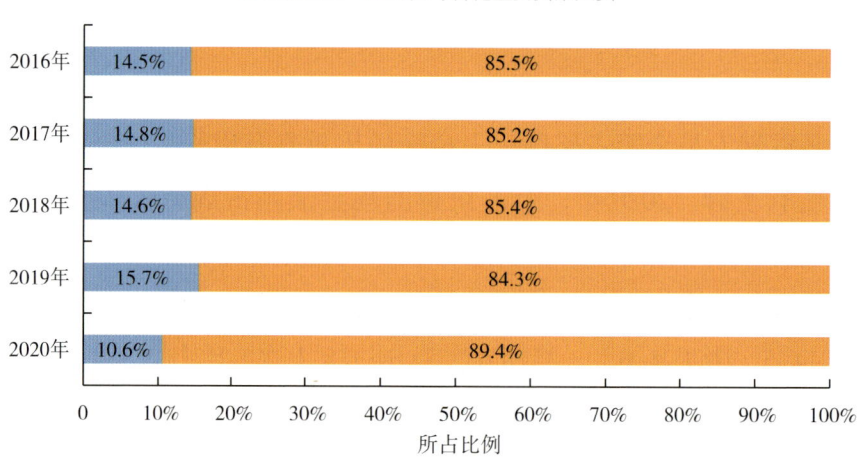

图 1-4-6　高校院所以转让、许可方式转化科技成果获得的现金收入奖励个人分配情况

（三）股权收入的奖励分配情况

以作价投资方式转化科技成果获得的股权收入、个人获得的股权奖励比上一年增长均超过25%。2020年，股权收入金额为50.2亿元，比

第四章 以转让、许可、作价投资方式转化科技成果收入的奖励分配情况

上一年增长 26.6%。个人获得的股权奖励金额为 28.0 亿元，比上一年增长 25.1%。研发与转化主要贡献人员所获股权奖励为 27.6 亿元，比上一年增长 27.4%（图 1-4-7）。

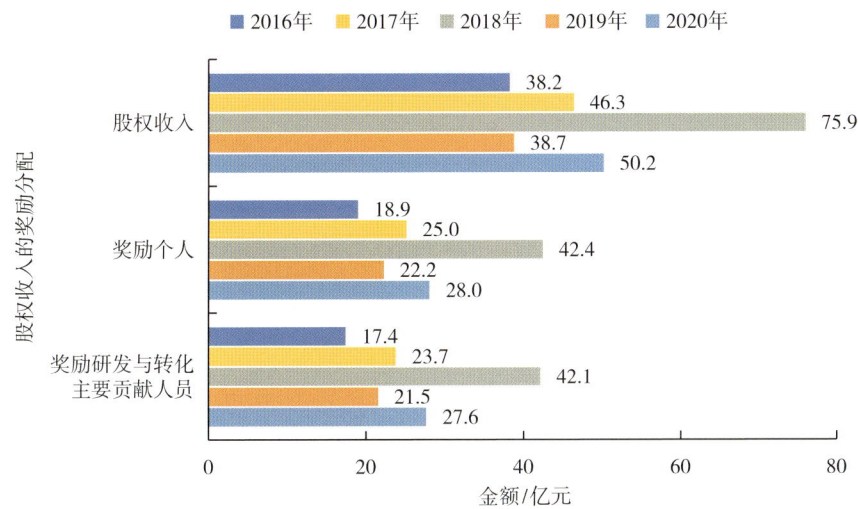

图 1-4-7　高校院所以作价投资方式转化科技成果获得的股权收入的奖励分配情况

股权奖励个人金额占股权收入总额的比重超过 50%，股权奖励研发与转化主要贡献人员金额占股权奖励个人金额的比重略有增长，股权奖励人次明显下降，人均股权奖励金额增长约 1 倍。2020 年，个人获得的股权奖励占股权收入的比重为 55.8%，比上一年的 57.4% 略有下降，研发与转化主要贡献人员获得的股权奖励占奖励个人股权金额的比重为 98.6%，比上一年的 96.8% 略有增长（图 1-4-8、图 1-4-9）。股权奖励人次为 1558 人次，比上一年下降 37.9%，人均股权奖励金额 179.5 万元，比上一年增长约 1.0 倍，人均股权奖励金额是人均现金奖励金额的 41.3 倍。

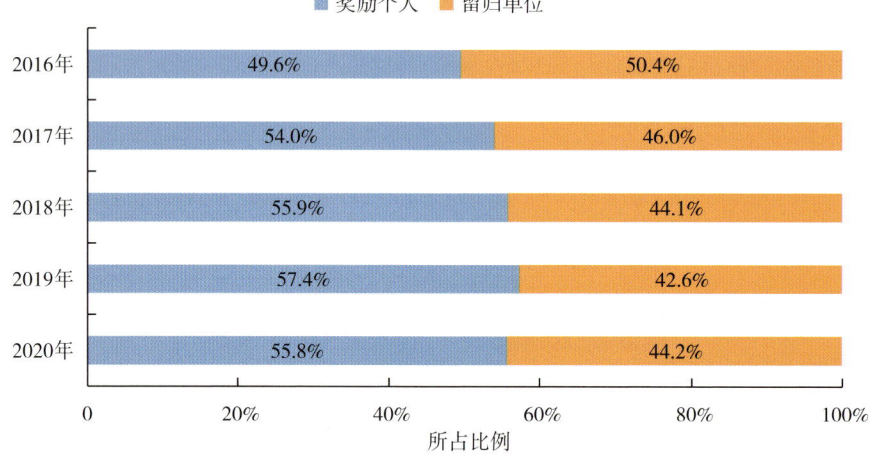

图 1-4-8　高校院所以作价投资方式转化科技成果获得股权收入留归单位和奖励个人分配情况

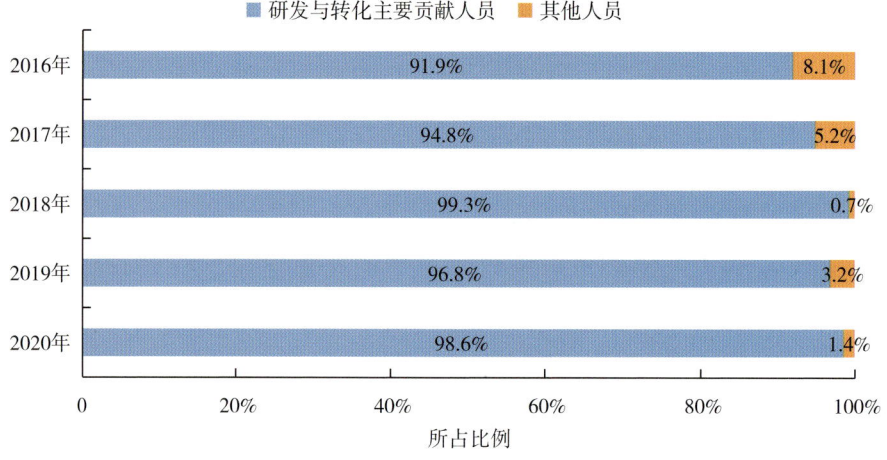

图 1-4-9　高校院所以作价投资方式转化科技成果获得的股权收入奖励个人分配情况

股权收入奖励个人金额超过 1 亿元的单位排名居前 3 位的分别是清华大学（4.7 亿元）、中国科学院长春光学精密机械与物理研究所（3.5 亿元）、中国科学院金属研究所（2.8 亿元）。

第四章 以转让、许可、作价投资方式转化科技成果收入的奖励分配情况

二、中央所属高校院所收入的奖励分配

（一）现金和股权收入的奖励分配情况

中央所属高校院所以转让、许可、作价投资方式转化科技成果获得的现金和股权收入略有增长，个人获得的现金和股权奖励有所增长。2020年，554家中央所属高校院所以转让、许可、作价投资方式转化科技成果获得的现金和股权收入总金额为69.3亿元，比上一年增长1.2%。个人获得的现金和股权奖励金额达38.3亿元，比上一年增长14.4%，其中研发与转化主要贡献人员所获现金和股权奖励为36.7亿元，比上一年增长17.3%（图1-4-10）。

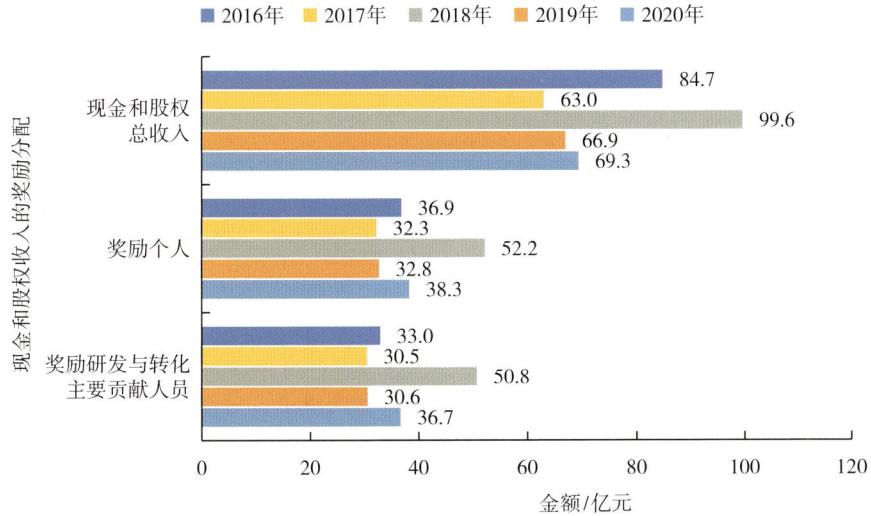

图1-4-10 中央所属高校院所以转让、许可、作价投资方式转化科技成果获得的现金和股权收入奖励分配情况

奖励个人金额占现金和股权收入总额的比重超过50%，奖励研发与转化主要贡献人员金额占奖励个人金额的比重超过90%，奖励人次略有下降，人均奖励金额有所增长。2020年，个人获得的现金和股权奖励占现金和股权收入的比重为55.3%，比上一年的49.0%略有增长，研发与转化主要贡献人员获得的奖励占奖励个人总金额的比重为95.8%，比上一年的93.4%略有增长（图1-4-11、图1-4-12）。奖励人次为24 430人次，比上一年下降1.1%，人均奖励金额15.7万元，比上一年增长15.6%。

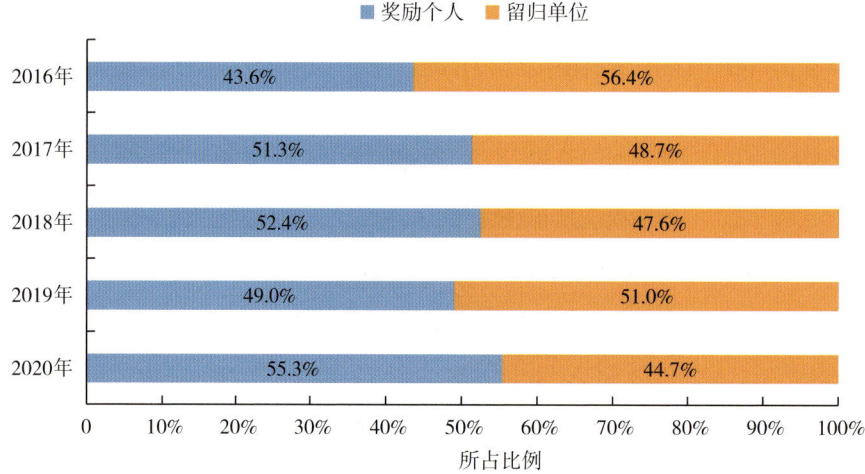

图1-4-11　中央所属高校院所以转让、许可、作价投资方式转化科技成果获得的现金和股权收入留归单位和奖励个人分配情况

第四章 以转让、许可、作价投资方式转化科技成果收入的奖励分配情况

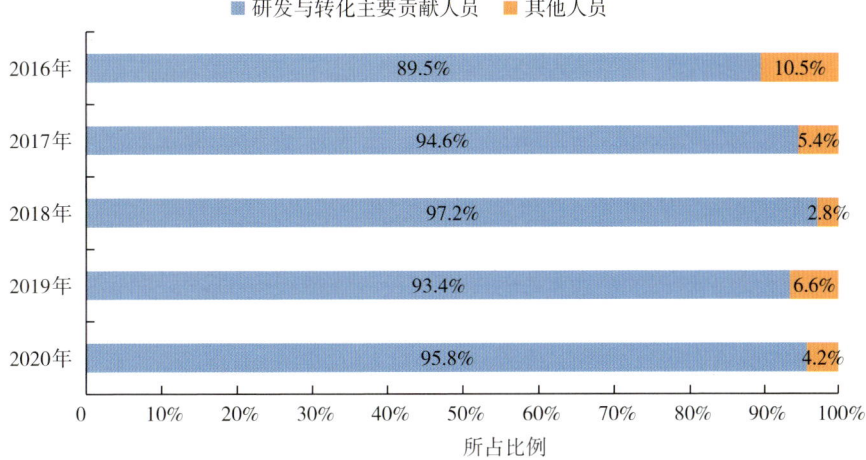

图 1-4-12 中央所属高校院所以转让、许可、作价投资方式转化科技成果获得的现金和股权收入奖励个人分配情况

2020年，以现金和股权收入奖励个人总金额排名居前3位的高校院所分别是清华大学、中国科学院长春光学精密机械与物理研究所、中国科学院金属研究所。2020年度，清华大学个人获得的科技成果转化现金和股权奖励总额达6.3亿元，人均奖励金额247.8万元，其中获得现金奖励总额为15 820.0万元，人均奖励金额97.7万元；获得股权奖励总额为46 875.0万元，人均奖励金额515.1万元。2020年度，中国科学院长春光学精密机械与物理研究所个人获得的科技成果转化现金和股权奖励总额达3.6亿元，人均奖励金额339.3万元，其中获得现金奖励总额为154.5万元，人均奖励金额3.5万元；获得股权奖励总额为35 472.5万元，人均奖励金额581.5万元。2020年度，中国科学院金属研究所个人获得科技成果转化现金和股权奖励总额达2.9亿元，人均奖励金额184.9万元，其中获得现金奖励总额为1384.0万元，人均奖励金额17.1万元，获得股权奖励总额为27 638.5万元，人均奖励金额363.7万元。

（二）现金收入的奖励分配情况

中央所属高校院所以转让、许可方式转化科技成果获得的现金收入明显下降，个人获得的现金奖励、研发与转化主要贡献人员所获现金奖励均略有下降。2020年，554家中央所属高校院所以转让、许可方式转化科技成果获得的现金收入总金额为27.8亿元，比上一年下降30.5%。个人获得的现金奖励金额为16.2亿元，比上一年下降7.2%，其中研发与转化主要贡献人员所获现金奖励为14.6亿元，比上一年下降7.5%（图1-4-13）。

图1-4-13 中央所属高校院所以转让、许可方式转化科技成果获得的现金收入奖励分配情况

奖励个人金额占现金收入总额的比重有所增长，奖励研发与转化主要贡献人员金额占奖励个人金额的比重略有下降，奖励人次略有增长，人均奖励金额略有下降。2020年，个人获得的现金奖励占现金收入总额的比重为58.4%，比上一年的43.4%有所增长，研发与转化主要贡献人员获得的现金奖励占奖励个人现金总金额的比重为90.2%，比上一年

第四章 以转让、许可、作价投资方式转化科技成果收入的奖励分配情况

的90.6%略有下降（图1-4-14、图1-4-15）。奖励人次为23 543人次，比上一年增长2.6%，人均奖励金额6.9万元，比上一年下降9.6%。

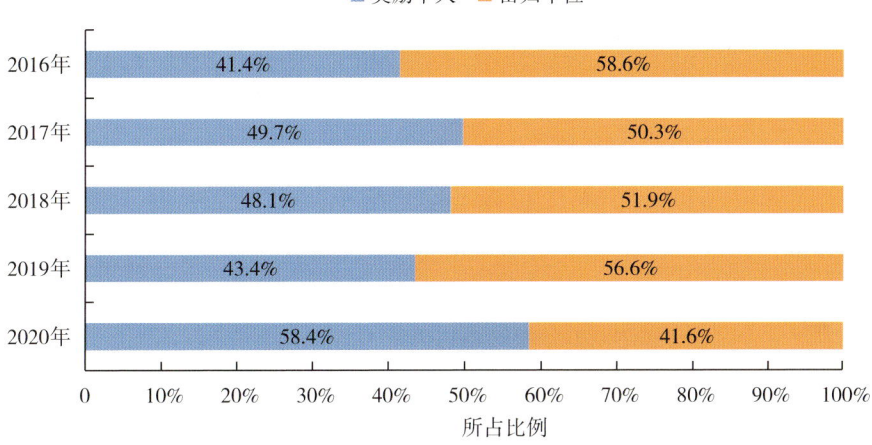

图1-4-14　中央所属高校院所以转让、许可方式转化科技成果的现金收入奖励个人和留归单位分配情况

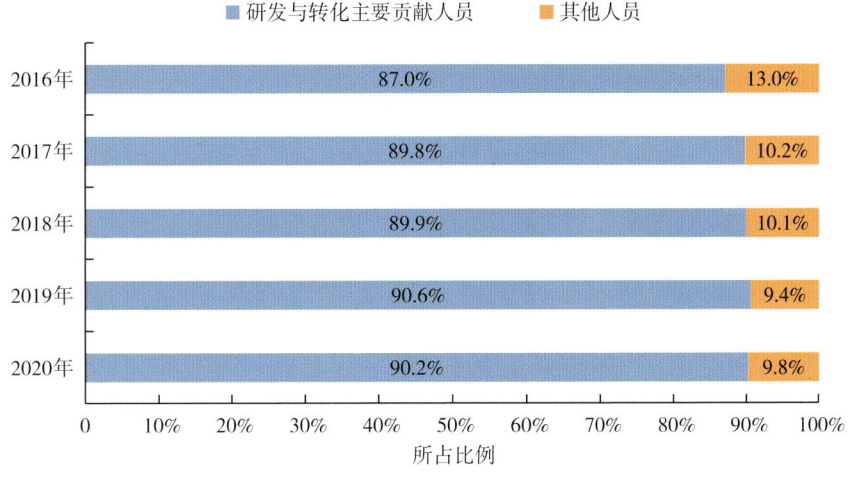

图1-4-15　中央所属高校院所以转让、许可方式转化科技成果获得的现金收入奖励个人分配情况

（三）股权收入的奖励分配情况

中央所属高校院所以作价投资方式转化科技成果获得的股权收入显著增长，个人获得的股权奖励明显增长。2020年，554家中央所属高校院所以作价投资方式转化科技成果获得的股权收入金额为41.5亿元，比上一年增长45.1%。个人获得的股权奖励金额为22.1亿元，比上一年增长37.2%，其中研发与转化主要贡献人员所获股权奖励为22.1亿元，比上一年增长41.9%（图1-4-16）。

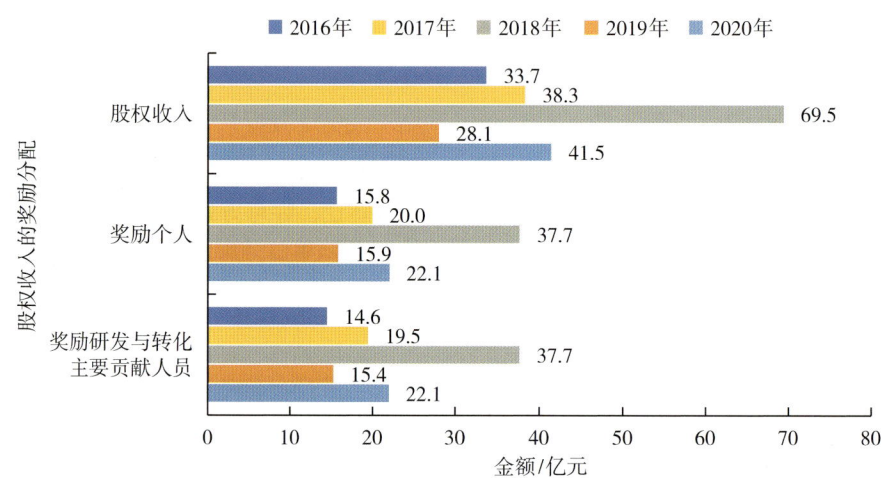

图1-4-16 中央所属高校院所以作价投资方式转化科技成果获得的股权收入奖励分配情况

股权奖励个人金额占股权收入总额的比重超过50%，与2019年相比略有下降；奖励研发与转化主要贡献人员金额占奖励个人金额的比重略有增长；奖励人次显著下降，人均股权奖励金额比上一年增长1.7倍。2020年，个人获得的股权奖励占股权收入的比重为53.3%，比上一年的56.7%略有下降，研发与转化主要贡献人员获得的股权奖励占奖励个人股权总金额的比重为99.9%，比上一年的96.5%略有增长（图1-4-17、

第四章 以转让、许可、作价投资方式转化科技成果收入的奖励分配情况

图1-4-18)。股权奖励人次为887人次,比上一年下降49.6%,人均股权奖励金额249.3万元,比上一年增长1.7倍,股权人均奖励金额是人均现金奖励金额的36.2倍。

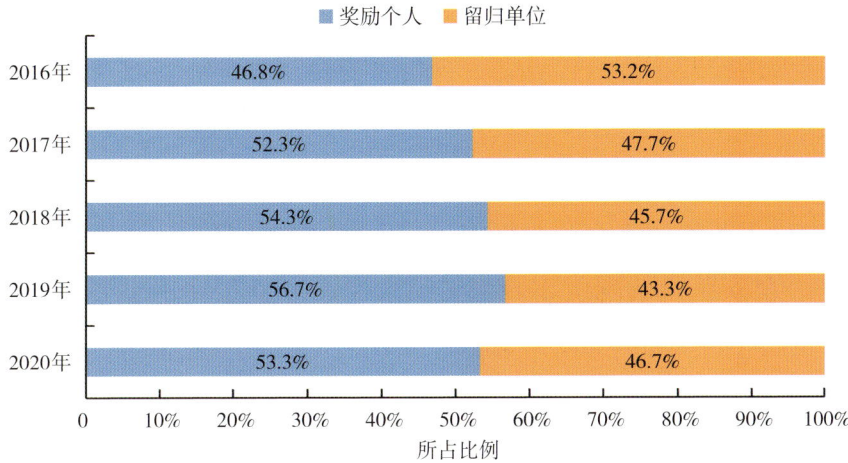

图1-4-17 中央所属高校院所以作价投资方式转化科技成果获得的股权收入奖励个人和留归单位分配情况

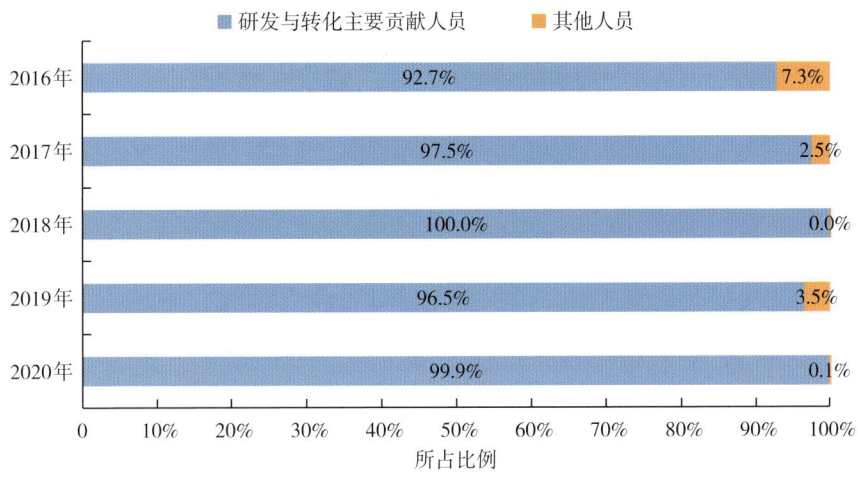

图1-4-18 中央所属高校院所以作价投资方式转化科技成果获得的股权收入奖励个人分配情况

三、地方所属高校院所收入的奖励分配

(一) 现金和股权收入的奖励分配情况

1. 收入的奖励分配概况

地方所属高校院所以转让、许可、作价投资方式转化科技成果获得的现金和股权收入明显下降，个人获得的现金和股权奖励有所下降。2020年，3000家地方所属高校院所以转让、许可、作价投资方式转化科技成果获得的现金和股权收入总金额为30.2亿元，比上一年下降25.8%。个人获得的现金和股权奖励金额达17.6亿元，比上一年下降12.0%，其中研发与转化主要贡献人员所获现金和股权奖励为15.8亿元，比上一年下降7.4%（图1-4-19）。

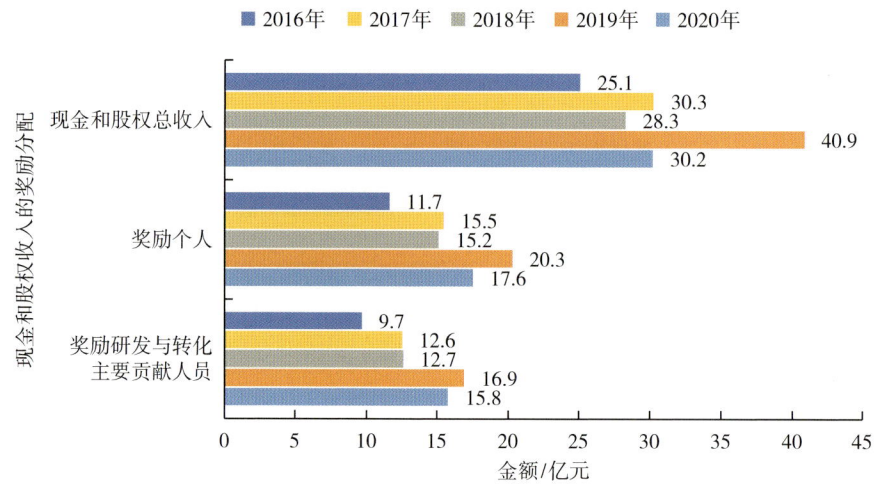

图1-4-19 地方所属高校院所以转让、许可、作价投资方式转化科技成果获得的现金和股权收入奖励分配情况

第四章 以转让、许可、作价投资方式转化科技成果收入的奖励分配情况

奖励个人金额占现金和股权收入总额的比重超过50%，与2019年相比有所增长；奖励研发与转化主要贡献人员金额占奖励个人金额的比重略有增加。奖励人次有所下降，人均奖励金额略有增长。2020年，个人获得的现金和股权奖励占现金和股权收入的比重为58.0%，比上一年的49.7%略有增长，研发与转化主要贡献人员获得的奖励占奖励个人总金额的比重为90.1%，比上一年的83.3%略有增长（图1-4-20、图1-4-21）。奖励人次为41 446人次，比上一年下降14.1%，人均奖励金额4.2万元，比上一年增长2.3%。

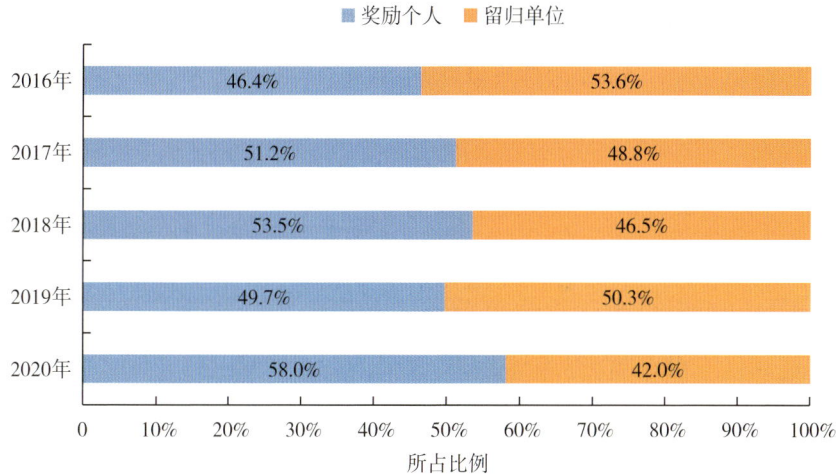

图1-4-20 地方所属高校院所以转让、许可、作价投资方式转化科技成果获得的现金和股权收入奖励个人和留归单位分配情况

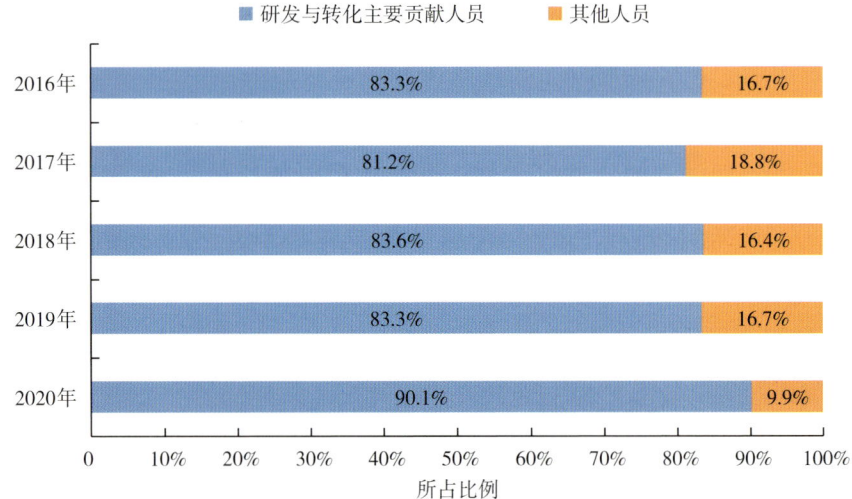

图 1-4-21 地方所属高校院所以转让、许可、作价投资方式转化科技成果获得的现金和股权收入奖励个人分配情况

2. 各地方单位收入的奖励分配情况

2020年，地方所属高校院所以转让、许可、作价投资方式转化科技成果获得的现金和股权收入金额排名居前3位的地方分别是广东省（7.4亿元）、山东省（3.4亿元）、江苏省（1.9亿元）（图1-4-22）。单位奖励个人金额排名居前3位的地方分别是广东省（2.4亿元）、山东省（1.9亿元）、江苏省（1.4亿元）（图1-4-23）；单位奖励研发与转化主要贡献人员金额排名居前3位的地方分别是广东省（2.3亿元）、山东省（1.8亿元）、江苏省（1.3亿元）；奖励人次排名居前3位的地方分别是江苏省（6016人次）、浙江省（4204人次）、广东省（4204人次）。

第四章 以转让、许可、作价投资方式转化科技成果收入的奖励分配情况

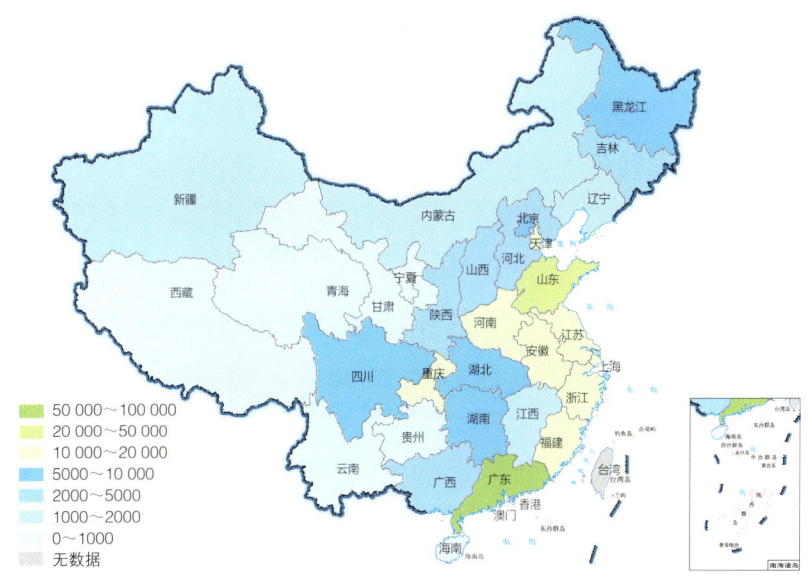

图 1-4-22 地方所属高校院所以转让、许可、作价投资方式转化科技成果获得的现金和股权收入金额分布情况（单位：万元）

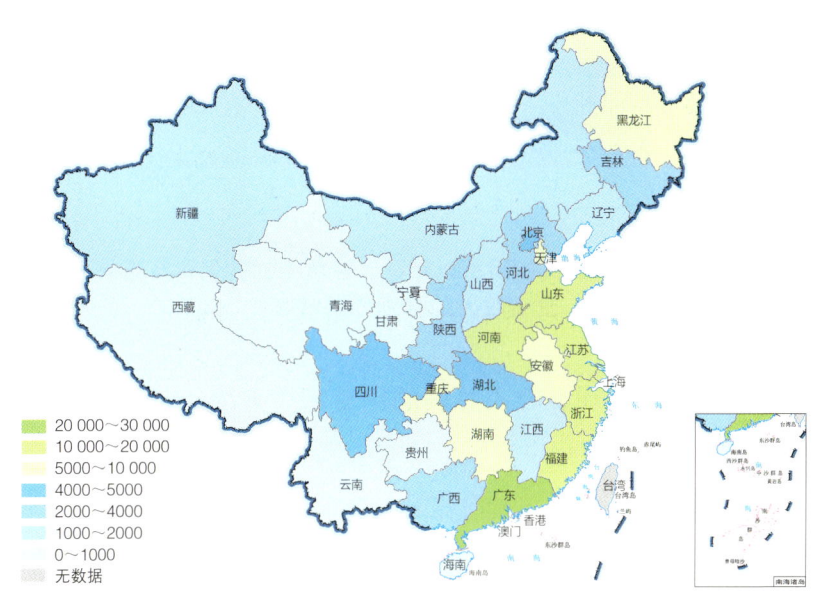

图 1-4-23 地方所属高校院所以转让、许可、作价投资方式转化科技成果获得的现金和股权奖励个人金额分布情况（单位：万元）

（二）现金收入的奖励分配情况

地方所属高校院所以转让、许可方式转化科技成果获得的现金收入明显下降，研发与转化主要贡献人员获得的现金奖励略有下降。2020年，3000家地方所属高校院所以转让、许可方式转化科技成果获得的现金收入总金额为21.6亿元，比上一年下降26.6%。个人获得的现金奖励金额为11.7亿元，比上一年下降15.0%，其中研发与转化主要贡献人员所获现金奖励为10.3亿元，比上一年下降6.0%（图1-4-24）。

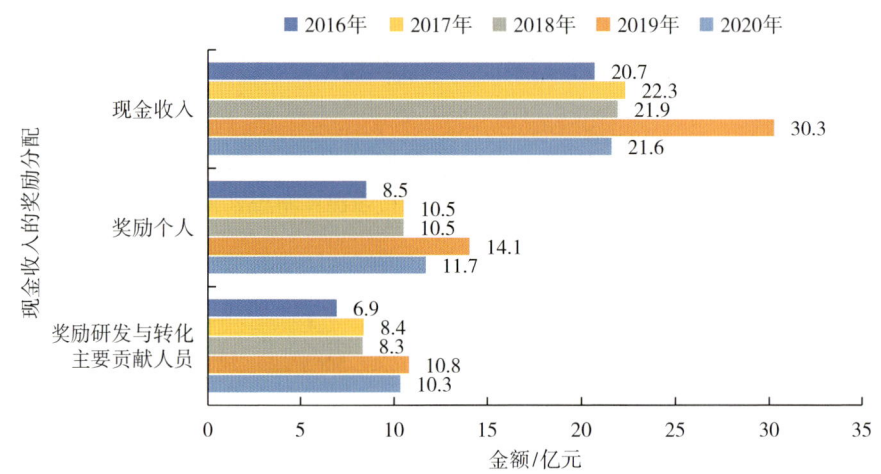

图1-4-24　地方所属高校院所以转让、许可方式转化科技成果获得的现金收入的奖励分配情况

奖励个人金额占现金收入总额的比重超过五成，与2019年相比略有增长，奖励研发与转化主要贡献人员金额占奖励个人金额的比重有所增长。奖励人次有所下降，人均奖励金额略有下降。个人获得的现金奖励占现金收入的比重由2019年的46.4%增长到2020年的54.2%，研发与转化主要贡献人员获得的奖励占奖励个人总金额的比重由2019年的76.9%增长到88.3%（图1-4-25、图1-4-26）。奖励人次为40 775人次，

第四章 以转让、许可、作价投资方式转化科技成果收入的奖励分配情况

比上一年下降 14.2%，人均奖励金额 2.9 万元，比上一年下降 0.9%。

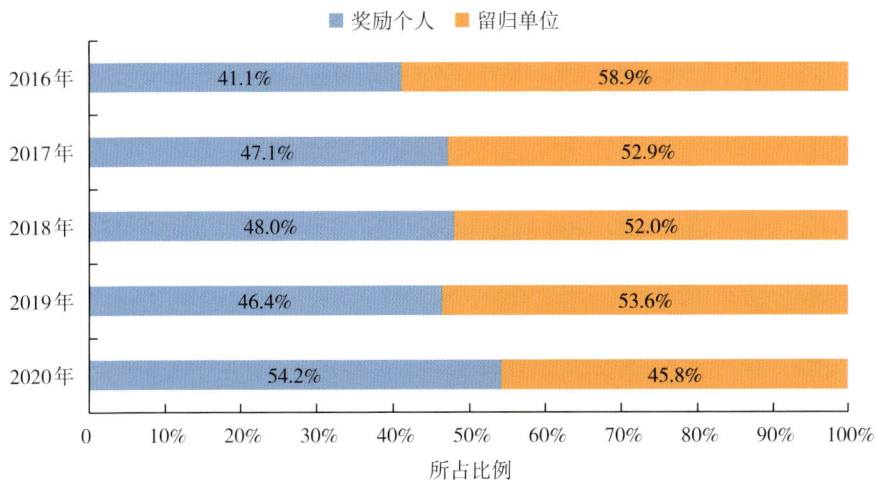

图 1-4-25 地方所属高校院所以转让、许可方式转化科技成果获得的现金收入留归单位和奖励个人分配情况

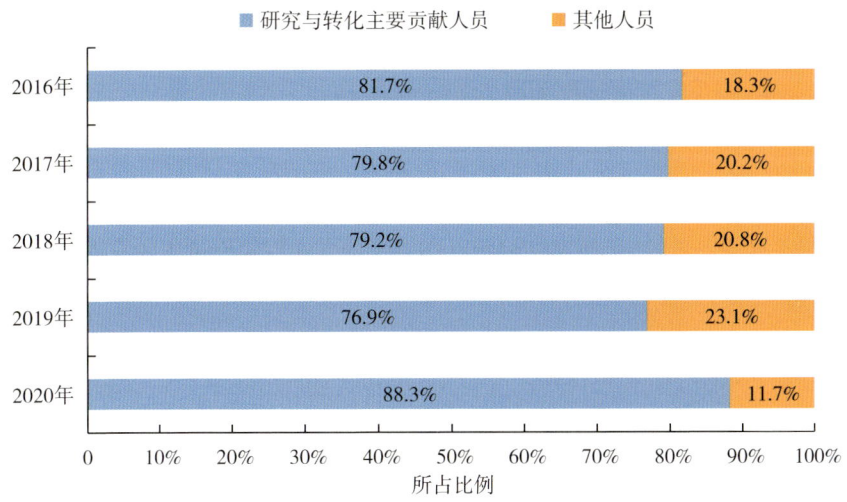

图 1-4-26 地方所属高校院所以转让、许可方式转化科技成果获得的现金收入奖励个人分配情况

(三) 股权收入的奖励分配情况

地方所属高校院所以作价投资方式转化科技成果获得的股权收入明显下降，个人获得股权奖励略有下降。2020年，3000家地方所属高校院所以作价投资方式转化科技成果获得的股权收入金额为8.7亿元，比上一年下降23.6%。个人获得的股权奖励金额为5.9亿元，比上一年下降6.1%，其中研发与转化主要贡献人员所获股权奖励为5.5亿元，比上一年下降9.8%（图1-4-27）。

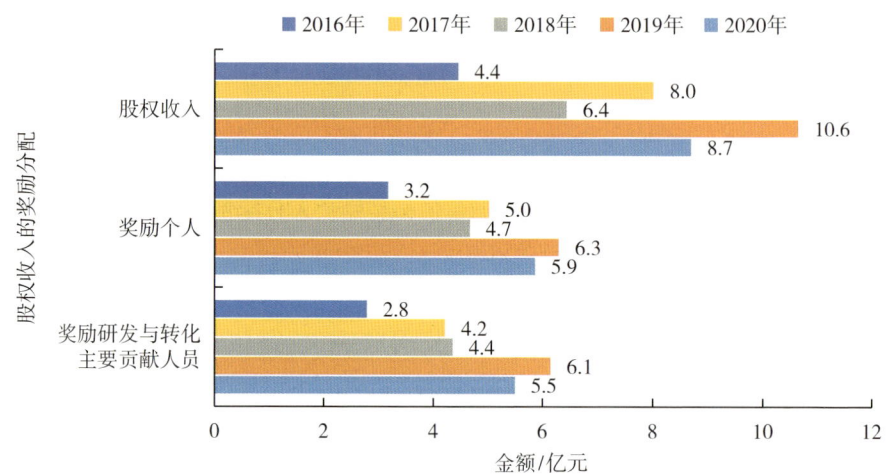

图1-4-27 地方所属高校院所以作价投资方式转化科技成果获得股权收入的奖励分配情况

股权奖励个人金额占股权收入总额的比重略有增长，奖励研发与转化主要贡献人员股权金额占奖励个人股权金额的比重略有下降。股权奖励人次略有增长，人均股权奖励金额略有下降，人均股权奖励金额是人均现金奖励金额的30.4倍。2020年，个人获得的股权奖励占股权收入的比重为67.5%，比上一年的59.2%略有增长，研发与转化主要贡献人员获得的股权奖励占股权奖励个人总金额的比重为93.8%，比上一年的

第四章 以转让、许可、作价投资方式转化科技成果收入的奖励分配情况

97.7% 略有下降（图 1-4-28、图 1-4-29）。奖励人次为 671 人次，比上一年增长 3.1%，人均股权奖励金额 87.3 万元，比上一年下降 8.9%。

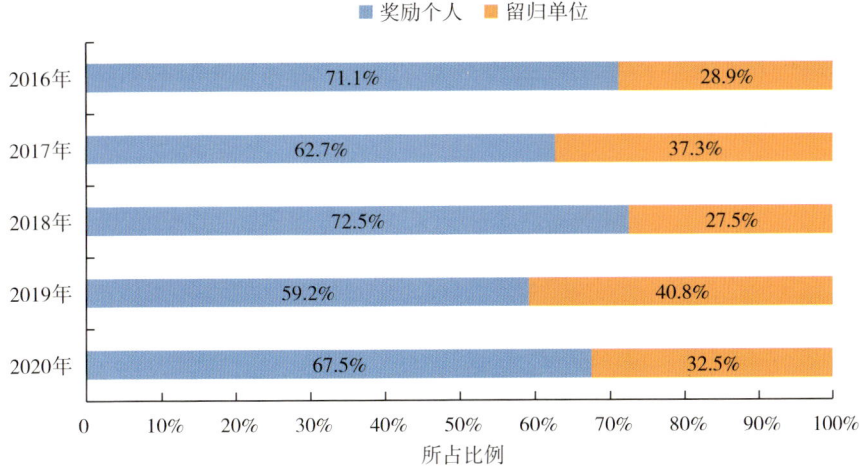

图 1-4-28 地方所属高校院所以作价投资方式转化科技成果获得的股权收入奖励个人和留归单位分配情况

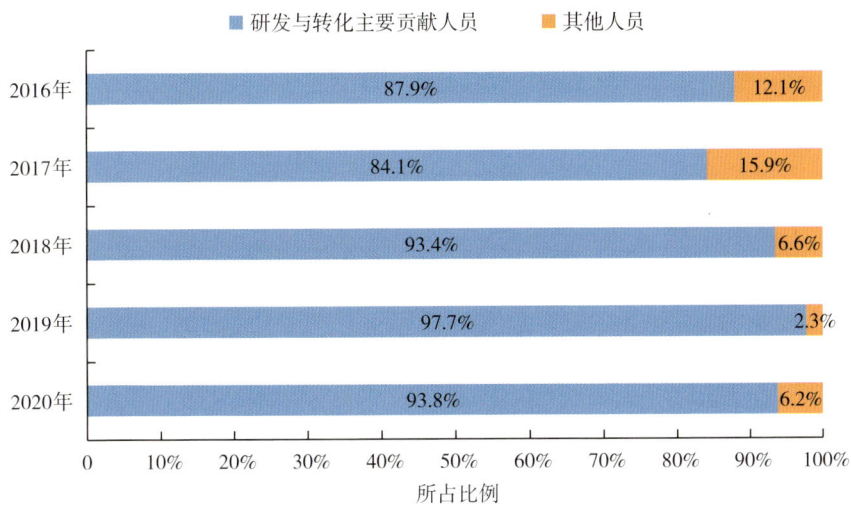

图 1-4-29 地方所属高校院所以作价投资方式转化科技成果获得的股权收入奖励个人分配情况

四、地区收入的奖励分配

按单位所在地区统计，2020年，地方辖区内的高校院所以转让、许可、作价投资方式转化科技成果获得的现金和股权收入金额排名居前3位的地方分别是北京市（24.8亿元）、广东省（9.2亿元）、吉林省（7.7亿元）；辖区内的高校院所以转让、许可、作价投资方式转化科技成果获得的现金和股权奖励个人金额排名居前3位的地方分别是北京市（13.3亿元）、湖南省（5.1亿元）、吉林省（3.9亿元）；奖励研发与转化主要贡献人员金额排名居前3位的地方分别是北京市（13.1亿元）、湖南省（5.0亿元）、吉林省（3.9亿元）；奖励人次排名居前3位的地方分别是江苏省（10 589人次）、北京市（7744人次）、浙江省（7059人次）（图1-4-30）。

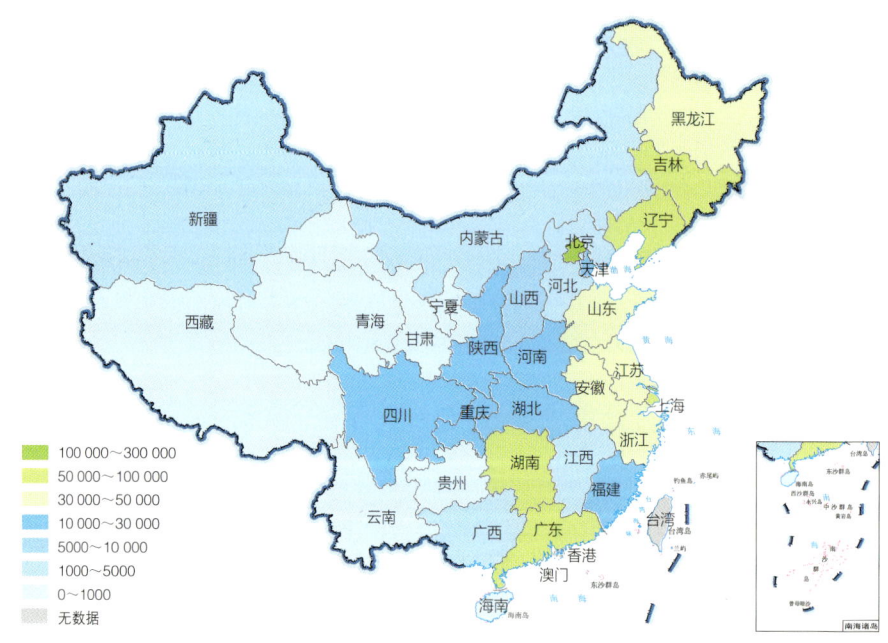

图1-4-30 地方辖区内高校院所以转让、许可、作价投资方式转化科技成果获得现金和股权收入奖励个人金额分布情况（单位：万元）

第五章
以技术开发、咨询、服务方式转化科技成果的情况

《实施〈中华人民共和国促进科技成果转化法〉若干规定》指出，国家设立的研究开发机构、高等院校按照规定格式报送的科技成果转化年度报告中，应包括签订的技术开发合同、技术咨询合同、技术服务合同等产学研合作情况。《科技部办公厅 财政部办公厅关于研究开发机构和高等院校报送2020年度科技成果转化年度报告工作有关事项的通知》（国科办区〔2021〕120号）规定，产学研合作情况主要是指技术开发、咨询、服务3种方式的技术活动。统计发现，3554家高校院所输出技术、服务能力不断强化，技术开发、咨询、服务数量和质量稳步提升。

一、基本情况

技术开发、咨询、服务合同项数略有增长，合同项数占"整体[①]"

[①] "整体"指以转让、许可、作价投资和技术开发、咨询、服务方式转化的科技成果的整体情况。

合同总项数的比重达95%以上。2020年，技术开发、咨询、服务合同项数445 905项，比上一年增长5.3%，占"整体"合同总项目数的比重为95.5%（2019年占比为96.5%）（图1-5-1）。

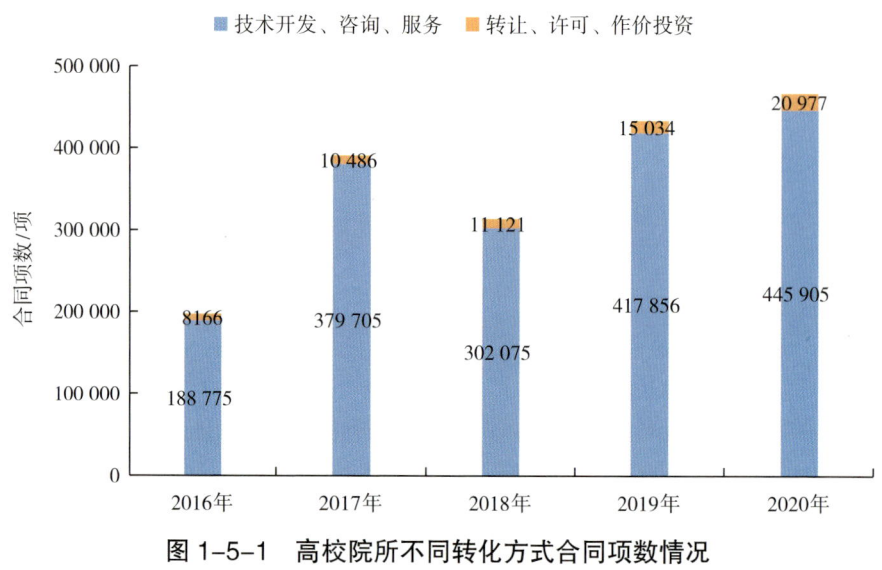

图1-5-1 高校院所不同转化方式合同项数情况

技术开发、咨询、服务合同金额略有增长，占"整体"合同总金额的比重超八成。2020年，技术开发、咨询、服务合同金额为1053.5亿元，比上一年增长9.3%，占"整体"合同总金额的83.9%（2019年占比为86.0%）（图1-5-2）。

第一篇
第五章　以技术开发、咨询、服务方式转化科技成果的情况

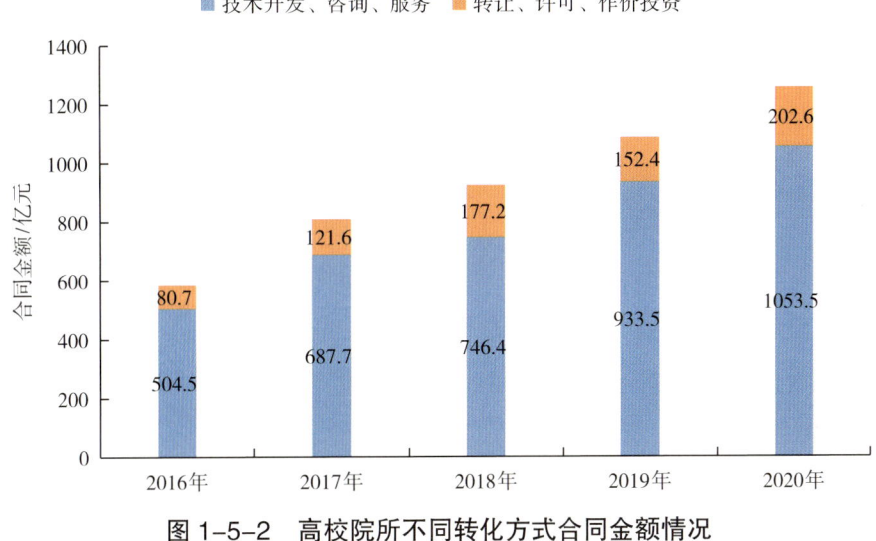

图 1-5-2　高校院所不同转化方式合同金额情况

以技术开发、咨询、服务方式转化科技成果平均合同金额比上一年略有增长。3554家高校院所以技术开发、咨询、服务方式转化科技成果的平均合同金额为23.6万元，比上一年增长3.9%（表1-5-1）。

表 1-5-1　高校院所以技术开发、咨询、服务方式转化科技成果合同金额区间分布情况

合同金额区间	合同项数/项	合同项数占比	合同金额小计/万元	合同金额占比
1亿元（含）以上	10	0.002%	176 167.0	1.7%
1000万（含）~1亿元	580	0.1%	1 096 740.8	10.4%
100万（含）~1000万元	15 755	3.5%	3 405 761.7	32.3%
100万元以下	429 560	96.3%	5 855 861.9	55.6%
总计	445 905	100%	10 534 531.4	100%

2020年，技术开发、咨询、服务合同金额[①]超过10亿元的单位中排名居前3位的分别是北京理工大学（25.4亿元）、浙江大学（24.1亿元）、清华大学（21.7亿元）。2020年，北京理工大学签订的以技术开发、咨询、服务方式转化科技成果的合同中，合同金额超过1000万元的合同有10项，其中"地面车辆动力××平台"合同金额为3849.3万元（表1-5-2）。

2020年，技术开发、咨询、服务合同当年到账金额共计757.1亿元，占当年签订技术开发、咨询、服务合同总金额的71.9%。其中，中央所属高校院所当年到账金额为464.8亿元，地方所属高校院所当年到账金额为292.3亿元。

2020年，技术开发、咨询、服务合同科技成果单项合同金额超过1亿元的合同有10项，超过5000万元的有38项，超过1000万元的有590项。

表1-5-2 高等院所以技术开发、咨询、服务转化科技成果合同金额超过1亿元的成果

序号	成果名称	合同金额/万元	高校院所名称
1	中国石化上海光源能源化工科学实验室光束线站系统研制	30 167.00	中国科学院上海高等研究院
2	中新国际联合研究院深化产学研合作协议	30 000.00	华南理工大学
3	局部麻醉药LL-50的临床前研究	20 000.00	四川大学
4	浙江省产教融合信息化平台+数据挖掘分析	20 000.00	之江实验室
5	北大-华润生命科学分子工程与转化医学联合实验室	15 000.00	北京大学
6	硼中子俘获肿瘤治疗装置（AB-BNCT）	15 000.00	兰州大学

[①] 详见附录7。

第一篇
第五章 以技术开发、咨询、服务方式转化科技成果的情况

续表

序号	成果名称	合同金额/万元	高校院所名称
7	北京大学潍坊市人民政府北京大学现代农业研究院深化合作专项协议	14 000.00	北京大学
8	华为（南京）沃土工场项目合作协议	12 000.00	江苏省产业技术研究院
9	重组新城疫病毒、传染性支气管炎病毒二联活疫苗（A-NDV-LX/4株+QXL120株）研制	10 000.00	扬州大学
10	能源安全技术专项	10 000.00	西安交通大学
	合计/万元	176 167.00	
	占全国以技术开发、咨询、服务方式转化科技成果合同总金额的比重	1.7%	

二、中央所属高校院所以技术开发、咨询、服务方式转化科技成果

中央所属高校院所以技术开发、咨询、服务方式转化科技成果合同项数、合同金额均略有增长。2020年，554家中央所属高校院所签订的技术开发、咨询、服务合同项数为123 789项，比上一年增长1.7%；合同金额为645.0亿元，比上一年增长9.5%（图1-5-3）。

图 1-5-3　中央所属高校院所以技术开发、咨询、服务方式转化科技成果情况

三、地方所属高校院所以技术开发、咨询、服务方式转化科技成果

（一）以技术开发、咨询、服务方式转化科技成果概况

地方所属高校院所的技术开发、咨询、服务合同项数、合同金额均略有增长。2020年，3000家地方所属高校院所签订的技术开发、咨询、服务合同项数共322 116项，比上一年增长6.7%；合同金额共408.4亿元，比上一年增长9.0%（图1-5-4）。

第五章　以技术开发、咨询、服务方式转化科技成果的情况

图 1-5-4　地方所属高校院所以技术开发、咨询、服务方式转化科技成果情况

（二）各地方以技术开发、咨询、服务方式转化科技成果

2020年，地方所属高校院所签订的技术开发、咨询、服务合同总项数排名居前3位的地方分别是广东省（127 805项）、浙江省（26 581项）、江苏省（16 430项），合同总金额排名居前3位的地方分别是江苏省（49.4亿元）、广东省（42.7亿元）、浙江省（41.0亿元）（图1-5-5、图1-5-6）。江苏大学以技术开发、咨询、服务方式转化科技成果合同金额达9.4亿元，在所有地方所属高校院所中排名居第1位。

117

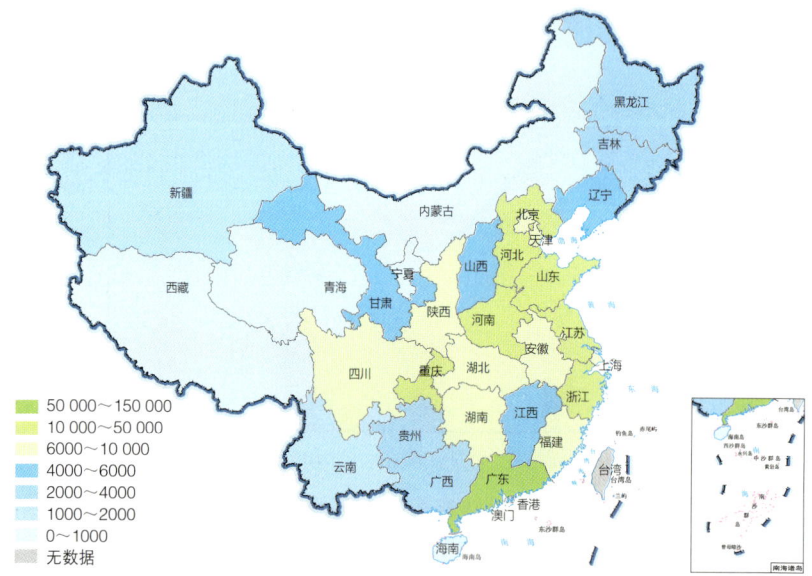

图 1-5-5 地方所属高校院所以技术开发、咨询、服务方式转化科技成果合同项数分布情况（单位：项）

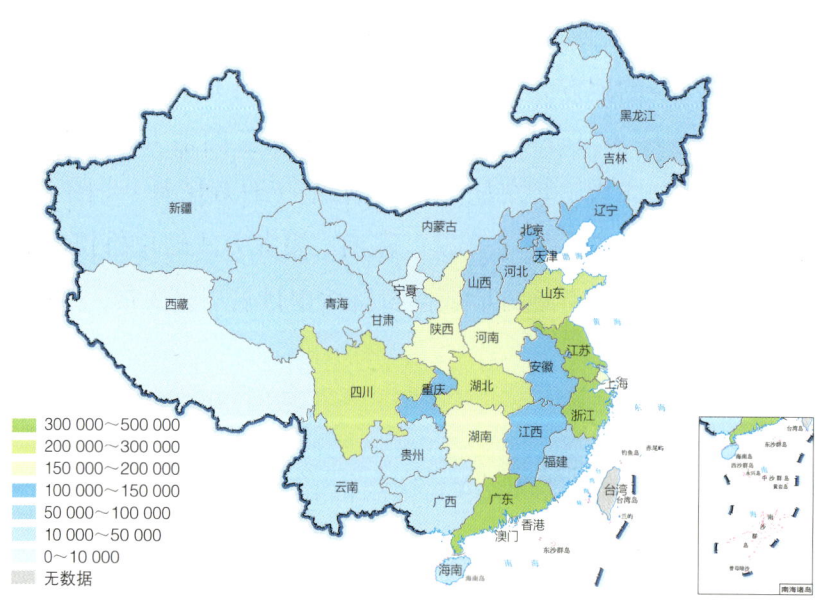

图 1-5-6 地方所属高校院所以技术开发、咨询、服务方式转化科技成果合同金额分布情况（单位：万元）

四、地区以技术开发、咨询、服务方式转化科技成果

按照单位所在辖区统计，2020年全国31个省、自治区、直辖市辖区内的高校院所签订的技术开发、咨询、服务合同项数排名居前3位的地方分别是广东省（132 494项）、北京市（43 511项）、浙江省（31 647项），合同金额排名居前3位[①]的地方分别是北京市（221.4亿元）、江苏省（122.1亿元）、广东省（76.0亿元）（图1-5-7、图1-5-8）。

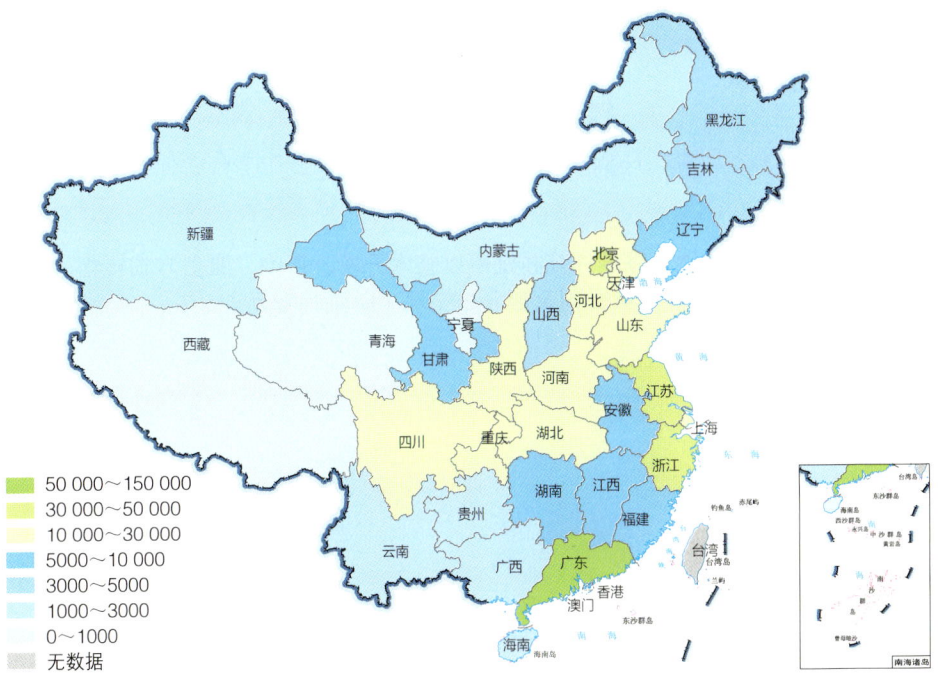

图1-5-7 地方辖区内高校院所以技术开发、咨询、服务方式转化科技成果合同项数分布情况（单位：项）

---

① 详见附录17。

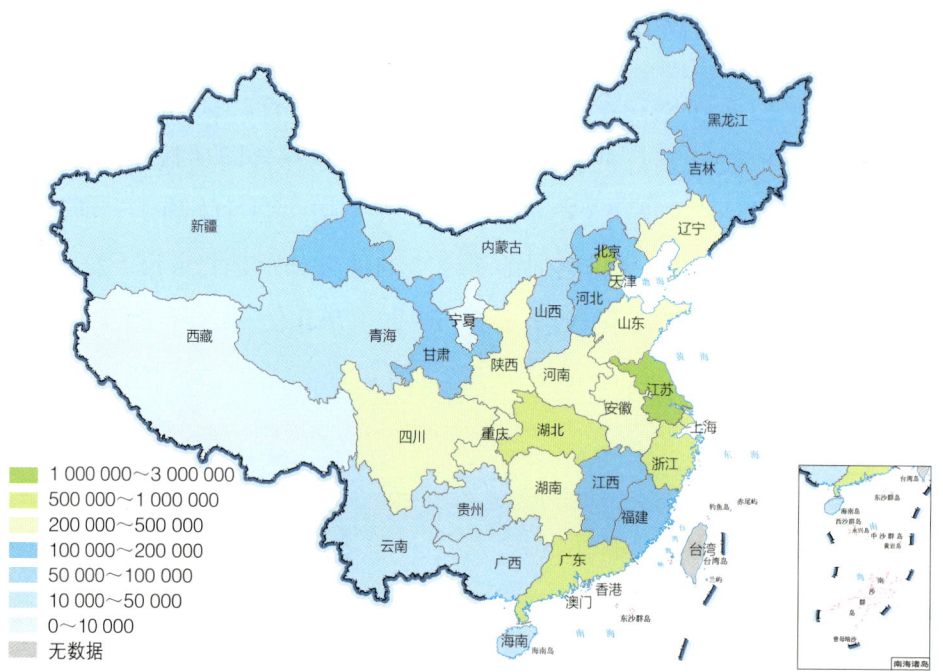

图1-5-8 各地方辖区内高校院所以技术开发、咨询、服务方式转化科技成果合同金额分布情况（单位：万元）

第六章
兼职及离岗创业和创设参股新公司

统计数据显示，高校院所兼职从事科技成果转化和离岗创业人员数量略有下降，创设和参股新公司的数量显著增长，为促进科技成果的转移转化发挥了重要作用。

一、兼职及离岗创业人员

国家鼓励科研人员兼职或离岗创业促进科技成果转化。《中华人民共和国促进科技成果转化法》规定，国家鼓励研究开发机构、高等院校与企业及其他组织开展科技人员交流，根据专业特点、行业领域技术发展需要，聘请企业及其他组织科技人员兼职从事教学和科研工作，支持本单位科技人员到企业及其他组织从事科技成果转化活动。《实施〈中华人民共和国促进科技成果转化法〉若干规定》要求，研究开发机构、高等院校应当建立制度规章或者与科技人员约定兼职、离岗从事科技成果转化活动期间和期满后的权利和义务。上述规章为研究开发机构、高等院校的科研人员兼职从事科技成果转化和离岗创业提供了重要政策保障。

兼职从事成果转化和离岗创业人员数量略有下降。2020年，3554家高校院所兼职从事科技成果转化和离岗创业人员数量为14 043人，比上一年下降3.0%。其中，554家中央所属高校院所兼职人员从事科技成果转化和离岗创业人员数量为4318人，比上一年增长13.9%。3000家地方所属高校院所兼职从事科技成果转化和离岗创业人员数量为9725人，比上一年下降9.2%（图1-6-1）。平均每家高校院所兼职从事成果转化和离岗创业人员数量为4.0人，其中，中央所属高校院所平均每家7.8人，地方所属高校院所平均每家3.2人。

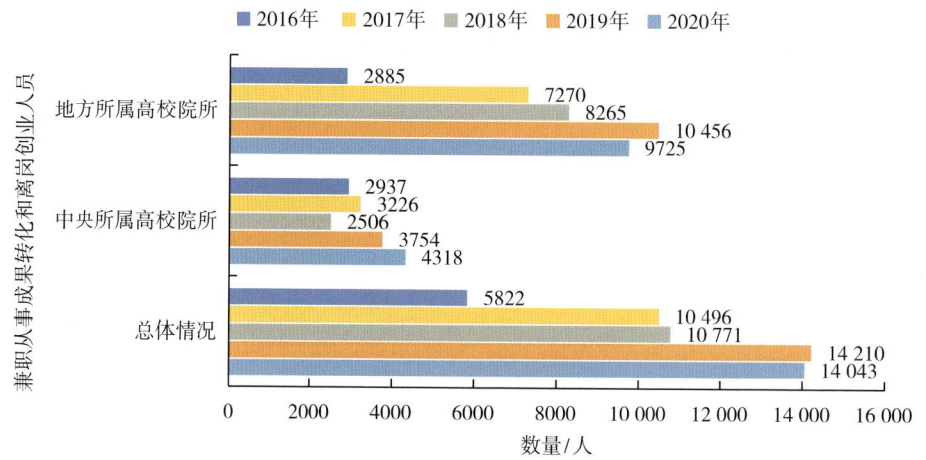

图1-6-1 高校院所兼职从事科技成果转化和离岗创业人员情况

二、创设和参股新公司[①]

科技成果转移转化相关协议签订后，科技成果的技术支持和顺利产业化是科技成果转移转化成功与否的关键。很多高校院所在转化科技成果后，通过创设和参股新公司的方式，进一步支持、服务科技成果产业

---

① 创设和参股新公司数量为到当年为止的累计数量。

第六章　兼职及离岗创业和创设参股新公司

化的后续工作，尤其是以作价投资方式转化科技成果的单位，往往成为新成立公司的股东。因此，对创设和参股新公司的统计分析，有助于更全面地了解科技成果转化成效。

创设和参股新公司数量明显增长。其中，中央所属高校院所创设和参股新公司的数量和地方高校院所创设和参股新公司数量均明显增长。2020年，3554家高校院所创设和参股新公司数量为2808家，比上一年增长28.9%。中央所属高校院所创设和参股新公司数量为850家，比上一年增长22.7%。地方所属高校院所创设和参股新公司数量为1958家，比上一年增长31.9%（图1-6-2）。3562家高校院所平均创设和参股新公司0.8家，中央所属高校院所平均创建1.5家，地方所属高校院所平均创建0.7家。

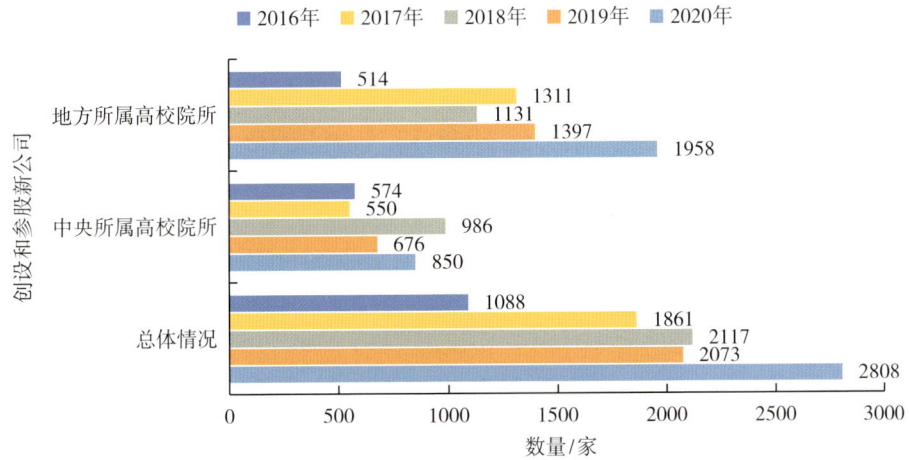

图1-6-2　高校院所创设和参股新公司情况

第七章
技术转移机构建设

统计发现，部分高校院所专门成立了适合自身特点的技术转移机构，科技成果转移转化不断趋向专业化。高校院所与企业共建的研发机构、转移机构和转化服务平台的数量快速增加，不断吸纳聚合各方资源助力科技成果转移转化。

一、高校院所技术转移机构及人才建设

（一）技术转移机构

自建从事科技成果转移转化机构的高校院所数量占单位总数的比重有所增长。802家高校院所自建了技术转移机构，比上一年增长16.4%，占单位总数（3554家）的22.6%（图1-7-1）。这802家高校院所共自建1956家技术转移机构，比上一年增长16.8%。

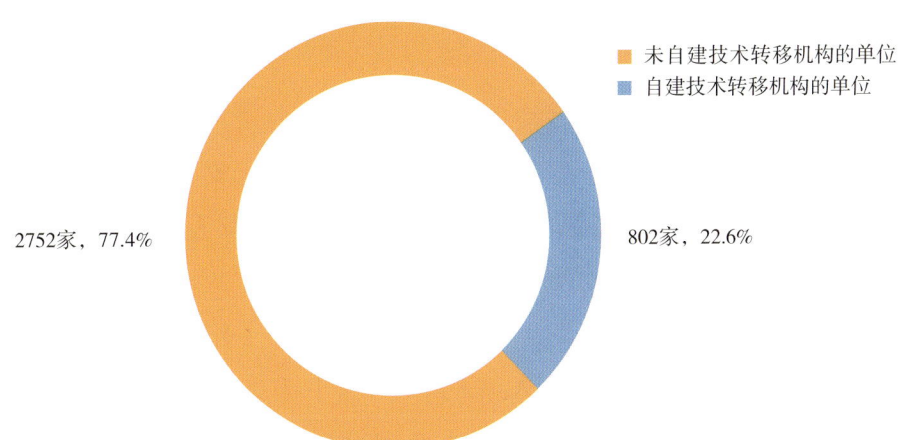

图 1-7-1　高校院所自建技术转移机构的单位数量情况

高校院所与市场化技术转移机构合作开展科技成果转化的情况日益活跃。与市场化技术转移机构合作开展科技成果转化的高校院所数量为 814 家，占单位总数的 22.9%，比上一年增长 7.7%（图 1-7-2）。这 814 家高校院所与 2766 家市场化技术转移机构合作开展科技成果转化活动，比上一年下降 24.1%。

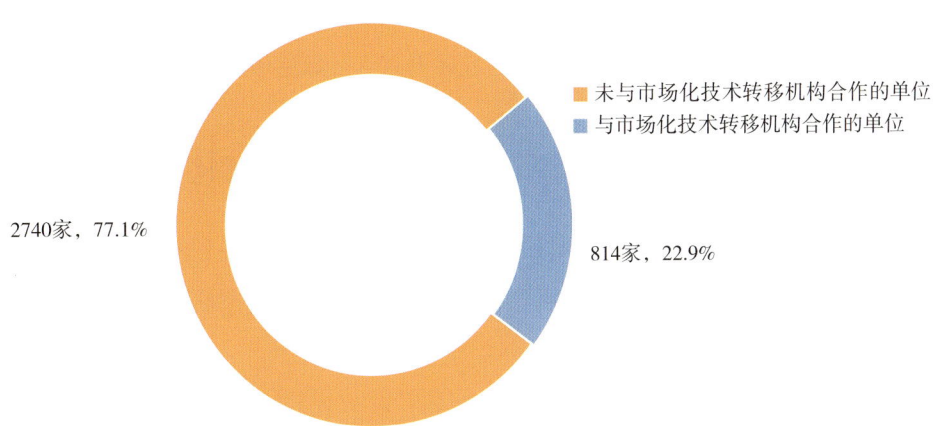

图 1-7-2　高校院所与市场化技术转移机构合作的单位数量情况

(二)技术转移人员

3554家高校院所的科技成果转化年度报告的填报信息显示,填报从事科技成果转移转化工作人员数量的单位共1711家,仅占填报单位总数的48.1%,反映出各高校院所普遍缺乏技术转移人才。这1711家高校院所中,从事科技成果转移转化工作的人员共27 292人,其中专职工作人员13 249人,兼职工作人员14 043人;平均每家单位拥有专职工作人员7.7人、兼职工作人员8.2人(图1-7-3)。

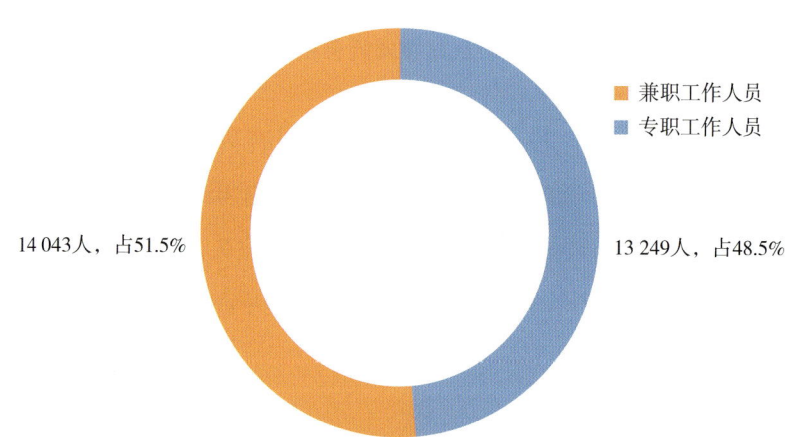

图1-7-3 高校院所技术转移人才数量情况

二、与企业共建研发机构、转移机构、转化服务平台

高校院所与企业共建研发机构、转移机构和服务平台的数量略有增长。2020年,3554家高校院所中的1106家与企业共建研发机构、转移机构、转化服务平台总数为11 683家,比上一年增长5.5%,对促进科技成果和科技研发供需的有效对接发挥了重要作用。中央所属高校院所与企业共建研发机构、转移机构、转化服务平台总数为3185家,比上一年增长0.4%;地方所属高校院所与企业共建研发机构、转移机构、

转化服务平台总数为 8498 家，比上一年增长 7.6%（图 1-7-4）。3554 家高校院所平均创建机构和平台 3.3 家，其中中央所属高校院所平均创建 5.7 家，地方所属高校院所平均创建 2.8 家。

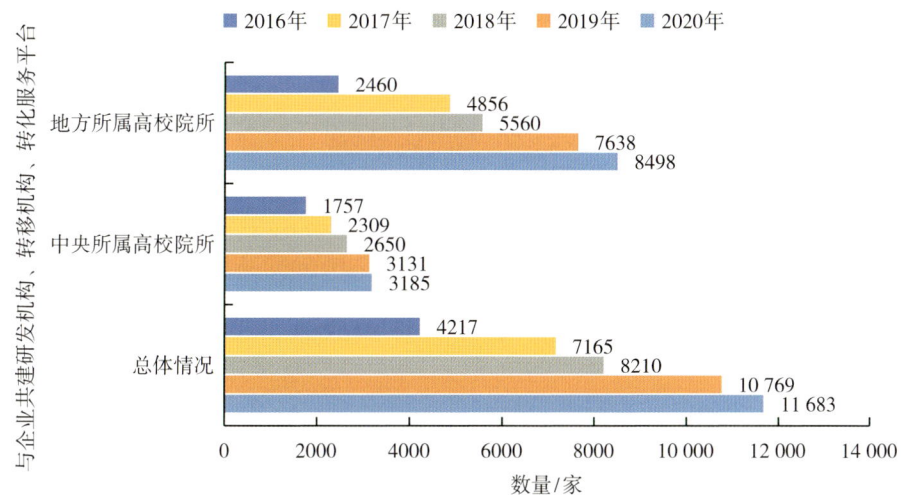

图 1-7-4　高校院所与企业共建研发机构、转移机构、转化服务平台情况

三、技术转移机构发挥作用

统计发现，四成以上高校院所认为技术转移机构在科技成果转化过程中发挥了重要作用。3554 家高校院所中 44.3%（共 1573 家）认为技术转移机构在科技成果转移转化过程中发挥了重要作用，16.8%（共 597 家）认为技术转移机构在科技成果转移转化过程中发挥的作用一般，7.5%（共 268 家）认为技术转移机构在科技成果转移转化过程中发挥的作用很小，31.4%（共 1116 家）认为技术转移机构在科技成果转移转化过程中基本未发挥作用（图 1-7-5）。

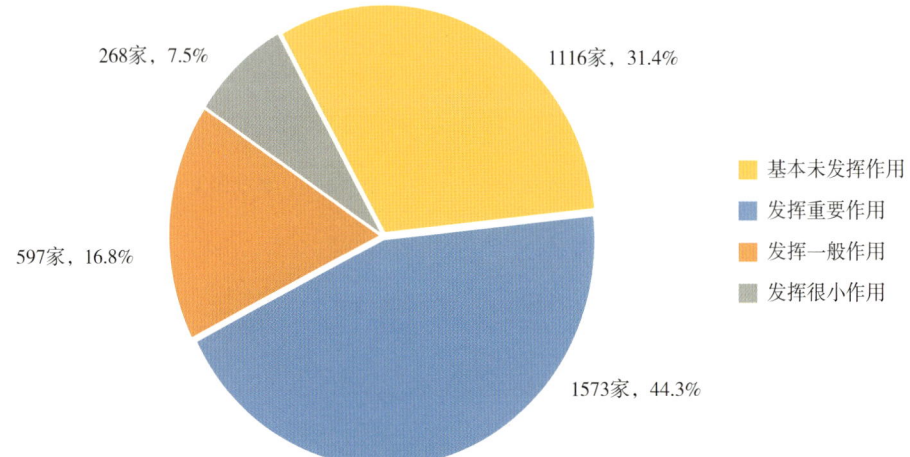

图 1-7-5　高校院所技术转移机构在科技成果转移转化过程中发挥作用情况

高校院所自建技术转移机构在科技成果转移转化过程中发挥的作用相比2019年有所增加。802家自建有技术转移机构的高校院所中，认为自建技术转移机构在科技成果转移转化过程中发挥了重要作用的占77.1%（618家），认为发挥了一般作用的占15.5%（124家），认为发挥了很少作用的占5.0%（40家），认为未发挥作用的占2.5%（20家）（图1-7-6），反映出各高校院所从事科技成果转移转化的机构服务能力有待提高。

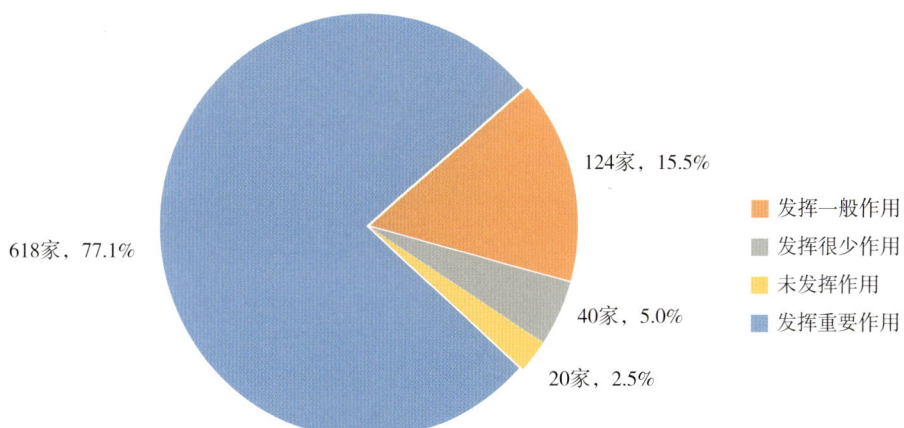

图 1-7-6　高校院所自建技术转移机构在本单位科技成果转移转化过程中发挥作用情况

第八章
工作案例

本部分基于3554家高校院所2020年度科技成果转化年度报告填报内容，通过对年度科技成果转化合同总金额、合同总数量排名、科研院所和高等院校占比、地域分布、成果转化集中行业领域等多个维度进行综合分析，并结合历次科技成果转移转化调研，筛选出21家高校院所，采用电话调研、专家咨询、对比分析及实地调查等方法，总结经验和做法。

一、全面启动赋权改革试点工作，推进体制机制创新

（一）上海交通大学：创新科技成果转化管理制度及决策机制，提高成果转化效率

学校形成权责清晰的科技成果转化管理架构，不断探索转化前和转化中所有权赋予，同时开展教师创业企业阳光化行动，提高教师创业合规性。2020年，以转让、许可、作价投资和技术开发、咨询、服务方式转化科技成果的合同项数共计1626项，合同金额20.4亿元，其中以转让、许可、作价投资方式转化科技成果的合同金额为8.2亿元，以转让、许可和技术开发、咨询、服务方式转化科技成果的当年到账金额为9.9亿元。

1. 构建职务科技成果赋权"十字形"组织管理架构

上海交通大学创新地构建了以成果转化为核心的赋权三段式决策链（图1-8-1）。一是成果管理决策环节。通过大科研平台数据实现了成果与项目的关联，知识产权办公室判断成果的项目来源、形成成本、潜在风险等，并由技转专员根据信息进行项目前期策划，为赋权前期准备提供保障。二是成果转化决策环节。技术转移办公室对赋权方案（商业计划书、成果转化合同等）进行初审，必要时会同国资办、法务室、财计处等部门联合判断。三是监管保障决策环节。加强国资、法务、财务的联合审核，保障赋权成果国资可控性、法律合规性、财务规范性。

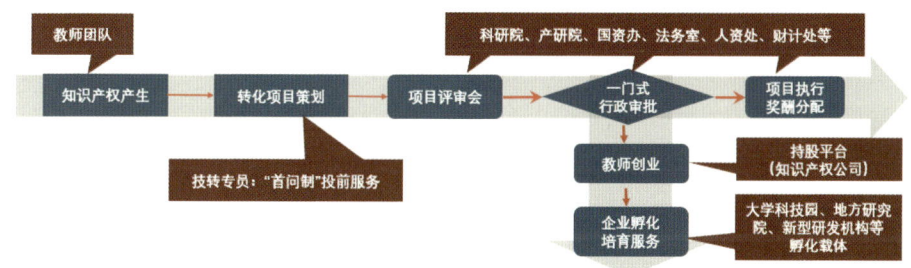

图1-8-1 上海交通大学成果转化组织管理架构

机制创新点主要包括三点。一是构建了以成果转化为中心的"十字形"赋权组织架构。横向实现了校内科研、国资、法务等多个部门的分工协同，纵向实现了从成果管理部门、技术转移部门、转化服务部门的机制贯通。二是建立了"数据链＋决策链"的快速赋权决策体系。通过数据链叠加决策，有效避免了赋权成果的潜在风险，并为成果评估、商业模式设计等提供有效支撑。三是推进符合科技成果转化特征的国资管理机制。明确科技成果转化前赋权无须做科技成果的评估备案，免除了赋权中的国资评估等程序，提高了赋权的效率。

2. 探索形成转化前和转化中赋予所有权机制流程

一是转化前所有权激励。科研人员与学校签署职务科技成果所有权赋予协议，结合科技成果转化的具体方式，参照成果转让的现金收益比例选择部分所有权赋予，可根据协议约定按照比例申请知识产权共有并变更知识产权证书，实施流程如图1-8-2所示。其中，简单项目主要指转让和许可项目，将知识产权直接转让或许可给有关企业；复杂项目主要指教师创业企业项目，包括作价投资、完成人实施及合规整改项目。

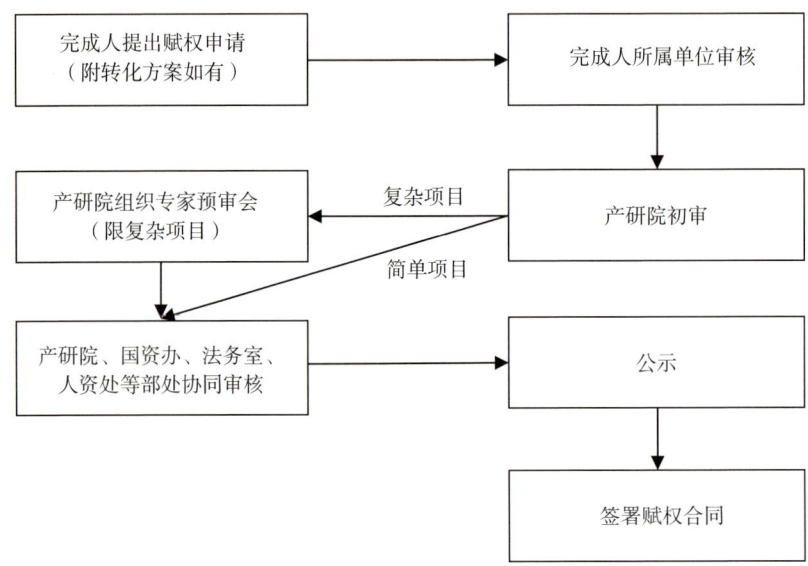

图 1-8-2 转化前赋权项目实施流程

二是转化中所有权激励。根据科技成果转化的方式分类进行赋权，实施流程如图1-8-3所示。对于科研人员利用职务科技成果作为出资自行创办企业的完成人实施活动，将科技成果的70%所有权赋予科研人员；学校的30%所有权转化为与科研人员（或其创办的企业）形成的债权债务关系,通过协议约定向学校支付债务。科研人员创业失败的,经一定的程序决策,可免除学校的债权。对于学校持股单位利用职务科技成果作价投资的,学校按照科技成果60%的比例赋予科研人员所有权。

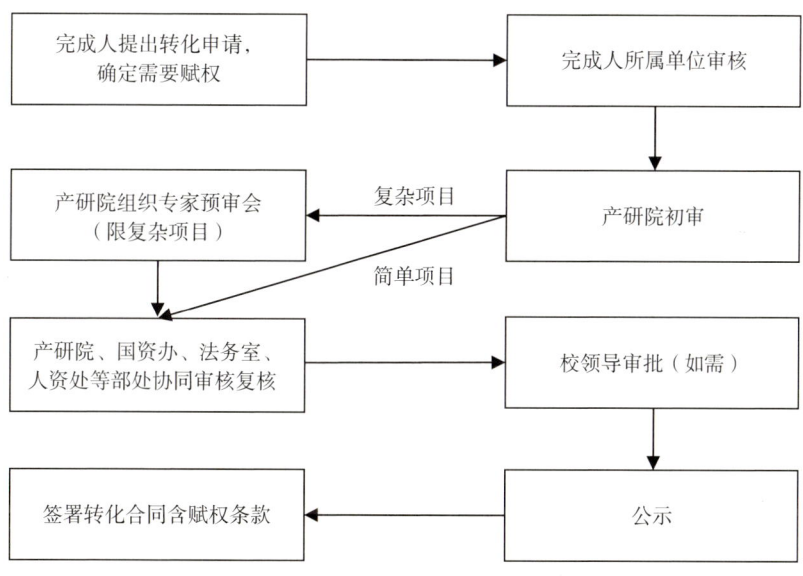

图1-8-3 转化中赋权项目实施流程

3. 实施教师创业企业阳光化行动

根据成果转化专项改革试点的要求,学校严格按照"三个区分开来"的原则,即把因缺乏经验先行先试出现的失误与明知故犯行为区分开来,把国家尚无明确规定时的探索性试验与国家明令禁止后的有规不依行为区分开来,把为推动改革的无意过失与谋取私利的故意行为区分开来,开展教师创业企业合规性整改试点。对因不懂政策或存在政策空档而未经批准使用学校成果、校名或品牌,探索性利用成果转化创业而未经批准的兼职等情形进行整改。

学校成立由国资办、产研院牵头，人资处、法务室、纪委办、审计处等部门组成的专门工作小组，结合实际提出合规性整改实施意见并制定相应工作流程。基本流程包括：①科研人员提出申请，所属单位（院系）进行初审；②工作小组成员按照各自职能分工分别委托法务开展尽职调查和价值评估，核实科研情况，审核使用学校校名校誉、有关合同、国资利用、兼职等有关情况，提出审核意见；③科技成果转移转化领导小组审议后报党委常委会决策；④对创业企业利用职务科技成果的情况进行公示无异议后，签署知识产权许可合同（如有利用）并出具教师创业证明。

对于已创立企业，若创业企业利用学校职务科技成果等资源的，按照不低于第三方评估价格的标准向学校支付相关费用。对于利用职务科技成果的，学校以授权许可方式认可并与创业企业签订合同，对科技成果的使用范围、价款、支付方式等做出约定。该类许可费用中应当奖励给科研人员的部分，经科研团队一致同意可不再向学校交纳；确定向学校交纳的费用，应当在合同生效后的 3 个月内一次性向学校支付。

对于科研人员新申请的创业活动，学校审核批准后，通过签订完成人实施合同、赋予科研人员职务科技成果的所有权或长期使用权等方式进行管理和支持。

4. 案例：教师创业企业阳光化行动不断开花结果

通过体系政策研究制定、案例驱动、重点项目跟踪服务，学校努力为教师解除创业后顾之忧，整改企业和科研人员创业新设企业发展迅速，涉及智能制造、新能源、人工智能和生物医药等多个国家战略产业集群。以上海迈内能源科技有限公司、思必驰科技股份有限公司、上海交大智邦科技有限公司、术锐（上海）科技有限公司为代表的一批企业通过成果转化专项改革试点成为阳光企业，得到资本市场的认可。

合规性整改主体企业 27 家。首批实施整改的企业为学校科研人员在不同时期利用学校科技成果开展转化成立，学校针对各家企业实际情况分别整改了相应的具体问题，如教师创业企业与学校共同申请政府财政资助需要界定、未经批准利用学校科技成果等技术资源需要明晰、教师和个别干部未经批准兼职等。一些教师创业主体企业合规整改完成后发展迅速。其中，上海迈内能源科技有限公司于 2020 年完成合规整改，与学校签订完成人实施协议，约定 IPO 或被收购时向学校支付企业 1% 股权权益价值所对应的现金金额。目前，该公司被拟上市企业天津浩源慧能科技有限公司以总体评估值约 1 亿元收购约 71% 的股份。

依据学校转化政策审批通过的新设企业 52 家。一些依规新设企业发展顺利，成效显著。其中，思必驰科技股份有限公司以"对话式人工智能技术"开展成果转化，该技术已应用于 1.7 亿台物联网智能终端，智能对话技术物联网应用覆盖率居全国第一，目前该公司正在 IPO 申报中。上海交大智邦科技有限公司利用"汽车动力总成智能装备"系列职务成果开展转化活动，建成首个国产机床与工艺集成验证基地，推动了国产机床的应用，目前公司正在筹备 IPO 申报。北京术锐科技有限公司是一家拥有核心自主知识产权的手术机器人高科技创业公司，在单孔手术领域已经完成了十几台临床手术实验，该公司于近期完成上亿元 B+ 轮融资。

（二）复旦大学：对职务科技成果分类赋权，强化赋权后管理和服务

学校对职务科技成果分类赋权，加强对科技成果转化赋权后的管理和服务。2020 年，以转让、许可、作价投资和技术开发、咨询、服务方式转化科技成果的合同项数共计 709 项，合同金额 9.5 亿元，其中以

转让、许可、作价投资方式转化科技成果的合同金额为 5.8 亿元，以转让、许可和技术开发、咨询、服务方式转化科技成果的当年到账金额为 3.1 亿元。

1. 探索职务科技成果分类赋权

科技成果完成人向学校申请职务科技成果赋权，学校组织专家判断该科技成果是否为重大科技成果。对于非重大科技成果，学校将长期使用权赋予完成人。由完成人（团队）将非"重大科技成果"的全部独占使用权进行作价投资，形成的全部股权由完成人（团队）持有，学校不参与公司的决策和运营，但享有该科技成果所有转化收益（包括完成人获得的股权收益、兼薪收益、项目收益等）的 30%。对于重大科技成果，学校将科技成果所有权进行赋权，学校资产经营公司占所有权的 30%，完成人占所有权的 70%，由学校资产经营公司和完成人共同将该成果进行作价入股转化，资产经营公司和完成人按照所占股权比例获得收益。

目前，已完成赋权后再进行作价投资项目 4 项，作价投资合同金额 6904.03 万元，吸引社会投资 3453.7 万元，其中两个项目已完成工商注册。另有 4 个项目持续推进中。

2. 建立成果全流程管理体系，强化赋权后管理

学校建立了复旦大学知识产权管理系统，实现了从科技成果披露、专利申请前评估、分级分类管理、专利申请到授权、专利转移转化、转化后管理的全流程管理体系。一是科技成果披露。为加强对职务发明进行源头管理与服务，学校要求发明人主动及时披露职务发明产生的科技成果，如实填报《复旦大学科技成果披露书》。二是专利申请前评估。学校知识产权管理系统根据科技成果披露书内容自动进行评估，同时根据知识产权服务机构出具的专利检索报告和技术交底书进行判断，不具

备申请专利条件的将不进行专利申请。三是科技成果的分级分类管理。制定相关领域的科技成果成熟度评价标准，根据标准对披露的科技成果进行分级分类管理，成熟度较高的项目进行推广应用。四是专利申请到授权、专利转移转化。学校实现了知识产权全生命周期管理，从专利申请、授权到转移转化的全流程信息化管理。五是科技成果转化后管理。科技成果转化后，每年向学校提交科技成果转化进展报告，包括项目进展情况和被许可方的收益情况，便于学校及时掌握转化进展及成效。

其中，对于赋权科技成果作价入股的，学校进一步出台了《复旦大学科技成果作价投资管理办法（试行）》，规范了赋权后进行作价投资的行为，提出重大科技成果作价投资形成的学校部分股权由资产经营公司代表学校进行管理，资产经营公司对其持有的作价投资形成的股权可根据持股企业运行状况及外部环境选择合适的时机及方式实施股权退出。非重大科技成果作价投资形成的股权由科技成果完成人（团队）负责管理，作价投资完成后科技成果完成人（团队）可以一次性购买该项科技成果的所有权，但须通过市场价值评估方式确定科技成果完成人（团队）所持股份价格。

3. 案例：复合沸石分子筛项目成果使用权由完成人作价入股转化

学校研发团队致力于沸石分子筛材料技术领域的研究，研发出一种大孔径介孔-微孔壳-核型复合沸石分子筛，具有操作简单、原料价格低廉、设备要求低等优点。该复合分子筛保留了分子筛微孔骨架、有序的介观结构，既保持高度的通畅性，又能保持较高的连接强度介孔壳层中铝源的引入，使壳层具有较强的表面酸性，在重油、渣油催化裂化方面具有优良的应用前景。该成果于2013年取得发明专利"一种介孔-微孔壳-核结构复合沸石分子筛催化剂的制备方法"。

该项专利技术经专家论证为非重大科技成果，团队负责人向学校申请获得该项专利的使用权。获得批准后，该团队以知识产权入股的方式与合作方共同成立公司，公司注册资金6000万元。该专利评估价格为3135万元，团队占股52.25%。投资方提供现金投资入股，并提供免租金办公用房。项目形成的全部股权由发明人团队持有，学校享有发明人团队在目标公司所有收入的30%。

（三）南京大学：赋予长期使用权持续发力，新型研发机构成效显著

南京大学赋予科研人员科技成果长期使用权支持教师创新创业，并通过技术创新基金对重点项目进行支持。2020年，以转让、许可、作价投资和技术开发、咨询、服务方式转化科技成果的合同项数共计1475项，合同金额5.2亿元，其中以转让、许可、作价投资方式转化科技成果的合同金额为3452.2万元，以转让、许可和技术开发、咨询、服务方式转化科技成果的当年到账金额为3.0亿元。

1. 赋予创立新型研发机构的校内科研人员长期使用权

2018年起，为使更多原创性科技成果得以落地，更大限度地促进职务科技成果的转化，学校向"在校外建设新型研发机构的学校科研人员团队"赋予职务科技成果的长期使用权，降低向该新型研发机构许可知识产权的门槛，采取"较低入门费（5万元/可分期）+提成"的方式收取费用。其中，提成计算为：学校以科技成果完成人在受让方中的占股比例乘以公司当年营业收入为基数，在转化的前三年每年收取基数的1%作为许可使用费，后两年每年收取基数的2%作为许可使用费；五年期满后，受让方可继续按基数的2%缴纳许可使用费获得使用权，签订长期许可协议。

目前,学校以此种模式许可专利或技术 116 项,占总许可转化合同的 36%,许可合同金额仅 80 万元 + 提成。这一优惠政策极大提高了科研人员实施成果的自由度和积极性,减轻了科研人员创办企业的早期资金负担,在维护学校国有资产的情况下,有力地促进了教师团队进行成果转化的积极性。此外,在被赋予长期使用权的基础上,学校新型研发机构自身也取得了傲人的成绩:2020 年新研累计授权专利 386 件,累计孵化、引进企业 687 家,带动新增投资 29 291 万元;被赋权人员为学校带来的横纵向项目经费当年到账 3415 万元,形成正反馈;向社会转移转化科技成果 332 项,合同金额达 26 656 万元。

2. 技术创新基金开辟赋予所有权工作新路径

2019 年起,学校自筹经费设立技术创新基金,以"助创新、促转化、谋发展"为目标,挖掘具有产业化前景的应用研究项目熟化,支持已取得自主知识产权、应用前景明朗的科技成果向应用转化。基金采用梯度资助的形式,设置重点项目和一般项目:一般项目资助金额较低,资助数量较多,资助对象为创造性技术开发、小试阶段的项目,技术成熟度达到 4 级或 5 级,目的是营造创造技术氛围,培育可转化项目;重点项目的资助金额较高,项目数少,资助对象为已具备初步转化条件,需要进行科技成果的优化、中试、工程开发并进一步落地的项目,技术成熟度达到 6~8 级,目标直指项目落地孵化和高价值专利项目培育。项目执行期为 1 年,原基金资助的项目成功结题,若需进一步的技术改进或熟化的项目,可连续滚动支持。

学校通过设立技术创新基金,为原创科技成果转化提供资金、专业化技术转移人员服务等支持。在技术创新基金重点项目立项和管理过程中,针对重点项目尝试科技成果转化前进行赋权,并为每个重点项目配备一名专业技术经理人,协助项目团队开展与需求方的对接及投融资机构的商谈。学校拟计划将科技成果转化净收益中的 10% 作为该基金的资金来源，用于支持原创成果的孵化和转化。目前，技术创新基金已经成功运行 3 期，共资助项目 109 项（含重点项目 24 个），资助金额累计达 1553 万元，形成了用科技成果转化收益支持新科技成果进行转化应用的长效机制。

3. 案例：新型研发机构技术孵化企业发展迅速

2019 年新型研发机构南京智谷人工智能研究院有限公司成立，为南京大学人工智能学院人才团队与南京经济技术开发区管理委员会签约共建。该新型研发机构着眼产业经济发展需求，实现人工智能技术，尤其是开放动态环境下的机器学习等技术成果的落地转化。学校对该新型研发机构采取了职务发明长期使用权的赋权，以较低的许可价格授权其使用——在其成立初期，学校与之签订了 5 年许可协议，许可了 16 项专利（及专有技术），并通过"提成"方式收取费用，每年按合同约定时间支付许可费用，累计到账许可费用 2.005 万元。

该新型研发机构成立以来孵化引进企业 20 余家，孵化企业涵盖智能决策、智能生产、智能生活、智能健康等。孵化企业中南栖仙策（南京）科技有限公司是一家专注于智能决策的人工智能新锐公司，公司负责人为南京大学在职员工。学校按照关联交易的普通许可模式许可 1 个专利给公司，采用"入门费+提成"的方式收费，累计到账 6.638 万元。目前，该公司 Pre-A 估值 2.5 亿元，已获得融资 2000 万元。

在本案例中，学校对新型研发机构采取了职务发明长期使用权的赋权，以较低的许可价格授权其使用学校的技术和专利，不干预其运营。公司从新型研发机构孵化，通过普通许可方式使用了学校相关知识产权后发展迅速。

二、完善科技创新体系建设，实现成果转化全方位支撑

（一）北京航空航天大学：建立全链条转化模式，助推科技成果走出实验室

学校通过建立概念验证、创业孵化和股权投资三位一体联动机制，形成推动科技成果转化的"组合拳"。2020年，以转让、许可、作价投资和技术开发、咨询、服务方式转化科技成果的合同项数共计3244项，合同金额14.6亿元，其中以转让、许可、作价投资方式转化科技成果的合同金额为1.0亿元，以转让、许可和技术开发、咨询、服务方式转化科技成果的当年到账金额为12.9亿元。

1. 建立概念验证工作机制

2019年10月，北航概念验证中心作为中关村科学城概念验证支持计划首家成立的高校概念验证中心启动运行。概念验证中心着力构建科技成果项目挖掘与筛选、可行性分析、验证辅导、项目对接、投融资洽谈等概念验证工作机制，为实验室阶段成果匹配资金、场地和科研条件，对接市场资源，深入实施创新创业辅导，弥补技术团队能力短板，促进科技成果跨越转化"死亡谷"。

概念验证工作贯穿了从成果筛选、验证到验收3个阶段（图1-8-4）。一是筛选立项阶段。概念验证中心结合海淀重点产业发展方向和学校优势学科领域，采用定向邀请、专家推荐和公开征集的方式，从技术水平、市场应用前景、项目发展阶段、团队主观意愿等多角度对成果进行初步筛选，遴选适合开展概念验证的创新项目，多领域专家组就验证目标、工作计划、经费概算等方面进行论证，完成立项评审。二是验证辅导阶段。概念验证中心对验证项目管理实行责任专家指导下的项目经理制，

聘任项目团队负责人为项目经理,同时组织专家从技术指导、资金使用、条件匹配、知识产权布局、市场渠道对接、创业辅导、商业模式策划、投融资对接等方面,为项目提供全过程辅导。三是验收评价阶段。采取阶段评估和总结评价方式,在项目实施过程中对验证项目进行柔性动态跟踪和监控,对项目验证进行阶段性评估,及时发现和反馈验证过程中存在的问题,提供有效服务,确保项目验证的进度和目标,项目结束后以市场评价为主,从市场应用效果、技术交易和吸引投资角度出发,对概念验证项目进行总结评价。

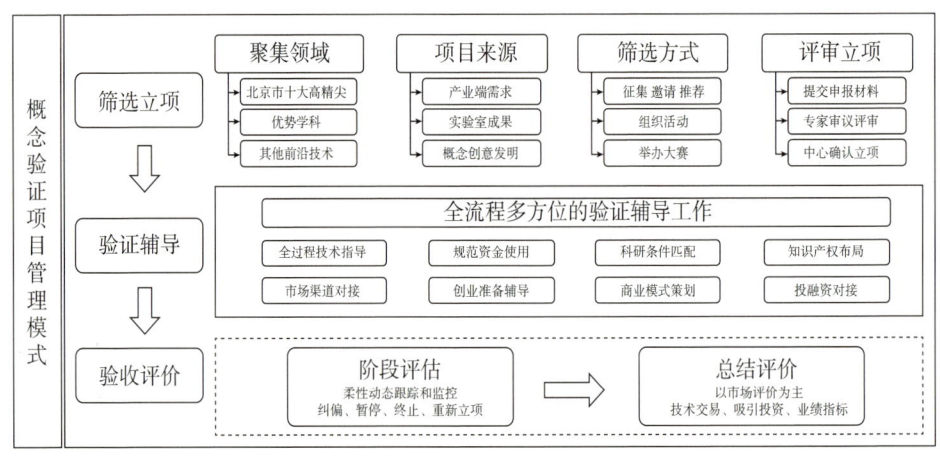

图 1-8-4 北航概念验证项目管理模式导图

截至 2020 年底,概念验证中心先后在新材料、新一代信息技术、航空航天、医工结合等领域遴选 7 个项目开展概念验证支持,为基础研究成果进行推广应用开展技术熟化、商业策划和创业辅导,进而为有前景的专利成果转化运用提供有效支撑。目前,已有部分概念验证项目通过创办企业和技术转移方式实现转化应用。

2. 创业孵化、股权投资与概念验证协同联动

学校以国家大学科技园为依托，聚焦航空航天、电子信息、人工智能、智能制造、新材料、医工结合等优势领域，探索构建概念验证、创业孵化和股权投资三位一体联动机制。一是技术发现和企业培育。学校技术转移中心发挥自身熟悉北航科技成果及科研团队情况的天然优势，持续走访调研众多研发团队，深入挖掘各研发团队项目涉及领域、目前研究进展、项目转化相关需求等信息，利用概念验证为项目提供资金支持和推广渠道，开展商业模式策划和创业辅导，持续释放高校科技成果转化潜能，加强高质量科技成果源头供给。二是企业孵化和创业服务。学校充分调动国家大学科技园创业孵化资源，建设科技成果转化小中试基地。创业孵化机构针对科技成果转化初创企业，开展办公空间、政策指导、资金申请、技术鉴定、咨询策划、项目顾问、人才培训等创业孵化服务，满足创业团队多层次发展需求，并积极落实各级双创优惠政策，支持初创企业的成长。三是与天使、创业投资机构紧密联动。学校积极对接天使和创业投资机构，通过与元航资本、元和资本、雅瑞和宜资本等投资机构合作，设立科技成果转化种子、天使投资和创业投资基金，为科技成果提供资金支持，资金规模达到5亿元。

同时，学校技术转移中心与孵化器、科技园、投资机构密切配合，不断强化创业团队的商业意识和市场意识，并紧密结合市场企业需求和行业动态，对项目发展提供及时的商业指导和市场信息，为项目提供多方位赋能，为项目持续成长壮大奠定坚实基础（图1-8-5）。

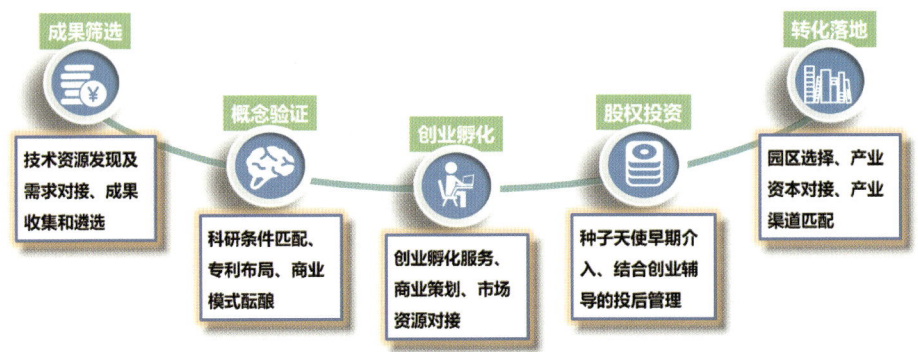

图 1-8-5　成果转化全链条服务

3. 案例：概念验证中心加速新型 LED 有机硅封装胶项目"熟化"

研发团队在自由探索过程中开发出的新型 LED 有机硅封装胶无须贵金属催化剂，提高了封装胶材料的性能和寿命，在耐老化性能、抗黄变性能、成本等方面较市场现有产品具有明显优势。针对该项目，北航概念验证中心提供概念验证资金 90 万元，帮助项目团队完成了相关原材料试剂和设备的采购，并为其聘用专职工程技术人员开展了大量实验工作，推动该项目中试熟化，制备出达到企业试用要求的中试样品。此外，概念验证中心通过多种渠道整合相关领域资源，推动该项目研发团队与康美特、木林森等国内 LED 封装胶市场领军企业进行沟通交流，及时获取企业和市场相关信息。同时，对该项目进行了系统的专利信息和文献情报分析，开展知识产权风险评估及有机硅封装材料导航，为该项目技术路线提供了有效参考建议，并支持该项目针对多种关键材料及其制备合成方法申请了相关核心专利，明晰了知识产权归属，并对技术形成了有效保护，为后续的成果转化奠定了基础。

在项目获得投资机构明确的投资意向之后，概念验证中心工作团队为项目提供了商业模式、股权构架设计及商务谈判等多方位的支持服务，最终项目获得水木清华投资基金等多个投资机构共计600万元的投资。目前，已经完成公司注册并在永丰产业基地开展中试生产，获得若干小批量订单。

（二）西北工业大学：贯通科技成果转化链路，引领转化企业创新发展

学校布局了完整围绕国防工业的学科群，以解决国防科技前沿和关键技术为导向进行科研立项，打通从基础研究、关键技术突破到工程化、产品化系统集成的科技创新链路，为重大科技成果转化奠定了坚实技术基础，将服务国防领域的高精尖技术转化为现实生产力。2020年，以转让、许可、作价投资和技术开发、咨询、服务方式转化科技成果的合同项数共计1689项，合同金额9.3亿元，其中以转让、许可、作价投资方式转化科技成果的合同金额为1.1亿元，以转让、许可和技术开发、咨询、服务方式转化科技成果的当年到账金额为6.5亿元。

1. 贯通成果转化链路

一是技术链路。针对学校大部分科研成果脱胎于国防关键技术和科技前沿的研究，技术难度大、研发周期长，导致市场门槛高、转化风险大的情况，在项目论证过程中，学校从技术成熟度、生产投资规模、技术市场准入门槛和形成的产品市场定位、技术对团队的依赖程度等多个维度对科技成果进行评价和论证，为科技成果量身定制丰富灵活的成果转化方式，使学校科技成果能转尽转。贯通从基础研究、应用研究到系统集成创新，再到产业化的科技成果转化技术链路，提升以突破关键共性技术为导向的应用基础研究能力、面向国防应用的工程化能力和产品系统集成创新能力，为培育科技成果转化及产业化提供了良好环境。

二是平台链路。为提高成果转化企业对技术的承接和后续研发能

力，联合成立工程或企业研发中心，学校专注于基础与前瞻性研究，企业侧重竞争性、直接应用型的技术开发及实际应用。贯通从实验室到工程化服务平台（工程中心、中试基地等），再到产业化公司的科技成果转化平台链路。成果转化服务单位在技术成熟度3级、4级左右介入转化链路，联合工程、研发中心开展面向市场的工程化和产品开发，为成果转化企业提供持续的技术研发支撑。目前，成果转化企业与学校已共建10余个省部级及以上工程中心，切实提升了企业和学校的产学研用协同创新能力，实现了"出成果"和"用成果"有机统一。

三是服务链路。通过提供中试平台、设立科技成果转化基金等方式，促进科技成果转化中试熟化和工程化，并为科技成果转化提供资金支持。同时，加强对科技成果作价投资的"投后管理"，帮助企业建立现代化管理制度，提供知识产权、项目申报、资产评估、法律财务和投融资等服务，为企业后续发展赋能。贯通从科研成果管理部门到服务单位（大学科技园等），再到持股平台（资产公司等）的科技成果转化服务链路。科研院负责学校科技成果转化政策拟订、科技成果管理、转让和实施许可；服务单位负责对产业化项目进行培育和孵化，提供转化服务；持股平台代表学校持有科技成果作价投资形成的股权，行使和履行出资人的权利和义务（图1-8-6）。

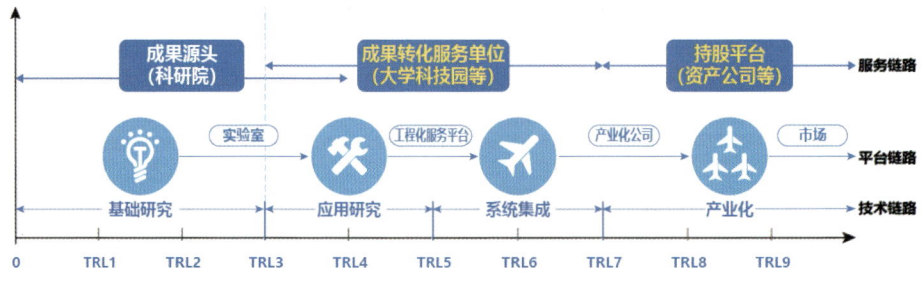

图1-8-6　硬科技成果转化链路

2. "首席科学家"引领科技成果转化企业创新发展

学校在组建成果转化企业时秉持"专业人做专业事"原则，由投资者组建专业运营团队，负责企业具体经营管理；由学校科研团队担任首席科学家，负责企业技术发展规划。既促进学校科技成果转化企业健康可持续发展，使其更好地服务于科技创新和经济发展，又实现科研团队研发方向与市场需求精准对接，反哺学校教学科研和人才培养。

首席科学家这一职位一般由科研团队负责人担任，并对其职权在章程中进行约定。首席科学家拥有企业技术发展方向的一票否决权，并为企业研发方向、科技合作、技术创新等提供支持。当企业发展方向违背其组建初衷，首席科学家可行使一票否决权，确保企业发展方向不偏离。自首席科学家制度实施以来，先后有2名院士及多名国字号人才担任学校科技成果转化企业的首席科学家，为这些企业的高质量发展保驾护航。

3. 案例：高性能金属构件产业化

学校科研团队依托凝固技术国家重点实验室、先进金属材料精确热成型技术国家地方联合工程研究中心、国防科技工业难变形材料精密模锻与环轧技术创新中心3个国家级科研平台，突破了以钛合金精密铸造与精确成形为主的等多项共性关键技术，形成了高性能构件的关键核心技术研制能力。2006年至今，高性能金属构件项目在国家重点研发计划、国家自然科学基金、民机科研等国家重大项目及省部级项目的支持下，持续投入各类研发费用近1亿元。

由于该项目转化投入高、周期长，前期需要投入大量资金购置厂房和设备，大学科技园根据技术特点和团队需求，制定了"技术入股+现金入股"的成果转化方案，实现投资人与科研团队的"股权捆绑、利益共享、风险共担"。同时，大学科技园积极对接各地政府，为项目团队争取政策、资源等支持。2020年5月，项目落地重庆市两江新区，学校将相关科技成果作价7000万元，重庆两江航空产业投资集团有限公司以货币形式出资2000万元，科研团队成员以货币形式出资1000万元，组建了注册资本为1亿元的重庆两航金属材料有限公司。科研团队负责人担任公司的首席科学家，当地政府为项目落地提供土地、厂房、设备及相关配套政策支持。学校将所占股权的70%（4900万股）奖励给研发团队，并将学校所获净收益的10%奖励给成果完成人所在学院，20%奖励成果转化服务单位，20%奖励成果转化持股平台。目前，公司的产业基地已竣工，建成1条钛合金精铸快反线和2条产业化生产线，具备多品种、小批量的快速生产能力，首批产品将于2022年初交付客户。

（三）中国科学院上海微系统与信息技术研究所：构建"三位一体"协同发展体系，探索研究所创新创业模式

该研究所基于"三位一体"协同创新体系和平台与金融相结合的双创生态体系，促进科技成果产业化与成果转化。2020年，以转让、许可、作价投资和技术开发、咨询、服务方式转化科技成果的合同项数共计295项，合同金额2.0亿元，其中以转让、许可、作价投资方式转化科技成果的合同金额为7746.6万元，以转让、许可和技术开发、咨询、服务方式转化科技成果的当年到账金额为1.3亿元。

1. 构建包含三个平台的"三位一体"协同发展模式

一是上海微系统所提供技术研发平台。上海微系统所现有传感技术联合国家重点实验室、信息功能材料国家实验室和微系统技术重点实验室3个国家级重点实验室，有无线传感网与通信、高端硅基材料工程实验室、太赫兹固态技术3个中科院重点实验室，为"双创基地"奠定了良好的科研技术研发平台。二是上海微技术工业研究院提供中试化产品

与技术转化平台。上海微技术工业研究院是2013年上海微系统所与上海市嘉定区人民政府共同发起成立的新型研发机构，集产品研发、工程孵化等于一体，为创新企业及合作伙伴提供全方位的中试与技术转化服务。三是上海新微科技集团提供科技创投融资与产业化平台。新微科技集团作为上海微系统所旗下科技成果转化的专业平台，专注于微电子材料、先进传感器、物联网与无线通信、高可靠性集成电路、高端医疗等领域，致力于中科院科技成果转移转化、投融资、科技孵化器建设等核心任务（图1-8-7）。

图1-8-7 "三位一体"协同创新体系

2. 打造平台与金融相结合的双创生态体系

微系统所注重中试孵化的同时加强金融支持，形成创新成本低、创新风险小、创新效率高、创新氛围浓的双创生态体系。一是建设服务于创新创业的工艺开放平台。工研院与国际领先的晶圆厂密切合作，构建起了覆盖 8 寸的"超越摩尔"（More than Moore）研发中试线，提供从研发到量产的全程服务，打造完整的"超越摩尔"产业链，推动"超越摩尔"技术和物联网创新应用的快速发展。二是建设服务于创新创业的国家级众创空间。立足嘉定、长宁和漕河泾三大园区，分析上海微系统所在不同园区的定位，根据地方特色建设众创空间。三是打造"早—中—后"各阶段投资基金布局。发起设立包括重庆上创科微股权投资基金、物联网一期、二期基金在内的数支基金，管理资金逾 15 亿元，完成 50 余个项目的投资，搭建起了覆盖企业发展全生命周期的科技创业投资平台。

3. 案例：基于硅热电偶结构的微型热电能量收集器及 MEMS 封装

"基于硅热电偶结构的微型热电能量收集器及 MEMS 封装"技术通过通孔硅微型热电能量采集器实现较高的集成度、良好的界面接触，运用高优值系数的热电材料改善器件的输出性能，适用于低成本批量化生产微型热电能量采集器。上海烨映微电子科技股份有限公司（简称"烨映微电子"）是上海微系统所（简称"微系统所"）员工离岗创业创立的传感器公司。2020 年，微系统所以该技术作价投资烨映微电子，评估价 3261 万元，其中 50% 的股份奖励核心技术团队（计 1630.5 万元）。目前，烨映微电子已顺利完成 Pre-IPO 融资和股改，并已申报深圳创业板 IPO。

微系统所技术转移中心作为本项科技成果转化策划及全过程支撑管理部门，探索赋权试点，为作为初创公司的烨映微电子解决知识产权来源问题；上海微技术工研院提供产业与技术转化平台，与核心研发团队保持密切合作，在封装工艺上进行了技术改造、克服切片设备等难题，满足客户更好的制造要求；上海新微集团秉承创新发展理念，提供科技创投融资与产业化平台。依托"三位一体"协同创新发展模式，较快地实现本项科技成果的转化和产业化,进一步推动了产学研的融合创新。

三、面向国家重大需求和人民生命健康,科技抗疫显威力

(一)四川大学:紧急启动应急攻关科研项目,科技成果筑起抗疫"防火墙"

学校大力推进科技抗疫项目,产出"新冠疫苗21项专有技术"等多项成果,为抗疫和保护人民生命健康提供有力医疗支撑。2020年,以转让、许可、作价投资和技术开发、咨询、服务方式转化科技成果的合同项数共计2679项,合同金额16.8亿元,其中以转让、许可、作价投资方式转化科技成果的合同金额为8.4亿元,以转让、许可和技术开发、咨询、服务方式转化科技成果的当年到账金额为8.4亿元。

1. 积极承担攻关任务

自新冠肺炎疫情暴发以来,学校迅速反应、广泛动员,充分聚合文理工医多学科力量,发挥华西医学科研优势,以学科交叉、医工融合为抓手,以产学研结合为路径,自筹资金紧急启动了多批次的抗击新冠肺炎疫情的应急攻关科研项目,并以工作周报、定期梳理、制订《四川大学应急科研攻关项目管理暂行办法》等多种方式,保障科技抗疫项目抓紧、扎实地开展。学校积极行动,承担科技攻关任务,包括:科技厅应急科研项目牵头10项、参与2项,牵头承担科技部疫情防控应急攻关任务1项,教育部高校新冠肺炎防治科研攻关重点项目3项,四川省科技厅应急项目10项和四川省发展改革委平台建设项目2项,学校自筹

经费资助应急项目 43 项（支持金额 1243.78 万元）。

除"新冠疫苗 21 项专有技术"外，与企业开展科技抗疫领域产学研合作 3 项，包括向企业转让"新型冠状病毒 N 蛋白重组抗原及其用途专利申请权"等，研究方向涉及临床救治和药物、疫苗研发、流行病学、检验检测、临床防护、病毒病原学等多学科领域。各项目组攻坚克难，集成攻关，在疫苗研发、快速诊断、传播预测模型、医护一体化综合防控等方面取得了一系列成果。截至 2020 年底，发表新冠肺炎疫情有关学术论文共 89 篇，为科技抗疫贡献了力量。

2. 校地合作加快构建成都生物医药产业生态圈

学校探索校地合作新模式。一是资金模式。以"企业提需求、政府出资金、学校给配套"的方式，首创以学校有限的自有资金与地方共同设立科技合作专项资金，引导和支持教师围绕地方产业升级和科技成果转化开展研发，积极破解学校科研人员立项研发与地方和企业需求信息不对称、科技与经济结合不紧密的难题。截至目前，校地战略合作已扩大到四川省 11 个地市州，促成与 8 个市州设立"校地合作专项资金"，资金总规模达 6 亿元，已支持项目 500 余项，带动投资超 120 亿元。二是平台模式。围绕四川省各地方产业转型升级、创新创造和行业技术攻关需要，充分利用四川省在西部地区工业门类最齐全的优势，瞄准各市州产业特色，采取"一地一策"的方式，校地共建专业性创新研发平台或科技成果转化服务平台。目前学校已在全国布局技术转移网络（校地产业技术研究院、技术转移分中心等）20 余个，与企业共建校企联合平台（研究院、实验室、中心等）近 400 个。三是队伍模式。按"企业提需求，学校设岗位，政府给支持"的方式，校地企共建高水平专职研发转化队伍（博士后），以解决地方和企业引育高水平人才的难题。

2018年6月，成都市人民政府与学校签署《深入推进市校合作 共建世界一流大学 助推国家中心城市建设合作协议》。其中，成都前沿医学中心是成都市与四川大学校地合作的核心内容，将按照"一心统揽、两极支撑"布局建设，围绕新医学重点领域，开展"医学+"发展前沿方向的产业技术创新和成果转化，构建成都"创新研发—成果孵化—生物城产业化落地"的全产业链条，加快培育成都生物医药领域创新生态链，构建产业生态圈。成都前沿医学中心现已孵化成果"重组蛋白新冠疫苗的研发及新冠口服药物""注射用磷丙泊酚二钠1类新药""治疗血液瘤化药1类新药甲磺酸普依司他"等创新成果。

3. 案例：重组蛋白新冠疫苗产业化

学校华西医院生物治疗国家重点实验室研发团队基于结构生物学的精准设计，靶向新型冠状病毒与人体细胞的结合部位，利用昆虫细胞在培养液中大量繁殖，将新冠病毒的基因引入昆虫细胞，研发出我国首个昆虫细胞生产的重组蛋白新冠疫苗。项目得到科技部、教育部、四川省科技厅、四川大学共计4550万元的经费支持，被列为四川省2020年第一批应对新型冠状病毒科技攻关应急项目。

2020年7月，四川大学华西医院、成都市高新区生物城与研究团队成立了成都威斯克生物医药有限公司。该项目成果作价5.116亿元，其中80%股权奖归核心团队成员。目前，位于成都天府国际生物城约4000平方米的重组蛋白疫苗生产车间已经建成并投入使用，总投资约1.7亿元，规划疫苗年生产能力上亿剂。公司已完成A轮和B轮融资，现注册资本11.74亿元，估值超过10亿美元，入选2021年新晋独角兽企业。

（二）中国中医科学院：前后方协同攻关，迅速推出抗疫新药

科学院建立科技抗疫攻关机制，充分利用防治流感技术体系资源，前后方协同攻关，并研发推出我国首批获得批准上市的 3.2 类中药新药产品化湿败毒颗粒。2020 年，科学院以 1.5 亿元将化湿败毒颗粒临床试验批件、专利及药品注册证书转让给广东一方制药有限公司，款项已全部到位。

1. 前方一线与后方支撑协同攻关

科学院构建了武汉临床一线与后方支撑相结合的科技抗疫攻关机制。2020 年 1 月 25 日（农历正月初一），国家中医药管理局依托中国中医科学院组建的第一支国家中医医疗队奔赴武汉市金银潭医院。1 月 27 日，整建制接管武汉市金银潭医院南一病区。1 月 28 日，在武汉与北京连线多位中医专家，召开国家中医药防治新冠肺炎专家组会议，讨论形成第四版国家新冠肺炎诊疗方案中医方案，确定 4 个证型和 4 个固定处方。同时，后方科研团队成立临床数据后方支撑。依托科学院中医临床基础研究所，融合患者端动态追踪及医院 HIS 等系统的数据，建成新冠肺炎临床大数据平台，有效支撑疗效评价等科研工作。

前后方同合作，边救治、边总结、边优化，进行以临床救治为核心的疾病规律与有效治疗方案探索。3 月 18 日，获得我国首个获批的具有自主知识产权的治疗新冠肺炎的中药新药临床批件。在国家援鄂抗疫中，中医医疗队采取中西医结合治疗方案，在阻断病情发展、改善症状、缩短病程中，充分发挥了中医药辨证论治的特色优势。

2. 中医药防治流感技术体系为应对新冠肺炎疫情提供有力支撑

中国中医科学院流感技术体系平战转换，打好中医抗疫攻坚战。中医药在流感疫情暴发时通过症状学收集、病机分析、临床诊疗后即可确

定治疗方案，可迅速应用于临床，具有应对及时等优势。新冠肺炎疫情前，中国中医科学院为提升中医药防治流感的能力，于 2019 年初组建了多学科协作的中医药防治流感技术体系。该技术体系围绕中医药防治流感的需求，由首席科学家、岗位科学家及平台主任组成。建设从疾病研究、中药筛选、中医临床、中药研发各个环节紧密衔接的技术体系，进一步提升中医药在防治流感方面的贡献度。

流感疫情间歇期，技术体系各岗位立足本职工作，着眼于技术能力提升，构建中医药应对流感的多科学、产学研协同的新机制。新冠肺炎暴发后，中国中医科学院及时将中医药防治流感技术体系应急性研究任务（C 类任务）聚焦于新型冠状病毒感染的肺炎防控研究，在打赢新冠肺炎疫情防控阻击战中，发挥了积极的作用。

3. 案例：化湿败毒颗粒新药转化

化湿败毒颗粒新药研发获得国家重点研发计划、重点专项资助，是我国首个获批的具有自主知识产权的治疗新冠肺炎的中药新药。2020 年 3 月，中国中医科学院以 1.5 亿元与广州一方药业签署转让协议。在国家药品监督管理局、国家中医药管理局的大力推动下，化湿败毒颗粒按照《中药注册分类及申报资料要求》中 3.2 类"其他来源于古代经典名方的中药复方制剂"的要求，进行化湿败毒颗粒新药资料准备与提交，通过特别审批程序，高效完成"三方"注册审批。目前，国家药品监督管理局正式批准包括化湿败毒颗粒在内的三方上市，化湿败毒颗粒成功纳入《2021 年国家医保药品目录》。

中国中医科学院科研管理处作为负责技术转移的机构，全程参与化湿败毒颗粒的技术转化工作。在与研发团队联合进行产品价值、市场前景与研发风险充分评估的基础上，代表研发团队与企业进行技术转让洽谈。参与化湿败毒颗粒研发的中医科学院国家中医医疗队全体队员、后方科研攻关组等一致决定，将化湿败毒颗粒转让收益用于中医药人才培养，设立"中国中医科学院人才培养专项"，鼓励更多人学习中医药，培养选拔中医药高素质人才，筑牢中医药传承发展根基。

（三）上海市公共卫生临床中心：服务国家重大需求，科技成果驰援抗疫一线

在此次新冠肺炎疫情中，上海市公共卫生中心（简称"公卫中心"）快速响应疫情防控需求，在医院伦理委员会的许可下，将研发的广谱抗呼吸道病毒产品用于临床医护人员的志愿预防，以及新冠肺炎患者的救治和恢复。2020年，以转让、许可、作价投资和技术开发、咨询、服务方式转化科技成果的合同项数共计10项，合同金额1.4亿元，其中以转让、许可、作价投资方式转化科技成果的合同金额为1.0亿元，以转让、许可和技术开发、咨询、服务方式转化科技成果的当年到账金额为6526.0万元。

1. 聚焦于新发与再现传染病研发

公卫中心持续建设能够有效抵御新发突发传染病的"快速反应部队"，聚焦于新发与再现传染病临床诊治的科学问题，并促进相关技术在临床的快速转化与应用，提升公共卫生安全保障能力。在疑难病原体的确诊、新型疫苗与药物研发、新型重症与耐药救治技术研发等方面发挥重要作用。2020年，集中优势资源攻关疫苗创新策源，公卫中心成立疫苗与免疫研究中心。将基础研究和转化研究有机结合，研发针对重大传染病、新发突发传染病的生物制剂，主要包括预防和治疗新发突发传染病、肿瘤的新型基因工程疫苗、新型疫苗佐剂等，并挖掘疫苗相关的免疫保护机制，加强病毒、免疫等重点学科的基础研究。疫苗免疫研究中心自成立以来，共获得国家级科研课题7项、上海市级课题1项，发表SCI收录论文64篇。

2. 加强知识产权管理与科技创新转化制度建设

一是以产权为基础,夯实制度建设。针对医院职务科技成果权属不清、信息不对称、单位成果权益处置不到位等问题,制定实施管理办法,为临床研究成果的权属界定和产权保护建立制度保障,启动高质量成果医院主动发现、培育机制。二是突出功能布局与结构优化,提升临床研究与成果转化整体效能与专业能力。谋划公共卫生科技储备能力、科技攻关能力、优势学科与创新平台建设等,由内而外全面布局内设机构、创新载体、服务链条,探索临床研究、成果产出、转化应用的顺畅机制与可持续发展模式。三是跟踪培育标志性临床研究成果转化项目。在医院项目库中按照技术成熟度、商业价值、市场空间等因素进行筛选培育,重点围绕临床科技创新项目,跟踪挖掘高质量成果,做好专利布局、政策扶持、转化路径设计等综合服务。

3. 案例:复合蛋白酶抑制剂喷雾项目转化

复合蛋白酶抑制剂可开发为广谱抗呼吸道病毒的药品,起到抑制病毒、抑制炎症、促进黏膜修复的作用。前期研发经费643万元,来自国家科技重大专项子课题"广谱抗呼吸道病毒的应急防治制剂的研究"。2020年2月,公卫中心与山东某公司就该项目签订技术转让合同,合同金额1亿元,当年到账金额5000万元,其中净收益的70%用于奖励科研团队,金额合计3263.44万元。双方完成技术交接后,为了快速响应疫情防控需求,该公司对产品进行了应急生产,开展了3个批次共计5000 L临床样品生产的工艺放大,单批次产能为3万支。项目转移后,该公司累计投入经费3000万元以上,开展了工艺放大、质量标准建立及产品的临床前开发工作,并按照一类新药的标准准备审批材料。

在此次新冠肺炎疫情中,公卫中心在伦理委员会的许可下,将基于本技术研发的广谱抗呼吸道病毒产品用于临床医护人员的志愿预防性使用，以及新冠肺炎患者的救治和恢复，对院内感染防控发挥了积极作用，已列入新冠肺炎治疗"上海方案"。

四、从产业和市场需求发力，推动科技成果走出实验室

（一）湖南大学：建立紧密贴合市场的制度，提高科技成果转移转化效率

学校针对市场需求开展技术研发，帮助科研团队对接市场，实现多项高质量科技成果的产业化落地。2020年，以转让、许可、作价投资和技术开发、咨询、服务方式转化科技成果的合同项数共计932项，合同金额9.5亿元，其中以转让、许可、作价投资方式转化科技成果的合同金额为3.1亿元，以转让、许可和技术开发、咨询、服务方式转化科技成果的当年到账金额为3.7亿元。

1. 针对市场需求进行筛选培育

一是通过"周演"筛选高质量科技成果。学校创新建立了"周演"制度，根据成果披露信息，每周邀请一位发明人面向项目领域产业专家和投资机构演示研究成果，产业专家和投资机构就项目成熟度、产业化路径、商业价值、资源配置方式等情况进行研讨，进而筛选出适合市场的高价值技术成果。通过向市场准确传递科技成果信息，让市场自主筛选出有需求的技术。近年来，在全流程服务体系的推动下，湖南大学通过57场"周演"筛选出24个项目，目前已转化13项。

二是紧扣市场需求进行知识产权培育。注重专利培育质量，在前端把好质量关，辅以合理配置资源来推动技术熟化。学校定期根据市场技

术需求邀请校内外专家进行研讨，对于研讨形成的研究方向着重进行专利培育。例如，针对新能源汽车关键技术培育出"一种纯电动汽车多模式控制方法""一种BMS智能充电识别控制方法"等15件专利。

2. 科技成果有效对接市场

科技成果转化中心积极配置资源推动项目进行中试，根据中试的进展辅导项目团队撰写商业计划书，讨论产业化的建议与资源配置方式，并根据筛选项目的研究领域、应用场景和资源配置的需求，建立科技成果精准发布对接机制。一是通过新闻网、公众号、投融资机构群持续发布知识产权成果信息和商业计划书，扩大成果发布的基本覆盖面。二是根据项目成熟程度，以产业领域为主题组织路演活动，邀请相关政府部门（或园区）、行业优秀企业和知名投资机构对接需求，建立起学校和产业、资本的对接渠道，向生产企业、投融资机构积极推介争取融资。三是实时跟踪高质量专利的研发进展，组织"核酸适体研究项目""电涡流阻尼新技术"等院士团队项目的专场产业化研讨会，实现了成果方和需求方的精准对接。

此外，针对科技成果估值难、投资人过多干涉研发方向和进度、投资条款苛刻等商业接洽的实际难题，学校秉持"以专业的态度办专业的事"，在校外聘请专业的知识产权代理、法律及财税人员，帮助科研团队撰写高质量专利申请文件，辅导其撰写项目商业落地计划书，并对运营项目过程及相关文件进行法律审查并出具法律意见书。

3. 案例：高效非结构自主CAE软件核心算法、GPU并行计算及优化设计平台

"高效非结构自主CAE软件核心算法、GPU并行计算及优化设计平台"系列科技成果源于学校CAE软件团队20余年技术累积，研发过程中受国家863计划、国家重点研发计划、国家自然科学基金、湖南省

自然科学基金等财政资金资助 700 余万元。2020 年 4 月，学校科技成果转化中心组织 CAE 软件团队进行了项目"周演"，邀请专家围绕成果成熟度、市场前景和商业路径进行深入探讨。"周演"后，学校科技成果转化中心陪同团队参与多轮商务谈判、与投资人对接落地需求。2020 年 8 月，学校研发团队将 20 项软件著作权组成的"高效非结构自主 CAE 软件核心算法、GPU 并行计算及优化设计平台"作价人民币 2800 万元与投资方联合成立合资公司，在长沙注册落地。该系列成果作价投资形成股份中的 80%（无形资产价值人民币 2240 万元）奖励给成果完成人，另外 20%（无形资产价值人民币 560 万元）留归学校，由资产经营有限公司代持。

（二）江苏省产业技术研究院：构建产业技术创新体系，营造产业创新生态

研究院初步构建起集聚技术、人才、资本等创新要素的网络，探索出一套促进技术与产业深度融合、企业与研发机构有效对接的服务模式。2020 年，研究院事业法人性质的研究所以转让、许可、作价投资和技术开发、咨询、服务方式转化科技成果的合同项数共计 46 项，合同金额 3.7 亿元，其中以转让、许可、作价投资方式转化科技成果的合同金额为 1630.0 万元，以转让、许可和技术开发、咨询、服务方式转化科技成果的当年到账金额为 1.4 亿元。

1. 打造产业技术创新体系

一是对接产业需求。遴选细分行业的龙头企业作为核心合作伙伴，成立了以战略研究、制定技术路线图和征集提炼技术需求为主要任务的 JITRI- 企业联合创新中心 131 家，共凝练提出技术需求 609 项，企业意向出资金额 19.13 亿元。江苏产研院帮助企业联合创新中心对接需求

580项，达成技术合作166项，合同额7.71亿元。二是汇聚创新资源。与海外54家和国内52家知名高校和研发机构建立了战略合作关系，建立了以2个离岸孵化器为重点的5个海外合作平台，实施了一大批包括海外博士（后）联合培养的合作项目。三是建设研发机构。累计建设拥有一流研发平台和技术人才的专业研究所57家，其中34家是自2016年以来从海内外以项目经理制引进团队与地方园区共同支持的新建研究所，研发人员超过1万人。

2. 营造产业创新生态体系

一是空间生态方面。按照"研发作为产业、技术作为商品的理念"，选择产业经济基础条件好、创新能力强的园区，布局建设若干研发小镇或研发产业社区。打造研发平台密集、高端人才集聚、创新机制良好，为企业提高技术服务和外包研发的能力集聚区，目前已在相城、南京、镇江等地建设多个创新中心。二是人才生态方面。构建由天才科学家（顶尖人才）、领军人才（项目经理）、骨干研发人员（集萃研究员）和研究生（博士后）等共同组成的人才体系，从引进、激励和培养等多方面营造人才生态。截至2020年底，共聘请156位产业领军人才担任项目经理，并由项目经理集聚超过1000位高层次人才，引进了一批原创性技术项目落地。三是金融生态方面。引导专业研究所成立专业领域的天使和风险投资基金，鼓励技术专家与金融专家密切合作承担基金的投资管理；发挥政府主导和市场引领的双重作用，推进设立长周期（>10年）并专注于早期原创技术项目的投资基金。截至2020年底，已支持体系内相关专业研究所成立10支偏向早期与细分赛道投资的市场化基金，基金总规模达14.23亿元，带动各类资金12.3亿元。2020年转化医学所启动了IPO进程，研究院因此实现了国有股权的首次退出，通过此次交易实现净利润9000万元。

3. 案例

案例1：基于软件定义 Wi-Fi 的智能边缘计算平台（17Wi-Fi）

研究院 17Wi-Fi 研发团队专注无线侧设备边缘计算能力，以 Wi-Fi 为载体，打造先进智能化未来网络。团队和众多企业合作，针对各个场景的实际应用难题，进行定制化功能研发改造，解决了商场、医院、学校、企业园区等多场景 Wi-Fi 覆盖难题；并以开放 Wi-Fi 平台为基础，实现了各类应用和功能的动态加载和扩展。2016 年开始研发，团队投入人力 50 人左右，研发费用投入累计超 3000 万元，投入资金均为研究所自有资金（研究院开办资金来自于政府拨款，但性质为自收自支的省属科研事业单位）。目前，累计合同金额超 3300 万元，累计到账超 2500 万元。该项目尚未达到投资回报率 ROI 转正，待转正后计划收益扣除可变成本及当期研发费用以后，90% 以上奖励研发团队。

案例2：针对国家重大需求成立联合攻关工作组

研究院从产业需求出发，由下而上提炼解决技术难题，助力行业发展。新冠肺炎病毒疫情暴发后，受限于传感器芯片进口"卡脖子"，对国内呼吸机企业造成了较大影响，研究院牵头，组织集成电路技术创新中心、呼吸机企业、芯片企业、封测企业相关领导和技术人员，联合成立攻关工作组。项目以研测并行的方式组织，以揭榜挂帅和定向任务结合的方式实施，以虚拟 IDM（垂直整合）制造模式的方式，充分应用长三角地区成熟集成电路产业供应链资源，通过与整机和系统应用企业的深度合作，开展产业技术应用研究和集成创新，探索切实可行、高效运作的产业链协同联合攻关模式。现已完成了攻关任务，芯片技术指标全面达到甚至超过对标产品技术指标，芯片的设计、制造、封测等全流程均实现了国产化，并形成了自主知识产权。产品已在需求提出企业鱼跃医疗公司同类呼吸机中批量应用，且已在江苏省人民医院等 5 家医疗机构通过现场检验。

（三）中国科学院大连化学物理研究所：与企业深入合作，促进成果转化与产业化

研究所持续深化实施大型骨干企业引领战略，与众多大型骨干企业开展深层次合作，以强化平台建设、提升平台服务质量为突破点，促进高效率成果转化与产业化。2020年，以转让、许可、作价投资和技术开发、咨询、服务方式转化科技成果的合同项数共计240项，合同金额4.9亿元，其中以转让、许可、作价投资方式转化科技成果的合同金额为3.3亿元，以转让、许可和技术开发、咨询、服务方式转化科技成果的当年到账金额为2.0亿元。

1. 与大型骨干企业深入合作

一是广泛进行技术合作。与企业共同设立技术委员会，对合作项目进行评估、指导和考核；企业提供探索性项目经费，支持研究所原始创新和项目预研。截至2020年底，与延长石油合作项目超过60余项，金额超过3亿元。二是共同探索产业应用。企业在前期资助基础研究，并从小试拓展到中试及产业化项目，形成了完整的研发链条。在企业支持下进行中试项目建设过程中，极大减少了中试试验大量的资金、人力、物力等投入对成果产业化的制约。与企业协同攻关煤经合成气直接制低碳烯烃技术的工业中试试验，该技术从实验室基础研究成果到千吨级工业中试成功并具备规模应用条件仅用3年多的时间，成功探索出一条从0到1抢占科技高地的成果转化之路。三是加强人才培养合作。研究所与企业形成常态化交流机制，设立研究生奖学金，并互相提供实训场所及技能培训，双方的良性互动为实现成果转化也奠定了扎实的基础。天津渤海化工集团设立"渤海化工研究生奖学金"用于奖励研究所在能源、

化工等领域的优秀研究生，近5年先后有70余名学生获得奖励；研究所先后有近10名毕业生扎根到天津渤海化工。

2. 强化平台建设

一是创新平台模式，与企业共建研究院。摒弃传统的"一技术一公司"模式，与企业共建陕西延长大连化物所西安洁净能源（化工）研究院，统筹推进双方探索性、中试和工业示范等项目建设，从根本上打通了先进技术从实验室开发、中试放大、产业应用到商业推广的全过程成果转化路径，为成果的快速转化创造更为有利的条件和保障。二是推进平台建设，构建低碳能源体系。"十三五"科教基础设施项目"化石能源清洁化利用关键技术研发平台"按照工作计划稳步推进，结合中科院"十四五"科教基础设施项目统一部署要求，围绕储能、氢能，积极策划过程基础研发、中试放大和系统应用验证等平台建设，通过解决相关核心科学问题，形成大规模储能及制备、存储与应用氢能综合利用核心关键技术研发与中试放大能力，推动以储能、氢能为代表的可再生能源产业化应用推广，构建清洁低碳、安全高效的国家能源体系。

3. 案例：聚四氟乙烯中空纤维膜技术成果转化

膜分离技术具有节能、环保、过程简单、易于与其他技术耦合和集成等特征，聚四氟乙烯材料在膜分离和过程强化技术领域有着良好的应用潜力。聚四氟乙烯中空纤维膜技术成果于2011年开始实验室研发，之后经过小试、中试和规模放大，共历时9年时间，并得到了上海碧科清洁能源技术有限公司、辽宁省自然科学基金等资助。

2020年，研究所与北京科膜科技有限责任公司和南京碧盾环保科技股份有限公司达成意向，分别以聚四氟乙烯中空纤维膜技术和现金入股，成立南京中科碧盾新膜科技有限公司，注册资本5210万元。本技术成果转化获得评估值为2565万元的股权收益（占股48%），其中北京科膜科技有限责任公司 1667.25 万元（占股 32%）、大连化物所 897.75 万元（占股 16%）。研究所将本技术成果收益的 50%（评估值 448.875 万元）用于研发人员的奖励，奖励人次为 4 人。目前，公司正进行生产线扩建方案评估，近期将进行产能扩建，以满足市场需要。

五、加强知识产权管理，培育高质量科技成果

（一）中国科学院深圳先进技术研究院：强化知识产权管理和运营，盘活存量做强增量

研究院强化知识产权培育、服务和运营能力，促进高质量知识产权创造与转化。2020 年，研究院新增申请专利 1725 件，专利授权率达 79%，以转让、许可、作价投资和技术开发、咨询、服务方式转化科技成果的合同项数共计 196 项，合同金额为 3.9 亿元，其中以转让、许可、作价投资方式转化科技成果的合同金额为 1.6 亿元，以转让、许可和技术开发、咨询、服务方式转化科技成果的当年到账金额为 1.4 亿元。

1. 建立市场化运营与评估机制

一是加强知识产权质量管控。实施专利质量提升工程，通过引入专业第三方大数据管理系统、建立专家质量评审机制，加大对知识产权撰写、审查和答复等环节全流程把控。二是定制化培育知识产权。在知识产权创造阶段导入产业界技术需求，并辅之以第三方机构关于技术路线、市场需求、应用和法律等层面辅导培训，有效整合优势资源，形成应用前景明确的、可转移转化的需求型知识产权。三是注重高质量专利布局。聚焦知识产权密集型的前沿科技领域与战略性新兴产业，建立院长基金资助项目机制，培育高质量专利（组合）。2020 年，完成了图像超分、

EMC材料、微流控、聚酰亚胺材料、合成生物学、磁共振医学成像和海洋材料7个领域专利布局，总计100余件高价值专利申请。四是引进知识产权专家顾问团队。组建由技术专家、知识产权代理人、审核人、律师、企业代表等组成的专家顾问团队，引导科研人员进行高价值专利的申请。2020年，共服务304场次，覆盖64%科研团队。

2. 分类施策，建立创新机制

一是建立动态调整专利评估机制，实行分类管理。引入国内外知识产权运营的大数据专业机构对已授权知识产权进行定量市场评估，并根据市场化情况，进行动态调整，实行动态化分级分类管理。二是聚资源与拓渠道，实行分类运营。加强美日欧国家专利布局，盘活PCT并加大运营，建立知识产权运营平台，聚焦核心专利、共性专利，组建"技术开发+技术转让+中试熟化+产业基金+产业培育"创新链，助推科技成果转移转化。三是加大与第三方专业机构的合作。通过与市场化专业转移机构合作，拓展对接渠道，累计与16家市场化转移机构建立长期合作关系。

3. 案例：智慧工地管理平台成果转化

智慧工地管理平台是为适应信息化时代发展的建筑企业提供全新的解决方案，结合BIM、物联网、大数据、4D、云技术、RFID技术、人工智能算法分析与机器视觉技术，将施工过程的数据进行实时的智能采集、传输、存储、管理、分析和应用，并通过信息化管理平台获得直观的管理决策依据。平台系列项目受到了国家重点研发计划、广东省重大科技专项、广东省重点领域研发计划智能机器人与装备制造专项、深圳市科技计划项目等共计2364万元财政支持。

2020年，10件平台相关专利以1500万元作价入股方式出资至深圳市中科数建科技有限公司，其中50%股权按奖励给发明人团队，奖励人次 11 人。转化过程中，研究院进行了智能物料调度、智能排班系统等 10 项知识产权梳理和布局。同时，对知识产权进行严格质量管控：对涉及开发的软件模块等中间成果定期搜集进展材料，最终成果送国家权威机关进行测试，确保成果技术指标符合国家相关要求；在撰写专利阶段，通过智慧芽专利管理系统对专利撰写全流程进行把控，对于核心和重要专利进行撰写文稿的质量评审，确保专利的高质量撰写。

（二）东北大学：专业高效的知识产权管理，全面提升专利创造质量

东北大学从源头提升专利申请质量，产出符合学科建设、科技创新等高质量的科技成果，有效促进科技成果转化。2020 年，学校新增专利 992 项，以转让、许可、作价投资和技术开发、咨询、服务方式转化科技成果的合同项数共计 1265 项，合同金额 5.9 亿元，其中以转让、许可、作价投资方式转化科技成果的合同金额为 5980.9 万元，以转让、许可和技术开发、咨询、服务方式转化科技成果的当年到账金额为 5.4 亿元。

1. 知识产权和成果转化一体化管理

学校建成了集合（管理权、转化权）+ 运营权 + 市场化运营元素职能为一体的科技成果转化运营新模式（2+1+N），如图 1-8-8 所示。其中，2 为行政权，即科技成果管理权和转化权，1 为半市场化的学校科技成果运营权，N 是指若干市场化运营的各类元素。该平台全面负责知识产权运营管理、科技成果的转移转化及校外基地建设与管理。

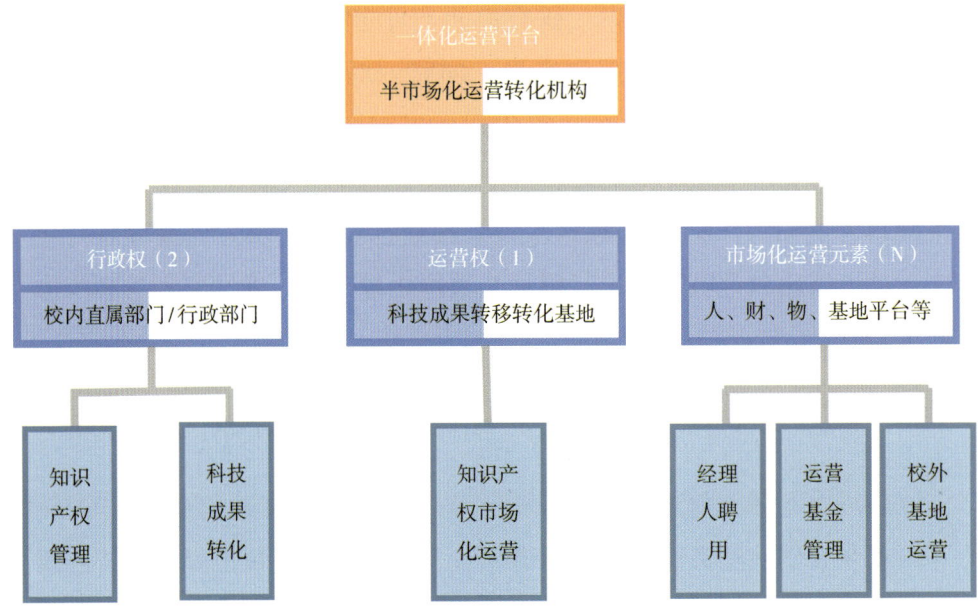

图 1-8-8　东北大学 2+1+N 运营新模式体系构架示意

学校在已有科技成果转化工作领导小组职责基础上，将知识产权加入其管理范畴，工作小组由科技成果转化办公室牵头，成员部门由计划财经处、人事处、资产处、政策法规办公室、科技产业集团等组成。负责学校知识产权的重大事项管理决策及科技成果转化过程的尽职调查、备案管理、兼职管理、资产登记、财务入账、法律咨询等事宜，做到依法转化，前后衔接，控制风险。科技成果转化实行分级审批：合同额低于 300 万元的，由科技成果转化办公室审批，向科技成果转化与知识产权管理工作领导小组通报；合同额大于 300 万元的，由科技成果转化办公室审核，科技成果转化与知识产权管理工作领导小组审批，向校长办公会通报。

2. 专利评估分类和评价分级

从 2020 年开始，为强化高质量专利和高价值专利的分级分类，东北大学从专利申请前和专利授权后两个方面进行评估和评价。

一是事前评估。事前评估侧重知识产权质量评价,除了评价专利技术重要性、价值外,还从授权前景进行考量,考察专利申请的新颖性、创造性及实用性。对不具有授权前景的专利申请进行修改或驳回;对具备授权前景的专利申请,根据评估结果确定知识产权申请类型、代理机构选择、费用分担等,从供给侧源头有效保证高质量专利的产出。在专利申请前,学校确定2个维度、7个标准和25个指标,对申请专利进行评估分类。评估依照发明人自评、学院审核、学校审核进行逐级评估。对于评估没有通过、学校决定不申请的,完成人可自行申请专利,专利申请费用由完成人自行承担,产权归完成人所有;通过评估的专利申请分为核心专利、共性专利和普通专利3类,产权归学校所有,并根据技术研发和市场竞争情况,确定专利申请的费用分担,可申请学校专利培育基金,也可使用科研经费支付,转化后加倍返还。

二是事后评估。事后评估侧重专利的价值判断,针对已授权专利进行评价,主要考察专利技术价值、市场前景、维持年限、专利技术转化等情况,并根据级别确定是否继续维持、如何转化与保护方式等。在专利授权后,学校确定2个维度、6个标准和19个指标,对授权专利进行评价分级,按照重要程度依次分为重要核心专利、一般核心专利、重要共性专利、一般共性专利和普通专利,通过分级评价标准全面梳理有效专利,分级实施保护和转化。

3. 高价值专利导航示范团队建设

2020年,学校围绕重点学科遴选12支高价值专利导航示范团队,推进专利导航工作机制建设。高价值专利导航示范团队涉及学校5个院士团队及5个重点学科,包含人工智能、电气、机械、材料、资源与土木领域,已完成导航项目2项,进行中的导航项目2项,布局核心专利

50件，逐渐形成良好的知识产权生态环境，增加高质量专利的产出效率。目前，各团队已完成符合团队特点的知识产权管理制度和专利申请审批流程的制定，确定专利导航的技术方向，开展与导航服务机构对接。

4. 案例：智能优化管理与控制决策一体化技术

学校研究团队从实际问题中提炼出工业过程决策与控制一体化的研究方向，将目光锁定多层次、多尺度、多冲突目标动态优化决策与控制一体化及其在工业应用中的核心基础问题。在国家重点研发计划、国家自然科学基金重点等20多项国家科研项目的资助下，累计资助额度达4000余万元，经过10多年的深入研究取得了关键性技术突破。研究的智能优化管理与控制决策一体化技术先后应用于氧化铝、电熔镁砂、镍钴、赤铁矿选矿等生产全流程，显著提高了产品质量与生产效率，降低了能耗与物耗。

2020年，该项成果的许可使用费达3003万元，转化收益的90%奖励给成果研发团队，转化收益的10%由东北大学所有。截至2020年底，该成果先后与14家国内智能制造企业签订专利许可合同15项，合同额累计超6000余万元。学校科技成果转化办公室从转化方案设计、尽职调查、商业谈判、科研人员竞业禁止、权益维护和法律咨询等方面提供专业化服务，协助和指导团队围绕重点研究方向开展专利导航、布局专利申请和加强专利保护等。

（三）中国药科大学：聚焦创新药物领域，创建特色高价值专利培育模式

学校建立专利成果的前期培育和布局机制，有效保障成果转化和专利运营成绩。2020年，学校完成发明专利申请353件，获发明专利授权155件；完成PCT专利申请23件，获美国发明授权2件、欧洲发明

授权1件。同时，以转让、许可、作价投资和技术开发、咨询、服务方式转化科技成果的合同项数共计571项，合同金额4.2亿元，其中以转让、许可、作价投资方式转化科技成果的合同金额为1.5亿元，以转让、许可和技术开发、咨询、服务方式转化科技成果的当年到账金额为2.1亿元。

1. 自主培育和融合培育相结合

生物医药产业作为知识密集的战略新兴产业对专利的依存度非常高，为保障成果转化和专利运营取得好的成效，学校采取了下列3个方面措施。

一是专利全流程管理。针对各重点和重大项目组（特别是涉及新药品种开发）和各重点实验室开展专利全流程管理，从项目立项、项目执行、项目验收及成果产出等各环节加强专利目标管理，提高专利来源的技术含金量，促进高价值专利产出。项目立项过程，及时给出专利文献的咨询建议；项目执行过程，及时与课题组探讨专利可行性；申请专利时，把关专利文本质量，积极跟进授权过程；专利申请后，有应用前景的技术立刻跟进PCT申请；后续转化时，重点成果向企业推介并加强专利运营策略谋划。

二是设立重大培育项目、新药激励专项。2018年起，学校在原有重大培育项目的基础上启动新药激励专项，重点支持新药品种的开发。每个新药可获得至少300万元的资助，用于完成成药性和安全性评价等研究。2018年至今，学校激励专项投入经费近1.3亿元，培育新药重大项目和新药激励专项45项，其中产出发明专利逾200件、PCT申请15件及药物临床试验批件1项。培育的项目中先后转化5项，涉及专利26件，转化金额逾2亿元。

三是与医药企业联合开展融合培育。基于当前各自的关键核心（共性）技术研发或优势专利技术学科领域，通过建立完善的组织管理体系、加强专利信息分析利用、加快专利布局及强化专利运用和保护等途径，达成高价值专利培育效果。目前已融合培育医药高质量专利近20项（含PCT），为相关领域的新药研发打下坚实基础。

2. 创新药物科技成果开发转化全流程服务模式

创新药物研发从最初的靶标发现和确证，不同研发阶段需要不同的专利技术支撑。学校积极寻求专利运营和技术转移的协同融合，发力校地合作、校企合作、成果孵化、成果推介、合同管理、专利运营等环节，形成创新药物科技成果开发转化全流程服务模式。一是课题立项时，技术转移中心和知识产权运营中心组织专家团队评估，给予科技项目咨询建议。二是科研探索过程中，及时与课题组探讨专利等技术成果形成的可行性。三是申请专利时，帮助把关专利文本质量，积极跟进授权过程，对于有应用前景的技术立刻跟进PCT申请。四是成果后续转移转化时，积极与生物医药产业园区和有应用需求的企业沟通联系，"靶向"发力，为成果顺利转化和后续开发保驾护航（图1-8-9）。

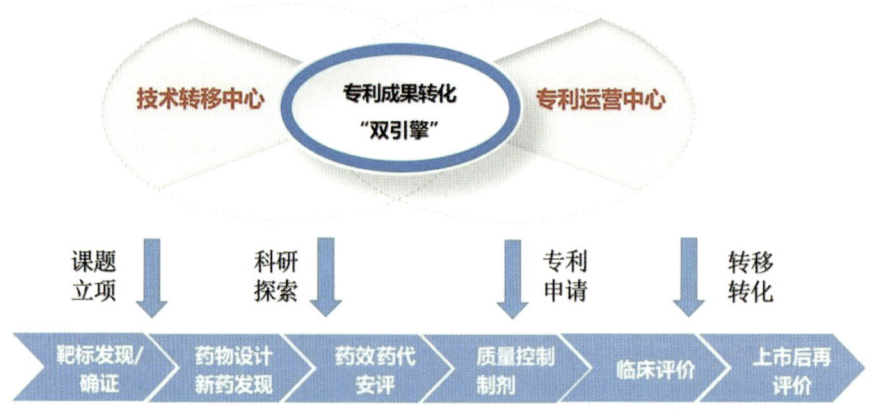

图1-8-9 创新药物科技成果开发转化全流程

3. 案例：小分子抗肿瘤新药项目转化

学校研发团队在新药激励专项基金的支持下进行了系列候选药物的研究，产出了多个化合物专利。其中，小分子抗肿瘤新药项目生物活性强，部分化合物 EC50 达 pM 级，与抗体类药物相比有代谢更稳定、质量易控、生产成本更低等优势。该项目及其后续拟申请的相关专利以独家授权许可方式进行转化，合同金额 5000 万元。临床 I 期试验启动后，企业已支付首付款 400 万元。遵照科研团队自身意愿，400 万元全部用作课题组科研经费。在该项目转化过程中，校科技处知识产权运营中心积极协助科研团队进行专利布局全面保护科研成果，校科技处技术转移中心通过多种途径广泛宣传科研成果，为科研团队与意向企业牵线搭桥。成果转移过程中，校法务和科技处在专利估值、合同条款修订与签署、技术合同免税备案、收益分配等方面均予以大力支持。

六、推进人才队伍和机构建设，提升技术转移专业服务水平

（一）江苏大学：联合成立技术经理人事务所，丰富科技成果转化人员配置

江苏大学与江苏省技术交易市场合作成立技术经理人事务所，形成了 100 多人规模、专兼职结合的技术经理人队伍。2020 年，以转让、许可、作价投资和技术开发、咨询、服务方式转化科技成果的合同项数共计 1211 项，合同金额 9.6 亿元，其中以转让、许可、作价投资方式转化科技成果的合同金额为 1573.6 万元，以转让、许可和技术开发、咨询、服务方式转化科技成果的当年到账金额为 1.1 亿元。

1. 灵活的技术经理人聘用制度

2018年，学校联合江苏省技术产权交易市场成立技术经理人事务所，以市场化模式运营。事务所挂靠镇江江苏大学技术转移中心有限公司，积极与各地科技部门及企业开展科技成果、科技人才、需求对接等活动，开展技术转移服务。依托江苏大学在各地建立的校地、校企合作平台，事务所采用专兼结合的技术经理人制度，采用两种模式进行人员聘用：一是由江苏省技术产权交易市场聘任，成为其注册的技术经理人；二是由镇江江苏大学技术转移有限公司、江苏汇智有限公司依据江苏省技术经理人管理规则聘任，包括市场招聘的专职人员，以及江苏大学在职教师、科研院长及校友、科技镇长团成员、龙头企业技术负责人、地方政府科技助理等兼职人员。

技术经理人事务所一方面吸纳了校内外的优秀技术转移人才挂靠，另一方面根据合同的类型及签订金额对挂靠技术经理人进行佣金奖励并配套地市级奖补。自技术经理人事务所成立以来，学校聘请了30位有地方挂职经历的专业教师作为校内的技术经理人，由学校进行管理考核。同时，通过技术交易市场聘请了多位具有丰富技术转移工作实践经验的人员作为校外的技术经理人，由镇江江苏大学技术转移中心有限公司进行管理，该举措丰富了学校科技成果转化人员配置，增强了学校服务地方的能力。2020年，镇江江苏大学技术转移中心有限公司作为技术转移机构中介方促成校企合作项目19项，技术交易额1183.78万元。

2. 技术经理人"三诊模式"开展科技成果转化服务

技术经理人在工作过程中，采取具有江苏大学特色的"三诊模式"去挖掘、跟踪、服务，解决不同类别的难题，最终实现成果的转移转化工作。一是坐诊模式。定期安排学校专家在各技术转移分中心进行"技术坐诊"，由地方政府组织对口企业现场咨询，技术经理人进行跟踪服务。二是巡诊模式。技术转移中心与地方科技部门共同组织专家对企业进行"技术巡诊"，技术经理人对有需求的企业进行跟踪、对接、反馈，帮助企业解决技术改造、升级转型等难题。三是会诊模式。组织校友企业家及专家团，对学校科技成果进行"技术会诊"，筛选出具有市场价值的成果在校友会网站发布。促成学校与企业签订技术合同的技术经理，可在镇江江苏大学技术转移中心有限公司收取的中介服务费（最多达合同额10%）中可提成30%为个人绩效。

为高效开展技术转移工作，学校依托镇江江苏大学技术转移中心有限公司在扬中、芜湖、泰州等地建设技术转移分中心5个。技术经理人利用技术转移分中心服务平台，协同与地方科技局开展工作，2020年走访企业近1000家，征集并筛选出精准有效企业技术需求200余项，积极组织学校150余位专家赴企业进行实地调研对接200余项，服务学校科技成果转移转化，助力企业创新驱动发展。

3. 案例："三诊模式"促成某仿真优化设计开发项目

一是问诊。2020年4月，学校技术转移中心扬中分中心技术经理人在对当地各企业进行"问诊"服务时，了解到一公司亟须对目前系统进行改进及性能测试。技术转移中心根据公司目前的需求进行精准匹配，从学校相关学院中筛选了多位专家教授进行现场调研、对接洽谈。二是巡诊。2020年5—7月，学校技术经理人多次组织专家团队与公司及其4个子公司进行现场调研对接，并总结出5个技术问题。三是会诊。2020年8月，技术经理组织江苏大学专家团队进一步对公司技术难题进行"会诊"，对合作内容进行详细交流。2020年9月公司与学校签订了360万元的技术开发合同，并与江苏大学汽车与交通工程学院建立了战略合作并签署协议，共同完成申报了2000万元的重点研发计划项目。

江苏大学在成果与技术转移过程中人才的培养贯穿始终。一方面，学校团队在帮助企业研发时，让企业科技人员融入团队中来，通过课题的研发，培养了企业技术人员；另一方面，科研团队在与企业科技合作后，让研究生驻厂全程参与研发，加强对企业的整体技术状况、人文环境、财务状况等的了解，让研究生毕业后成为合作企业引进的一种可能。这种模式不但解决了企业的人才引进，而且帮助学生就业，达到"双赢"的效果。

（二）中国矿业大学：打造多角色、复合型的技术转移队伍，培养深入企业开展科技成果转移转化的中坚力量

中国矿业大学坚持以服务求支持，为开展技术转移专业服务提供了良好的人力保障，助力企业提升自主创新能力及产品竞争力。2020年，以转让、许可、作价投资和技术开发、咨询、服务方式转化科技成果的合同项数共计1658项，合同金额6.9亿元，其中以转让、许可、作价投资方式转化科技成果的合同金额为804.5万元，以转让、许可和技术开发、咨询、服务方式转化科技成果的当年到账金额为4.5亿元。

1. 鼓励教师深入企业一线

一是力行计划。学校在青年教师中推行"力行计划"，选拔优秀青年教师到企业基层一线挂职锻炼。对于参加"力行计划"的青年教师，在职称评聘时对国（境）外学术研修经历不做要求或适当减免，鼓励青年教师"将论文写在祖国大地上"。计划实施以来，学校已向50多家企事业单位共派出青年教师106名，在企事业单位从事一线生产技术管理、技术研发、企业管理等工作。

学校派出的教师立足学校学科优势，与企业面临的突出难点、重点问题挂钩，在帮助企业解决生产中的重难点问题、培养专业技术人才的

同时，对企业生产中面临的技术需求能够准确把握，具备了对企业持续开展技术诊断和管理升级指导的能力。以与徐工集团工程机械有限公司合作为例，共建中国矿大—徐工矿业智能装备技术研究院，并通过"力行计划"一次性输送19名研究方向与企业重点突破方向高度匹配的优秀青年教师赴企业挂职，解决了大量企业生产实际中的关键技术问题，累计为企业创造经济效益超亿元。

二是科技副总项目。学校依托江苏省科技副总项目，鼓励教师到企业去担任总经理助理、总工程师、厂长助理等职务，促进学校科技成果转化和技术转移，解决企业关键技术难题，帮助企业引进培养人才团队、建立完善规章制度、组织专题培训讲座、申报项目成果专利、制定创新发展规划等。近年来，学校累计派出了143名科技副总，形成了一支面向江苏的科技成果转化和技术转移队伍，促进了学校科技成果在企业转化和技术转移。

2. 明确科技成果转化工作量标准和技术经理人佣金

一是设置"产业型"专任教师岗位。学校围绕教师职称评定和岗位评聘，印发《中国矿业大学专业技术基础岗位新聘规定》，在专任教师岗位类型中增加了"产业型"教授和副教授，同时在《中国矿业大学关于专任教师岗位聘期岗位职责的指导意见》中明确教师开展科技成果转化工作签订横向科研合同可按规定对应换算为纵向项目。对于横向科研项目，单个合同累计到账经费超过300万元（含）或多合同年度到账总经费超过500万元（含）的可等同于一个国家级纵向科研项目，计为有效聘期岗位工作量。指导意见为教师参与科技成果转化提供了制度支持，充分释放了教师创新潜能，提高了学校教师参与科技成果转化工作的积极性。

二是明确技术经理人佣金额。为调动学校师生员工从事技术转移工作的积极性，发挥社会科技服务机构和相关人员的作用，促进技术经理人队伍发展，学校出台了《中国矿业大学技术经理人管理办法（试行）》，对技术经理人的申请与认定程序、技术经理人的权利与义务、技术经理人资格的终止等进行了规定。技术经理人可在项目合同中约定服务佣金或与项目负责人约定服务佣金，一般不超过项目到账额的10%。

3. 案例：难筛分矿物高效筛分关键技术转化应用

自2013年起，难筛分矿物高效筛分关键技术项目研发受到了国家自然科学基金创新研究群体、重点项目等资助。科研团队建立了筛体－粒群耦合作用筛分理论，研发出分布激振筛分技术与刚柔耦合弹性筛分技术，研制了难筛分矿物高效筛分装备，提出动力煤3 mm深度筛分与重介分选工艺，解决了难筛分矿物大规模细粒筛分的难题。在企业开展"力行计划"和"科技副总"项目的教师进行广泛高效的项目推介，同时学校聘请专业化从事成果转化的中介机构进行转化，通过引进风险投资等方式，大幅提高了成果转化的效率和规模。目前该成果已在全国420家煤矿、金属矿应用1215台，并出口加拿大、澳大利亚、俄罗斯等国家64台，部分技术成果向中矿国际工程设计研究院有限公司、兰州鑫航矿机有限公司等公司进行了转让。

（三）江苏省农业科学院：组建专项攻关团队，前置技术转移节点

科学院针对农业发展中面临的技术瓶颈和生产难题，组建攻关团队，成立政研企、院地合作共建的产业研究院，形成"即研即推、即研即转"的科技研发新模式。2020年，以转让、许可、作价投资和技术开发、咨询、服务方式转化科技成果的合同项数共计1738项，合同金额2.3亿元，

其中以转让、许可、作价投资方式转化科技成果的合同金额为9066.4万元，以转让、许可和技术开发、咨询、服务方式转化科技成果的当年到账金额为2.0亿元。

1. 成立农业专家科技服务团

科学院发展组织院内骨干力量建立亚夫服务工作站，积极探索"科技供给与产业需求相统一、专职推广与兼职服务相结合、科研院所与推广部门相协同"的推广服务新机制。通过与地区农科所联动，与地方政府部门协同，围绕区域特色产业，逐步将工作站打造成稳定、可持续、有生命力的地方科技服务平台，为基层农村早日实现农业现代化提供科技和智慧支撑。

近年来，科学院组织223名专家成立亚夫科技服务团，组织专家团队赴苏南、苏中、苏北生产一线，开展实地调研与技术指导，服务农业生产。围绕江苏优势特色产业，在江苏30个县区建设亚夫科技服务工作站36个，选派专职科技特派员8名、兼职科技特派员87名，组织亚夫科技服务项目74项，培育新型农业经营主体321个，打造特色品牌农产品29个，初步形成一个公益性的亚夫科技服务网络体系，为江苏农业农村高质量发展注入科技动能。

2. 打造农业专业人才队伍

一是搭建领军人才队伍。以重点人才、重点学科、重要平台和重大成果产出需求为指导，绘制"高精尖缺"人才需求图，面向国内外知名高校和前沿团队，在营养健康、生物育种、智慧农业、休闲农业等领域引进一批带头人和科研骨干，在资源环境、畜牧兽医、园艺蔬菜等领域引进一批领军人才。二是加大人才培育。建立人才培育认定体系，明确各层级人才支持，设立成才基金，推动人才培育由"资源推动式"向"目标牵引式"转变，并通过特别聘任、项目合作、联合培养等方式引进高层次人才。三是加强人才交流。破除人才流动壁垒，畅通重点人才向新兴交叉学科、优势重点学科集聚渠道。对接江苏主导产业布局，组建任务主导下的人才联合体，以人才厚度提升创新服务高度。

3. 合作共建产业研究院

当前大量农业龙头企业购买针对性强、技术含量高、长期稳定科技服务的意愿增强，并愿意积极参与到相应的农业科研工作中去，从而达到尽早分享研究成果产权收益的目标。科学院顺应现代农业发展趋势，通过建立产业研究院使得技术转移节点前置。同时，提出"市场认可的技术才有生命力"，避免科研人员只发论文不问生产的科研困局，使农业科研工作和市场需求紧密结合，保持科研成果的先进性和创新性，有效提升科研成果质量和产出率。

通过建立产业研究院这一实体运作机构，充分挖掘科研院所、地方政府、农业龙头企业三方发展需求，有效整合资源、互补优势特点，使科研产出、成果转化、企业需求无缝对接，提高科技成果转化的针对性和效率。同时，通过企业资本运作扩大科研成果的转化价值，将产业研究院建设成为生产一线上的高效农业科技成果转化平台。目前，已成立65家产业研究院，涉及果树、蔬菜、粮食、畜牧、资环、设施装备等专业，从品种、技术、加工、标准到三产融合等开展全产业链技术服务。

4. 案例：联合开发鸭甲型肝炎病毒二价活疫苗

鸭病毒性肝炎是雏鸭的一种高度致死性和传播迅速的烈性传染病，死亡率可高达95%以上。我国目前年鸭饲养量已达40亿只以上，约占全世界鸭饲养总量75%，自1963年首次报告以来，鸭肝炎一直是危害我国养鸭业最严重的传染病之一。研究团队自20世纪80年代开始鸭肝炎的防控和疫苗研制工作，2017年获得江苏省农业科技自主创新资金项目50万元的支持，研发了"鸭甲型肝炎二价活疫苗（血清1型+3型）"。

该疫苗具有使用方便、免疫保护性好、保存方便的优点，既可注射免疫、亦可饮水免疫；免疫 2 天可产生保护力，雏鸭一次免疫可安全度过易感期；冷冻和冷藏保存均可。经成果转化处多次谈判，2020 年以独占许可形式与德资企业签订合同，合同总金额为 1500 万元 +3% 销售分成，当年到账 100 万元，净收益的 90% 用于科研团队和对转化做出重要贡献人员的奖励。在转化过程中，科学院成果转化处针对许可范围、价格、知识产权归属、争议解决方案、管辖异议等条款进行了艰苦谈判。尤其是独占许可与权属转让争议，通过院成果转化处据理力争，最终达到双方权利义务对等。

七、协同财政资金与社会资本，科技金融助力成果高效转化

（一）北京大学：政府资金与社会资本形成合力，共同推动成果转化

学校积极推动金融资本与科技成果转化的结合，通过北京大学科技成果转化基金、异地科研机构及校企联合实验室，协同开展成果转化工作。2020 年，以转让、许可、作价投资和技术开发、咨询、服务方式转化科技成果的合同项数共计 1719 项，合同金额 10.7 亿元，其中以转让、许可、作价投资方式转化科技成果的合同金额为 9353.7 万元，以转让、许可和技术开发、咨询、服务方式转化科技成果的当年到账金额为 5.7 亿元。

1. 成果转化基金助力转化项目迈过"死亡谷"

学校与北京市科技创新基金等机构合作组建北京大学科技成果转化基金，支持学校科技成果的转化与企业孵化。2019 年 6 月，北京大学

科技成果转化基金组建方案经学校校长办公会审议通过。2020年11月，成果转化基金正式成立，基金总规模达10亿元。北京大学科技成果转化基金汇集了政府、学校、社会投资机构等各方力量，其成功设立与运作是学校响应国家科技创新能力建设的实际行动，是学校科技成果转化工作的重要举措。学校科技开发部与基金管理团队协同工作，为项目与科研团队提供专业化的合规审查、公司治理结构设计、融资方案，以市场化规则管理运营基金，为项目的产业化落地与初创公司运营提供支持，帮助大学科技成果转化项目迈过转化的"死亡谷"。

2. 异地科研机构连接创新链和产业链

异地科研机构是连接学校学术创新链和产业界产业链的重要节点，为成果转化的小试、中试与孵化提供更多资源与平台，是学校开展科技成果转化工作的重要载体。异地科研机构的建设经费、发展空间与研发团队对学校成果转化工作起了重要支持作用。截至2020年底，北京大学（含医学部）共建设了13家理工科类的异地科研机构，签约建设经费将近70亿元，形成了近千人的科研和管理团队，申请专利480余项，承担省部级、地方各级课题和企业项目超过200项。

3. 校企联合实验室为大学提供好问题与经费支持

学校推动与头部企业构建新型校企联合实验室，充分发挥学校原始创新能力强的优势，解决企业发展中遇到的重大技术难题，并帮助企业进行中长期技术储备。同时，头部企业带来了重大的有意义的问题，促进了大学的科学研究、学科建设与人才培养。近年来，学校与100余家高科技企业共建校企联合实验室，合作领域包括网络空间安全、大数据高端智能设备、人工智能、健康医疗、环境科学、新材料等，2020年累计建设经费超过4亿元。

4. 案例：LED 外延片和器件产业化

自 2012 年起，学校深紫外 LED 外延技术和器件制备方向的项目研发先后获得 973 计划、863 计划、重点研发计划、自然科学基金及北京市科委等科研项目支持。在学校宽禁带半导体研究中心研发团队的努力下，实现了材料外延、器件研制的完整知识产权体系。2020 年 6 月，学校将 10 项专利以作价入股形式进行成果转化。转化公司注册资本 10 908.7 万元，投资方广东光大集团下属公司以货币方式认缴 5999.785 万元，占 55% 股权；北京大学以技术与专利作价 4363.48 万元，占 40% 股权；北京燕园中镓半导体工程研发中心以其设备等实物资产作价认缴 545.435 万元，占 5% 股权。

北京大学将持有股权的 30%（即新公司股权的 12%）划转至北大资产经营有限公司，代表学校持有股权；将持有股权的 70%（即新公司股权的 28%）奖励给研发团队。技术的成功转移受助于国家和地方财政科技资金的持续支持，也基于北京大学宽禁带半导体研究中心和广东光大集团长达 12 年的合作基础，是学校近 20 年来在第三代半导体材料和器件领域一系列成果和产业化转移工作的延伸。

（二）暨南大学：发挥科技金融赋能作用，探索高效精准科技成果转化模式

学校通过整合校友和社会资源，联合设立科技成果转化投资基金，助力学校科技成果和产学研合作成果的加速转化。2020 年，以转让、许可、作价投资和技术开发、咨询、服务方式转化科技成果的合同项数共计 318 项，合同金额 3.2 亿元，其中以转让、许可、作价投资方式转化科技成果的合同金额为 2.1 亿元，以转让、许可和技术开发、咨询、服务方式转化科技成果的当年到账金额为 7485.1 万元。

1. 联合设立科技成果转化基金

2020年2月,广东暨科成果转化创业投资基金合伙企业(简称"暨科基金")由暨南大学与校友企业中科科创联合产业资本共同发起设立。暨科基金是"广州市科技成果产业化引导基金"首批子基金,基金规模为20 100万元,备案为创业投资基金。基金重点投资暨南大学和粤港澳高校、科研院所的科研项目、人才及资源优势,在医疗大健康、新一代信息技术、新能源新材料等多个领域进行项目发掘。探索高效精准的科技成果转化模式,通过打造杰出科学家、优秀企业家、有水平的资本专家组成科技成果高效精准转化的"黄金三角",将学校科技成果市场化。

暨科基金作为暨南大学参与发起的首支科技成果转化基金,深入对接学校各重点实验室、各高层次人才团队,挖掘具有良好转化前景的科技成果。通过辅导和策划转化路径,对接资本和产业资源,高效精准推动了暨南大学和粤港澳高校科技成果加速转化。截至2020年底,基金首期实缴资本为5025万元,完成项目投资2个,投资合同金额2600万元,支付投资款1508万元。

2. 充分利用专项资金支持

学校充分利用财政资金,引导加速产出了一批重大科技成果,并健全了全方位的科技成果转化服务体系。一是依托国家重点重大项目,产生了一批高质量成果。"十三五"期间,主持国家重点研发计划项目15项,课题39项,合计经费达4.41亿元。5项亿元级的成果转化项目研发前期都受到了财政经费的支持。二是利用"双一流"和"高水平"专项建设资金,打造了多学科交叉的完整创新链条,加速了成果产出。例如,在"一流学科"打造了针对临床需求的集药物化学、化学生物学、结构生物学和药效评价及制剂工程研究等一体的多学科交叉、科研设施完善的药学和化学生物学研究平台。三是融入广州市科技成果转化环境建设,健全科技成果双方位服务体系。2020年获批广州市市场监督管理局"建设高校专利转移转化中心项目"，获资助经费600万元；获批广州市科学技术局"高校、科研院所科技成果转移转化试点"，获资助经费200万元。

3. 案例：暨科基金投资产学研合作企业

深圳英美达医疗技术有限公司（简称"英美达"）是暨南大学纳米光子学院长期产学研合作企业，专注于心血管、消化道、呼吸道、泌尿、生殖等人体腔道的介入影像设备及相关耗材（导管）的研发与生产。公司前沿技术的开发及人才培养均与暨南大学纳米光子学院进行合作。2020年，双方就"内窥镜用微型光学镜头的技术开发"签订了合作协议，获得深圳市科创委、坪山区科创委等政府补贴合计441万元。之后，暨科基金对英美达投资1300万元，并为其打造了一套全方位的投后赋能服务，包括项目投融资、战略管理、知识产权、人力资源、产品销售、综合政策等六大加油站，以及保安、保姆和保健医生等"三保作风"。目前，英美达获批国内第一家小探头超声内窥镜三类证，获批国内第三家电子内窥镜注册证。在此期间，中科科创项目组为公司对接广东省医院协会、暨南大学华侨医院，助力英美达更快的飞跃发展。

（三）南方科技大学：注重科技金融合作，引导金融资源支持科技成果转化

学校通过科技成果转化金融服务引入基金与知识产权证券化产品，多维度支持科技成果转化。2020年，以转让、许可、作价投资和技术开发、咨询、服务方式转化科技成果的合同项数共计216项，合同金额3.9亿元，其中以转让、许可、作价投资方式转化科技成果的合同金额为9445.5万元，以转让、许可和技术开发、咨询、服务方式转化科技成果的当年到账金额为1.0亿元。

1. 与深圳天使母基金联合，助推科技初创项目转化

2020年，南方科技大学技术转移中心与深圳市天使母基金共同举办"天使助力，从0到1"南科大创新科技专场路演，路演项目包括6项非医疗领域及8项医疗领域科技成果转化初创项目。邀请深圳天使母基金出资的40家子基金、关注早期投资的机构和平台认证投资人参加，分医疗和非医疗领域举办2场，每场吸引近200位创投基金、天使基金投资人。活动还为每一个路演项目特别邀请了相关领域经验丰富的创投基金投资人进行点评，提出项目亮点。参与路演的14个项目中，有6个项目在当时完成科技成果转化，8个项目拟开展科技成果转化工作。目前剩余的8个项目中已有4个项目完成科技成果转化。

此外，学校与深圳天使母基金设立1支子基金——南科天使基金，基金规模1.3亿元，由学校资产经营公司作为投资顾问形式开展合作。学校科技成果转化项目中已有3个获得天使母基金出资设立的子基金的投资，投资额度均在千万级。

2. 牵头推动知识产权证券化产品，助力"知产"变"资产"

2020年12月，学校与深圳高新投集团、南山区政府共同组织，由南科大技术转移中心与金融系具体承办"西丽湖国际科教城知识产权证券化及科技成果转化高峰论坛"。活动邀请多名专家学者，共同探讨知识产权证券化的创新发展模式。技术转移中心在会后积极跟进，进一步与高新投集团商谈，探索发起全国首个专项支持高校知识产权的证券化产品。目前，在南山区政府和高新投集团的大力支持下，学校积极配合对接相关科技成果转化项目，"西丽湖国际科教城—高新投知识产权资产支持专项计划"在深交所正式挂牌，成为全国首单专项支持高校科技成果转化的知识产权证券化项目，在全国率先为高校科技成果转化插上"金融"的翅膀。该专项计划为南山区10家高校科技成果转化企业提供金额合计 2000 万元的融资，经过南山区政府政策性支持和深圳高新投费率优惠，入池企业实际融资利息成本仅为 2.98%/ 年。

3. 案例：VR/AR 的 Micro-LED 显示技术转化

Micro-LED 是基于第三代半导体的关键材料之一的氮化镓制作的发光阵列技术，具有自发光、光效率高、分辨率高、寿命长等优点。学校研发团队基于 1500 万元深圳市海外高层次人才创新团队科研经费，以 Micro-LED 为牵引，开展新型 VR/AR 光引擎器件的基础研究和应用技术研究。相关技术作价入股科技初创企业思坦科技，以学校知识产权出资获得的股权奖励了 70% 授予发明人团队。在 2020 年参加学校与深圳市天使母基金共同举办的"天使助力，从 0 到 1——南科大创新科技专场线上路演活动"之后，获得大量资本关注。技术转移中心在项目转化过程中为团队从知识产权布局、产业应用梳理、资本对接、法律财税专业咨询等方面提供全生命周期的跟踪服务，助力科技成果的高效高质转移转化。

第二篇

高等院校

第一章
概　况

　　本篇对2020年1433家高等院校（包括中央所属高等院校101家和地方所属高等院校1332家）的科技成果转化进展和成效进行研究分析[①]。2020年高等院校科技成果转化总体进展主要数据如表2-1-1所示。

---
① 本篇涉及各维度总数分别指2020年1433家、2019年1378家、2018年1236家、2017年1234家、2016年924家相对应总数。
上一年变化率说明：报告中涉及"比上一年变化率"的统计口径是同时填报了2020年和2019年年度报告的1318家单位相应数据。
分数据更正说明：2020年年度报告在数据核对过程中发现，部分单位的单位性质及个别数据有误，联系填报单位进行更正，因此2020年年度报告中显示的2016—2019年个别数据会与往年已发布报告中的数据略有变化。

表 2-1-1　2020 年高等院校科技成果转化总体进展主要数据

指标名称		2020 年	比上一年变化率
总体概况	总合同项数 / 项	221 893	9.5%
	总合同金额 / 万元	8 265 026.3	12.9%
	当年到账金额[①] / 万元	5 432 512.9	/[②]
	平均合同金额 / 万元	37.2	3.1%
以转让、许可、作价投资方式转化科技成果	合同项数 / 项	17 157	49.0%
	合同金额 / 万元	1 142 293.6	57.6%
	当年到账金额 / 万元	258 262.6	28.4%
	财政资助项目产生的科技成果转化合同金额 / 万元	362 509.1	71.2%
	中央财政资助项目产生的科技成果转化合同金额 / 万元	335 651.7	113.9%
	平均合同金额 / 万元	66.6	5.8%
	单项科技成果转化合同金额超过 1 亿元（含）的成果 / 项	21	133.3%
	个人获得的现金和股权奖励金额 / 万元	349 831.7	5.6%
	奖励人次 / 万人次	3.2	5.3%
	人均奖励金额 / 万元	10.8	0.3%
以技术开发、咨询、服务方式转化科技成果	合同项数 / 项	204 736	7.1%
	合同金额 / 万元	7 122 732.7	7.8%
	当年到账金额 / 万元	5 174 250.3	/

① 当年到账金额：是指当年新签订和往年签订的合同在当年实际到账的总金额。详见附录 33，名词解释 9。
② "/" 处数据说明：因为 2020 年首次填报"技术开发、咨询、服务当年到账金额"，往年无该指标数据，因此，无法计算。

续表

指标名称		2020年	比上一年变化率
其他	与企业共建研发机构、转移机构、转化服务平台数量/家	10 038	6.3%
	创设和参股新公司[①]/家	1823	46.1%
	兼职从事成果转化和离岗创业人员数量/人	9999	-7.2%

总体来看，随着我国促进科技成果转化系列政策法规的逐步落实，各高等院校科技成果转化已进入有序增长阶段。

一、科技成果转化规模

本报告统计的以转让、许可、作价投资和技术开发、咨询、服务[②]方式转化科技成果的合同项数略有增长[③]，合同金额有所增长。2020年，1433家高等院校以转让、许可、作价投资和技术开发、咨询、服务方式转化科技成果的合同项数为221 893项，其中连续填报的1318家高等院校的合同项数比上一年增长9.5%；合同金额为826.5亿元，比上一年增长12.9%；当年到账金额为543.3亿元（图2-1-1）。以转让、许可、作价投资和技术开发、咨询、服务方式转化科技成果的超过1亿元[④]的

---

① 创设和参股新公司：研究开发机构、高等院校及其科技人员可以采取多种方式转化高新技术成果，创办高新技术企业和参股新公司。详见附录33名词解释21。
② 技术开发、咨询、服务：原指产学研合作（技术开发、技术咨询、技术服务）
③ 本报告中增长率对应表述为：0表示与上一年基本持平；0（不含）~10%表示略有增长；10%（含）~20%表示有所增长；20%（含）~40%表示明显增长；40%（含）~60%表示显著增长；60%（含）~100%表示大幅增长；100%（含）以上，按"约增长××倍"表述，保留1位小数；减少的情况按类似规则修改为××降低。
④ 本报告所述"超过××元"均为包含本身数值。

高等院校数量为153家，比上一年增长2.7%。

图 2-1-1 高等院校以转让、许可、作价投资和技术开发、咨询、服务方式转化科技成果基本情况

中央所属高等院校转化的合同项数略有增长、合同金额有所增长；地方所属高等院校转化的合同项数有所增长、合同金额略有增长。中央所属高等院校转化的合同项数为85 242项，比上一年增长5.3%，占整体情况的比重为38.4%；合同金额为498.8亿元，比上一年增长15.2%，占整体情况的比重为60.3%。地方所属高等院校转化的合同项数为136 651项，比上一年增长12.2%，占整体情况的比重为61.6%；合同金额为327.7亿元，比上一年增长9.6%，占整体情况的比重为39.7%。

合同项数和合同金额排名居前3位的地方均位于东部地区[①]。以转

---

① 根据国家统计局公布的《东西中部和东北地区划分方法》，本报告中东部、中部、西部、东北地区分别指：东部地区包含北京、天津、河北、上海、江苏、浙江、福建、山东、广东和海南（10个省市）；中部地区包括山西、安徽、江西、河南、湖北和湖南（6个省）；西部地区包括内蒙古、广西、重庆、四川、贵州、云南、西藏、陕西、甘肃、青海、宁夏和新疆（12个省、自治区、直辖市）。东北地区包括辽宁、吉林和黑龙江（3个省）。详见附录33名词解释11。

让、许可、作价投资和技术开发、咨询、服务方式转化科技成果合同项数排名居前3位的地方（包含中央所属和地方所属的高等院校）分别为江苏省（30 810项）、北京市（21 586项）、浙江省（17 435项）；合同金额排名居前3位的地方分别为北京市（132.9亿元）、江苏省（104.0亿元）、上海市（76.2亿元）。

二、不同转化方式相关情况

1. 以转让、许可、作价投资方式转化科技成果的情况

一是以转让、许可、作价投资方式转化科技成果的合同项数、合同金额均显著增长，当年到账金额明显增长。2020年，1433家高等院校以转让、许可、作价投资方式转化科技成果的合同项数为17 157项，其中连续填报的1318家高等院校的合同项数比上一年增长49.0%，合同总金额为114.2亿元，比上一年增长57.6%。当年到账金额达25.8亿元，比上一年增长28.4%，占当年签订合同总金额的22.6%。二是转化合同总金额超过1亿元的高等院校数量超过20家。以转让、许可、作价投资方式转化科技成果合同总金额超过1亿元的高等院校有24家，比上一年增长84.6%。三是财政资助项目产生的科技成果转化合同项数明显增长，合同金额大幅增长。财政资助项目产生的科技成果以转让、许可、作价投资方式转化合同项数为2270项，比上一年增长22.4%；合同金额为36.3亿元，比上一年增长71.2%。其中，中央财政资助项目产生的科技成果转化合同项数为1537项，比上一年增长43.7%；合同金额为33.6亿元，比上一年增长113.9%。

2. 技术开发、咨询、服务方式转化科技成果的情况

一是技术开发、咨询、服务方式转化合同金额略有增长。2020年，技术开发、咨询、服务合同项目数为204 736项，比上一年增长7.1%；

合同金额为712.3亿元，比上一年增长7.8%，占合同总金额的86.2%。以技术开发、咨询、服务方式转化合同金额超过10亿元的高等院校共11家。二是高等院校与企业共建成果转化平台数量比上一年略有增长，创设和参股新公司数量比上一年显著增长。2020年，与企业共建研发机构、转移机构、转化服务平台总数为10 038家，比上一年增长6.3%。创设和参股新公司1823家，比上一年增长46.1%。三是兼职从事科技成果转化和离岗创业人员略有下降。高等院校兼职从事成果转化和离岗创业人员数量为9999人，比上一年下降7.2%。

三、科技成果转化交易金额

高等院校以转让、许可、作价投资和技术开发、咨询、服务方式转化科技成果的平均合同金额略有增长。以转让、许可、作价投资和技术开发、咨询、服务方式转化科技成果的平均合同金额[①]为37.2万元，比上一年增长3.1%。以转让方式转化科技成果的平均合同金额与上一年基本持平，以许可方式转化科技成果的平均合同金额明显增长，作价投资方式转化科技成果的平均合同金额显著增长。2020年以转让方式转化科技成果平均合同金额27.6万元，与上一年基本持平；以许可方式转化科技成果平均合同金额106.1万元，比上一年增长22.4%；以作价投资方式转化科技成果平均合同金额1156.9万元，比上一年增长43.7%，其中，以作价投资方式转化科技成果平均合同金额是转让方式平均合同金额的41.9倍，是许可方式平均合同金额的10.9倍。以技术开发、咨询、服务方式转化科技成果平均合同金额略有增长。2020年

---

① 不同行业领域科技成果的经济价值不同，因此文中所述平均合同金额只是客观统计的结果，不代表所有科技成果的平均合同金额。

以技术开发、咨询、服务方式转化科技成果平均合同金额 34.8 万元，比上一年增长 0.7%。以转让、许可、作价投资和技术开发、咨询、服务方式转化大额科技成果项目数略有增长。2020 年单项科技成果转化合同金额超过 1 亿元的成果有 28 项，比上一年增长 3.7%；超过 5000 万元的有 56 项，比上一年增长 7.7%；超过 1000 万元的有 504 项，比上一年增长 4.2%。

四、以转让、许可、作价投资方式转化科技成果获得的奖励

一是现金和股权奖励总金额略有增长。2020 年个人获得的现金和股权奖励金额达 35.0 亿元，比上一年增长 5.6%，其中现金奖励金额为 18.2 亿元，比上一年增长 7.2%；股权奖励为 16.8 亿元，比上一年增长 3.9%。二是研发与转化主要贡献人员获得的奖励金额略有增长。研发与转化主要贡献人员获得的现金和股权奖励总金额达 32.7 亿元，比上一年增长 4.6%，占奖励个人总金额（35.0 亿元）的比重达到 93.6%。三是奖励人次和人均奖励金额均略有增长。现金和股权奖励个人 3.2 万人次，比上一年增长 5.3%，人均奖励金额 10.8 万元，比上一年增长 0.3%。

五、以转让、许可、作价投资方式转化科技成果流向

一是科技成果超四成转化至制造业领域（以合同金额计，下同）。以转让、许可、作价投资方式转化的科技成果转化至制造业的合同金额为 46.0 亿元，占合同总金额的 40.3%。二是科技成果近七成转化至中小

微其他企业[①]。转化至中小微其他企业的合同金额为 79.5 亿元，占合同总金额的 69.6%。三是东部地区是科技成果的主要产生地。科技成果产出合同金额排名居前 3 位[②]的地方分别是上海市、北京市、湖南省。四是科技成果主要转化至东部地区。承接科技成果转化合同金额排名居前 3 位的地方分别是上海市、山东省、北京市。

---

① 详见附录 33 名词解释 22。

② 详见附录 24。

第二章
以转让、许可、作价投资方式转化科技成果的情况

本篇涉及的 1433 家高等院校中，从隶属关系来看，中央所属高等院校共 101 家（占 7.0%），地方所属高等院校共 1332 家（占 93.0%）（图 2-2-1）。从区域分布看，1433 家高等院校在东部、中部、西部、东北 4 个区域的分布情况为：东部地区 568 家（占 39.6%）、中部地区 325 家（占 22.7%）、西部地区 408 家（占 28.5%）、东北地区 132 家（占 9.2%）。

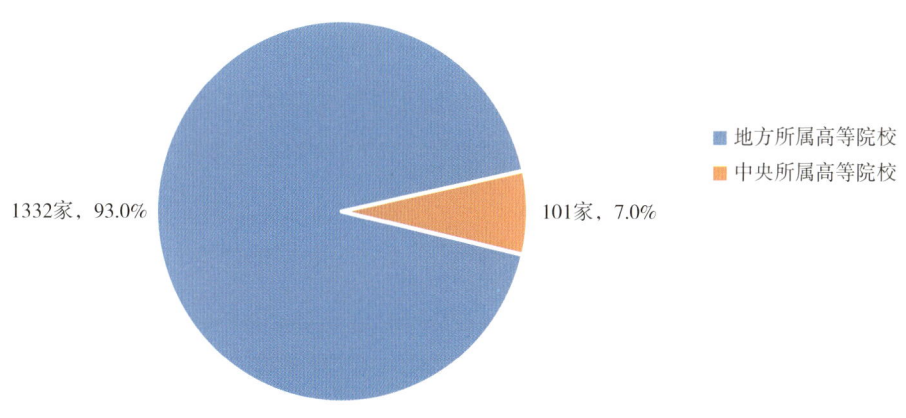

图 2-2-1　高等院校分布情况

一、基本情况

科技成果转化活动日益活跃,以转让、许可、作价投资方式转化科技成果的合同项数、合同金额均显著增长。2020年,1433家高等院校以转让、许可、作价投资方式转化科技成果合同项数为17 157项,比上一年增长49.0%;合同金额达114.2亿元,比上一年增长57.6%(图2-2-2)。

图2-2-2 高等院校以转让、许可、作价投资方式转化科技成果基本情况

科技成果转化平均合同金额比上一年略有增长。1433家高等院校以转让、许可、作价投资方式转化科技成果的平均合同金额为66.6万元,比上一年增长5.8%。1364项合同金额高于平均合同金额,占合同总项数的8.0%。

单项合同金额集中在1万(含)~10万元。单项合同金额在10万元以下的合同项数为11 776项,合同项数占比为68.6%,该区间的合同金额为2.9亿元,合同金额占比为2.5%;10万(含)~1000万元的合同项数为5227项,合同项数占比为30.5%,该区间的合同金额为36.2

第二章 以转让、许可、作价投资方式转化科技成果的情况

亿元,合同金额占比为31.7%;1000万元及以上的合同项数为154项,合同项数占比为0.9%,该区间的合同金额为75.1亿元,合同金额占比为65.8%。总体上,100万元及以上的合同项数占比累计为6.5%,合同金额占比达87.3%(表2-2-1、图2-2-3)。

表 2-2-1 高等院校以转让、许可、作价投资方式转化科技成果的合同金额区间分布情况

合同金额区间	合同项数/项	合同项数占比	合同金额小计/万元	合同金额占比
1亿元及以上	21	0.1%	431 983.8	37.8%
1000万(含)~1亿元	133	0.8%	319 240.7	27.9%
100万(含)~1000万元	969	5.6%	247 035.2	21.6%
10万(含)~100万元	4258	24.8%	115 372.3	10.1%
10万以下	11 776	68.6%	28 661.5	2.5%
总计	17 157	100%	1 142 293.6	100%

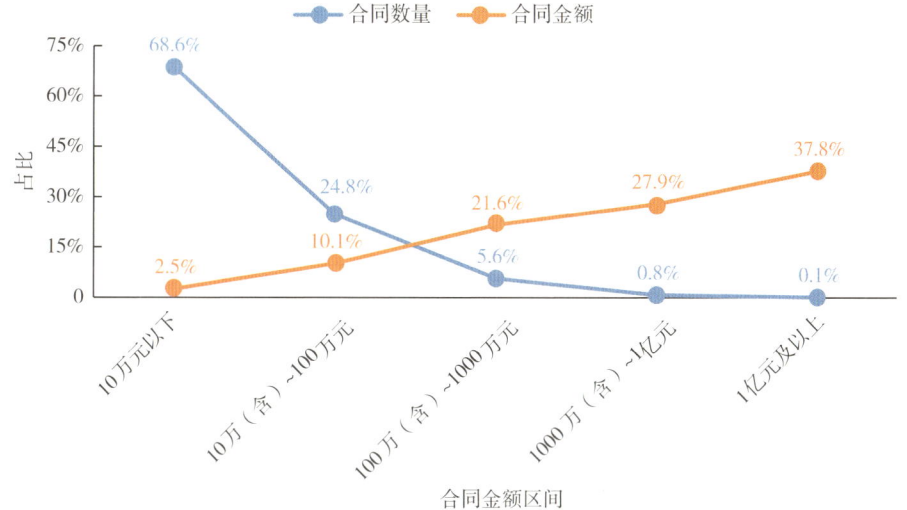

图 2-2-3 高等院校以转让、许可、作价投资方式转化科技成果的合同项数、合同金额占比分布情况

科技成果转化合同金额超过1亿元的高等院校数量大幅增长。2020年签订的以转让、许可、作价投资方式转化科技成果合同金额超过1亿元的高等院校数量为24家，比上一年增长84.6%；超过1000万元的高等院校有111家，这111家高等院校的合同金额占1433家高等院校合同总金额的92.3%。

统计显示，2020年以转让、许可转化科技成果合同的当年到账金额[①]共计25.8亿元，比上一年增长28.4%，占当年签订合同总金额的22.6%（图2-2-4）。其中，中央所属高等院校以转让、许可转化科技成果的当年到账金额为14.8亿元，比上一年增长37.5%；地方所属高等院校以转让、许可转化科技成果的当年到账金额为11.0亿元，比上一年增长18.0%。

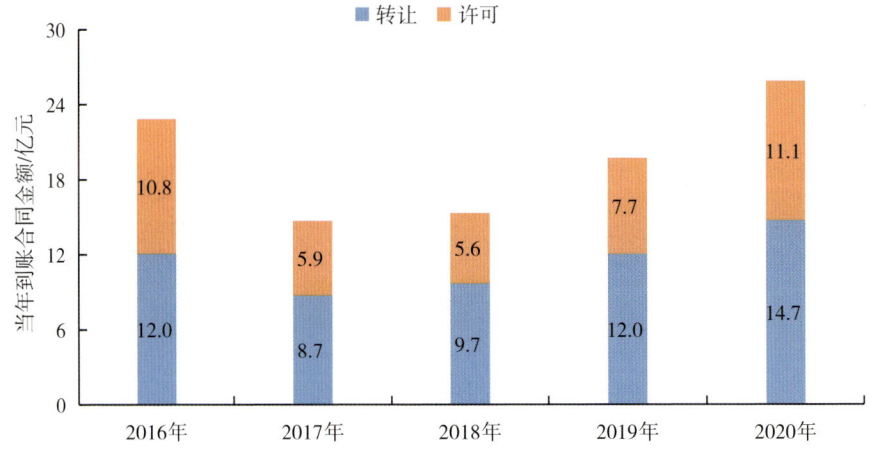

图2-2-4 高等院校以转让、许可转化科技成果的当年到账金额

---

① 由于科技成果转化合同中对执行方式和执行周期的具体约定不同，部分转让、许可方式的转化合同金额会按执行周期进展分阶段拨付，通常情况下高等院校会基于当年实际到账金额实施奖励。因此，为了能够更加准确地反映科技成果转化产生的实时经济效益，采集了各高等院校以转让、许可转化科技成果合同的当年到账金额。

第二章 以转让、许可、作价投资方式转化科技成果的情况

高价值成果转化效益凸显，21项科技成果转化合同金额超过1亿元。2020年，以转让、许可、作价投资方式转化科技成果单项合同金额超过1亿元的合同有21项，超过5000万元的有35项，超过1000万元的有154项。将超过1亿元的科技成果按转化至单位所在地区来看，其中18项转化至东部地区（上海市6项、山东省2项、北京市2项、浙江省1项、广东省3项、河北省2项、海南省1项、福建省1项），1项转化至西部地区（四川省1项），1项转化至东北地区（吉林省1项），1项转化至中部地区（湖南省1项）；按转化至单位类型来看，其中4项转化至国有企业（1项转化至大型国有企业、3项转化至中小微国有企业），17项转化至其他企业（2项转化至大型其他企业、15项转化至中小微其他企业）。上海交通大学有3项、上海科技大学有4项科技成果转化的合同金额超过1亿元（表2-2-2）。

表2-2-2 高等院校以转让、许可、作价投资方式转化科技成果合同金额超过1亿元的成果

序号	成果名称	合同金额/万元	转化方式	高等院校名称	转化去向	转化至单位所在地方
1	"新冠病毒疫苗"等21项科技成果	51 160.0	作价投资	四川大学	境内（中小微其他企业）	四川省
2	新型固体酸催化材料技术	50 000.0	许可	湘潭大学	境内（中小微国有企业）	山东省
3	20万及60万高温气冷堆技术（H1版，不含一回路）	47 371.1	作价投资	清华大学	境内（中小微国有企业）	北京市
4	"用于治疗神经退行性疾病的化合物"等6项发明专利申请及相关技术	32 880.0	许可	复旦大学	境内（中小微、其他企业）	浙江省

续表

序号	成果名称	合同金额/万元	转化方式	高等院校名称	转化去向	转化至单位所在地方
5	增强激动型抗体活性的抗体重链恒定区序列	29 305.0	许可	上海交通大学	境内（中小微其他企业）	上海市
6	一种皮肤成纤维细胞转变为人工椎间盘的系统及其使用方法	21 900.0	许可	上海交通大学	境内（中小微其他企业）	上海市
7	腺相关病毒介导的新型冠状病毒抗体诱导物及疫苗组合物	20 000.0	转让	中国科学技术大学	境内（中小微其他企业）	吉林省
8	中药宣肺败毒颗粒	18 000.0	转让	天津中医药大学	境内（大型其他企业）	山东省
9	单碱基基因组编辑治疗方法专利	17 968.0	许可	上海科技大学	境内（中小微其他企业）	上海市
10	蛋白降解药物 PROTAD（Proteolysis Targeting Drug）专利	16 250.0	许可	上海科技大学	境内（中小微其他企业）	上海市
11	DHODH 抑制剂 S-416 相关专利	15 000.0	许可	华东理工大学	境内（大型国有企业）	海南省
12	烷氧基苯并五元（六元）杂环胺类化合物及其药物用途	15 000.0	转让	复旦大学	境内（大型其他企业）	河北省
13	一种用于识别或富集有核红细胞的方法等	13 809.7	作价投资	湖南大学	境内（中小微其他企业）	湖南省
14	金刚石热沉片	12 000.0	作价投资	集美大学	境内（中小微国有企业）	福建省
15	"通过互联网进行云端信息服务的电话系统"等 70 项成果	11 295.0	作价投资	上海交通大学	境内（中小微其他企业）	北京市

第二章 以转让、许可、作价投资方式转化科技成果的情况

续表

序号	成果名称	合同金额/万元	转化方式	高等院校名称	转化去向	转化至单位所在地方
16	新型 MmpL3 抑制剂	10 045.0	许可	上海科技大学	境内（中小微其他企业）	上海市
17	化 1 类创新抗肿瘤项目 JND32066 合作开发	10 000.0	许可	暨南大学	境内（中小微其他企业）	广东省
18	糖尿病肾病/纤维化治疗药物 WZY-314 项目的专利申请权与后续开发权益（含脲基苯并咪唑类衍生物及其制备方法和应用）	10 000.0	转让	中南大学	境内（中小微其他企业）	河北省
19	CXCR2 靶点药物	10 000.0	许可	上海科技大学	境内（中小微其他企业）	上海市
20	多氟取代芳联杂环类衍生物、含其的药物组合物及其应用/一种多氟取代芳联杂环类化合物的晶型、制备方法和应用/一种 Akt 抑制剂中间体 SM1 及其制备方法/一种多氟取代芳联杂环类化合物的制备工艺/	10 000.0	转让	浙江大学	境内（中小微其他企业）	广东省
21	一类创新药物 JAK3 抑制剂合作开发	10 000.0	许可	暨南大学	境内（中小微其他企业）	广东省
	合计/万元			431 983.8		
	占全国以转让、许可、作价投资方式转化科技成果合同总金额的比重			21.3%		

（一）转化方式对比情况

转让合同项数占以转让、许可、作价投资方式转化科技成果合同总

项数的比重超七成。2020年,以转让方式转化科技成果的合同项数为12 710项,比上一年增长53.4%;以许可方式转化科技成果的合同项数为4143项,比上一年增长41.5%;以作价投资方式转化科技成果的合同项数为304项,比上一年增长1.0%。转让合同项数占3种方式合同总项数(17 157项)的74.1%(图2-2-5)。

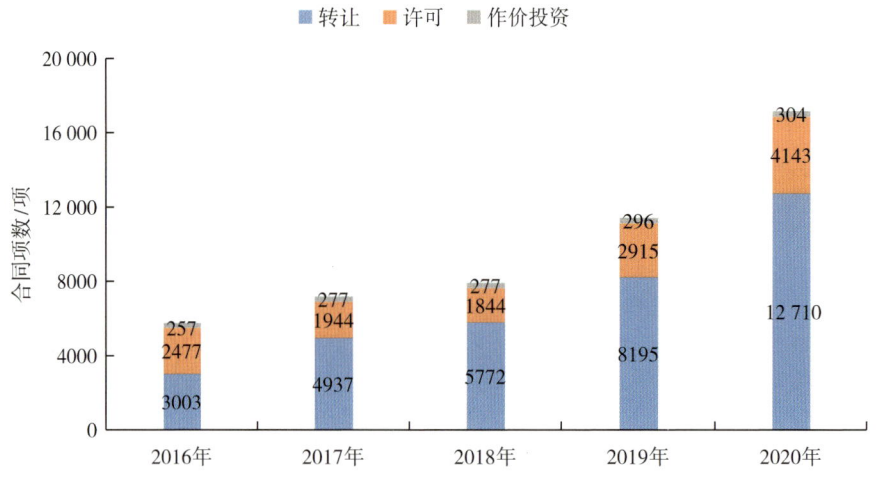

图2-2-5 高等院校以转让、许可、作价投资方式转化科技成果合同项数情况

以转让、作价投资方式转化科技成果的合同金额均显著增长,以许可方式转化科技成果的合同金额大幅增长。以转让方式转化科技成果的合同金额为35.1亿元,比上一年增长53.3%。以许可方式转化科技成果的合同金额为44.0亿元,比上一年增长73.2%。以作价投资方式转化科技成果的合同金额为35.2亿元,比上一年增长45.2%(图2-2-6)。

第二章 以转让、许可、作价投资方式转化科技成果的情况

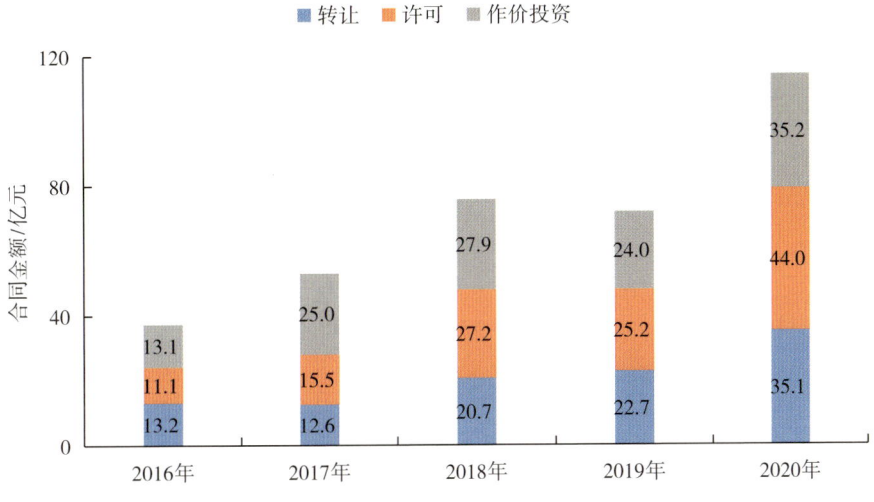

图 2-2-6 高等院校以转让、许可、作价投资方式转化科技成果合同金额情况

以转让方式转化科技成果的平均合同金额与上一年基本持平，以许可方式转化科技成果的平均合同金额明显增长，以作价投资方式转化转化科技成果的平均合同金额显著增长，其中以作价投资方式转化科技成果的平均合同金额最高。以转让方式转化科技成果的平均合同金额为27.6万元，与上一年基本持平；以许可方式转化科技成果的平均合同金额为106.1万元，比上一年增长22.4%；以作价投资方式转化科技成果的平均合同金额为1156.9万元，比上一年增长43.7%（图2-2-7）。作价投资方式平均合同金额是转让方式的41.9倍，是许可方式的10.9倍。

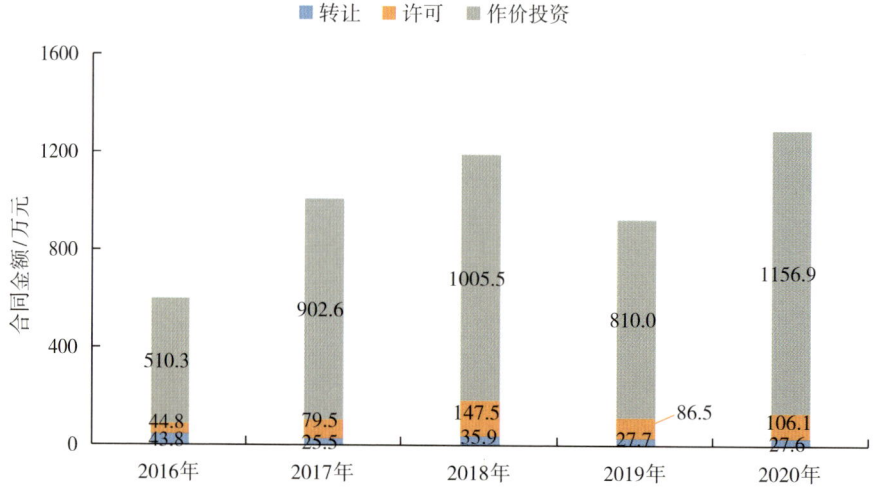

图 2-2-7 高等院校以转让、许可、作价投资方式转化科技成果平均合同金额情况

（二）中央所属高等院校科技成果转化情况

中央所属高等院校科技成果转化合同项数显著增长，合同金额大幅增长。2020年，中央所属高等院校以转让、许可、作价投资方式转化科技成果的合同项数为4622项，比上一年增长51.9%；合同金额为74.3亿元，比上一年增长84.8%；科技成果转化平均合同金额160.8万元，比上一年增长21.7%（图2-2-8）。

第二章 以转让、许可、作价投资方式转化科技成果的情况

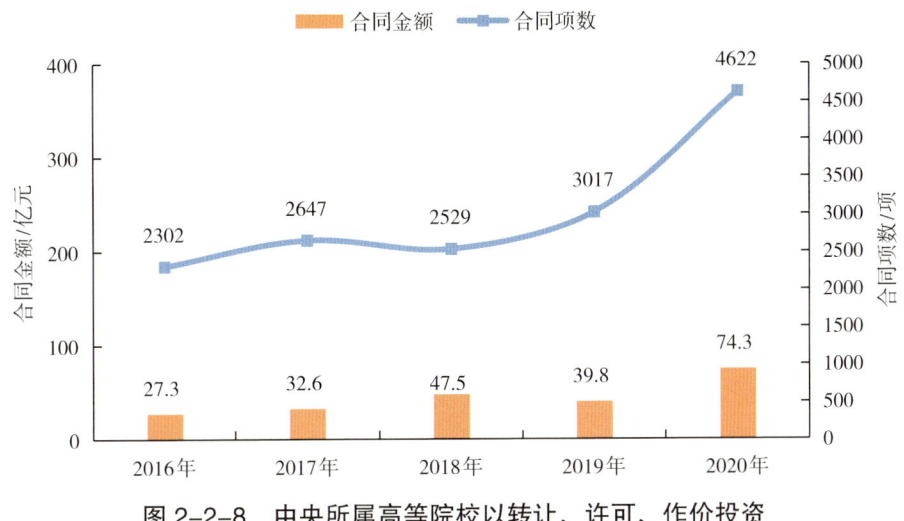

图 2-2-8 中央所属高等院校以转让、许可、作价投资方式转化科技成果情况

部分高等院校科技成果转化效益凸显。清华大学 2020 年签订以转让、许可、作价投资方式转化科技成果的合同项数为 136 项，比上一年增长 21.4%，合同金额 10.4 亿元，比上一年增长 1.6 倍，在中央所属高等院校中居合同金额首位[1]。上海科技大学大额转化合同连续出现，2020 年，单项转化合同金额超过 1 亿元的成果达 4 项，以转让、许可、作价投资方式转化科技成果的合同金额为 6.3 亿元，比上一年增长 1.1 倍。

（三）地方所属高等院校科技成果转化情况

1. 成果转化概况

地方所属高等院校科技成果转化合同项数显著增长，合同金额明显增长，平均合同金额有所下降。2020 年，地方所属高等院校以转让、

---

[1] 详见附录 21。

许可、作价投资方式转化科技成果的合同项数为 12 535 项，比上一年增长 47.9%；合同金额为 39.9 亿元，比上一年增长 23.8%；平均合同金额 31.8 万元，比上一年降低 16.3%（图 2-2-9）。

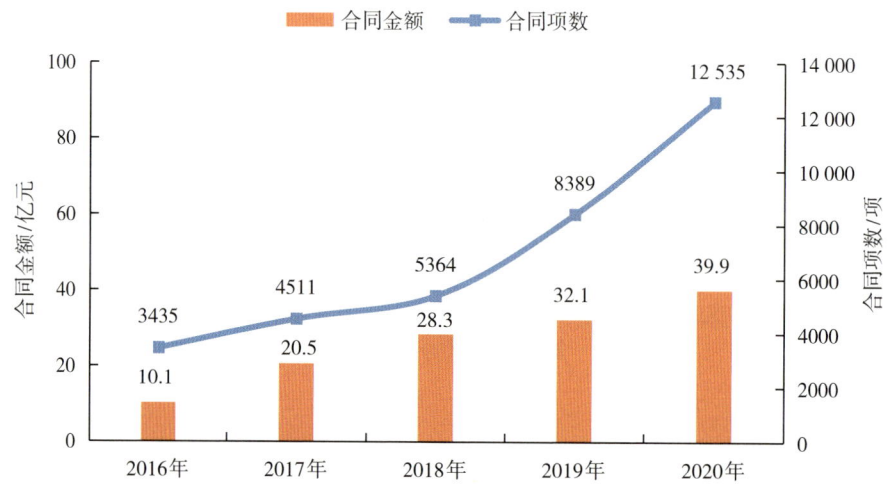

图 2-2-9　地方所属高等院校以转让、许可、作价投资
方式转化科技成果情况

上海科技大学科技成果转化合同总金额达 6.3 亿元，在全国地方所属高等院校中居首位。常州大学科技成果转化合同项数为 496 项，转化合同项数在地方所属高等院校中居首位。

2. 各地方成果转化情况

2020 年，地方所属高等院校以转让、许可、作价投资方式转化科技成果的合同金额排名居前 3 位的地方分别是上海市（8.6 亿元）、湖南省（5.5 亿元）、山东省（3.4 亿元）（图 2-2-10）。

第二章 以转让、许可、作价投资方式转化科技成果的情况

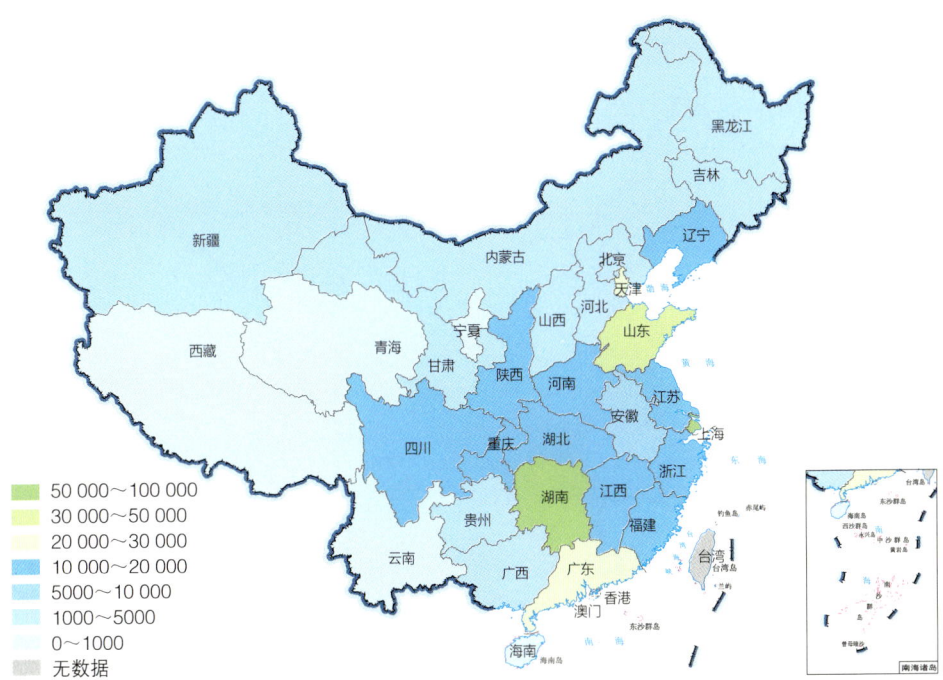

图2-2-10 地方所属高等院校以转让、许可、作价投资方式转化科技成果合同金额分布情况（单位：万元）

（四）地区科技成果转化情况[①]

1. 高等院校所在辖区科技成果转化情况

按照高等院校所在地统计显示，2020年，地方辖区内的高等院校以转让、许可、作价投资方式转化科技成果的合同金额排名[②]居前3位的地方分别是上海市（26.3亿元）、北京市（15.7亿元）、湖南省（11.1亿元）（图2-2-11）。

---

① 注：该部分各地方数据是指各地方所属高等院校及其辖区内中央所属高等院校相应数据的加和。

② 详见附录24。

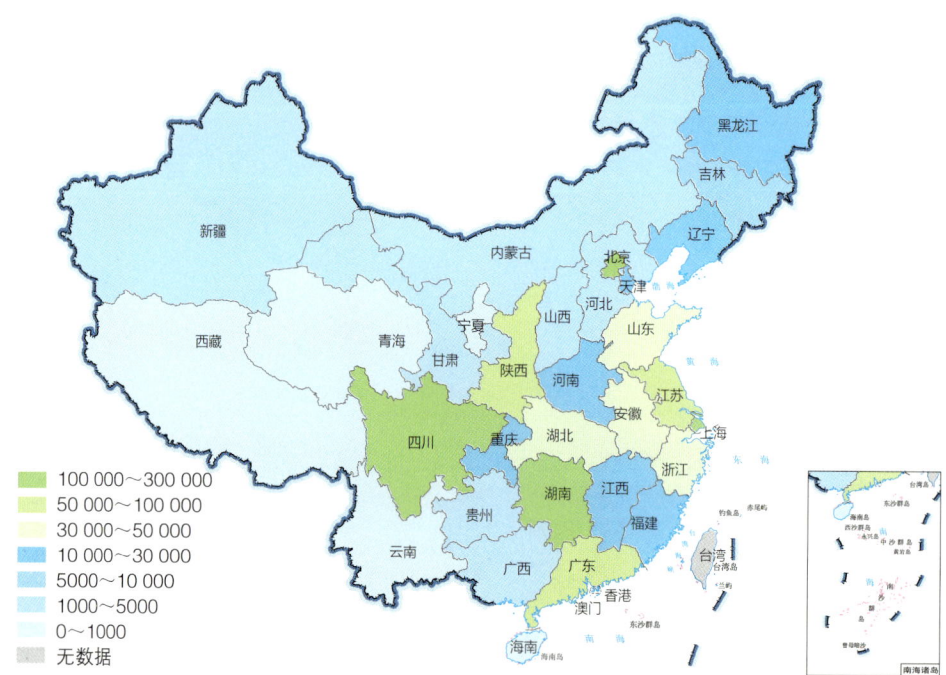

图 2-2-11　地方辖区内高等院校以转让、许可、作价投资方式转化的科技成果合同金额分布情况（单位：万元）

2. 东部、中部、西部、东北地区科技成果转化情况

按照填报高等院校所在地区统计，东部地区的高等院校以转让、许可、作价投资方式转化科技成果的合同金额显著增长，中部地区合同金额大幅增长，西部地区合同金额增长 1 倍以上，东北地区显著降低。2020 年，东部地区高等院校以转让、许可、作价投资方式转化科技成果合同金额最高，为 68.4 亿元，比上一年增长 57.8%；中部地区高等院校以转让、许可、作价投资方式转化科技成果合同金额为 21.3 亿元，比上一年增长 98.6%；西部地区高等院校以转让、许可、作价投资方式转化科技成果合同金额为 19.7 亿元，比上一年增长 1.0 倍；东北地区高

第二章 以转让、许可、作价投资方式转化科技成果的情况

等院校以转让、许可、作价投资方式转化科技成果合同金额为 4.8 亿元，比上一年下降 45.4%（图 2-2-12）。

图 2-2-12 各地区高等院校以转让、许可、作价投资方式转化科技成果合同金额情况

二、以转让方式转化科技成果

以转让方式转化科技成果的合同项数、合同金额均显著增长。2020年，以转让方式转化科技成果的合同项数为 12710 项，比上一年增长 53.4%；合同金额达 35.1 亿元，比上一年增长 53.3%；平均合同金额为 27.6 万元，与上一年基本持平（图 2-2-13）。

图 2-2-13　高等院校以转让方式转化科技成果合同项数、合同金额情况

2020年以转让方式转化科技成果合同金额超过1亿元的高等院校排名居前3位的分别是浙江大学（2.2亿元）、中国科学技术大学（2.0亿元）、天津中医药大学（1.8亿元）。上述大学，以转让方式转化科技成果合同金额均成倍增长，均比上一年增长3倍以上。

三、以许可方式转化科技成果

高等院校以许可方式转化科技成果的合同项数显著增长，合同金额大幅增长。2020年以许可方式转化科技成果的合同项数为4143项，比上一年增长41.5%；合同金额为44.0亿元，比上一年增长73.2%；平均合同金额为106.1万元，比上一年增长22.4%（图2-2-14）。

第二章 以转让、许可、作价投资方式转化科技成果的情况

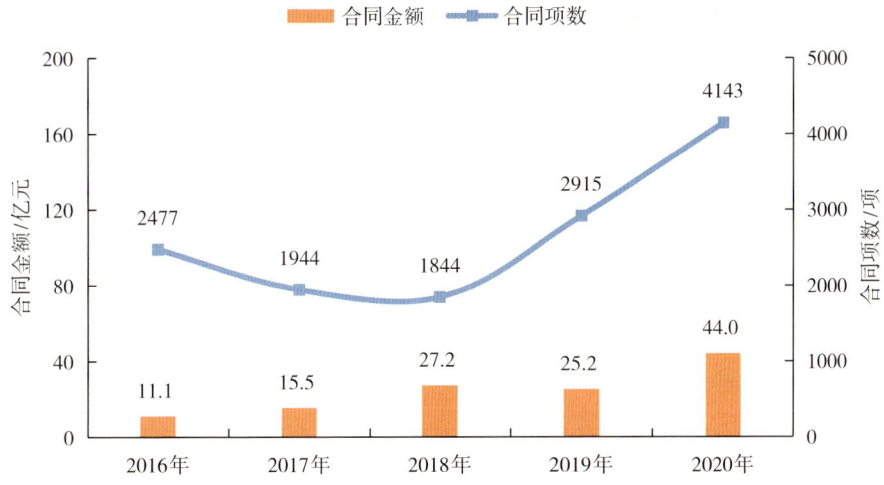

图 2-2-14 高等院校以许可方式转化科技成果的合同项数、合同金额情况

以许可方式转化科技成果合同金额超过 1 亿元的高等院校排名居前 3 位的分别是上海交通大学（6.5 亿元）、上海科技大学（6.3 亿元）、湘潭大学（5.0 亿元）。

四、以作价投资方式转化科技成果

高等院校以作价投资方式转化科技成果的合同项数略有增长、合同金额显著增长，平均合同金额显著增长。2020 年以作价投资方式转化科技成果的合同项数为 304 项，比上一年增长 1.0%；合同金额为 35.2 亿元，比上一年增长 45.2%；平均合同金额为 1156.9 万元，比上一年增长 43.7%（图 2-2-15）。

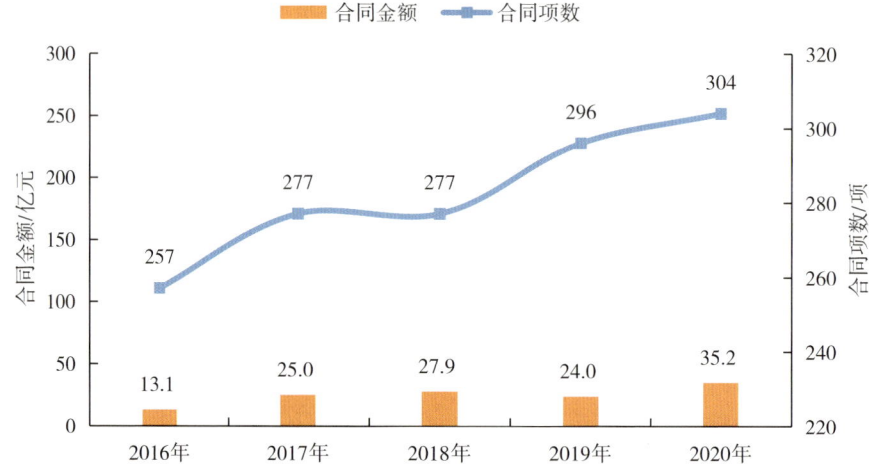

图 2-2-15　高等院校以作价投资方式转化科技成果合同项数、合同金额情况

作价投资成为部分高等院校大额科技成果转化主要方式。2020 年清华大学以作价投资方式转化的合同项数 62 项，比上一年增长 44.2%，合同金额 8.0 亿元，比上一年增长 1.8 倍，平均合同金额 1298.4 万元，比上一年增长 96.8%。四川大学以作价投资方式转化的合同项数 11 项，比上一年增长 1.2 倍，合同金额 7.0 亿元，比上一年约增长 10.7 倍，平均合同金额 6379.0 万元，比上一年增长 4.3 倍。

五、科技成果转化定价方式

协议定价[①]是科技成果转化主要定价方式，占比达到 95% 以上。2020 年，1433 家高等院校以转让、许可、作价投资方式转化的 17 157 项科技成果中，采用协议定价方式的有 16 675 项，占总数的 97.2%，合

[①]　根据《中华人民共和国促进科技成果转化法》的规定，科技成果持有单位可以自主决定转让、许可或者作价投资，但应当通过协议定价、在技术交易市场挂牌交易、拍卖等方式确定价格。

第二章 以转让、许可、作价投资方式转化科技成果的情况

同总金额108.0亿元,平均合同金额64.7万元;采用拍卖方式的有49项,占总数的0.3%,合同总金额0.3亿元,平均合同金额69.8万元;采用挂牌交易方式的有433项,占总数的2.5%,合同总金额5.9亿元,平均合同金额136.9万元(图2-2-16)。

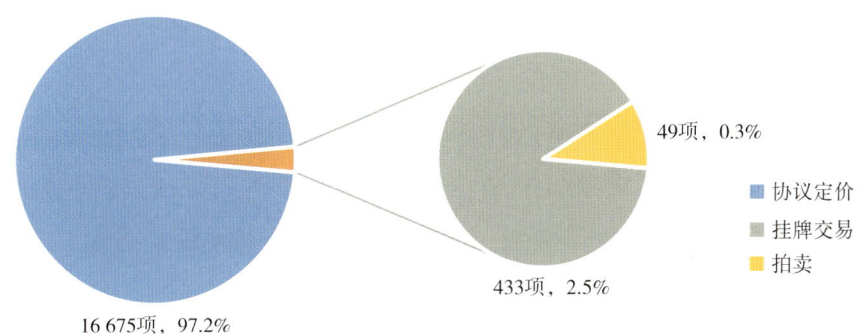

图2-2-16 高等院校以转让、许可、作价投资方式转化科技成果的定价方式情况

科技成果转化定价过程中,经过评估的转化成果为3966项,占总数的23.1%,合同总金额60.1亿元,平均合同金额151.6万元;未经过评估的转化成果为13 191项,占总数的76.9%,合同总金额54.1亿元,平均合同金额41.0万元(图2-2-17)。

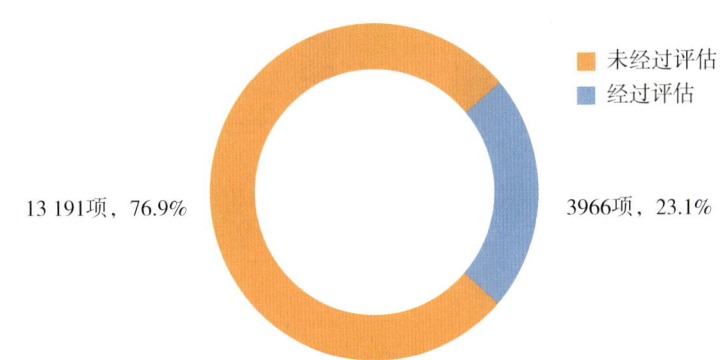

图2-2-17 高等院校以转让、许可、作价投资方式转化科技成果定价过程中的评估情况

217

六、科技成果转化流向

（一）转化至企业类型

科技成果主要在境内转化，转化至中小微企业[①]的成果数量最多、增速最快。2020年，科技成果以转让、许可、作价投资方式转化到境内、境外的数量分别是17 136项、21项，占比分别为99.9%、0.1%。在境内转化的科技成果中，转化至中小微企业、大型企业、非企业单位的科技成果数量分别为15 732项、728项、676项，占科技成果转化合同总数的比重分别为91.7%、4.2%、3.9%，比上年分别增长55.5%、4.3%、13.4%（图2-2-18）。

图2-2-18　高等院校以转让、许可、作价投资方式转化的科技成果在境内转化去向情况

---

① 详见附录33名词解释22。

第二章 以转让、许可、作价投资方式转化科技成果的情况

科技成果转化至国有企业和其他企业的数量分别是1660项、14 800项，占总合同项数的比重分别为9.7%、86.3%。转化至大型国有企业和中小微国有企业的合同项数分别为246项、1414项，分别占转化至国有企业科技成果合同总项数的14.8%、85.2%（图2-2-19）。

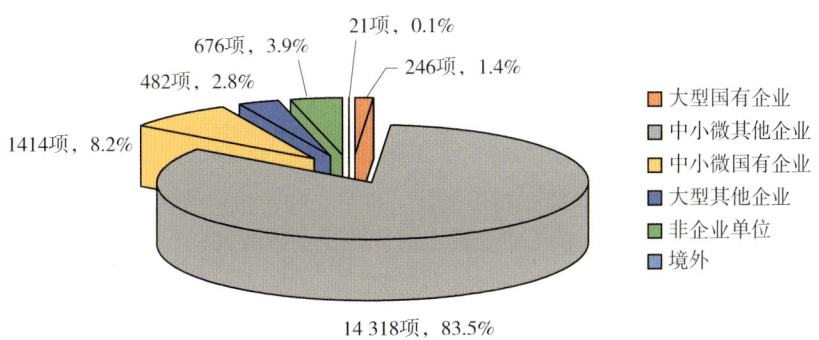

图2-2-19　高等院校以转让、许可、作价投资方式转化的科技成果转化去向合同项数及占比情况

科技成果转化至中小微企业的合同金额最多，转化至大型企业单位的合同金额明显增长，转化至非企业单位比上一年增长1.1倍以上。2020年，科技成果以转让、许可、作价投资方式转化到境内、境外的合同金额分别是113.6亿元、0.7亿元，占比分别为99.4%、0.6%。在境内转化的科技成果中，转化至中小微企业、大型企业、非企业单位的科技成果合同金额分别为95.8亿元、15.3亿元、2.4亿元，分别比上一年增长65.7%、21.4%、111.2%，占合同总金额的比重分别为83.9%、13.4%、2.1%（图2-2-20）。

图 2-2-20　高等院校以转让、许可、作价投资方式转化的科技成果在境内转化合同金额情况

科技成果转化至国有企业和其他企业的合同金额分别是 21.3 亿元、89.8 亿元，占总合同金额的比重分别为 18.7%、78.6%。转化至大型国有企业和中小微国有企业的合同金额分别为 5.0 亿元、16.3 亿元，分别占转化至国有企业科技成果合同总金额的 23.4%、76.6%（图 2-2-21）。

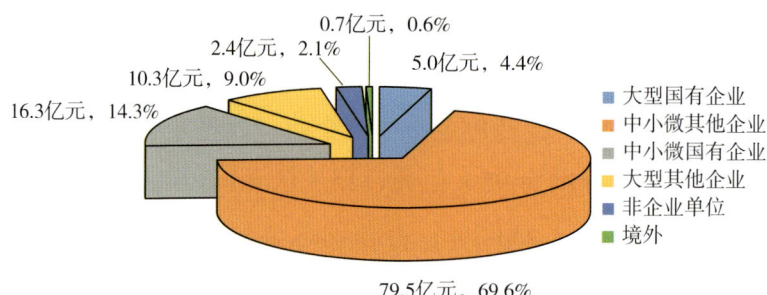

图 2-2-21　高等院校以转让、许可、作价投资方式转化科技成果转化去向的合同金额及占比情况

第二章 以转让、许可、作价投资方式转化科技成果的情况

（二）转化至单位所在地及行业领域特点

1433家高等院校的科技成果转化至上海市的合同金额最大，转化至江苏省的合同项数最多。按照科技成果转化至单位所在地统计显示，2020年高等院校以转让、许可、作价投资方式转化科技成果地方合同金额排名居前3位的分别是上海市、山东省、北京市，科技成果转化合同总金额分别为14.8亿元、13.6亿元、12.8亿元，占以转让、许可、作价投资方式转化科技成果合同总金额的比重为12.9%、11.9%、11.2%（图2-2-22）。转化至地方科技成果合同项数排名居前3位的分别是江苏省、广东省、浙江省，合同项数分别为3947项、1634项、1383项。

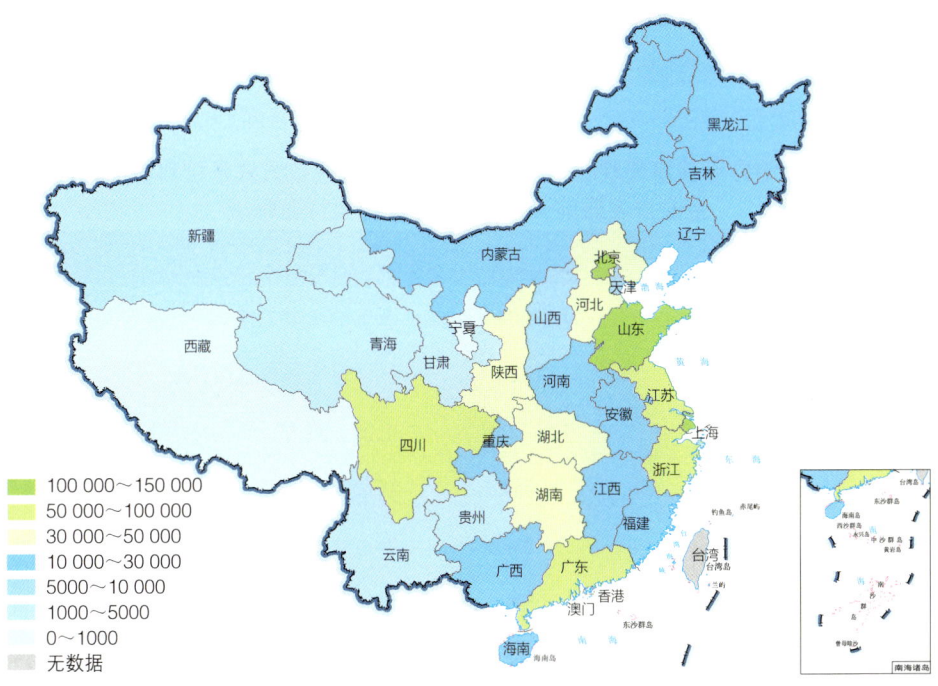

图2-2-22 高等院校以转让、许可、作价投资方式将科技成果转化至单位所在地合同金额分布情况（单位：万元）

各地方承接科技成果所属行业领域数据显示,承接科技成果合同金额排名居前3位的地方分别是上海市、山东省、北京市,这3个地方合同金额最高的行业领域分别是卫生和社会工作、科学研究和技术服务业、电力、热力、燃气及水生产和供应业。其中,各地方承接科技成果合同金额排名居前10位的省份中有6个(浙江省、江苏省、山东省、上海市、广东省、北京市)属于东部地区,2个(四川省、陕西省)属于西部地区,2个(湖南省、湖北省)属于中部地区,东北地区未进入前10名。排名居前10位的省份中合同金额最高的行业领域有5个是制造业,3个是科学研究和技术服务业,1个是卫生和社会工作,1个是电力、热力、燃气及水生产和供应业。数据表明,2020年成果转化较为活跃的两个行业领域是制造业、科学研究和技术服务业(表2-2-3)。

表2-2-3 地方承接高等院校以转让、许可、作价投资方式承接科技成果合同金额排名居前10位的省份及主要行业领域

排名	承接省份	合同总金额/万元	合同金额最高的行业
1	上海市	147 804.7	卫生和社会工作
2	山东省	135 833.4	科学研究和技术服务业
3	北京市	128 323.4	电力、热力、燃气及水生产和供应业
4	广东省	94 654.0	制造业
5	四川省	92 764.3	制造业
6	浙江省	85 511.8	科学研究和技术服务业
7	江苏省	66 064.3	制造业
8	湖南省	42 458.9	制造业
9	湖北省	34 374.4	制造业

第二篇 第二章 以转让、许可、作价投资方式转化科技成果的情况

续表

排名	承接省份	合同总金额/万元	合同金额最高的行业
10	陕西省	34 102.1	科学研究和技术服务业
	合计/万元		861 891.3
	占全国以转让、许可、作价投资方式转化科技成果合同总金额的比重		42.5%

（三）成果转化应用的行业领域

1433家高等院校的科技成果转化合同金额最高、合同项数最多的是制造业领域。按照科技成果应用的行业领域[①]统计显示，以转让、许可、作价投资方式转化合同金额排名居前3位的依次是制造业、科学研究和技术服务业、卫生和社会工作，其合同总金额分别为46.0亿元、23.5亿元、10.7亿元，占以转让、许可、作价投资方式转化合同总金额的比重分别为40.3%、20.5%、9.4%。合同项数排名居前3位的依次是制造业、科学研究和技术服务业、信息传输、软件和信息技术服务业，其合同项数分别为6498项、3818项、1995项（图2-2-23）。

---

① 按照国民经济行业门类，选取与科技相关性强的9个门类作为选项之一，剩余门类均归为"其他"。因此，2020年年度报告中设定行业领域为：①农、林、牧、渔业；②制造业；③电力、热力、燃气及水生产和供应业；④交通运输、仓储和邮政业；⑤信息传输、软件和信息技术服务业；⑥科学研究和技术服务业；⑦水利、环境和公共设施管理业；⑧卫生和社会工作；⑨文化、体育和娱乐业；⑩其他。由于第一次增加此指标，指标说明与各填报人员的理解可能不同，行业领域的选择存在一定偏差，后续有待完善。

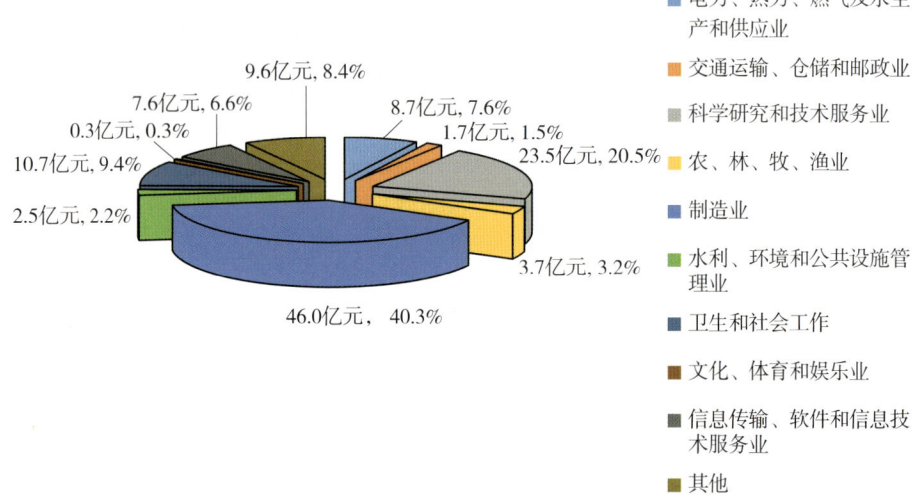

图 2-2-23 高等院校以转让、许可、作价投资方式在境内转化科技成果合同金额的行业领域分布

（四）科技成果在本地方转化的情况

23 个省、自治区、直辖市产出的 50% 以上（按合同金额占比计）科技成果在本地实现转化。在本地方辖区内产出科技成果在本地方转化的合同项数排名居前 3 位的地方分别是江苏省（3091 项）、浙江省（1001 项）、陕西省（968 项），占本地方辖区内产出科技成果转化合同总项数比重排名居前 3 位的地方分别是西藏自治区（100.0%）、内蒙古自治区（92.3%）、福建省（79.5%）。在本地方转化的合同金额排名居前 3 位的地方分别是上海市（13.5 亿元）、北京市（9.9 亿元）、四川省（8.6 亿元），在本地方转化的合同金额占本地方辖区内产出科技成果转化合同总金额比重排名居前 3 位的地方分别是西藏自治区（100.0%）、山东省（91.4%）、江西省（87.0%）（表 2-2-4）。统计显示，西藏自治区、山东省、江西省、福建省、广西壮族自治区、重庆市、广东省、四川省、

第二章 以转让、许可、作价投资方式转化科技成果的情况

山西省、甘肃省、河北省、湖北省、河南省、浙江省、辽宁省、北京市、吉林省、黑龙江省、陕西省、内蒙古自治区、宁夏回族自治区、江苏省、上海市（除安徽省、新疆维吾尔自治区、青海省、湖南省、云南省、贵州省、海南省、天津市以外，23个地方产出50%以上（按合同金额占比计）科技成果在本地实现转化，服务本地企业，促进本地经济发展。

表2-2-4 地方辖区内高等院校产出科技成果转化至本地方的合同金额排名居前10位的省份相关情况

排名	省份	在本地方辖区内产出科技成果在本地方转化的合同项数/项	占本地方辖区内产出科技成果转化合同总项数的比重	在本地方辖区内产出科技成果在本地方转化的合同金额/亿元	占本地方辖区内产出科技成果转化合同金额的比重
1	上海市	207	47.8%	13.5	51.4%
2	北京市	475	47.3%	9.9	63.1%
3	四川省	379	64.1%	8.6	82.1%
4	广东省	645	78.9%	5.0	83.3%
5	山东省	653	64.0%	4.4	91.4%
6	湖南省	226	60.4%	3.7	33.6%
7	江苏省	3091	76.1%	3.4	52.9%
8	陕西省	968	61.1%	3.1	56.0%
9	浙江省	1001	65.8%	2.7	64.0%
10	湖北省	456	54.7%	2.5	67.3%

（五）科技成果跨地方转化的情况

科技成果跨地方转化的合同项数比重达三成以上，合同金额比重达四成以上。2020年，本地方辖区内的科技成果以转让、许可、作价

投资方式转化到本地方以外的合同项数是5998项,占总合同项数的35.0%;合同金额达46.7亿元,占总合同金额的40.9%。承接其他地方科技成果合同项数排名居前3位的地方分别是广东省(989项)、江苏省(856项)、北京市(467项),合同金额排名居前3位的地方分别是山东省(9.2亿元)、浙江省(5.9亿元)、广东省(4.5亿元)。本地方产出科技成果输出至其他地方的科技成果合同项数排名居前3位的地方分别是江苏省(970项)、陕西省(616项)、北京市(530项),合同金额排名居前3位的地方分别是上海市(12.8亿元)、湖南省(7.4亿元)、北京市(5.8亿元)(图2-2-24、图2-2-25)。

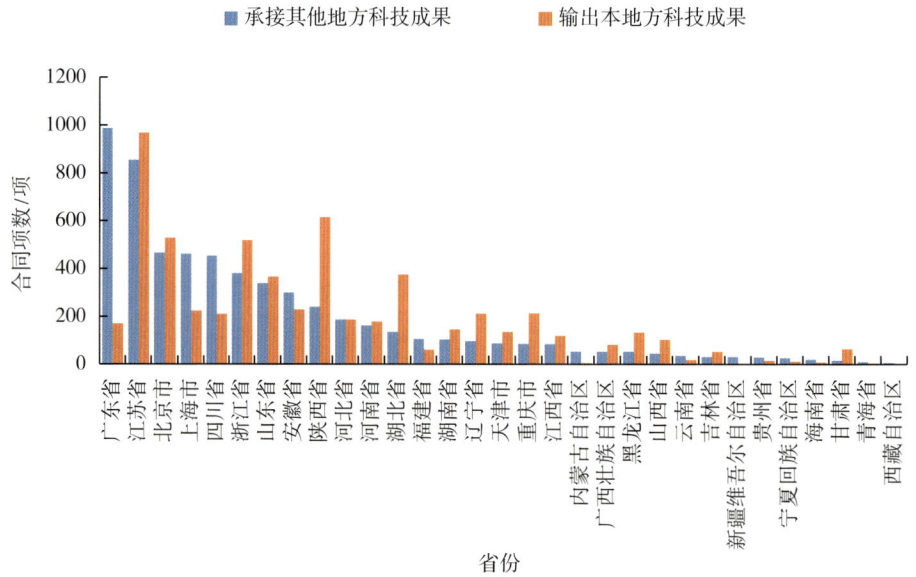

图2-2-24　各地方承接其他地方高等院校科技成果/输出本地方科技成果合同项数统计

第二章 以转让、许可、作价投资方式转化科技成果的情况

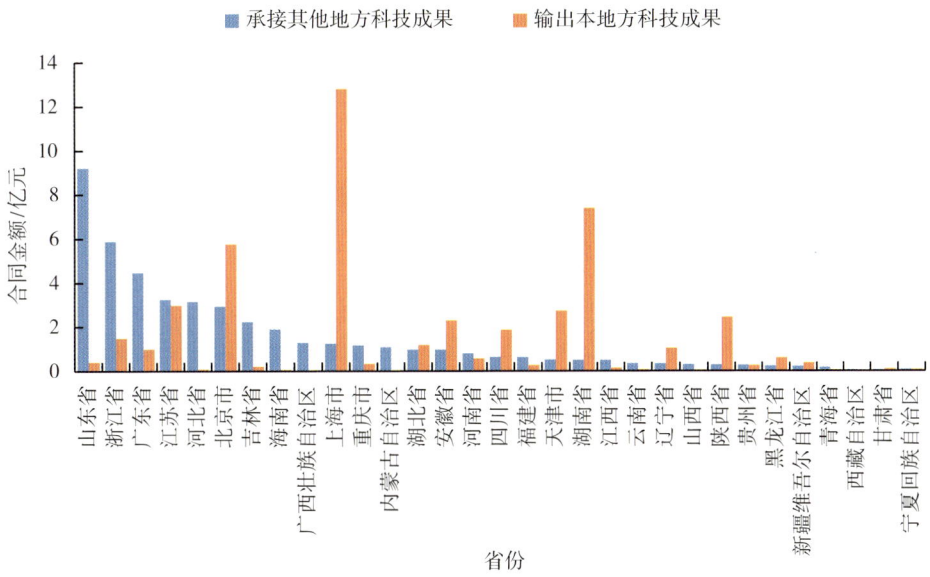

图 2-2-25　各地方承接其他地方高等院校科技成果/输出本地方科技成果合同金额统计

各地方科技成果产出与承接能力呈现出不同特点。山东省、四川省和广东省高等院校多，科技成果产出能力和承接本地科技成果转化的能力均较强。山东省的科技成果承接能力强于其自身的成果产出能力。与山东省和广东省相比，四川省吸引其他地方科技成果在四川省落地转化的能力还有待提高。北京市、上海市和湖南省高等院校较多、科研能力强，产出成果能力强，输出成果到其他地方合同金额远大于承接其他地方科技成果转化合同金额，对其他地方的辐射能力强。江苏省和浙江省科技成果产出和成果承接能力较为匹配。河北省承接能力逐步增强，但高等院校产出能力有待提高。安徽省和天津市科技成果产出能力较强，但承接能力有待提高（表 2-2-5）。

表 2-2-5 各地方辖区内高等院校产出科技成果、输出科技成果及承接其他地方科技成果的相关情况

省份	单位数量/家		本地方辖区内产出科技成果合同总金额/万元		跨地方输出科技成果合同金额占本地方辖区内产出科技成果转化合同总金额比重		承接其他地方科技成果合同金额/万元	
	2019年	2020年	2019年	2020年	2019年	2020年	2019年	2020年
北京市	41	45	66 782.8	156 590.5	67.8%	36.9%	10 695.5	29 458.3
天津市	19	19	2088.2	29 644.9	77.0%	92.4%	9256.1	5296.4
河北省	69	83	1760.2	3193.9	17.3%	28.5%	2905.6	31 619.8
山西省	18	25	4258.2	2671.5	7.3%	21.5%	4762.0	3128.1
内蒙古自治区	42	45	3454.5	1207.9	4.1%	44.5%	1989.5	11 010.5
辽宁省	71	74	45 851.9	28 584.4	79.9%	36.5%	2935.0	3504.5
吉林省	34	28	35 933.6	5390.4	87.8%	39.6%	592.3	22 396.7
黑龙江省	23	30	5745.5	13 880.2	46.9%	43.8%	2295.3	2428.0
上海市	41	40	113 699.9	263 364.7	56.6%	48.6%	53 485.0	12 553.2
江苏省	69	69	75 985.1	63 392.9	44.7%	47.1%	65 099.2	32 533.8
浙江省	60	63	38 030.4	41 499.6	44.9%	36.0%	25 427.1	58 957.9
安徽省	63	72	3296.2	34 684.4	36.9%	66.4%	3948.7	9828.7
福建省	46	46	11 723.9	18 551.8	7.0%	15.0%	5577.5	6418.6
江西省	38	46	5745.1	11 579.2	27.4%	13.0%	3338.6	5061.6
山东省	103	104	21 637.0	47 821.9	21.7%	8.6%	44 197.2	92 128.2
河南省	54	57	14 688.0	16 433.0	31.2%	35.7%	7691.2	8168.4
湖北省	58	59	29 296.5	36 436.2	33.7%	32.7%	3117.9	9852.6
湖南省	71	66	49 578.9	111 327.0	6.7%	66.4%	4134.6	5070.4

第二章 以转让、许可、作价投资方式转化科技成果的情况

续表

省份	单位数量/家		本地方辖区内产出科技成果合同总金额/万元		跨地方输出科技成果合同金额占本地方辖区内产出科技成果转化合同总金额比重		承接其他地方科技成果合同金额/万元	
	2019年	2020年	2019年	2020年	2019年	2020年	2019年	2020年
广东省	87	96	96 208.9	59 812.0	49.3%	16.7%	51 192.6	44 848.8
广西壮族自治区	35	42	2869.2	4098.4	8.8%	15.0%	12 234.8	12 970.8
海南省	2	3	29.9	346.7	76.2%	61.4%	2743.4	19 034.0
重庆市	36	37	14 262.1	20 931.3	41.2%	16.3%	1185.2	11 790.6
四川省	87	75	22 560.4	105 045.9	20.1%	17.9%	7516.1	6481.8
贵州省	19	19	1168.7	3097.9	60.7%	85.6%	430.9	2849.0
云南省	57	57	627.7	519.7	51.9%	57.6%	405.4	3570.2
西藏自治区	3	4	0.0	55.0	0.0%	0.0%	62.0	620.6
陕西省	63	64	40 941.8	55 570.7	50.7%	44.0%	4132.4	3000.0
甘肃省	41	41	10 478.6	2022.2	79.8%	24.5%	1360.1	615.7
青海省	4	4	3.0	0.7	100.0%	100.0%	1262.8	1734.3
宁夏回族自治区	11	6	102.9	614.8	14.1%	44.8%	1001.7	339.5
新疆维吾尔自治区	14	14	106.0	3924.0	30.2%	96.9%	447.7	2228.9

（六）科技成果跨地区转化情况

高等院校科技成果跨地区转化的合同项数、合同金额的比重均达两成以上。2020年，各地区科技成果以转让、许可、作价投资方式转化至其他地区的合同项数为3615项，占合同总项数的21.1%；合同金额

达 23.0 亿元，占合同总金额的 20.8%。东部地区产出的科技成果输出至其他地区的合同项数达 1192 项，合同金额达 7.2 亿元；东部地区承接其他地区的科技成果合同项数达 1908 项，合同金额达 12.9 亿元，承接科技成果的合同项数和合同金额均领先于其他地区。西部地区产出的科技成果转化输出至其他地区的合同项数达 1040 项，合同金额为 3.7 亿元；西部地区承接其他地区的科技成果共 843 项，合同金额为 3.9 亿元。中部地区产出的科技成果输出至其他地区的合同项数达 1009 项，合同金额为 11.2 亿元；中部地区承接其他地区的科技成果合同项数为 685 项，合同金额为 3.6 亿元。东北地区产出的科技成果转化输出至其他地区的合同项数为 374 项，合同金额为 1.7 亿元；东北地区承接其他地区的科技成果的合同项数为 154 项，合同金额为 2.7 亿元（图 2-2-26、图 2-2-27）。

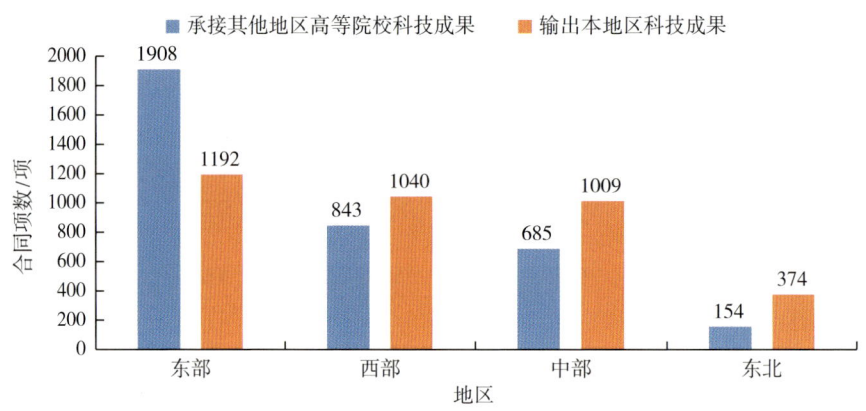

图 2-2-26 各地区承接其他地区高等院校科技成果/输出本地区科技成果合同项数统计

第二章 以转让、许可、作价投资方式转化科技成果的情况

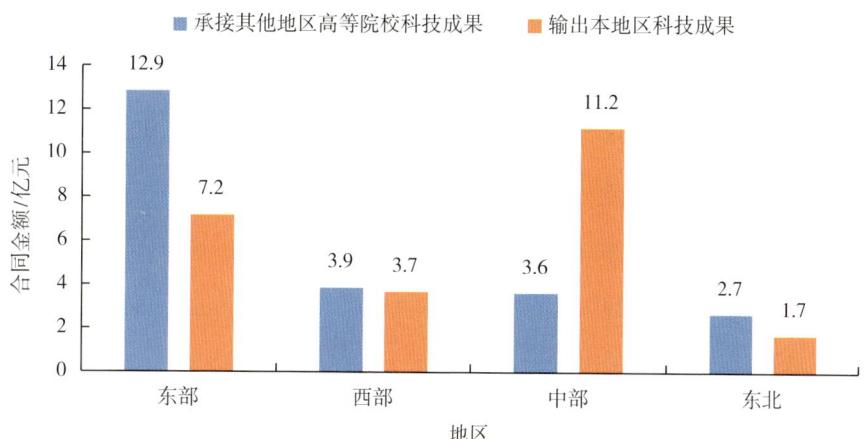

图 2-2-27　各地区承接其他地区高等院校科技成果／输出本地区科技成果合同金额统计

第三章
财政资助项目以转让、许可、作价投资方式转化科技成果

受财政资助产生的科技成果以转让、许可、作价投资方式转化的合同项数明显增长，合同金额大幅增长。其中，中央财政资助项目产生的科技成果转化合同项数及合同金额均大幅增长。

一、基本情况

（一）全国财政资助项目成果转化情况

全国财政资助项目①的科技成果转化合同项数明显增长，合同金额大幅增长。2020年，全国财政资助项目成果以转让、许可、作价投资方式转化合同项数为2270项，比上一年增长22.4%，占转化合同总项数（17 157项）的13.2%；合同金额为36.3亿元，比上一年增长71.2%，占转化合同总金额（114.2亿元）的31.7%（图2-3-1）。

---

① 全国财政资助项目包括中央财政资助项目和地方财政资助项目。

第三章 财政资助项目以转让、许可、作价投资方式转化科技成果

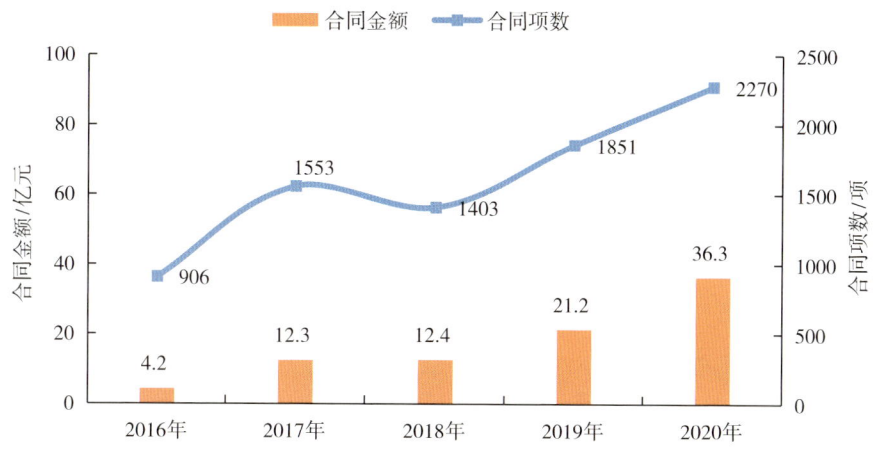

图 2-3-1 高等院校受全国财政资助项目成果以转让、许可、作价投资方式转化的合同金额和合同项数情况

（二）中央财政资助项目成果转化情况

中央财政资助项目产生的科技成果以转让、许可、作价投资方式转化的合同项数显著增长，合同金额大幅增长。2020年，高等院校受中央财政资助项目产生的科技成果以转让、许可、作价投资方式转化的合同项数为1537项，比上一年增长43.7%，占全国高等院校受财政资助项目成果以转让、许可、作价投资方式转化合同总项数（2270项）的67.7%；合同金额达33.6亿元，比上一年增长1.1倍，占全国高等院校受财政资助项目成果以转让、许可、作价投资方式转化项目合同金额（36.3亿元）的92.6%（图2-3-2）。

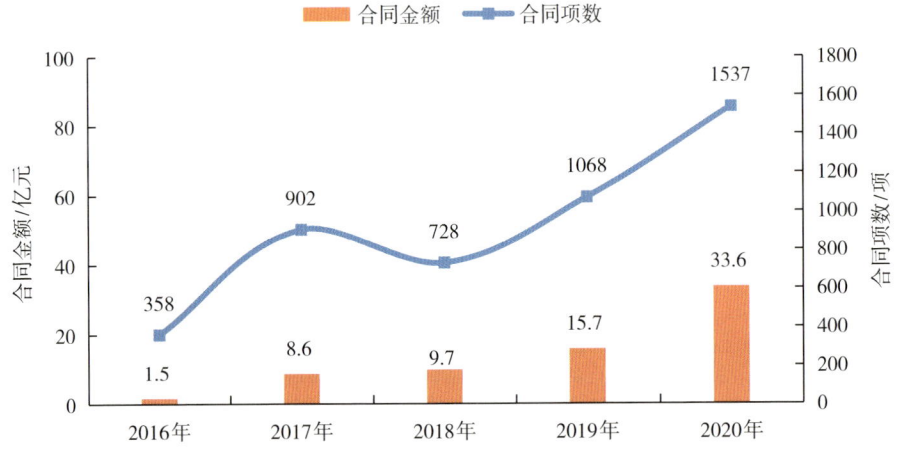

图 2-3-2　高等院校受中央财政资助项目成果以转让、许可、作价投资方式转化的合同金额和合同项数情况

二、中央所属高等院校科技成果转化

（一）全国财政资助项目成果转化情况

中央所属高等院校受全国财政资助项目产生的科技成果转化合同项数有所增长，合同金额大幅增长。2020年，中央所属高等院校受全国财政资助项目产生的科技成果以转让、许可、作价投资方式转化的合同项数为1366项，比上一年增长17.3%，占中央所属高等院校科技成果转化合同总项数（4622项）的29.6%；合同金额为30.7亿元，比上一年增长90.2%，占中央所属高等院校科技成果转化合同总金额（74.3亿元）的41.3%（图2-3-3）。

第三章　财政资助项目以转让、许可、作价投资方式转化科技成果

图 2-3-3　中央所属高等院校受全国财政资助项目成果以转让、许可、作价投资方式转化的合同金额和合同项数情况

（二）中央财政资助项目成果转化情况

中央所属高等院校受中央财政资助项目产生的科技成果以转让、许可、作价投资方式转化的合同项数明显增长，合同金额约增长超1.2倍。2020年，中央所属高等院校受中央财政资助项目产生的科技成果以转让、许可、作价投资方式转化合同项数为1171项，比上一年增长34.6%，占中央所属高等院校受全国财政资助项目成果转化项目合同总项数（1366项）的85.7%；中央财政资助产生的科技成果合同金额达29.3亿元，比上一年增长约1.2倍，占中央所属高等院校受全国财政资助项目成果转化合同总金额（30.7亿元）的95.5%（图2-3-4）。

图 2-3-4　中央所属高等院校受中央财政资助项目成果以转让、许可、作价投资方式转化的合同金额和合同项数情况

中央所属高等院校受中央财政资助项目产生的科技成果转化日益增加。2020年，清华大学以转让、许可、作价投资方式共转化科技成果136项，合同金额达10.4亿元。其中，受中央财政资助项目产生的科技成果转化合同项数为5项，占合同总项数的比重为3.7%；合同金额达6.0亿元，占合同总金额的比重为57.7%。

三、地方所属高等院校科技成果转化

（一）全国财政资助项目成果转化情况

地方所属高等院校受全国财政资助项目成果产生的科技成果转化合同项数明显增长、合同金额有所增长。2020年，地方所属高等院校受全国财政资助项目成果转化合同项数为904项，比上一年增长31.3%，占地方所属高等院校转化合同总项数（12535项）的7.2%；合同金额为

第三章　财政资助项目以转让、许可、作价投资方式转化科技成果

5.6亿元，比上一年增长10.1%，占地方所属高等院校转化合同总金额（39.9亿元）的14.0%（图2-3-5）。

图2-3-5　地方所属高等院校受全国财政资助项目成果以转让、许可、作价投资方式转化的合同金额和合同项数情况

2020年，地方所属高等院校受全国财政资助项目成果以转让、许可、作价投资方式转化的合同金额排名居前3位的地方分别是天津市（1.8亿元）、广东省（1.0亿元）、江西省（0.6亿元）（图2-3-6）。

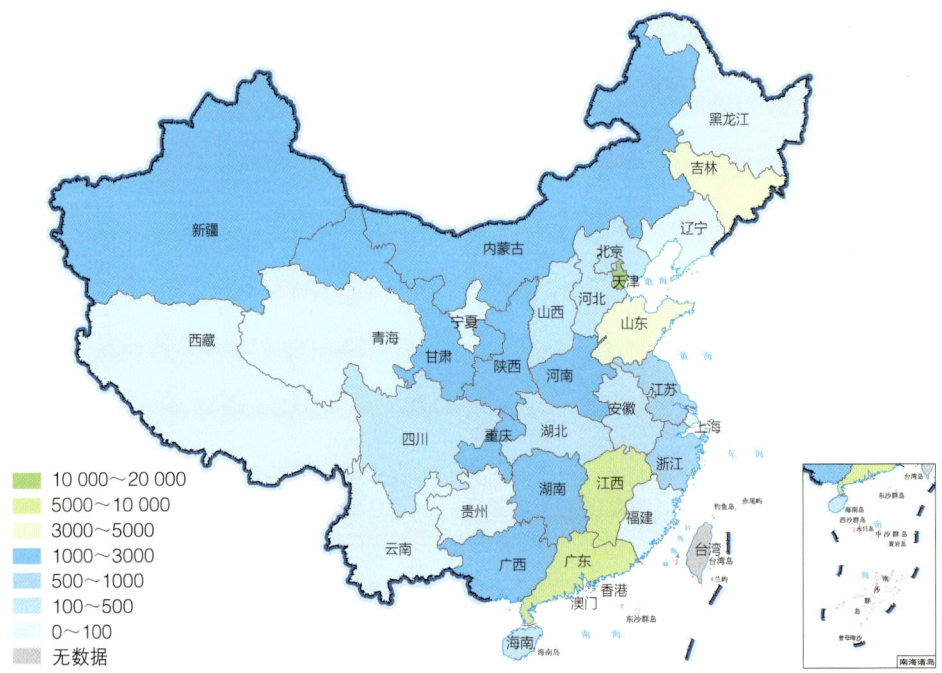

图 2-3-6　地方所属高等院校受全国财政资助项目成果以转让、许可、
作价投资方式转化合同金额分布情况（单位：万元）

（二）中央财政资助项目成果转化情况

各地方所属高等院校受中央财政资助项目产生的科技成果以转让、许可、作价投资方式转化的合同项数大幅增长，合同金额显著增长。2020年，地方所属高等院校受中央财政资助项目产生的科技成果以转让、许可、作价投资方式转化的合同项数为366项，比上一年增长83.8%，占地方所属高等院校受全国财政资助转化项目合同总项数（904项）的40.5%；合同金额达4.2亿元，比上一年增长77.0%，占地方所属高等院校受全国财政资助项目成果转化合同总金额（5.6亿元）的76.3%（图2-3-7）。

第三章 财政资助项目以转让、许可、作价投资方式转化科技成果

图 2-3-7 地方所属高等院校受中央财政资助项目成果以转让、许可、作价投资方式转化的合同金额和合同项数情况

2020 年，地方所属高等院校受中央财政资助项目成果以转让、许可、作价投资方式转化的合同金额排名居前 3 位的地区分别是天津市（1.8 亿元）、江西省（0.6 亿元）、广东省（0.5 亿元）（图 2-3-8）。

2020 年，重庆交通大学以转让、许可、作价投资方式转化科技成果的合同项数为 167 项，比上一年增长 19.9 倍；其中，受到全国财政资助的转化成果为 113 项，比上一年增长 15.1 倍，受到中央财政资助的转化成果为 57 项，比上一年增长 7.1 倍。

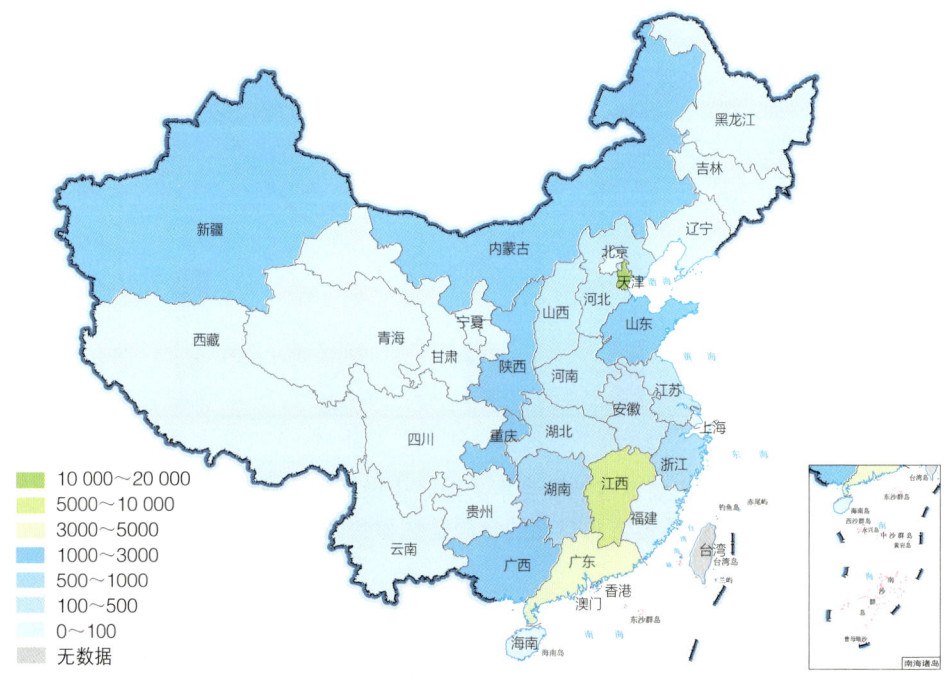

图 2-3-8　地方所属高等院校受中央财政资助项目成果以转让、许可、作价投资方式转化合同金额分布情况（单位：万元）

四、各地区财政资助科技成果转化

（一）高等院校所在辖区科技成果转化情况

1. 全国财政资助项目成果转化情况

按高等院校所在地区统计，2020 年地方辖区内的高等院校受全国财政资助项目产生的科技成果以转让、许可、作价投资方式转化的合同金额排名居前 3 位的地方分别是北京市（7.2 亿元）、四川省（5.9 亿元）、上海市（5.9 亿元）（图 2-3-9）。

第三章 财政资助项目以转让、许可、作价投资方式转化科技成果

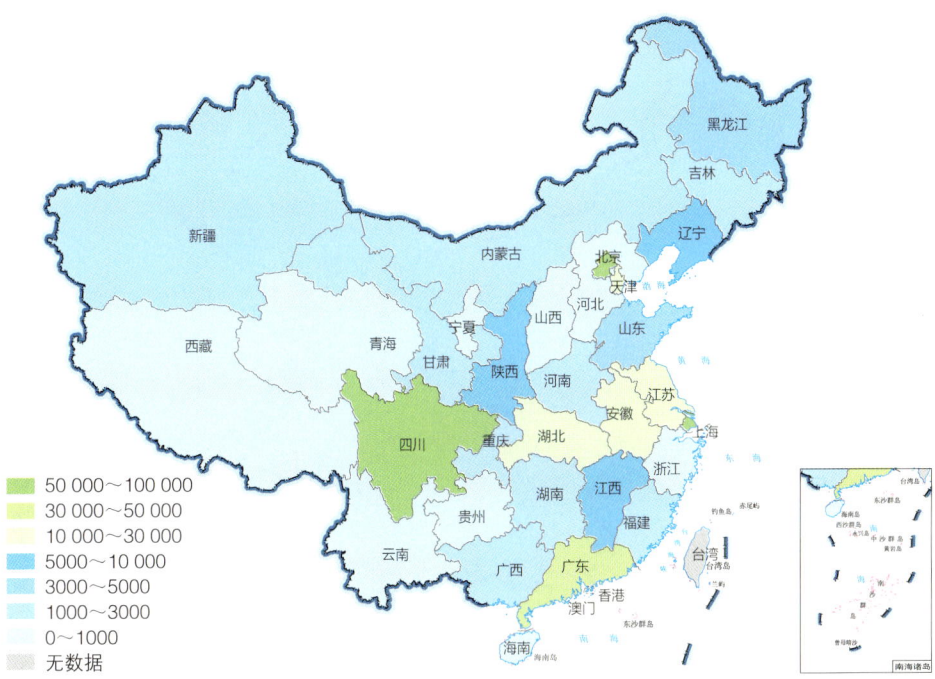

图 2-3-9 地方辖区内高等院校受全国财政资助项目成果以转让、许可、作价投资方式转化的合同金额分布情况（单位：万元）

2. 中央财政资助项目成果转化情况

2020年，地方辖区内高等院校受中央财政资助项目产生的科技成果以转让、许可、作价投资方式转化的合同金额排名居前3位的地方分别是北京市（7.0亿元）、上海市（5.8亿元）、四川省（5.8亿元）（图2-3-10）。

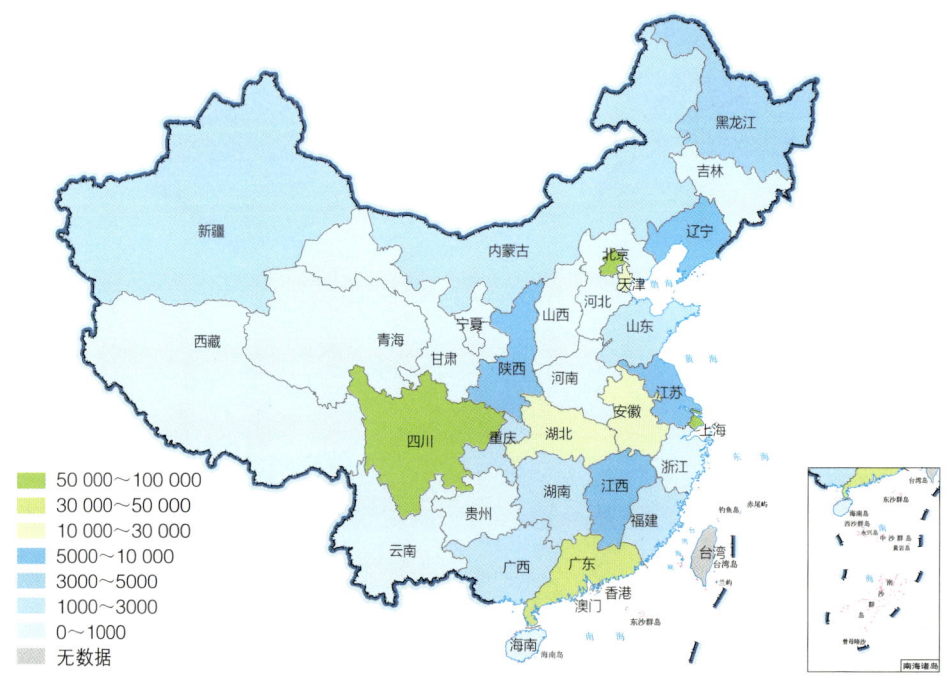

图 2-3-10　地方辖区内高等院校受中央财政资助项目成果以转让、许可、作价投资方式转化合同金额分布情况（单位：万元）

（二）东部、中部、西部和东北地区财政资助项目成果转化情况

1. 全国财政资助项目成果转化情况

东部地区高等院校受全国财政资助项目产生的科技成果以转让、许可、作价投资方式转化的合同金额大幅增长，西部地区合同金额显著增长，中部地区合同金额约增长 2.3 倍，东北地区合同金额明显增长。2020 年，东部地区高等院校受全国财政资助项目产生的科技成果以转让、许可、作价投资方式转化的合同金额为 21.7 亿元，比上一年增长 64.6%；西部地区合同金额为 7.7 亿元，比上一年增长 49.7%；中部地

第三章 财政资助项目以转让、许可、作价投资方式转化科技成果

区合同金额为 5.3 亿元，比上一年增长 230.1%；东北地区合同金额为 1.5 亿元，比上一年增长 24.2%（图 2-3-11）。

图 2-3-11　各地区高等院校受全国财政资助项目成果以转让、许可、作价投资方式转化的合同金额情况

2. 中央财政资助项目成果转化情况

2020 年，东部地区高等院校受中央财政资助项目产生的科技成果以转让、许可、作价投资方式转化的合同金额为 19.9 亿元，比上一年增长 90.0%；西部地区合同金额为 7.2 亿元，比上一年增长 1.6 倍；中部地区合同金额为 5.1 亿元，比上一年增长 2.8 倍；东北地区合同金额为 1.3 亿元，比上一年增长 23.2%（图 2-3-12）。

图 2-3-12 各地区高等院校受中央财政资助项目成果以转让、许可、作价投资方式转化的合同金额情况

第四章
以转让、许可、作价投资方式转化科技成果收入的奖励分配情况

《中华人民共和国促进科技成果转化法》将科技成果的使用权、处置权和收益权下放到研究开发机构、高等院校，科技成果转化后由科技成果完成单位对完成、转化该项科技成果做出重要贡献的人员给予奖励和报酬，并规定转让、许可给他人实施的职务科技成果现金奖励比例不低于成果转化净收入的50%，作价投资的职务科技成果股权奖励不低于股份或出资比例的50%。《实施〈中华人民共和国促进科技成果转化法〉若干规定》要求，在研究开发和科技成果转化中做出主要贡献的人员，获得奖励的份额不低于奖励总额的50%。统计数据显示，高等院校对个人奖励人次、奖励金额均略有增长。

一、基本情况

（一）现金和股权收入的奖励分配情况

以转让、许可、作价投资方式转化科技成果获得的现金和股权收入及个人获得的现金和股权奖励均略有增长。2020年，现金和股权收入

总金额为 49.5 亿元，比上一年增长 4.7%；个人获得的现金和股权奖励金额达 35.0 亿元，比上一年增长 5.6%，其中研发与转化主要贡献人员所获现金和股权奖励达 32.7 亿元，比上一年增长 4.6%（图 2-4-1）。现金和股权奖励个人金额超过 1 亿元的高等院校共 5 家，依次是清华大学（6.3 亿元）、湖南大学（2.6 亿元）、中南大学（1.7 亿元）、齐鲁工业大学（山东省科学院）（1.5 亿元）、集美大学（1.1 亿元）。

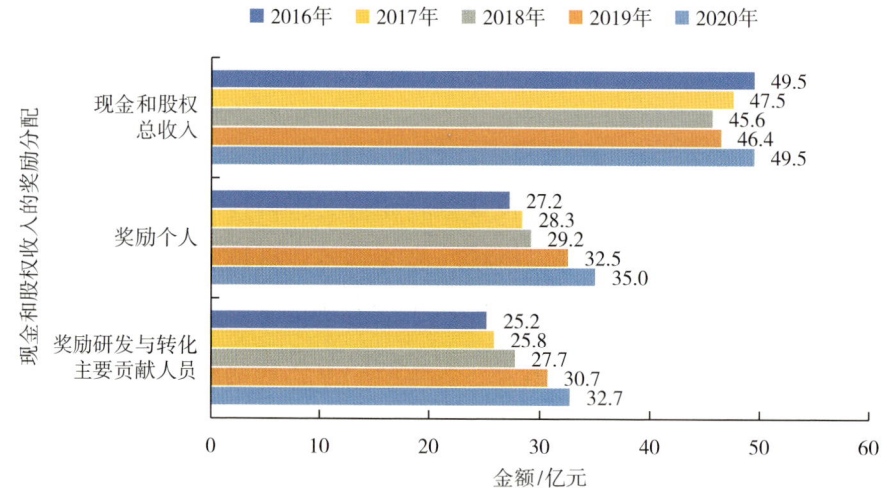

图 2-4-1　高等院校以转让、许可、作价投资方式转化科技成果获得的现金和股权收入奖励分配情况

奖励个人金额占现金和股权收入总额的比重超过 70%，奖励研发与转化主要贡献人员金额占奖励个人金额的比重超过 90%。奖励人次、人均奖励金额均略有增长。2020 年个人获得的现金和股权奖励占现金和股权收入的比重为 70.7%，比上一年的 70.1% 略有增长，研发与转化主要贡献人员获得的奖励占奖励个人总金额的比重达到 93.6%，比上一年的 94.4% 略有下降，基本符合《中华人民共和国促进科技成果转化法》《实施〈中华人民共和国促进科技成果转化法〉若干规定》的比例要求

第四章 以转让、许可、作价投资方式转化科技成果收入的奖励分配情况

（图 2-4-2、图 2-4-3）。奖励人次为 32 346 人次，比上一年增长 5.3%，人均奖励金额 10.8 万元，比上一年增长 0.3%。

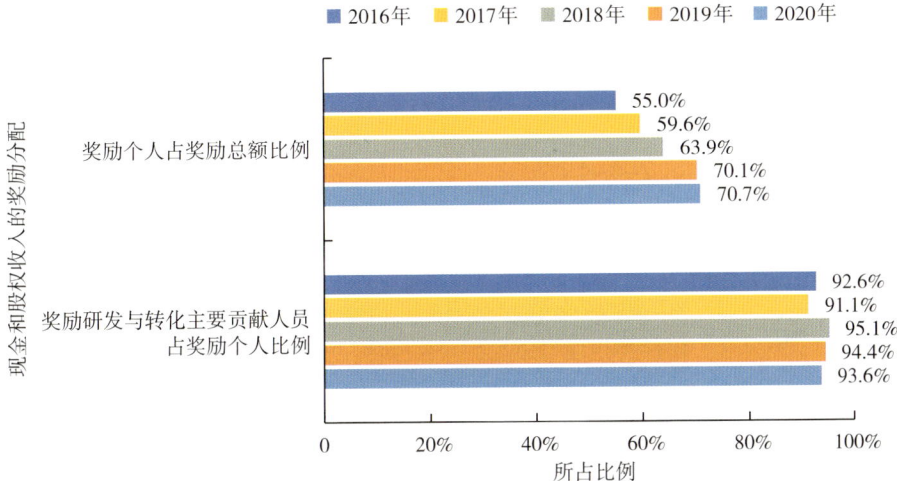

图 2-4-2　高等院校以转让、许可、作价投资方式转化科技成果获得的现金和股权奖励金额占比情况

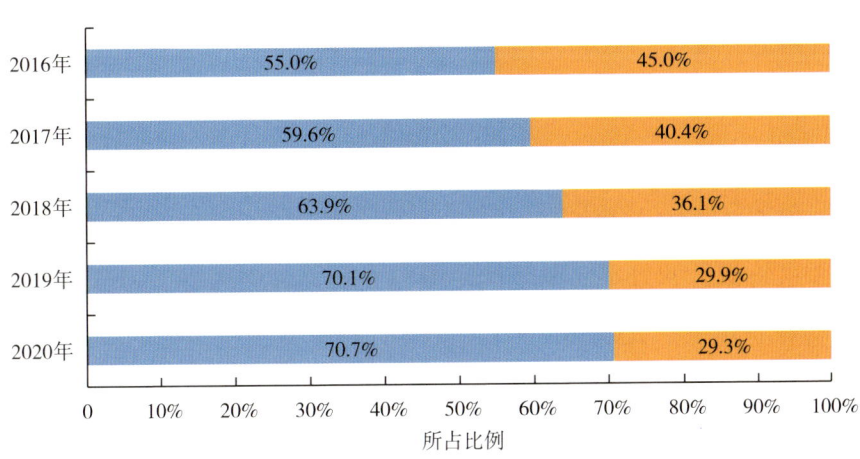

图 2-4-3　高等院校以转让、许可、作价投资方式转化科技成果获得的现金和股权收入奖励个人和留归单位分配情况

（二）现金收入的奖励分配情况

以转让、许可方式转化科技成果获得的现金收入、个人获得的现金奖励均比上一年略有增长。2020年现金收入金额为24.9亿元，比上一年增长0.4%。个人获得的现金奖励金额为18.2亿元，比上一年增长7.2%，其中研发与转化主要贡献人员所获现金奖励为16.4亿元，比上一年增长6.4%（图2-4-4）。

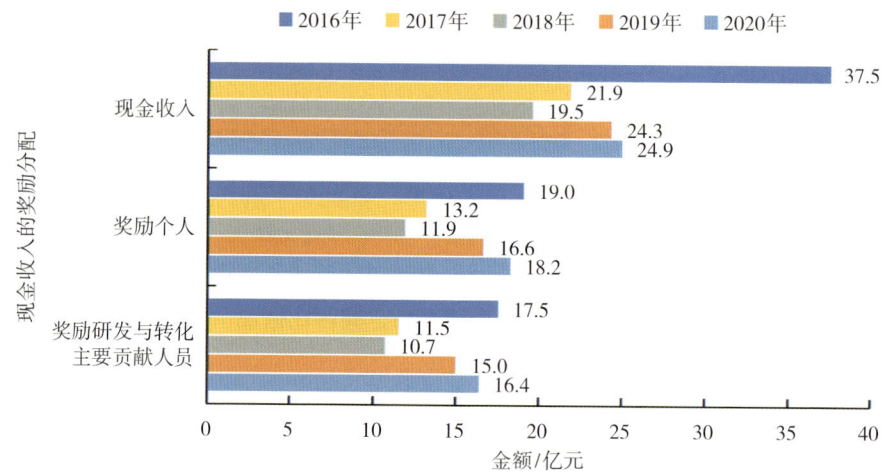

图2-4-4 高等院校以转让、许可方式转化科技成果获得的现金收入奖励分配情况

奖励个人金额占现金收入总额的比重近70%，奖励研发与转化主要贡献人员金额占奖励个人金额的比重近90%，现金奖励人次、人均奖励金额均略有增长。2020年，个人获得的现金奖励占现金收入的比重为73.1%，比2019年的68.3%有所增长，研发与转化主要贡献人员获得的奖励占奖励个人金额的比重为89.8%，比2019年的90.3%略有下降（图2-4-5、图2-4-6）。奖励人次为31 599人次，比上一年增长4.9%，人均奖励金额为5.8万元，比上一年增长2.2%。现金奖励个人金额超

第四章　以转让、许可、作价投资方式转化科技成果收入的奖励分配情况

过1亿元的高等院校共2家，分别是清华大学（1.6亿元）、中南大学（1.1亿元）。

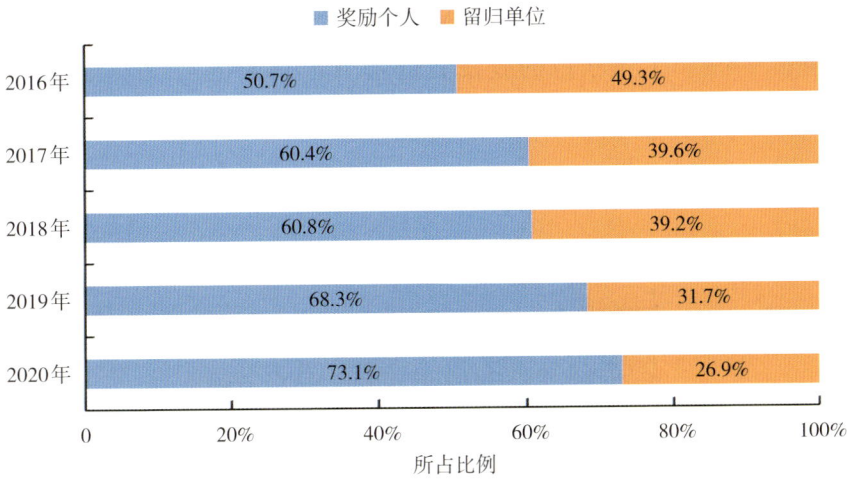

图2-4-5　高等院校以转让、许可方式转化科技成果获得的现金收入留归单位和奖励个人分配情况

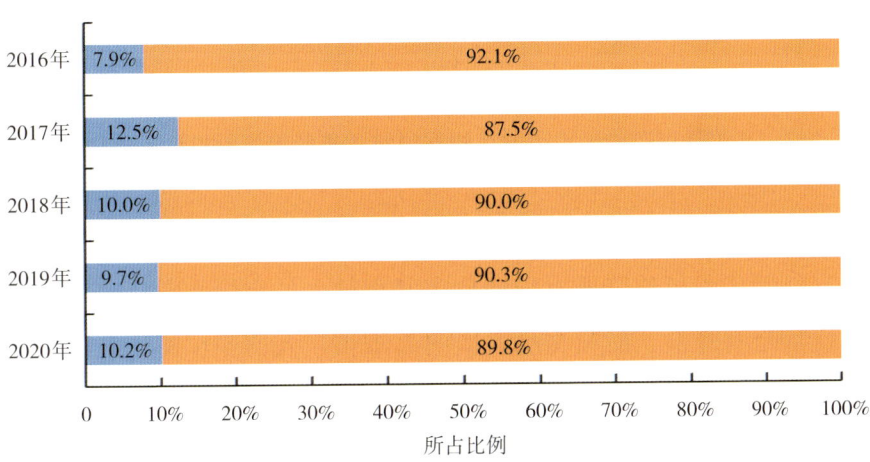

图2-4-6　高等院校以转让、许可方式转化科技成果获得的现金收入奖励个人分配情况

（三）股权收入的奖励分配情况

以作价投资方式转化科技成果获得的股权收入、个人获得的股权奖励比上一年均略有增长。2020 年，股权收入金额为 24.5 亿元，比上一年增长 9.4%。个人获得的股权奖励金额为 16.8 亿元，比上一年增长 3.9%，其中，研发与转化主要贡献人员所获股权奖励为 16.4 亿元，比上一年增长 2.9%（图 2-4-7）。

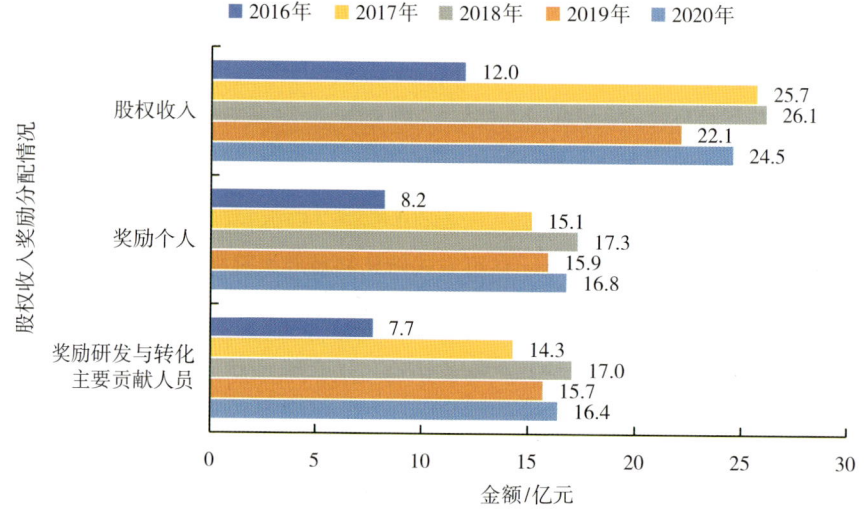

图 2-4-7　高等院校以作价投资方式转化科技成果获得的股权收入奖励分配情况

股权奖励个人金额占股权收入总额的比重超过 65%，与 2019 年相比略有降低，股权奖励研发与转化主要贡献人员金额占股权奖励个人金额的比重略有降低，股权奖励人次明显增长，人均股权奖励金额有所降低。2020 年，个人获得的股权奖励占股权收入的比重为 68.3%，比上一年的 72.1% 略有下降；研发与转化主要贡献人员获得的股权奖励占奖励个人股权金额的比重为 97.8%，比上一年的 98.6% 略有下降（图 2-4-8、图 2-4-9）。股权奖励人次为 747 人次，比上一年增长 25.1%，人均股

第四章 以转让、许可、作价投资方式转化科技成果收入的奖励分配情况

权奖励金额为 224.5 万元，比上一年下降 17.0%，人均股权奖励金额是人均现金奖励金额的 39.0 倍。

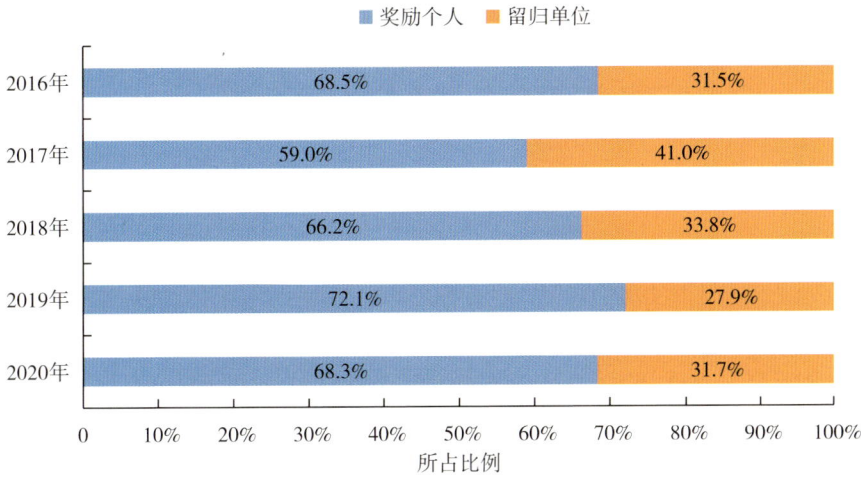

图 2-4-8　高等院校以作价投资方式转化科技成果获得的股权收入留归单位和奖励个人分配情况

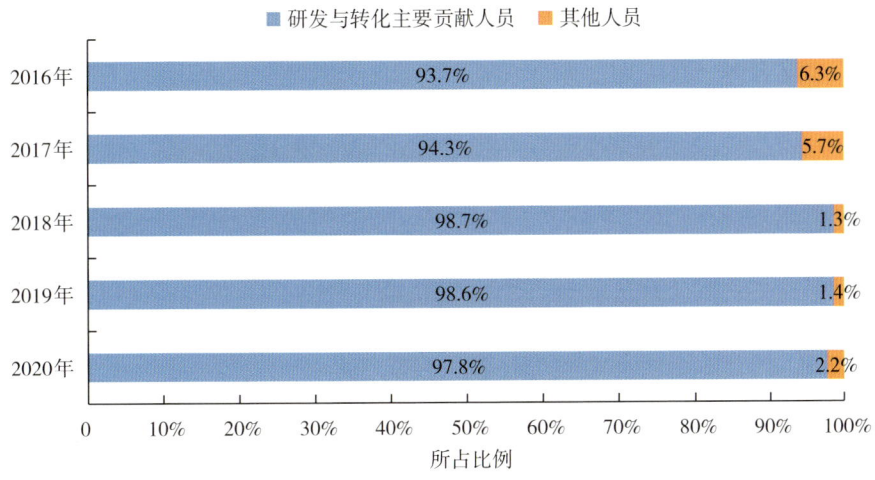

图 2-4-9　高等院校以作价投资方式转化科技成果获得的股权收入奖励个人分配情况

股权收入奖励个人金额超过 1 亿元的高等院校共 4 家,分别是清华大学(4.7 亿元)、湖南大学(2.2 亿元)、齐鲁工业大学(山东省科学院)(1.4 亿元)、集美大学(1.1 亿元)。

二、中央所属高等院校收入的奖励分配

(一)现金和股权收入的奖励分配情况

中央所属高等院校以转让、许可、作价投资方式转化科技成果获得的现金和股权收入显著增长,个人获得的现金和股权奖励有所增长。2020 年,101 家中央所属高等院校以转让、许可、作价投资方式转化科技成果获得的现金和股权收入总金额为 33.3 亿元,比上一年增长 22.4%。个人获得的现金和股权奖励金额达 22.3 亿元,比上一年增长 16.3%,其中研发与转化主要贡献人员所获现金和股权奖励为 21.2 亿元,比上一年增长 11.9%(图 2-4-10)。

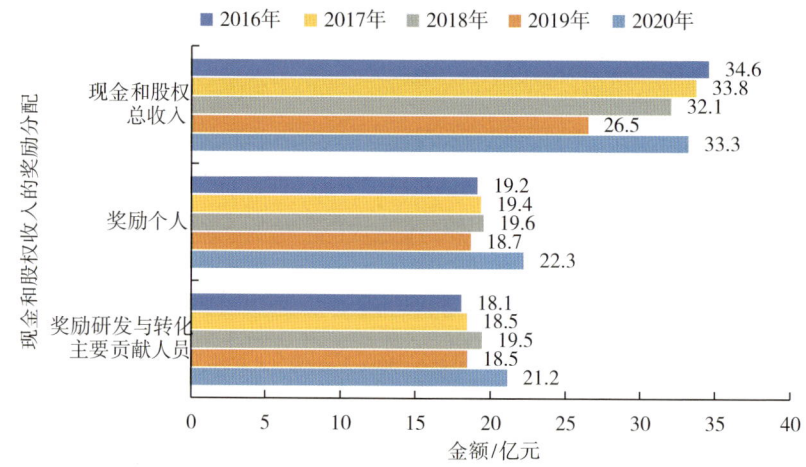

图 2-4-10　中央所属高等院校以转让、许可、作价投资方式转化科技成果获得的现金和股权收入奖励分配情况

第四章 以转让、许可、作价投资方式转化科技成果收入的奖励分配情况

奖励个人金额占现金和股权收入总额的比重超过65%，奖励研发与转化主要贡献人员金额占奖励个人金额的比重超95%。奖励人次明显增长，人均奖励金额略有降低。2020年，个人获得的现金和股权奖励占现金和股权收入的比重为67.0%，比上一年的70.5%略有下降，研发与转化主要贡献人员获得的奖励占奖励个人总金额的比重为95.2%，比上一年的98.8%略有下降（图2-4-11、图2-4-12）。奖励人次为13 784人次，比上一年增长23.6%，人均奖励金额16.2万元，比上一年下降5.9%。

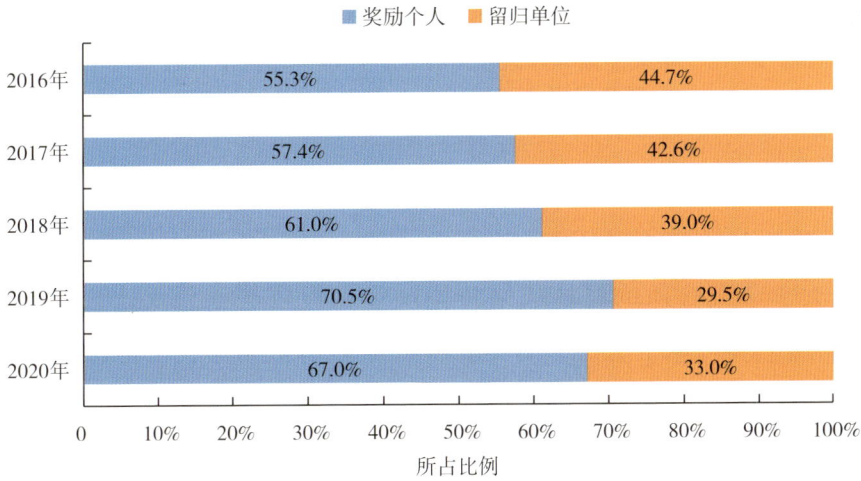

图2-4-11 中央所属高等院校以转让、许可、作价投资方式转化科技成果获得的现金和股权收入奖励个人和留归单位分配情况

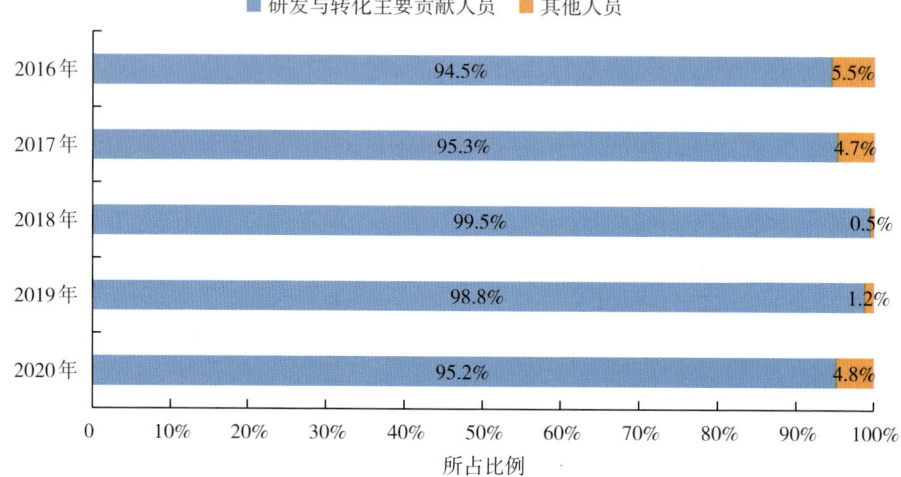

图 2-4-12　中央所属高等院校以转让、许可、作价投资方式转化科技成果获得现金和股权收入奖励个人分配情况

2020 年，以现金和股权收入奖励个人的中央所属高等院校中总金额排名居前 3 位的依次是清华大学、湖南大学、中南大学。2020 年度，清华大学个人获得的科技成果转化现金和股权奖励总额达 6.3 亿元，人均奖励金额 247.8 万元，其中获得现金奖励总额为 15 820.0 万元，人均奖励金额 97.7 万元；获得股权奖励总额为 46 875.0 万元，人均奖励金额 515.1 万元。2020 年度，湖南大学个人获得的科技成果转化现金和股权奖励总额达 2.6 亿元，人均奖励金额 460.2 万元，其中获得现金奖励总额为 3401.5 万元，人均奖励金额 79.1 万元；获得股权奖励总额 22 368.0 万元，人均奖励金额 1720.6 万元。2020 年度，中南大学个人获得的科技成果转化现金和股权奖励总额达 1.7 亿元，人均奖励金额 259.5 万元，其中获得现金奖励总额为 11 105.5 万元，人均奖励金额 179.1 万元；获得股权奖励总额为 6279.0 万元，人均奖励金额 1255.8 万元。

第四章 以转让、许可、作价投资方式转化科技成果收入的奖励分配情况

（二）现金收入的奖励分配情况

中央所属高等院校以转让、许可方式转化科技成果获得的现金收入、个人获得的现金奖励均明显增长，研发与转化主要贡献人员所获现金奖励有所增长。2020年，101家中央所属高等院校以转让、许可方式转化科技成果获得的现金收入总金额为15.6亿元，比上一年增长25.1%。个人获得的现金奖励金额为10.8亿元，比上一年增长22.5%，其中研发与转化主要贡献人员所获现金奖励为9.7亿元，比上一年增长11.6%（图2-4-13）。

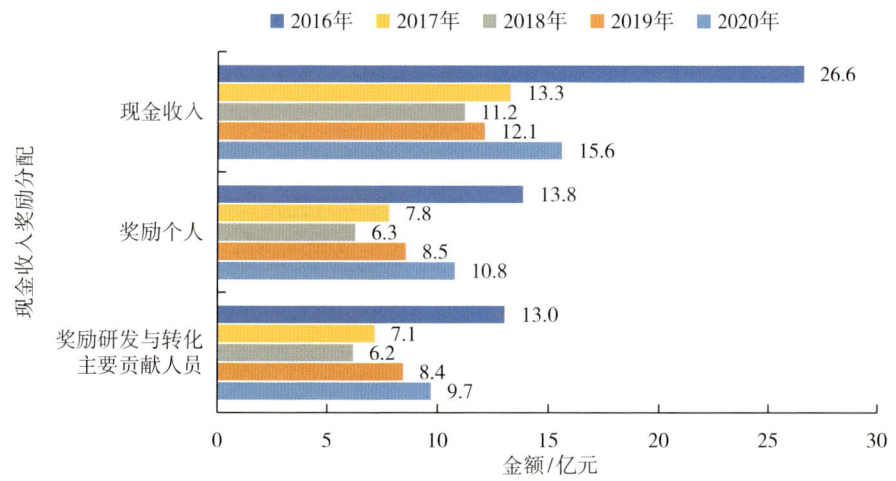

图2-4-13 中央所属高等院校以转让、许可方式转化科技成果获得的现金收入奖励分配情况

中央所属高等院校奖励个人金额占现金收入总额的比重近70%，奖励研发与转化主要贡献人员金额占奖励个人金额的比重有所降低。奖励人次明显增长，人均奖励金额略有降低。2020年，个人获得的现金奖励占现金收入总额的比重为69.2%，比上一年的70.6%略有下降，研发与转化主要贡献人员获得的现金奖励占奖个人总金额的比重为90.1%，

比上一年的 98.6% 略有下降（图 2-4-14、图 2-4-15）。奖励人次为 13 408 人次，比上一年增长 24.8%，人均奖励金额 8.0 万元，比上一年下降 1.9%。

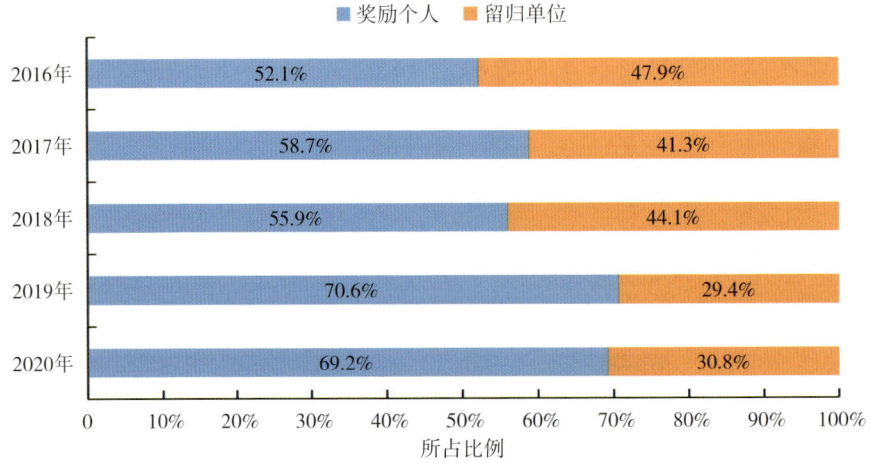

图 2-4-14　中央所属高等院校以转让、许可方式转化科技成果获得的现金收入奖励个人和留归单位分配情况

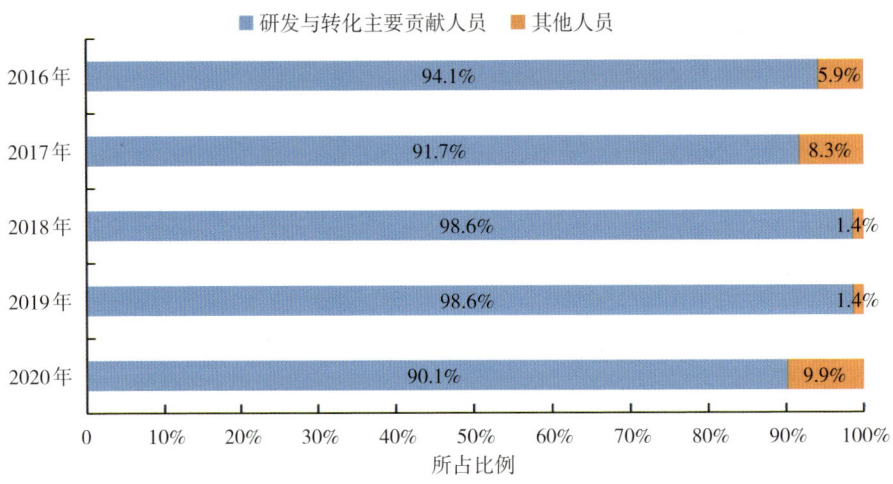

图 2-4-15　中央所属高等院校以转让、许可方式转化科技成果获得的现金收入奖励个人分配情况

（三）股权收入的奖励分配情况

中央所属高等院校以作价投资方式转化科技成果获得的股权收入明显增长，个人获得的股权奖励有所增长。2020年，101家中央所属高等院校以作价投资方式转化科技成果获得的股权收入金额为17.7亿元，比上一年增长20.1%。个人获得的股权奖励金额为11.5亿元，比上一年增长11.2%，其中研发与转化主要贡献人员所获股权奖励为11.5亿元，比上一年增长12.1%（图2-4-16）。

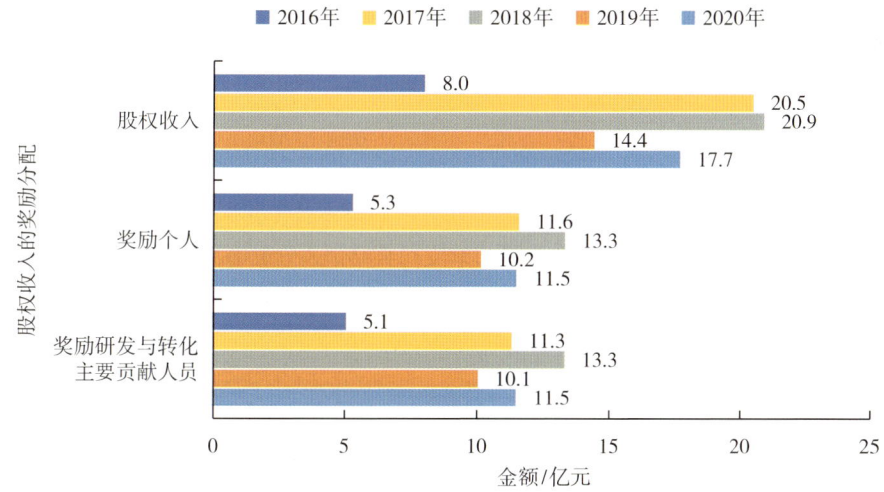

图2-4-16　中央所属高等院校以作价投资方式转化科技成果获得的股权收入奖励分配情况

中央所属高等院校股权奖励个人金额占股权收入总额的比重超过65%；奖励研发与转化主要贡献人员金额占奖励个人金额的比重略有增长；股权奖励人次有所降低，股权人均奖励金额明显增长。2020年，个人获得的股权奖励占股权收入的比重为65.1%，比上一年的70.4%略有降低，研发与转化主要贡献人员获得的股权奖励占个人股权金额的比重为99.9%，比上一年的99.0%略有增长（图2-4-17、图2-4-18）。

股权奖励人次为 376 人次,比上一年下降 10.0%,人均股权奖励金额 306.6 万元,比上一年增长 23.6%,是人均现金奖励金额的 38.2 倍。

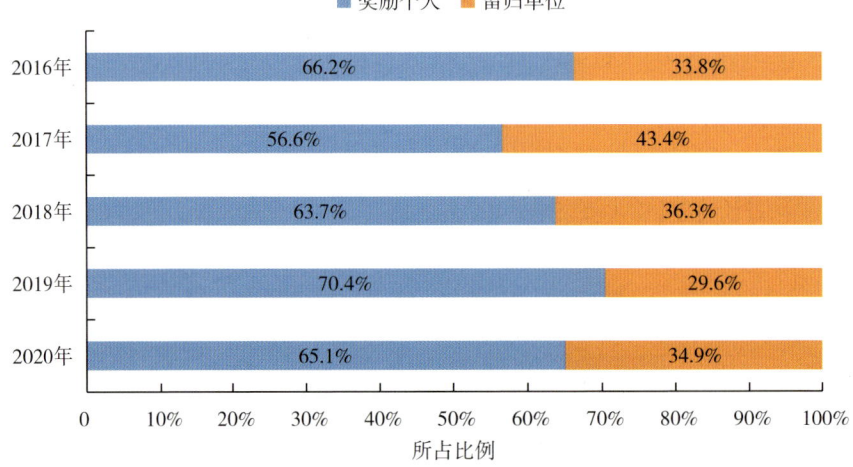

图 2-4-17　中央所属高等院校以作价投资方式转化科技成果获得的股权收入留归单位和奖励个人分配情况

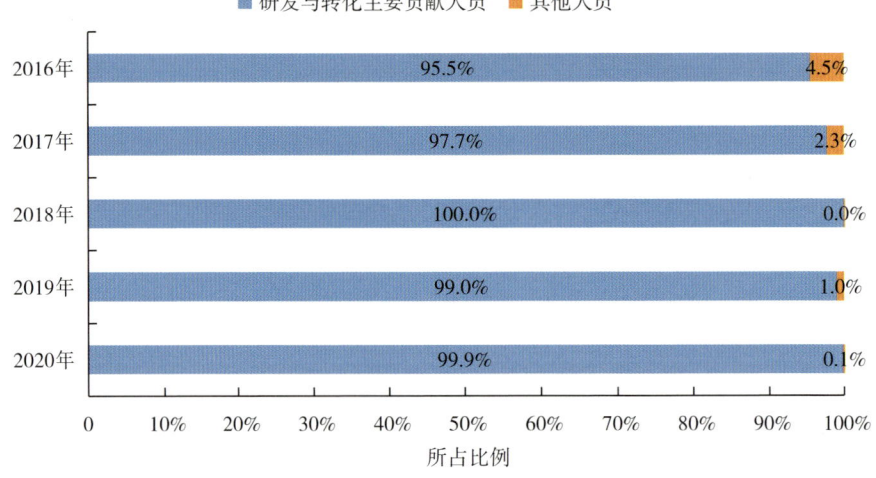

图 2-4-18　中央所属高等院校以作价投资方式转化科技成果获得的股权收入奖励个人分配情况

三、地方所属高等院校收入的奖励分配

（一）现金和股权收入的奖励分配情况

1. 收入的奖励分配概况

地方所属高等院校以转让、许可、作价投资方式转化科技成果获得的现金和股权收入有所降低，个人获得的现金和股权奖励略有降低。2020年，1332家地方所属高等院校以转让、许可、作价投资方式转化科技成果获得的现金和股权收入总金额为16.2亿元，比上一年下降19.1%。个人获得的现金和股权奖励金额达12.7亿元，比上一年下降9.0%，其中研发与转化主要贡献人员所获现金和股权奖励为11.5亿元，比上一年下降6.4%（图2-4-19）。

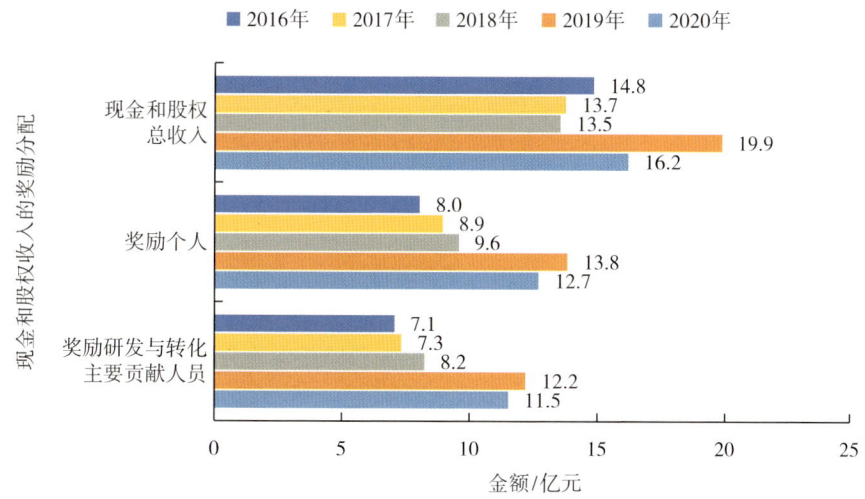

图2-4-19　地方所属高等院校以转让、许可、作价投资方式转化科技成果获得现金和股权收入的奖励分配情况

地方所属高等院校奖励个人金额占现金和股权收入总额的比重接近80%，奖励研发与转化主要贡献人员金额占奖励个人金额的比重超过90%。奖励人次、人均奖励金额均略有降低。2020年，个人获得的现金和股权奖励占现金和股权收入的比重为78.4%，比上一年的69.6%有所增长，研发与转化主要贡献人员获得的奖励占奖励个人总金额的比重为90.9%，比上一年的88.4%略有增长（图2-4-20、图2-4-21）。奖励人次为18 562人次，比上一年下降5.3%，人均奖励金额6.8万元，比上一年下降3.9%。

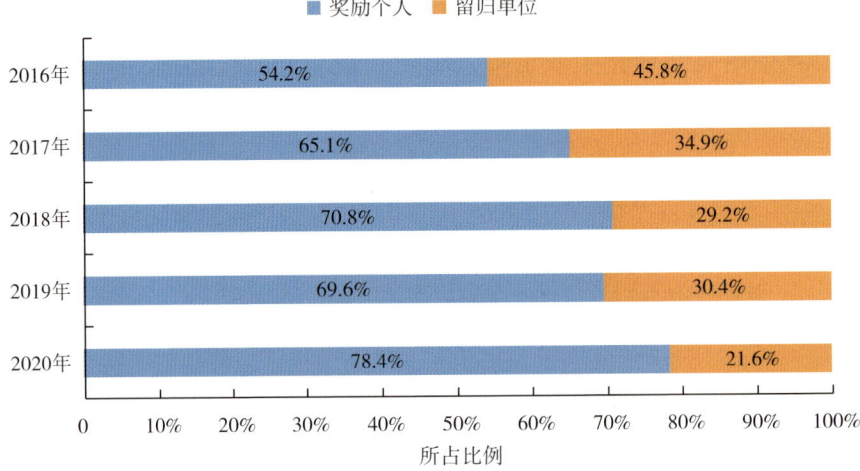

图2-4-20 地方所属高等院校以转让、许可、作价投资方式转化科技成果获得的现金和股权收入奖励个人和留归单位分配情况

第四章 以转让、许可、作价投资方式转化科技成果收入的奖励分配情况

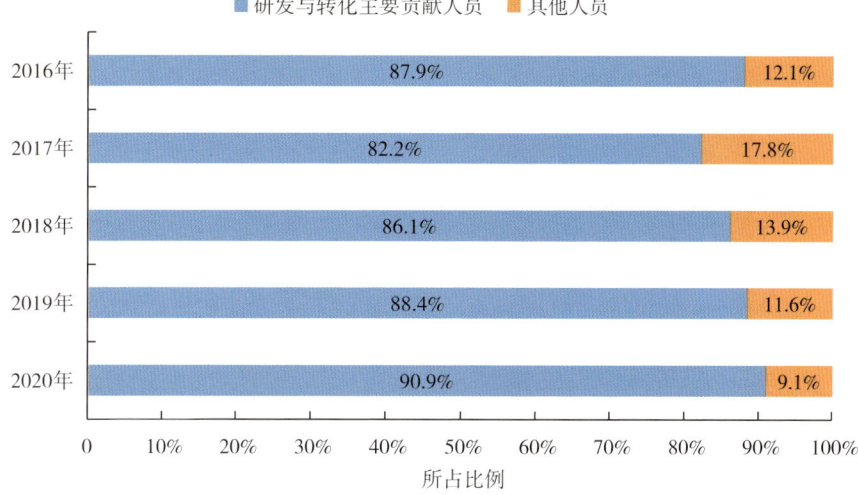

图 2-4-21　地方所属高等院校以转让、许可、作价投资方式转化科技成果获得的现金和股权收入奖励个人分配情况

2. 各地方高等院校收入的奖励分配情况

2020年，地方所属高等院校以转让、许可、作价投资方式转化科技成果获得的现金和股权收入金额排名居前3位的地方分别是山东省（2.6亿元）、广东省（2.4亿元）、福建省（1.4亿元）（图2-4-22）。高等院校奖励个人金额排名居前3位的地方分别是广东省（1.9亿元）、山东省（1.7亿元）、福建省（1.3亿元）（图2-4-23）；高等院校奖励研发与转化主要贡献人员金额排名居前3位的地方分别是广东省（1.8亿元）、山东省（1.7亿元）、福建省（1.1亿元）；奖励人次排名居前3位的地方分别是江苏省（3675人次）、浙江省（2332人次）、广东省（1356人次）。

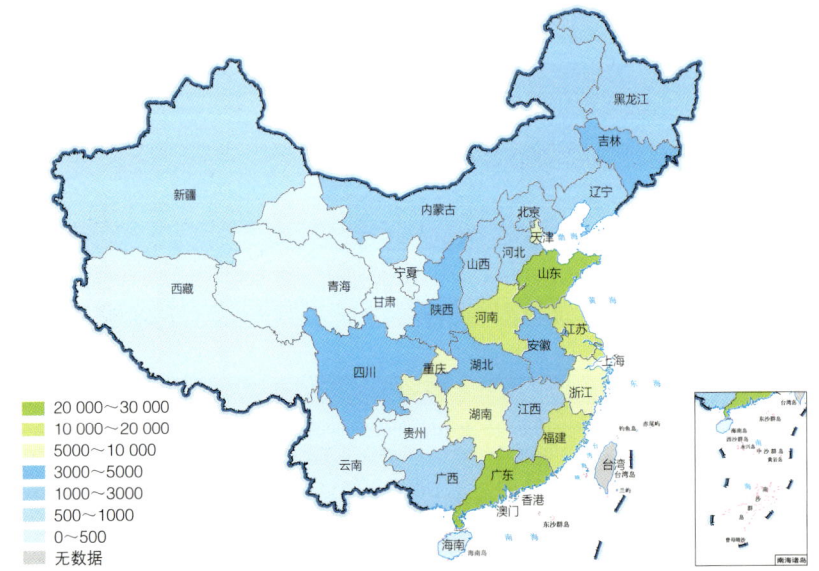

图 2-4-22 地方所属高等院校以转让、许可、作价投资方式转化科技成果获得的现金和股权收入金额分布情况（单位：万元）

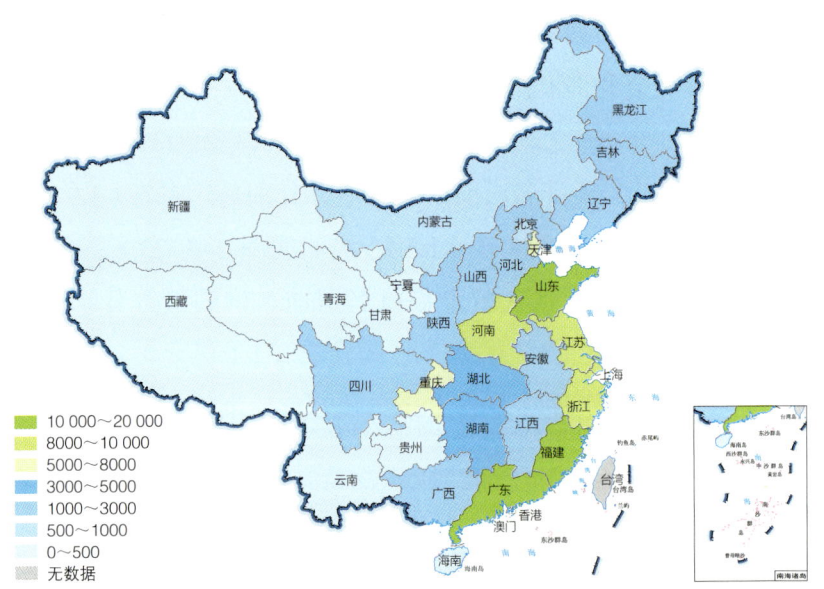

图 2-4-23 地方所属高等院校以转让、许可、作价投资方式转化科技成果获得的现金和股权奖励个人金额分布情况（单位：万元）

第四章 以转让、许可、作价投资方式转化科技成果收入的奖励分配情况

（二）现金收入的奖励分配情况

地方所属高等院校以转让、许可方式转化科技成果获得的现金收入明显降低，个人获得的现金奖励略有降低。2020 年，1332 家地方所属高等院校以转让、许可方式转化科技成果获得的现金收入总金额为 9.4 亿元，比上一年下降 24.3%。个人获得的现金奖励金额为 7.4 亿元，比上一年下降 9.0%，其中研发与转化主要贡献人员所获现金奖励为 6.7 亿元，比上一年下降 0.2%（图 2-4-24）。

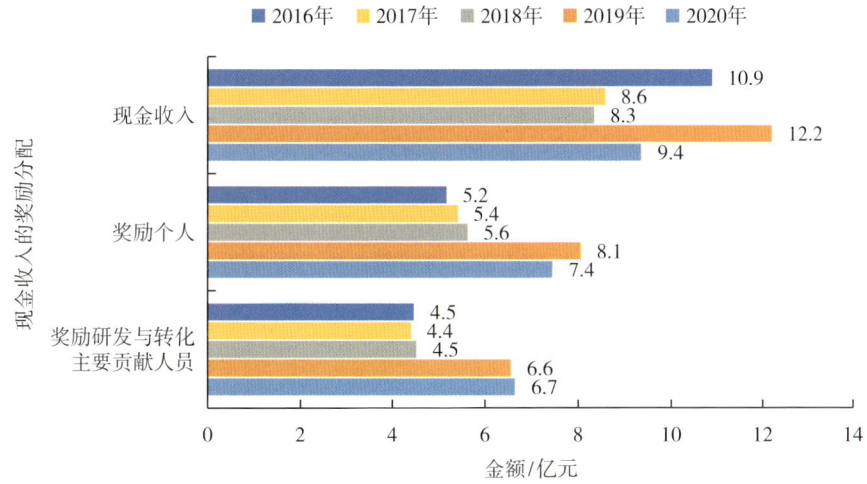

图 2-4-24 地方所属高等院校以转让、许可方式转化科技成果获得的现金收入奖励分配情况

地方所属高等院校现金奖励个人金额占现金收入总额的比重近 80%，奖励研发与转化主要贡献人员现金金额占奖励个人现金金额的比重近 90%。奖励人次、人均奖励金额略有降低。2020 年，个人获得的现金奖励占现金收入总额的比重为 79.6%，比上一年的 66.0% 有所增长；研发与转化主要贡献人员获得的现金奖励占奖励个人总金额的比重为 89.3%，比上一年的 81.5% 略有增长（图 2-4-25、图 2-4-26）。奖

励人次为 18 191 人次，比上一年下降 6.3%；人均奖励金额 4.1 万元，比上一年下降 2.9%。

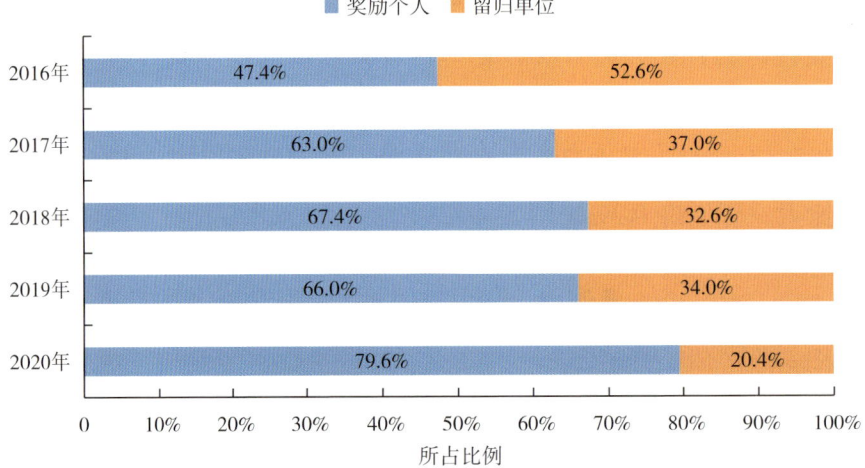

图 2-4-25　地方所属高等院校以转让、许可方式转化科技成果获得的现金收入奖励个人和留归单位分配情况

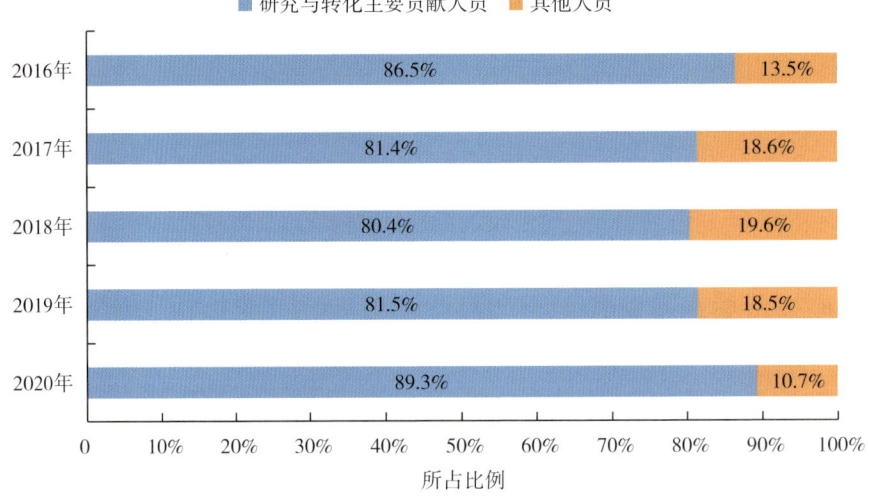

图 2-4-26　地方所属高等院校以转让、许可方式转化科技成果获得的现金收入奖励个人分配情况

第四章 以转让、许可、作价投资方式转化科技成果收入的奖励分配情况

（三）股权收入的奖励分配情况

地方所属高等院校以作价投资方式转化科技成果获得的股权收入有所降低，个人获得股权奖励略有降低。2020年，1332家地方所属高等院校以作价投资方式转化科技成果获得的股权收入金额为6.8亿元，比上一年下降10.8%。个人获得的股权奖励金额为5.2亿元，比上一年下降9.0%，其中研发与转化主要贡献人员所获股权奖励为4.9亿元，比上一年下降13.6%（图2-4-27）。

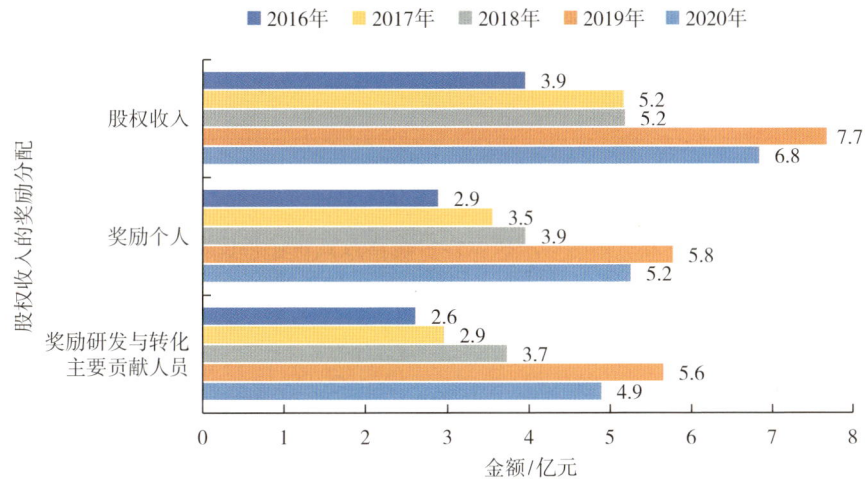

图2-4-27 地方所属高等院校以作价投资方式转化科技成果获得股权收入的奖励分配情况

地方所属高等院校股权奖励个人金额占股权收入总额的比重略有增长，奖励研发与转化主要贡献人员股权金额占奖励个人股权金额的比重略有降低。股权奖励人次大幅增长，人均股权奖励金额大幅下降。2020年，个人获得的股权奖励占股权收入的比重为76.8%；比上一年的75.2%略有增长，研发与转化主要贡献人员获得的股权奖励占股权奖励个人股权金额的比重为93.1%，比上一年的98.0%略有降低（图2-4-28、

图 2-4-29）。奖励人次为 371 人次，比上一年增长 1.0 倍，人均股权奖励金额 141.4 万元，比上一年下降 54.6%，人均股权奖励金额是人均现金奖励金额的 34.5 倍。

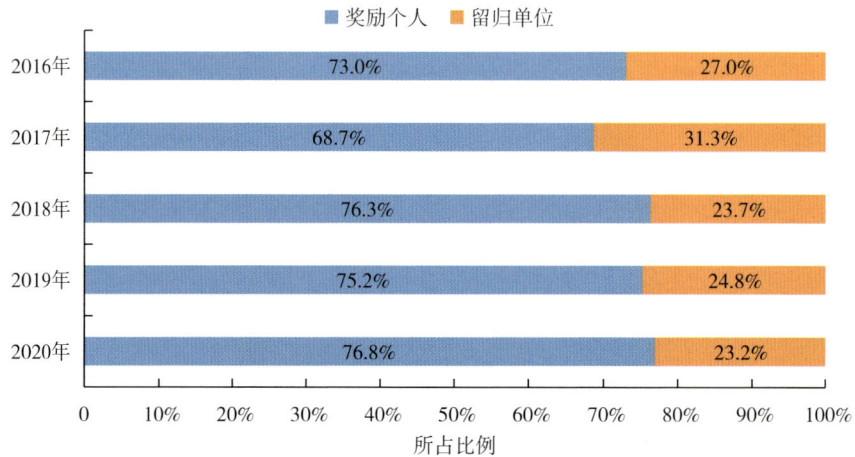

图 2-4-28　地方所属高等院校以作价投资方式转化科技成果获得的股权收入奖励个人和留归单位分配情况

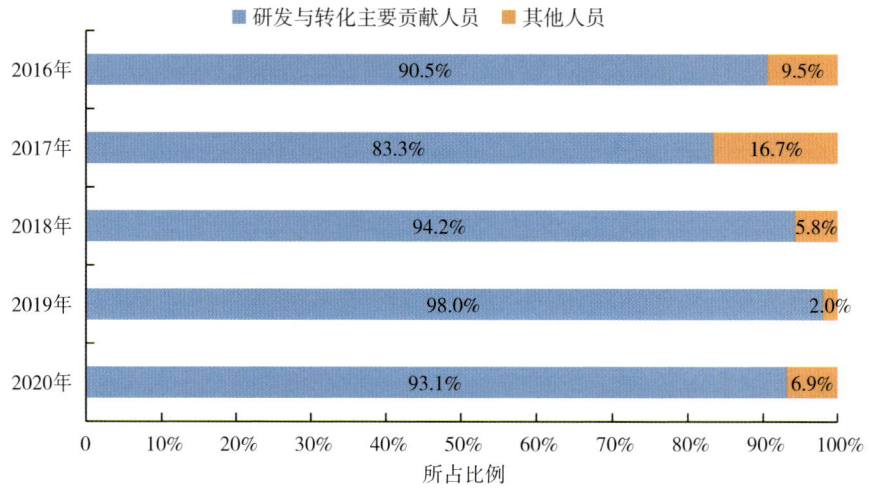

图 2-4-29　地方所属高等院校以作价投资方式转化科技成果获得的股权收入奖励个人分配情况

第二篇
第四章 以转让、许可、作价投资方式转化科技成果收入的奖励分配情况

四、地区收入的奖励分配

按高等院校所在地区统计，2020年地方辖区内的高等院校以转让、许可、作价投资方式转化科技成果获得的现金和股权收入金额排名居前3的地方分别是北京市（13.8亿元）、湖南省（6.1亿元）、江苏省（3.5亿元）；辖区内的高等院校以转让、许可、作价投资方式转化科技成果获得的现金和股权奖励个人金额排名居前3位的地方分别是北京市（8.7亿元）、湖南省（4.7亿元）、广东省（2.5亿元）（图2-4-30）；奖励研发与转化主要贡献人员金额排名居前3位的地方分别是北京市（8.7亿元）、湖南省（4.7亿元）、广东省（2.4亿元）；奖励人次排名居前3位的地方分别是江苏省（6426人次）、浙江省（4858人次）、北京市（2656人次）。

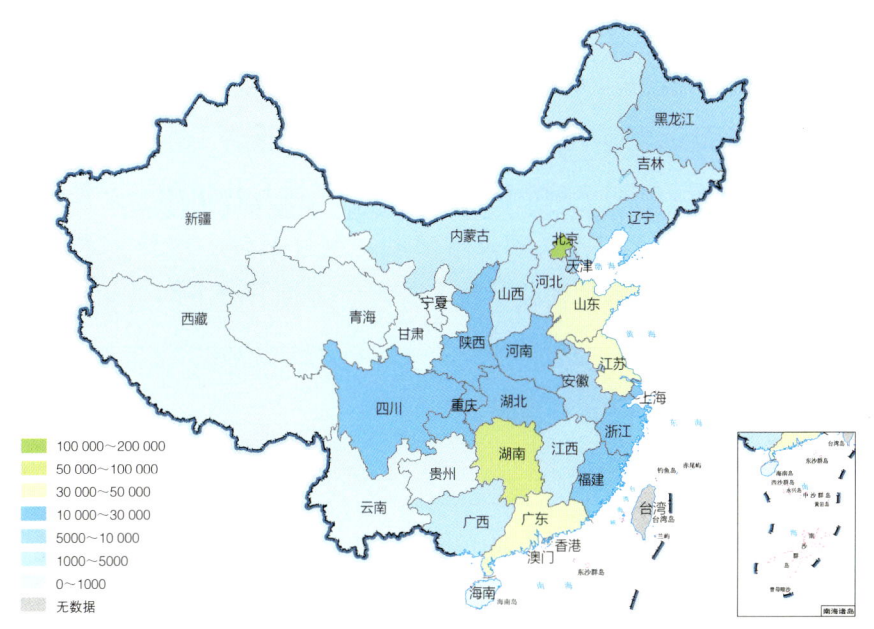

图2-4-30 地方辖区内高等院校以转让、许可、作价投资方式转化科技成果获得现金和股权收入奖励个人金额分布情况（单位：万元）

第五章
以技术开发、咨询、服务方式转化科技成果的情况

《实施〈中华人民共和国促进科技成果转化法〉若干规定》指出，国家设立的研究开发机构、高等院校按照规定格式报送的科技成果转化年度报告中，应包括签订的技术开发合同、技术咨询合同、技术服务合同等产学研合作情况。《科技部办公厅 财政部办公厅关于研究开发机构和高等院校报送 2020 年度科技成果转化年度报告工作有关事项的通知》（国科办区〔2021〕120 号）规定，产学研合作情况主要是指技术开发、咨询、服务 3 种方式的技术活动。统计发现，1433 家高等院校输出技术、服务能力不断强化，技术开发、咨询、服务数量和质量稳步提升。

一、基本情况

技术开发、咨询、服务合同项数略有增长，合同项数占"整体[①]"

[①] "整体"指以转让、许可、作价投资和技术开发、咨询、服务方式转化的科技成果的整体情况。

第五章 以技术开发、咨询、服务方式转化科技成果的情况

合同总项数的比重超九成。2020年,技术开发、咨询、服务合同项数204 736项,比上一年增长7.1%,占"整体"合同总项数的比重为92.3%(2019年占比为94.3%)(图2-5-1)。

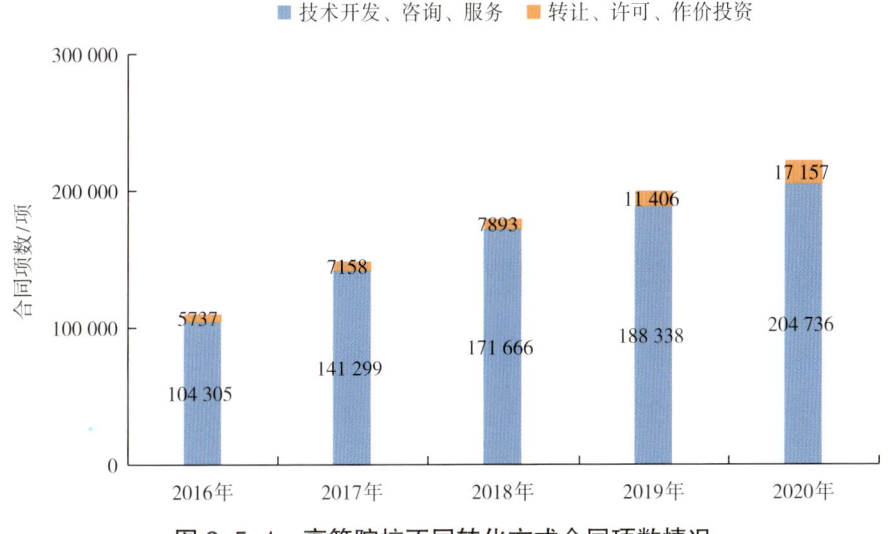

图2-5-1 高等院校不同转化方式合同项数情况

技术开发、咨询、服务合同金额略有增长,占"整体"合同总金额的比重超过85%。2020年,技术开发、咨询、服务合同金额为712.3亿元,比上一年增长7.8%,占"整体"合同总金额的86.2%(2019年占比为89.8%)(图2-5-2)。

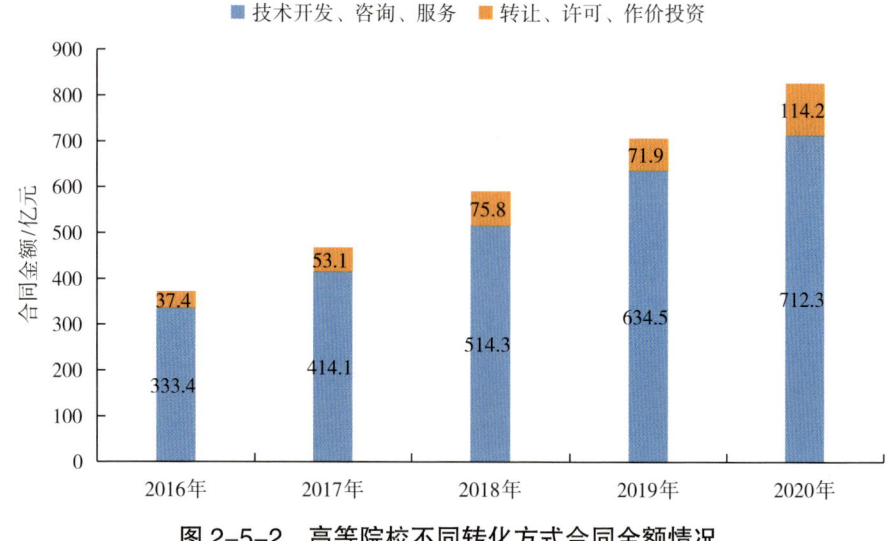

图 2-5-2　高等院校不同转化方式合同金额情况

以技术开发、咨询、服务方式转化科技成果平均合同金额比上一年略有增长。1433家高等院校以技术开发、咨询、服务方式转化科技成果的平均合同金额为34.8万元，比上一年增长0.7%（表2-5-1）。

表 2-5-1　高等院校技术开发、咨询、服务方式转化科技成果合同金额区间分布分析情况

合同金额区间	合同项数/项	合同项数占比	合同金额小计/万元	合同金额占比
1亿元（含）以上	7	0.003%	114 000.00	1.6%
1000万（含）~1亿元	343	0.2%	608 750.02	8.5%
100万（含）~1000万元	10 836	5.3%	2 182 778.21	30.6%
100万元以下	193 550	94.5%	4 217 204.45	59.2%
总计	204 736	100%	7 122 732.68	100%

2020年，技术开发、咨询、服务合同金额超过10亿元的高等院校中排名居前3位的分别是北京理工大学（25.4亿元）、浙江大

第五章 以技术开发、咨询、服务方式转化科技成果的情况

学（24.1亿元）、清华大学（21.7亿元）。2020年，北京理工大学签订的以技术开发、咨询、服务方式转化科技成果的合同中，合同金额超过1000万元的合同有10项，其中"地面车辆动力××平台"合同金额3849.3万元（表2-5-2）。

2020年，技术开发、咨询、服务合同当年到账金额共计517.4亿元，占当年签订技术开发、咨询、服务合同总金额的72.6%。其中，中央所属高等院校当年到账金额为315.1亿元，地方所属高等院校当年到账金额为202.3亿元。

2020年，技术开发、咨询、服务合同科技成果单项合同金额超过1亿元的合同有7项，超过5000万元的有14项，超过1000万元的有329项。

表2-5-2 以技术开发、咨询、服务方式转化科技成果合同金额超过1亿元的成果

序号	成果名称	合同金额/万元	高等院校名称
1	中新国际联合研究院深化产学研合作协议	30 000.00	华南理工大学
2	局部麻醉药LL-50的临床前研究	20 000.00	四川大学
3	北大-华润生命科学分子工程与转化医学联合实验室	15 000.00	北京大学
4	硼中子俘获肿瘤治疗装置（AB-BNCT）	15 000.00	兰州大学
5	北京大学潍坊市人民政府北京大学现代农业研究院深化合作专项协议	14 000.00	北京大学
6	能源安全技术专项	10 000.00	西安交通大学
7	重组新城疫病毒、传染性支气管炎病毒二联活疫苗（A-NDV-LX/4株+QXL120株）研制	10 000.00	扬州大学
	合计/万元	114 000.00	
	占全国技术开发、咨询、服务转化合同总金额的比重	1.1%	
	占全国高等院校技术开发、咨询、服务转化合同总金额的比重	1.6%	

二、中央所属高等院校以技术开发、咨询、服务方式转化科技成果

中央所属高等院校技术开发、咨询、服务合同项数、合同金额均略有增长。2020年，101家中央所属高等院校签订的技术开发、咨询、服务合同金额为424.4亿元，比上一年增长7.8%；合同项数为80 620项，比上一年增长3.5%（图2-5-3）。

图2-5-3　中央所属高等院校以技术开发、咨询、服务方式转化科技成果情况

三、地方所属高等院校以技术开发、咨询、服务方式转化科技成果

（一）以技术开发、咨询、服务方式转化科技成果概况

地方所属高等院校的技术开发、咨询、服务合同项数、合同金额均略有增长。2020年，1332家各省、直辖市、自治区所属高等院校签订

第五章 以技术开发、咨询、服务方式转化科技成果的情况

的技术开发、咨询、服务合同项数共 124 116 项，比上一年增长 9.6%，合同金额共 287.8 亿元，比上一年增长 7.9%（图 2-5-4）。

图 2-5-4 地方所属高等院校以技术开发、咨询、服务方式转化科技成果情况

（二）各地方以技术开发、咨询、服务方式转化科技成果

2020 年，地方所属高等院校签订的技术开发、咨询、服务合同总项数排名居前 3 位的地方分别是江苏省（14 396 项）、浙江省（12 615 项）、河北省（9374 项），合同总金额排名居前 3 位的地方分别是江苏省（42.9 亿元）、浙江省（25.7 亿元）、山东省（20.0 亿元）（图 2-5-5、图 2-5-6）。江苏大学以技术开发、咨询、服务方式转化科技成果合同金额达 9.4 亿元，在所有地方所属高等院系中居首位。

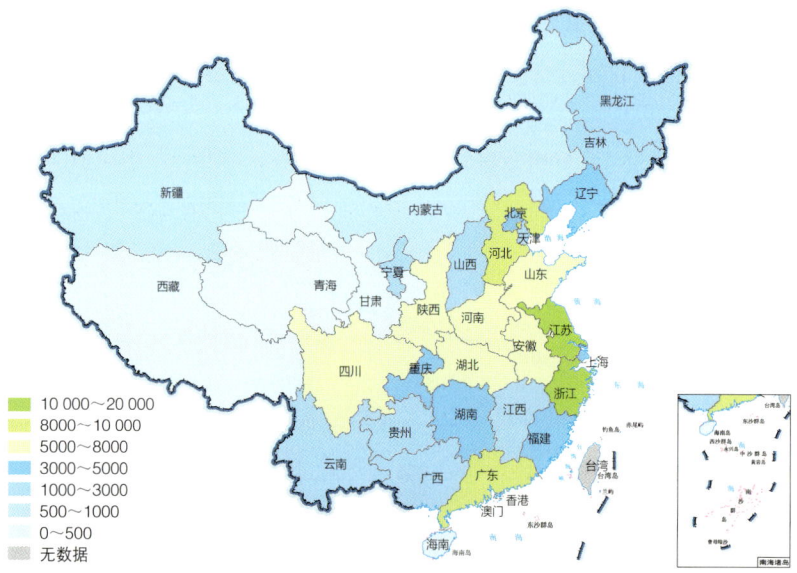

图 2-5-5 地方所属高等院校以技术开发、咨询、服务方式转化科技成果合同项数分布情况（单位：项）

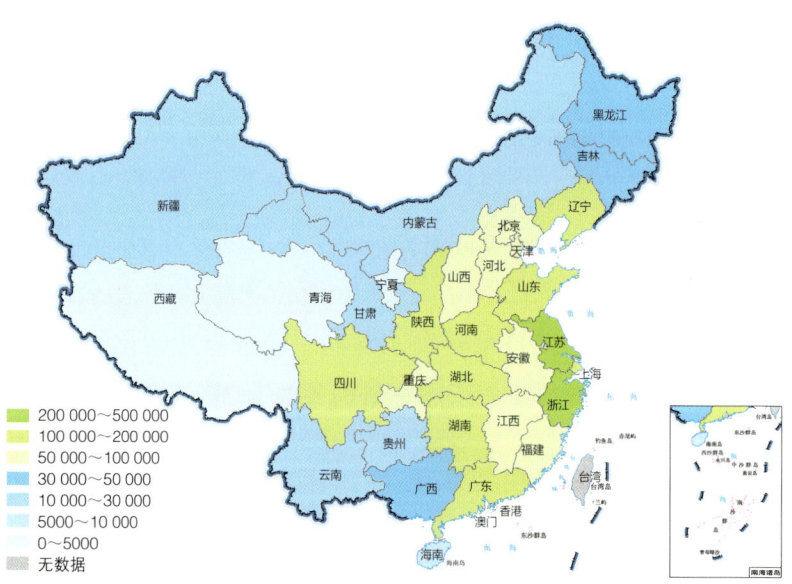

图 2-5-6 地方所属高等院校以技术开发、咨询、服务方式转化科技成果合同金额分布情况（单位：万元）

第二篇
第五章 以技术开发、咨询、服务方式转化科技成果的情况

四、地区以技术开发、咨询、服务方式转化科技成果

按照高等院校所在辖区统计，2020年全国31个省、自治区、直辖市辖区内的高等院校签订的以技术开发、咨询、服务方式转化科技成果合同项数排名居前3位的地方分别是江苏省（26 749项）、北京市（20 581项）、浙江省（15 914项）；合同金额排名居前3位的地方分别是北京市（117.3亿元）、江苏省（97.7亿元）、上海市（49.8亿元）（图2-5-7、图2-5-8）。

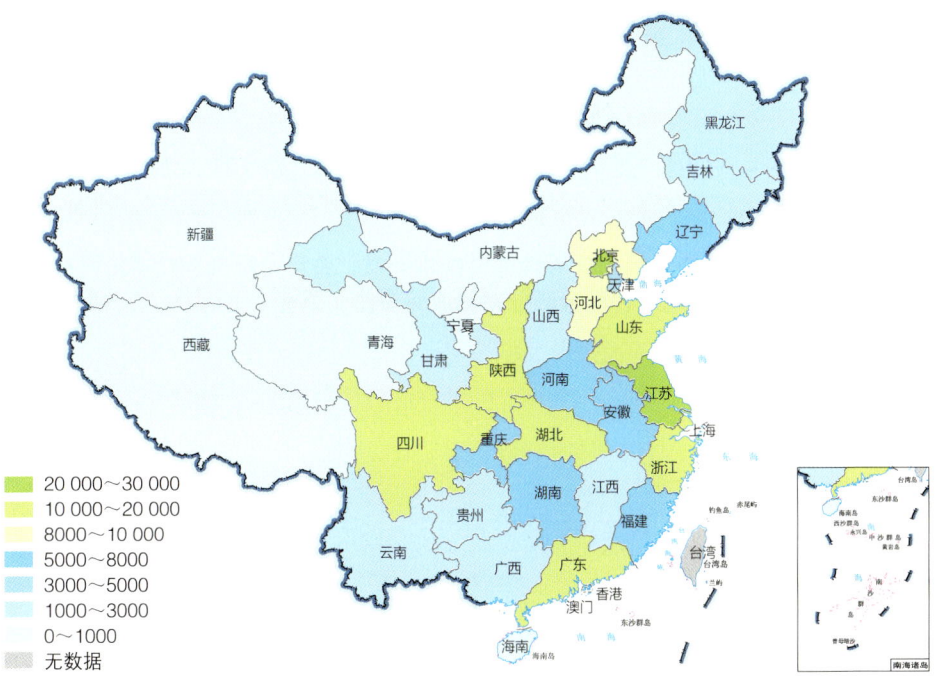

图2-5-7 各地方辖区内高等院校以技术开发、咨询、服务方式转化科技成果合同项数分布情况（单位：项）

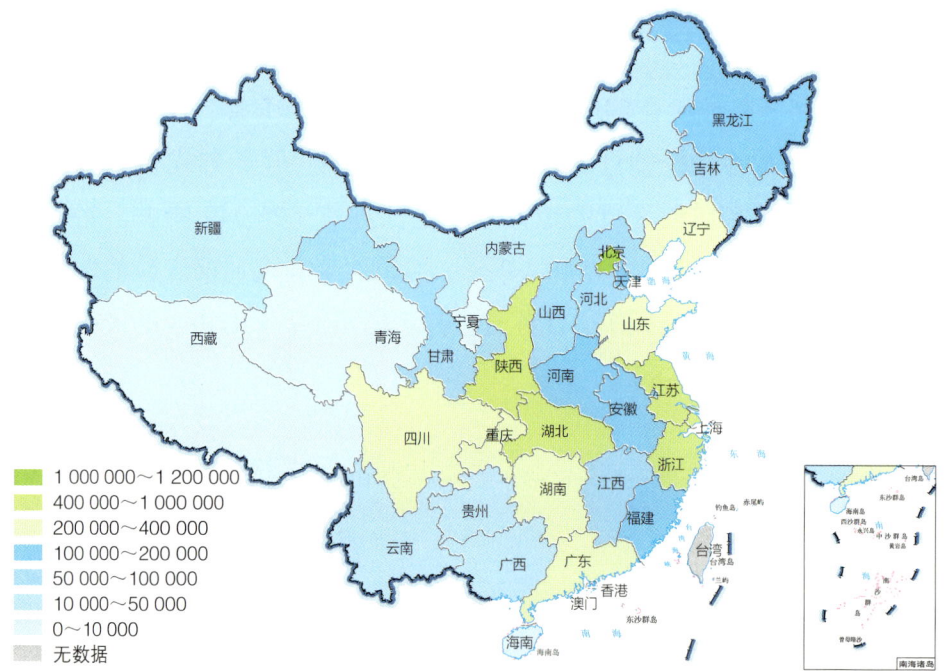

图 2-5-8 各地方辖区内高等院校以技术开发、咨询、服务方式转化科技成果合同金额分布情况（单位：万元）

第六章
兼职及离岗创业和创设参股新公司

统计数据显示，高等院校兼职从事科技成果转化和离岗创业人员数量略有降低，创设和参股新公司的数量显著增长，为促进科技成果的转移转化发挥了重要作用。

一、兼职及离岗创业人员

兼职从事科技成果转化和离岗创业人员数量略有降低。2020年，1433家高等院校兼职从事成果转化和离岗创业人员数量为9999人，比上一年下降7.2%。其中，101家中央所属高等院校兼职人员从事科技成果转化和离岗创业人员数量为2302人，比上一年增长3.0%。1332家地方所属高等院校兼职从事科技成果转化和离岗创业人员数量为7697人，比上一年下降10.0%（图2-6-1）。平均每家高等院校兼职从事科技成果转化和离岗创业人员数量为7.0人，其中中央所属高等院校为22.8人，地方所属高等院校为5.8人。

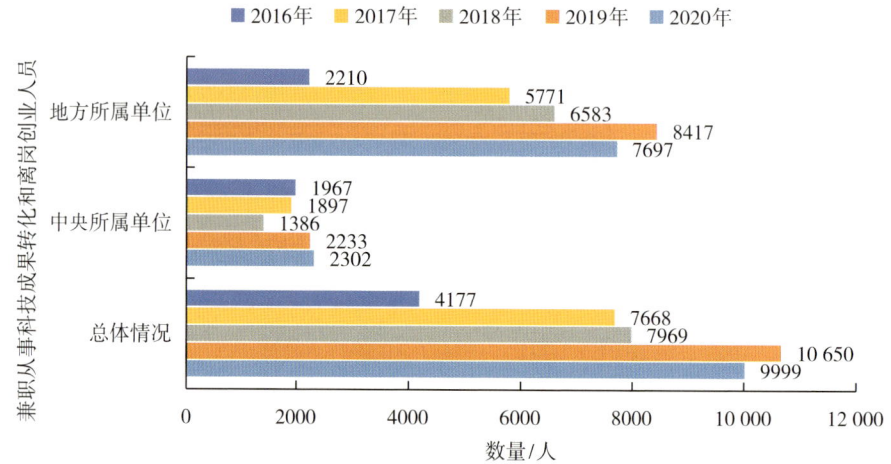

图 2-6-1　高等院校兼职从事科技成果转化和离岗创业人员情况

二、创设和参股新公司[①]

科技成果转移转化相关协议签订后,科技成果的技术支持和顺利产业化是科技成果转移转化成功与否的关键。很多高等院校在转化科技成果后,通过创设和参股新公司的方式,进一步支持、服务科技成果产业化的后续工作,尤其是以作价投资方式转化科技成果的单位,往往成为新成立公司的股东。因此,对创设和参股新公司的统计分析,有助于更全面地了解科技成果转化成效。

创设和参股新公司数量显著增长。其中,中央和地方所属高等院校创设和参股新公司的数量均显著增长。2020年,1433家高等院校创设和参股新公司数量为1823家,比上一年增长46.1%。其中,中央所属高等院校创设和参股新公司数量为480家,比上一年增长43.0%;地方所属高等院校创设和参股新公司数量为1343家,比上一年增长47.2%

---

① 创设和参股新公司数量为到当年为止的累计数量。

（图 2-6-2）。1433 家高等院校平均创设和参股新公司 1.3 家，中央所属高等院校平均创建 4.8 家，地方所属高等院校平均创建 1.0 家。

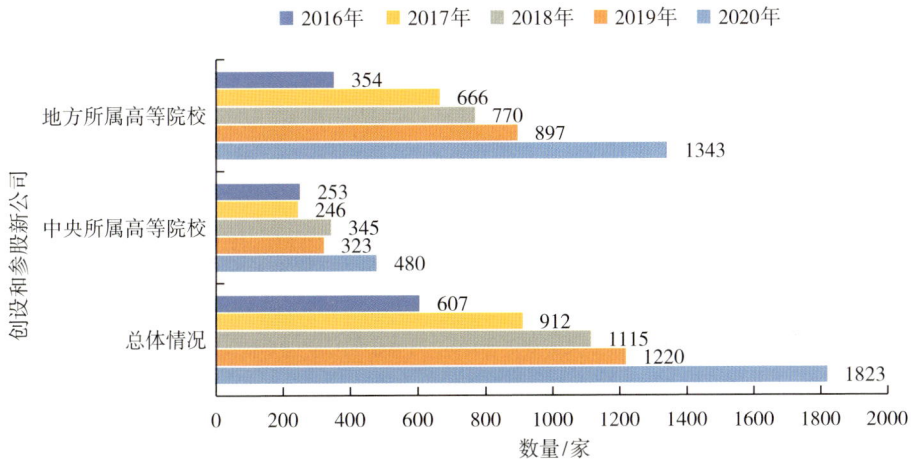

图 2-6-2　高等院校创设和参股新公司情况

第七章
技术转移机构建设

统计发现,部分高等院校专门成立了适合自身特点的技术转移机构,科技成果转移转化不断趋向专业化。高等院校与企业共建的研发机构、转移机构和服务平台的数量快速增加,不断吸纳聚合各方资源助力科技成果转移转化。

一、高等院校技术转移机构及人才建设

(一)技术转移机构

自建从事科技成果转移转化机构的高等院校数量占高等院校总数的比重有所增长。562家高等院校自建了技术转移机构,占高等院校总数(1433家)的39.2%(图2-7-1),比上一年增长19.4%。这562家高等院校共自建了1630家技术转移机构,比上一年增长19.6%。

第二篇 第七章 技术转移机构建设

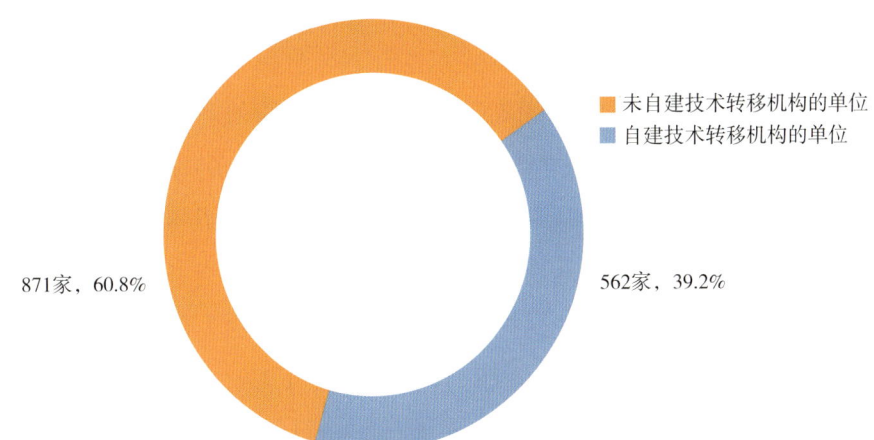

871家，60.8%　　　　　　　562家，39.2%

■ 未自建技术转移机构的单位
■ 自建技术转移机构的单位

图 2-7-1　高等院校自建技术转移机构的高等院校数量情况

高等院校与市场化技术转移机构合作开展科技成果转化的情况日益活跃。与市场化技术转移机构合作开展科技成果转化的高等院校数量为503家，比上一年增长8.0%，占高等院校总数的35.1%（图2-7-2）。这503家高等院校共与1839家市场化技术转移机构合作开展科技成果转化活动，比上一年增长8.1%。

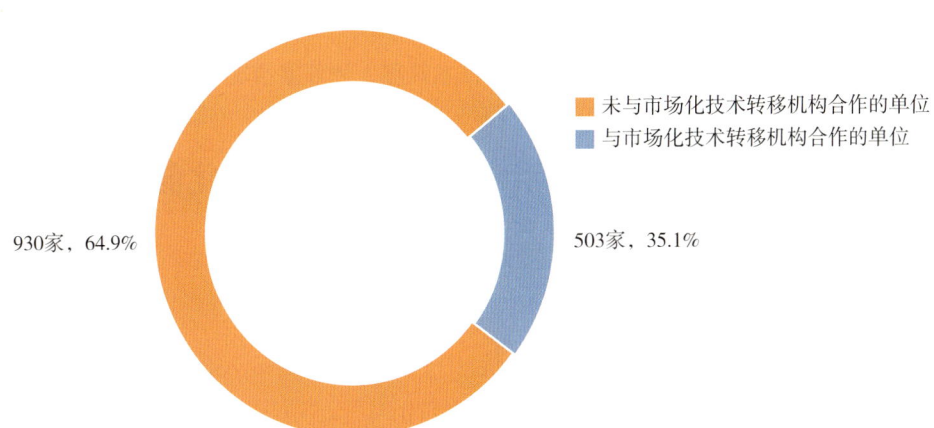

930家，64.9%　　　　　　　503家，35.1%

■ 未与市场化技术转移机构合作的单位
■ 与市场化技术转移机构合作的单位

图 2-7-2　高等院校与市场化技术转移机构合作的高等院校数量情况

（二）技术转移人员

填报技术转移人员信息的高等院校数量占填报高等院校总数的近六成。根据 1433 家高等院校的科技成果转化年度报告的填报信息显示，填报从事科技成果转移转化工作人员数量的高等院校共 847 家，仅占填报高等院校总数的 59.1%，反映出各高等院校普遍缺乏技术转移人才。这 847 家高等院校中，从事科技成果转移转化工作的人员共 16 496 人，其中专职工作人员 6497 人，兼职工作人员 9999 人；平均每家高等院校拥有专职工作人员 7.7 人、兼职工作人员 11.8 人（图 2-7-3）。

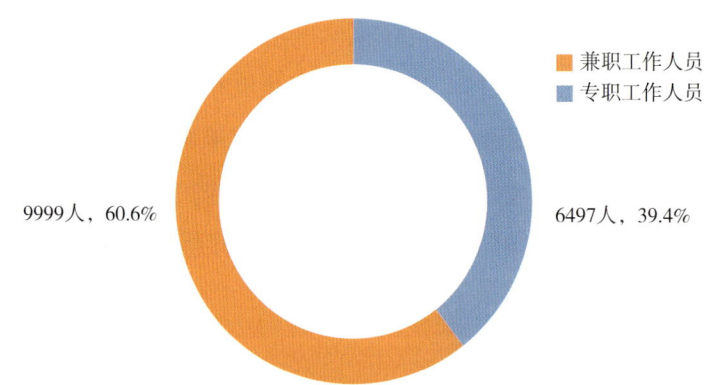

图 2-7-3　高等院校技术转移人才数量情况

二、与企业共建研发机构、转移机构、转化服务平台

高等院校与企业共建研发机构、转移机构和服务平台的数量略有增长。2020 年，1433 家高等院校中的 729 家与企业共建研发机构、转移机构、转化服务平台总数为 10 038 家，比上一年增长 6.3%，对促进科技成果和科技研发供需的有效对接发挥了重要作用。中央所属高等院校与企业共建研发机构、转移机构、转化服务平台总数为 2782 家，比上一年增

长1.9%；地方所属高等院校与企业共建研发机构、转移机构、转化服务平台总数为7256家，比上一年增长8.1%（图2-7-4）。1433家高等院校平均创建机构和平台7.0家，中央所属高等院校平均创建27.5家，地方所属高等院校平均创建5.4家。

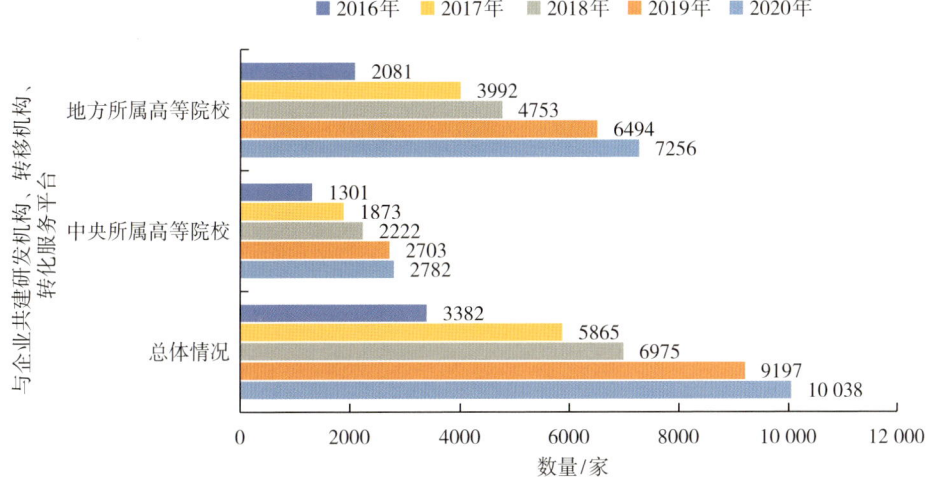

图2-7-4　高等院校与企业共建研发机构、转移机构、转化服务平台情况

三、技术转移机构发挥作用

统计发现，五成以上高等院校认为技术转移机构在科技成果转化过程中发挥重要作用。1433家高等院校中51.4%（共737家）认为技术转移机构在科技成果转移转化过程中发挥重要作用，18.5%（共265家）认为技术转移机构在科技成果转移转化过程中发挥的作用一般，9.3%（共133家）认为技术转移机构在科技成果转移转化过程中发挥的作用很小，20.8%（共298家）认为技术转移机构在科技成果转移转化过程中基本未发挥作用（图2-7-5）。

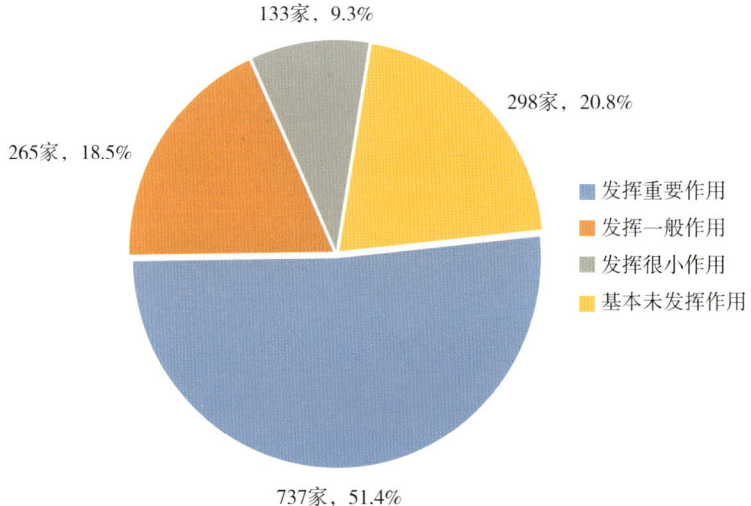

图 2-7-5 高等院校技术转移机构在科技成果转移
转化过程中发挥作用情况

高等院校自建技术转移机构在科技成果转移转化过程中发挥的作用相比 2019 年有所增加。562 家自建有技术转移机构的高等院校中,认为自建的技术转移机构在科技成果转移转化过程中发挥重要作用的占 76.2%(428 家),认为发挥一般作用的占 15.8%(89 家),认为发挥很少作用的占 5.9%(33 家),认为未发挥作用的占 2.1%(12 家)(图 2-7-6),反映出各高等院校从事科技成果转移转化的机构服务能力有待提高。

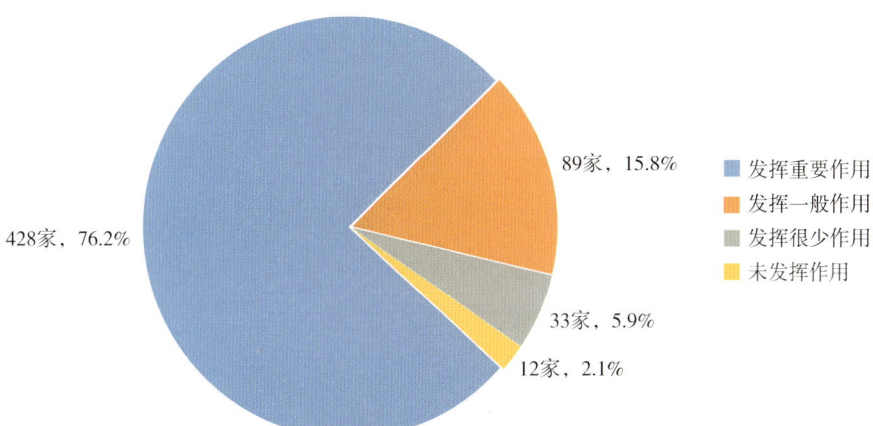

图 2-7-6 高等院校自建技术转移机构在本高等院校科技成果转移转化过程中发挥作用情况

第三篇

科研院所

第一章
概　况

本篇对 2020 年 2121 家科研院所（包括中央所属科研院所 453 家和地方所属科研院所 1668 家）的科技成果转化进展和成效进行研究分析[①]。2020 年，科研院所科技成果转化总体进展主要数据如表 3-1-1 所示。

---

① 本篇涉及各维度总数分别指 2020 年 2121 家、2019 年 2068 家、2018 年 1962 家、2017 年 2159 家、2016 年 1665 家相对应总数；
比上一年变化率说明：报告中涉及"比上一年变化率"的统计口径是同时填报了 2020 年和 2019 年年度报告的 1725 家单位相应数据。
部分数据更正说明：2020 年年度报告在数据核对过程中发现，部分单位的单位性质及个别数据有误，联系填报单位进行更正，因此 2020 年年度报告中显示的 2016—2019 年个别数据会与往年已发布报告中的相应数据略有变化。

表 3-1-1　2020 年科研院所科技成果转化总体进展主要数据

指标名称		2020 年	比上一年变化率
总体概况	总合同项数 / 项	244 989	3.8%
	总合同金额 / 万元	429 5945.3	12.0%
	当年到账金额[①] / 万元	268 4226.6	/[②]
	平均合同金额 / 万元	17.5	7.9%
以转让、许可、作价投资方式转化科技成果	合同项数 / 项	3820	7.9%
	合同金额 / 万元	884 146.6	8.9%
	当年到账金额 / 万元	287 296.0	16.1%
	财政资助项目产生的科技成果转化合同金额 / 万元	328 399.0	22.4%
	中央财政资助项目产生的科技成果转化合同金额 / 万元	292 836.3	24.5%
	平均合同金额 / 万元	231.5	0.9%
	单项科技成果转化合同金额超过 1 亿元（含）的成果 / 项	16	0.0%
	个人获得的现金和股权奖励金额 / 万元	209 242.5	3.6%
	奖励人次 / 万人次	3.4	−20.9%
	人均奖励金额 / 万元	6.2	31.0%
以技术开发、咨询、服务方式转化科技成果	合同项数 / 项	241 169	3.7%
	合同金额 / 万元	3 411 798.7	12.9%
	当年到账金额 / 万元	2 396 930.5	/

① "当年到账金额"为当年新签订和往年签订的合同在当年实际到账的总金额。
② "/"处数据说明：因为 2020 年首次填报"技术开发、咨询、服务当年到账金额"，往年无该指标数据，因此，无法计算。

续表

指标名称		2020年	比上一年变化率
其他	与企业共建研发机构、转移机构、转化服务平台数量/家	1645	0.7%
	创设和参股新公司[①]/家	985	3.6%
	兼职从事成果转化和离岗创业人员数量/人	4044	11.1%

总体来看，随着我国促进科技成果转化系列政策法规的逐步落实，各科研院所科技成果转化已进入平稳发展阶段。

一、科技成果转化规模

本报告统计的以转让、许可、作价投资和技术开发、咨询、服务[②]方式转化科技成果的合同项数略有增长[③]、合同金额均有所增长。2020年，2121家科研院所以转让、许可、作价投资和技术开发、咨询、服务方式转化科技成果的合同项数为244 989项，其中连续填报的1725家科研院所的合同项数比上一年增长3.8%；合同金额为429.6亿元，比上一年增长12.0%（图3-1-1）；当年到账金额为268.4亿元。以转让、

---

① 创设和参股新公司：研究开发机构、高等院校及其科技人员可以采取多种方式转化高新技术成果，创办高新技术企业和参股新公司。详见附录33名词解释21。
② 技术开发、咨询、服务：原指产学研合作（技术开发、技术咨询、技术服务）。
③ 本报告中增长率对应表述为：0表示与上一年基本持平；0（不含）~10%表示略有增长；10%（含）~20%表示有所增长；20%（含）~40%表示明显增长；40%（含）~60%表示显著增长；60%（含）~100%表示大幅增长；100%（含）以上，按"约增长××倍"表述，保留1位小数；减少的情况按类似规则修改为××降低。

许可、作价投资和技术开发、咨询、服务方式转化科技成果超过1亿元的科研院所数量为108家，比上一年增长8.6%。

图3-1-1 科研院所以转让、许可、作价投资和技术开发、咨询、服务方式转化科技成果基本情况

中央所属科研院所转化的合同项数略有降低、合同金额有所增长；地方所属科研院所转化的合同项数、合同金额略有增长。中央所属科研院所转化的合同项数为44 482项，比上一年下降1.2%，占整体的比重为18.2%；合同金额为293.5亿元，比上一年增长14.8%，占整体的比重为68.3%。地方所属科研院所转化的合同项数为200 507项，比上一年增长4.9%，占整体的比重为81.8%；合同金额为136.1亿元，比上一年增长6.1%，占整体情况的比重为31.7%。

按照填报单位所在地区统计，以转让、许可、作价投资和技术开发、咨询、服务方式转化科技成果的合同项数排名居前3位的地方（包含中央所属和地方所属的科研院所）分别为广东省（122 297项）、北京市

（23 507 项）、浙江省（15 975 项）；合同金额排名居前 3 位的地方[①]分别为北京市（131.0 亿元）、广东省（44.8 亿元）、上海市（42.2 亿元）。

二、不同转化方式相关情况

1. 以转让、许可、作价投资方式转化科技成果的情况

一是以转让、许可、作价投资方式转化科技成果的合同项数、合同金额略有增长，当年到账金额有所增长。2020 年，2121 家科研院所以转让、许可、作价投资方式转化科技成果的合同项数为 3820 项，其中连续填报的 1725 家科研院所的合同项数比上一年增长 7.9%，合同总金额为 88.4 亿元，比上一年增长 8.9%。当年到账金额达 28.7 亿元，比上一年增长 16.1%，占当年签订合同总金额的 32.5%。二是转化合同总金额超过 1 亿元的科研院所数量保持在 20 家左右。以转让、许可、作价投资方式转化科技成果合同总金额超过 1 亿元的科研院所有 18 家，比上一年增长 6.2%。三是财政资助项目产生的科技成果转化合同项数、金额均有明显增长。财政资助项目产生的科技成果以转让、许可、作价投资方式转化合同的项数为 1175 项，比上一年增长 24%；合同金额为 32.8 亿元，比上一年增长 22.4%。其中，中央财政资助项目产生的科技成果以转让、许可、作价投资方式转化的合同项数为 693 项，比上一年增长 40.5%；合同金额为 29.3 亿元，比上一年增长 24.5%。

2. 技术开发、咨询、服务方式转化科技成果的情况

一是科研院所以技术开发、咨询、服务方式转化合同项数略有增长，合同金额有所增长。2020 年，科研院所以技术开发、咨询、服务方式

---

① 2020 年地方辖区内的科研院所以转让、许可、作价投资和技术开发、咨询、服务方式转化科技成果的合同金额排名详见附录 29。

转化合同项数为 241 169 项，比上一年增长 3.7%；合同金额为 341.2 亿元，比上一年增长 12.9%，占合同总金额的 79.4%。科研院所以技术开发、咨询、服务方式转化合同金额超过 10 亿元的科研院所仅 1 家。二是科研院所与企业共建成果转化平台数量、创设和参股新公司数量均略有增长。2020 年科研院所与企业共建研发机构、转移机构、转化服务平台总数为 1645 家，比上一年增长 0.7%。创设和参股新公司 985 家，比上一年增长 3.6%。三是科研院所兼职从事科技成果转化和离岗创业人员有所增长，科研院所兼职从事成果转化和离岗创业人员数量为 4044 人，比上一年增长 11.1%。

三、科技成果转化交易金额

科研院所以转让、许可、作价投资和技术开发、咨询、服务方式转化科技成果的平均合同金额略有增长。以转让、许可、作价投资和技术开发、咨询、服务方式转化科技成果的平均合同金额[①] 为 17.5 万元，比上一年增长 7.9%。以转让、许可、作价投资方式转化科技成果的平均合同金额 231.5 万元，比上一年增长 0.9%。2020 年以转让方式转化科技成果平均合同金额 209.7 万元，比上一年增长 14.5%；以许可方式转化科技成果平均合同金额 120.4 万元，比上一年下降 14.2%；以作价投资方式转化科技成果平均合同金额 1632.0 万元，比上一年增长 25.5%。其中，以作价投资方式转化科技成果平均合同金额是转让方式平均合同金额的 7.8 倍，是许可方式平均合同金额的 13.6 倍。以技术开发、咨询、服务方式转化科技成果平均合同金额略有增长。2020 年以技术开发、咨询、服务方式转化科技成果平均合同金额为 14.1 万元，比上一年增

---

① 不同行业领域科技成果的经济价值不同，因此文中所述平均合同金额只是客观统计的结果，不代表所有科技成果的平均合同金额。

长 8.8%。以转让、许可、作价投资和技术开发、咨询、服务方式转化合同金额超过 1 亿元项目数有所增长。2020 年单项科技成果转化合同金额超过 1 亿元的成果有 19 项，比上一年增长 5.9%；超过 5000 万元的有 45 项，比上一年下降 8.5%；超过 1000 万元的有 378 项，比上一年增长 13.3%。

四、以转让、许可、作价投资方式转化科技成果获得的奖励

一是现金和股权奖励总金额略有增长。2020 年个人获得的现金和股权奖励金额达 20.9 亿元，比上一年增长 3.6%，其中以转让、许可方式转化科技成果的现金奖励个人金额为 9.7 亿元，比上一年下降 33.9%；以作价投资方式转化科技成果的股权奖励个人金额为 11.2 亿元，比上一年增长 80.2%。二是科研院所研发与转化主要贡献人员以转让、许可、作价投资方式转化科技成果获得的奖励金额有所增长。研发与转化主要贡献人员获得的现金和股权奖励总金额达 19.8 亿元，比上一年增长 17.2%，占奖励个人总金额（20.9 亿元）的比重达到 94.6%。三是奖励人次明显下降、人均奖励金额明显增长。现金和股权奖励个人 3.4 万人次，比上一年下降 20.9%，人均奖励金额 6.2 万元，比上一年增长 31%。

五、以转让、许可、作价投资方式转化科技成果流向

一是科技成果超四成转化至制造业领域（以合同金额计，下同）。以转让、许可、作价投资方式转化的科技成果转化至制造业的合同金额为 38.5 亿元，占合同总金额的 43.5%。二是科技成果近六成转化至中小

微其他企业[1]。转化至中小微其他企业的合同金额为 50.3 亿元，占合同总金额的 56.9%。三是东部地区是科技成果的主要产生地和承接地。科技成果产出合同金额排名居前 3 位的地方[2]分别是北京市、上海市、辽宁省；承接科技成果转化合同金额排名居前 3 位的地方是上海市、山东省、广东省。

---

[1] 详见附录 33 名词解释 22。
[2] 详见附录 30 2020 年地方辖区内的科研院所以转让、许可、作价投资方式转化科技成果的合同金额排名。

第二章
以转让、许可、作价投资方式转化科技成果的情况

本篇涉及的 2121 家科研院所中，从隶属关系来看，中央所属科研院所共 453 家（占 21.4%），地方所属科研院所共 1668 家（占 78.6%）（图 3-2-1）。从区域分布看，2121 家科研院所在东部、中部、西部、东北 4 个区域的分布情况为东部地区 1102 家（占 52.0%）、中部地区 438 家（占 20.6%）、西部地区 443 家（占 20.9%）、东北地区 138 家（占 6.5%）。

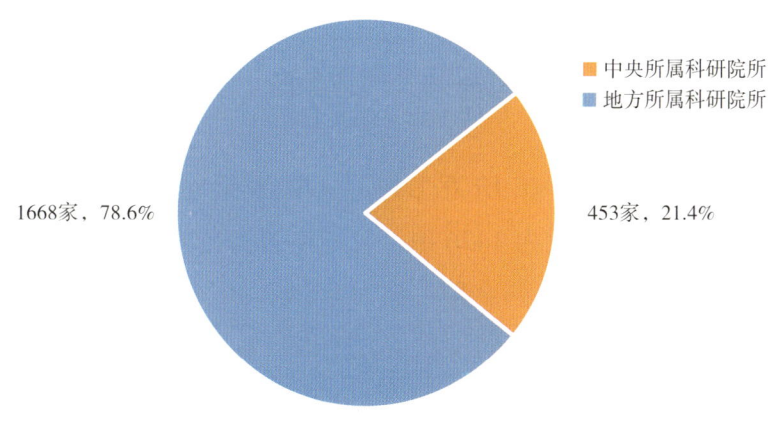

图 3-2-1　科研院所分布情况

一、基本情况

科技成果转化活动日益活跃，以转让、许可、作价投资方式转化科技成果的合同项数、合同金额略有增长。2020年，2121家科研院所以转让、许可、作价投资方式转化科技成果的合同项数为3820项，比上一年增长7.9%；合同金额达88.4亿元，比上一年增长8.9%（图3-2-2）。

图3-2-2 科研院所以转让、许可、作价投资方式转化科技成果基本情况

科技成果转化平均合同金额比上一年略有增长。2121家科研院所以转让、许可、作价投资方式转化科技成果的平均合同金额为231.5万元，比上一年增长0.9%。其中394项合同金额高于平均合同金额，占合同总项数的10.3%。

单项合同金额集中在10万（含）~1000万元。单项合同金额在10万元以下的合同项数为1426项，合同项数占比为37.3%，该区间的合同金额为0.5亿元，合同金额占比为0.6%；10万（含）~1000万元的合同项数为2256项，合同项数占比为59.1%，该区间的合同金额为21.9亿元，合同金额占比为24.7%；1000万及以上的合同项数为138项，合同项数占比为3.6%，该区间的合同金额为66.1亿元，合同金额占比

第二章 以转让、许可、作价投资方式转化科技成果的情况

为 74.7%。总体上，100 万元及以上的合同项数占比累计为 20.5%，合同金额占比达 93.8%，占合同总金额的九成以上（表 3-2-1、图 3-2-3）。

表 3-2-1 科研院所以转让、许可、作价投资方式转化科技成果的合同金额区间分布情况

合同金额区间	合同项数/项	合同项数占比	合同金额小计/万元	合同金额占比
1 亿元及以上	16	0.4%	369 000.0	41.7%
1000 万（含）~1 亿元	122	3.2%	291 757.9	33.0%
100 万（含）~1000 万元	646	16.9%	169 093.3	19.1%
10 万（含）~100 万元	1610	42.1%	49 409.1	5.6%
10 万元以下	1426	37.3%	4886.3	0.6%
总计	3820	100%	884 146.6	100%

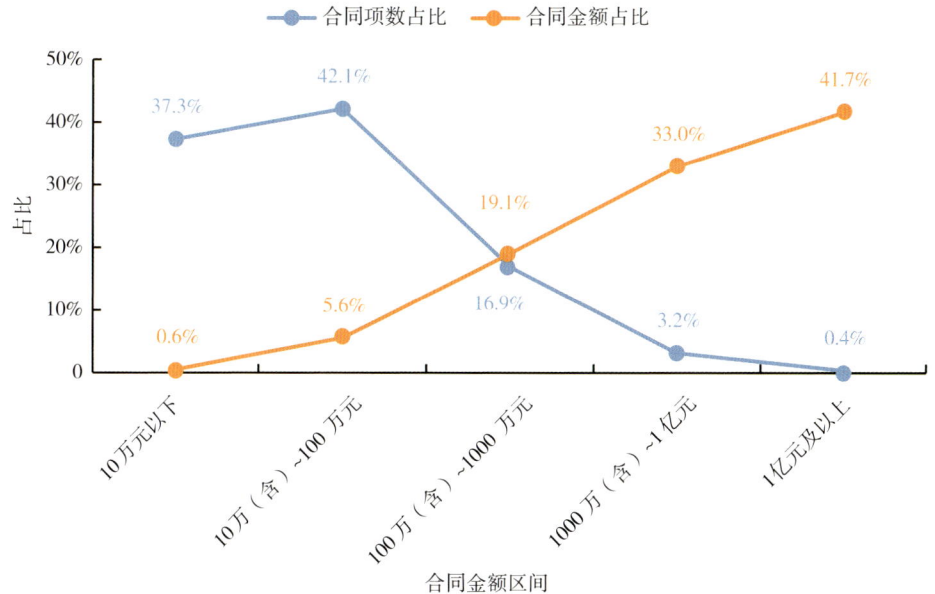

图 3-2-3 科研院所以转让、许可、作价投资方式转化科技成果的合同项数、合同金额占比分布情况

科技成果转化合同金额超过1亿元的科研院所数量有所增长。2020年签订的以转让、许可、作价投资方式转化科技成果合同金额超过1亿元的科研院所数量为18家，比上一年增长12.5%；超过1000万元的科研院所有107家，这107家科研院所的合同金额占2121家科研院所合同总金额的91.4%。

统计显示①，2020年科研院所以转让、许可方式转化科技成果合同的当年到账金额共计28.7亿元，比上一年增长16.1%，占当年签订合同总金额的32.5%。其中，中央所属科研院所以转让、许可方式转化科技成果的当年到账金额为16.5亿元，比上一年增长31.1%；地方所属科研院所以转让、许可方式转化科技成果的当年到账金额为12.3亿元，比上一年下降1.3%（图3-2-4）。

图3-2-4　科研院所以转让、许可方式转化科技成果的当年到账合同金额

---

① 由于科技成果转化合同中对执行方式和执行周期的具体约定不同，部分转让、许可方式的转化合同金额会按执行进展分阶段拨付，通常情况下科研院所会基于当年实际到账金额实施奖励。因此，为了能够更加准确地反映科技成果转化产生的实时经济效益，采集了各科研院所以转让、许可方式转化科技成果的当年到账金额。

第二章 以转让、许可、作价投资方式转化科技成果的情况

高价值成果转化效益凸显，16项科技成果转化合同金额超过1亿元。2020年，以转让、许可、作价投资方式转化科技成果单项合同金额超过1亿元的合同有16项，超过5000万元的有28项，超过1000万元的有138项。将超过1亿元的科技成果按转化至单位所在地区来看，其中13项转化至东部地区（上海市2项、山东省3项、广东省3项、江苏省2项、海南省1项、北京市1项、河北省1项），1项转化至东北地区（吉林省1项），2项转化至西部地区（内蒙古自治区1项、陕西省1项）；按转化至单位类型来看，其中3项转化至国有企业（1项转化至大型国有企业、2项转化至中小微国有企业），13项转化至其他企业（6项转化至大型其他企业、7项转化至中小微其他企业）。中国科学院上海药物研究所4项科技成果转化的合同金额超过1亿元（表3-2-2）。

表3-2-2 科研院所以转让、许可、作价投资方式转化科技成果合同金额超过1亿元的成果

序号	成果名称	合同金额/万元	转化方式	科研院所名称	转化去向	转化至单位所在地方
1	半导体激光技术	70 000.0	作价投资	中国科学院长春光学精密机械与物理研究所	境内（中小微其他企业）	吉林省
2	SOMCL-18-202	47 000.0	转让	中国科学院上海药物研究所	境内（大型其他企业）	上海市
3	高品质稀土特殊钢成套制备技术	35 000.0	作价投资	中国科学院金属研究所	境内（中小微其他企业）	山东省
4	完全生物降解塑料技术	30 000.0	作价投资	中国科学院理化技术研究所	境内（中小微其他企业）	海南省

续表

序号	成果名称	合同金额/万元	转化方式	科研院所名称	转化去向	转化至单位所在地方
5	CYH33（海外权益）	28 500.0	转让	中国科学院上海药物研究所	境内（大型其他企业）	上海市
6	靶向蛋白降解剂小分子	22 000.0	转让	中国科学院上海药物研究所	境内（中小微其他企业）	江苏省
7	半导体器件制造方法等专利333件	20 000.0	转让	中国科学院微电子研究所	境内（中小微其他企业）	广东省
8	基于深度形状先验的遥感图像目标精细化提取方法等42件	20 000.0	作价投资	中国科学院空天信息创新研究院	境内（中小微国有企业）	山东省
9	化湿败毒颗粒	15 000.0	转让	中国中医科学院	境内（大型国有企业）	广东省
10	甲醇制烯烃（DMTO）工艺包	15 000.0	许可	中国科学院大连化学物理研究所	境内（大型其他企业）	内蒙古自治区
11	"注射用盐酸伊立替康（纳米）胶束"技术	13 800.0	转让	国家纳米科学中心	境内（中小微其他企业）	广东省
12	一种诱导多能性干细胞的培养体系	12 500.0	许可	中国科学院动物研究所	境内（中小微其他企业）	北京市
13	中科榆林能源技术运营有限责任公司	10 200.0	作价投资	中国科学院大连化学物理研究所	境内（中小微国有企业）	陕西省
14	一种异羟肟酸类衍生物及其制备方法和应用	10 000.0	转让	中国医学科学院医药生物技术研究所	境内（大型其他企业）	河北省
15	三叶因子2在制备治疗及预防肺支气管急性炎症疾病药物方面的应用；干扰素K在制备抗囊膜病毒药物方面的应用	10 000.0	转让	上海市公共卫生临床中心	境内（大型其他企业）	山东省

第二章 以转让、许可、作价投资方式转化科技成果的情况

续表

序号	成果名称	合同金额/万元	转化方式	科研院所名称	转化去向	转化至单位所在地方
16	DC402267	10 000.0	转让	中国科学院上海药物研究所	境内（大型其他企业）	江苏省
	合计/万元			369 000.0		
	占全国以转让、许可、作价投资方式转化科技成果合同总金额的比重			18.2%		

（一）转化方式对比情况

许可合同项数占以转让、许可、作价投资方式转化科技成果合同总项数的比重超五成。2020年，以转让方式转化科技成果的合同项数为1654项，比上一年下降2.0%；以许可方式转化科技成果的合同项数为1983项，比上一年增长20.9%；以作价投资方式转化科技成果的合同项数为183项，比上一年下降12.7%。以许可方式转化的合同项数占3种转化方式合同总项数（3820项）的51.9%（图3-2-5）。

图3-2-5 科研院所以转让、许可、作价投资方式转化科技成果合同项数情况

转让方式转化科技成果的合同金额有所增长，许可、作价投资方式转化科技成果的合同金额略有增长。以转让方式转化科技成果的合同金额为 34.7 亿元，比上一年增长 12.2%；以许可方式转化科技成果的合同金额为 23.9 亿元，比上一年增长 3.7%；以作价投资方式转化科技成果的合同金额为 29.9 亿元，比上一年增长 9.6%（图 3-2-6）。

图 3-2-6　科研院所以转让、许可、作价投资方式转化科技成果合同金额情况

转让方式转化科技成果的平均合同金额有所增长，作价投资方式转化科技成果的平均合同金额有明显增长，许可方式转化科技成果的平均合同金额有所降低，其中作价投资方式转化科技成果的平均合同金额最高。转让方式转化的平均合同金额为 209.7 万元，比上一年增长 14.5%；许可方式转化的平均合同金额为 120.4 万元，比上一年下降 14.2%；作价投资方式转化的平均合同金额为 1632.0 万元，比上一年增长 25.5%。作价投资方式转化平均合同金额是转让方式的 7.8 倍，是许可方式的 13.6 倍（图 3-2-7）。

第二章 以转让、许可、作价投资方式转化科技成果的情况

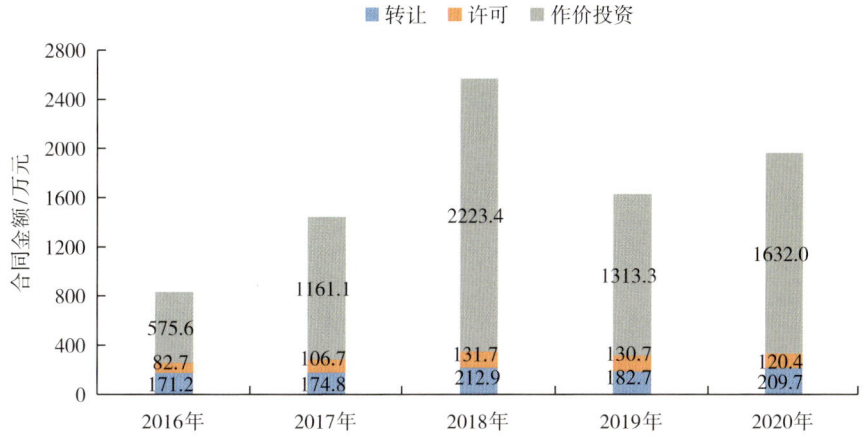

图 3-2-7 科研院所以转让、许可、作价投资方式转化科技成果平均合同金额情况

（二）中央所属科研院所科技成果转化情况

中央所属科研院所科技成果转化合同金额、合同项数均有所增长，平均合同金额略有增长。2020年，中央所属科研院所以转让、许可、作价投资方式转化科技成果的合同项数为1313项，比上一年增长19.3%；合同金额为72.9亿元，比上一年增长19.6%；平均合同金额555.2万元，比上一年增长0.2%（图3-2-8）。

图 3-2-8　中央所属科研院所以转让、许可、作价投资方式转化科技成果情况

部分科研院所科技成果转化效益凸显。中国科学院上海药物研究所2020年签订科技成果转化合同金额达13.8亿元，单项转化合同金额超过1亿元的成果达4项，在全部科研院所以转让、许可、作价投资方式转化科技成果的合同金额中居首位[①]。

（三）地方所属科研院所科技成果转化情况

1. 成果转化概况

地方所属科研院所科技成果转化的合同项数略有增长，合同金额、平均合同金额均明显降低。2020年，地方所属科研院所以转让、许可、作价投资方式转化科技成果的合同项数为2507项，比上一年增长2.7%；合同金额为15.5亿元，比上一年降低27.8%；平均合同金额61.9万元，比上一年降低29.7%（图3-2-9）。

---

① 详见附录27。

第二章 以转让、许可、作价投资方式转化科技成果的情况

图 3-2-9 地方所属科研院所以转让、许可、作价投资方式转化科技成果情况

上海市公共卫生临床中心科技成果转化合同总金额达 1.0 亿元，在地方所属科研院所中排名居首位。广东省林业科学研究院科技成果转化合同项数为 202 项，合同金额 1875.9 万元，转化合同项数在地方所属科研院所中居第 1 位。

2. 各地方成果转化情况

2020 年，地方所属科研院所以转让、许可、作价投资方式转化科技成果的合同金额排名居前 3 位的地方分别是广东省（2.3 亿元）、山东省（1.8 亿元）、江苏省（1.2 亿元）（图 3-2-10）。

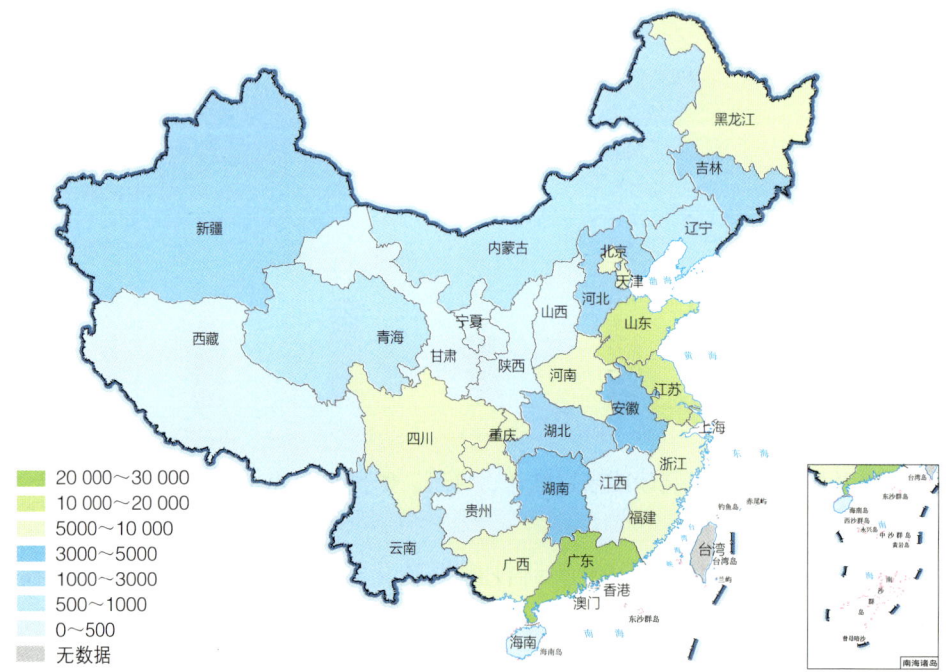

图 3-2-10　地方所属科研院所以转让、许可、作价投资方式转化科技成果合同金额分布情况（单位：万元）

（四）地区科技成果转化情况[①]

1. 科研院所所在辖区科技成果转化情况

按照科研院所所在地统计显示，2020年地方辖区内的科研院所以转让、许可、作价投资方式转化科技成果的合同金额排名居前3位的地方[②]分别是北京市（26.9亿元）、上海市（20.7亿元）、辽宁省（8.6亿元）（图3-2-11）。

---

① 该部分各地方数据是指各地方所属科研院所及其辖区内中央所属科研院所相应数据的加和。

② 详见附录30。

第二章 以转让、许可、作价投资方式转化科技成果的情况

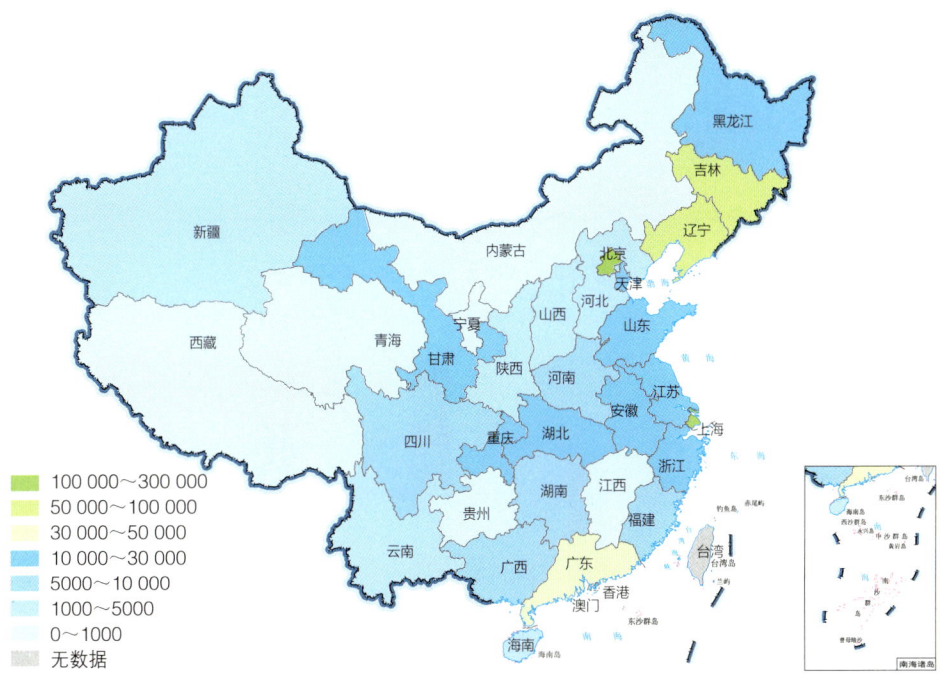

图 3-2-11 地方辖区内科研院所以转让、许可、作价投资方式转化科技成果的合同金额分布情况（单位：万元）

2. 东部、中部、西部、东北地区科技成果转化情况

按照填报科研院所所在地区统计，中部地区的科研院所以转让、许可、作价投资方式转化科技成果的合同金额明显增长，西部地区的科研院所以转让、许可、作价投资方式转化科技成果的合同金额有所增长，东北地区的科研院所以转让、许可、作价投资方式转化科技成果的合同金额增长约4.5倍，东部地区的科研院所以转让、许可、作价投资方式转化科技成果的合同金额有所降低。2020年，东部地区科研院所以转让、许可、作价投资方式转化科技成果合同金额最高，为60.9亿元，比上一年下降12.7%。东北地区科研院所以转让、许可、作价投资方式转化科技成果合同金额为17.4亿元，比上一年增长4.5倍。中

部地区科研院所以转让、许可、作价投资方式转化科技成果合同金额为5.5亿元，比上一年增长39.2%。西部地区科研院所以转让、许可、作价投资方式转化科技成果合同金额为4.6亿元，比上一年增长15.5%（图3-2-12）。

图3-2-12　各地区科研院所以转让、许可、作价投资方式转化科技成果合同金额情况

二、以转让方式转化科技成果

以转让方式转化科技成果的合同项数略有降低，合同金额、平均合同金额有所增长。2020年，以转让方式转化科技成果的合同项数为1654项，比上一年下降2.0%；合同金额达34.7亿元，比上一年增长12.2%；平均合同金额为209.7万元，比上一年增长14.5%（图3-2-13）。

第二章 以转让、许可、作价投资方式转化科技成果的情况

图 3-2-13 科研院所以转让方式转化科技成果合同项数、合同金额情况

2020年以转让方式转化科技成果合同金额超过1亿元的科研院所有7家，排名居前3位的分别是中国科学院上海药物研究所（12.8亿元）、中国科学院微电子研究所（2.0亿元）、中国中医科学院（1.5亿元）。其中，中国科学院微电子研究所比上一年增长2倍以上。

三、以许可方式转化科技成果

以许可方式转化科技成果的合同项数明显增长、合同金额略有增长、平均合同金额有所降低。2020年以许可方式转化科技成果的合同项数为1983项，比上一年增长20.9%；合同金额为23.9亿元，比上一年增长3.7%；平均合同金额为120.4万元，比上一年下降14.2%（图3-2-14）。

图 3-2-14 科研院所以许可方式转化科技成果的合同项数、合同金额情况

以许可方式转化科技成果合同金额超过 1 亿元的科研院所共 5 家，排名居前 3 位的分别是中国科学院微生物研究所（2.2 亿元）、中国科学院大连化学物理研究所（2.1 亿元）、中国科学院动物研究所（1.7 亿元）。

四、以作价投资方式转化科技成果

以作价投资方式转化科技成果的合同项数有所下降、合同金额略有增长、平均合同金额明显增长。2020 年以作价投资方式转化科技成果的合同项数为 183 项，比上一年下降 12.7%；合同金额为 29.9 亿元，比上一年增长 9.6%；平均合同金额为 1632.0 万元，比上一年增长 25.5%（图 3-2-15）。

第三篇 第二章 以转让、许可、作价投资方式转化科技成果的情况

图 3-2-15 科研院所以作价投资方式转化科技成果合同项数、合同金额情况

作价投资成为部分单位大额科技成果转化主要方式。中国科学院长春光学精密机械与物理研究所以作价投资方式转化科技成果合同金额比上一年增长约 7 倍、平均合同金额增长约 15 倍。2020 年，作价投资合同金额 7.1 亿元，比上一年增长 7.1 倍，平均合同金额 23 648.3 万元，比上一年增长 15.2 倍。

五、科技成果转化定价方式

协议定价[①]是科技成果转化主要定价方式，占比达到 95% 以上。2020 年，2121 家科研院所以转让、许可、作价投资方式转化的 3820 项科技成果中，采用协议定价方式的有 3651 项，占总数的 95.6%，合同总金额为 85.9 亿元，平均合同金额为 235.2 万元；采用拍卖方式的有 60 项，占总数的 1.6%，合同总金额为 0.5 亿元，平均合同金额为

---

① 根据《中华人民共和国促进科技成果转化法》的规定，科技成果持有单位可以自主决定转让、许可或作价投资，但应当通过协议定价、在技术交易市场挂牌交易、拍卖等方式来确定价格。

90.8万元；采用挂牌交易方式的有109项，占总数的2.8%，合同总金额为2.0亿元，平均合同金额为184.7万元（图3-2-16）。

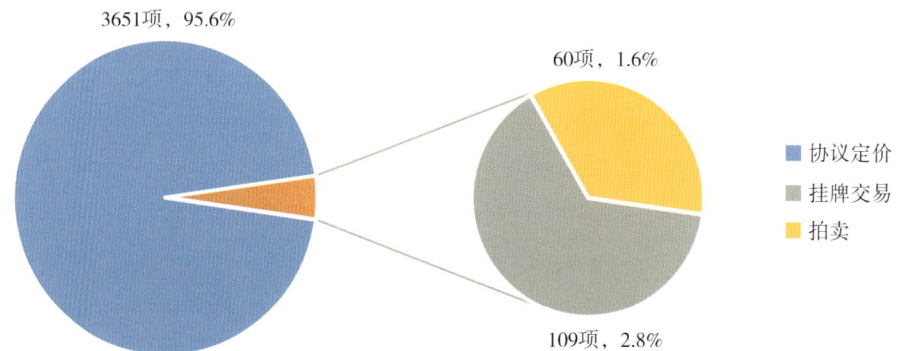

图3-2-16　科研院所以转让、许可、作价投资方式转化科技成果的定价方式情况

科技成果转化定价过程中，经过评估的转化成果为937项，占总数的24.5%，合同总金额为54.1亿元，平均合同金额为577.4万元；未经过评估的转化成果为2883项，占总数的75.5%，合同总金额为34.3亿元，平均合同金额为119.0万元（图3-2-17）。

图3-2-17　科研院所以转让、许可、作价投资方式转化科技成果定价过程中的评估情况

第二章 以转让、许可、作价投资方式转化科技成果的情况

六、科技成果转化流向

（一）转化至企业类型

科研院所的科技成果主要在境内转化，其中转化至中小微企业[①]的成果数量最多，增速最快。2020年，科研院所的科技成果以转让、许可、作价投资方式转化到境内、境外的数量分别是3811项、9项，占比分别为99.8%、0.2%。在境内转化的科技成果中，转化至中小微企业、非企业单位、大型企业的科技成果数量分别为2819项、736项、256项，占科技成果转化合同总数的比重分别为73.8%、19.3%、6.7%，比上年分别增长19.8%、增长15.3%、下降29.4%（图3-2-18）。

图3-2-18 科研院所以转让、许可、作价投资方式转化的科技成果在境内转化去向情况

---

① 见附录33名词解释22。

科技成果转化至国有企业和其他企业的数量分别是590项、2485项，占比总合同项数的比重分别为15.4%、65.1%。转化至大型国有企业和中小微国有企业的合同项数分别为84项、506项，分别占转化至国有企业科技成果合同总项数的14.2%、85.8%（图3-2-19）。

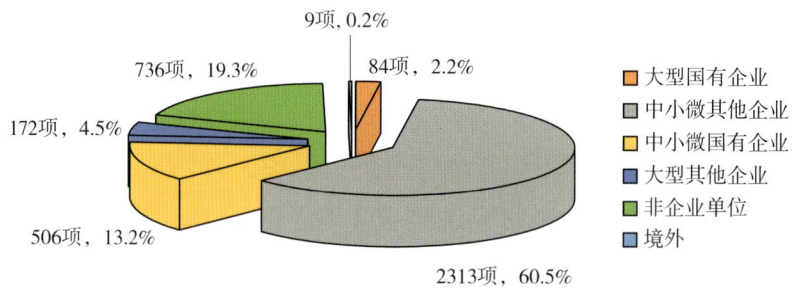

图3-2-19　科研院所以转让、许可、作价投资方式转化的科技成果转化去向合同项数及占比情况

科技成果转化至中小微企业的合同金额最多，转化至大型企业的合同金额明显下降。2020年，科技成果以转让、许可、作价投资方式转化到境内、境外的合同金额分别是87.9亿元、0.5亿元，占比分别为99.4%、0.6%。在境内转化的科技成果中，转化至中小微企业、大型企业、非企业单位的科技成果合同金额分别为61.6亿元、23.4亿元、2.9亿元，占合同总金额的比重分别为69.7%、26.4%、3.3%，分别比上一年增长26.9%、下降21.8%、增长16.8%（图3-2-20）。

第二章 以转让、许可、作价投资方式转化科技成果的情况

图 3-2-20 科研院所以转让、许可、作价投资方式转化的科技成果在境内转化合同金额情况

科技成果转化至国有企业和其他企业的合同金额分别是15.6亿元、69.4亿元，占总合同金额的比重分别为17.6%、78.5%。转化至大型国有企业和中小微国有企业的合同金额分别为4.3亿元、11.3亿元，分别占转化至国有企业科技成果合同总金额的27.3%、72.7%（图3-2-21）。

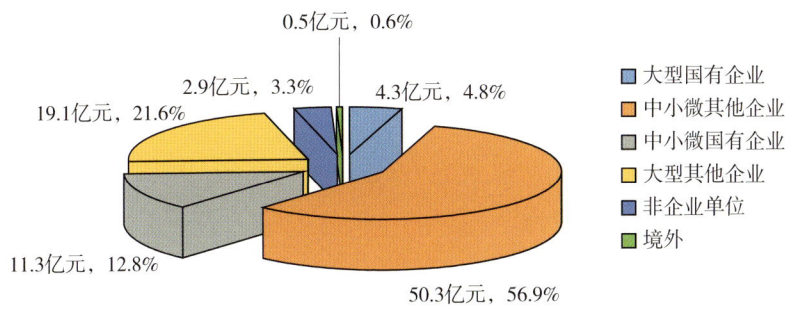

图 3-2-21 科研院所以转让、许可、作价投资方式转化科技成果转化去向的合同金额及占比情况

317

（二）转化至单位所在地及行业领域特点

2121家科研院所的科技成果转化至上海市的合同金额最大，转化至广东省的合同项数最多。按照科技成果转化至单位所在地统计显示，2020年科研院所以转让、许可、作价投资方式转化科技成果地方合同金额排名居前3位的分别是上海市、山东省、广东省，科技成果转化合同总金额分别为15.4亿元、13.0亿元、10.2亿元，占以转让、许可、作价投资方式转化科技成果合同总金额的比重为17.4%、14.7%、11.5%（图3-2-22）。转化至地方科技成果合同项数排名居前3位的分别是广东省、山东省、四川省，合同项数分别为537项、314项、306项。

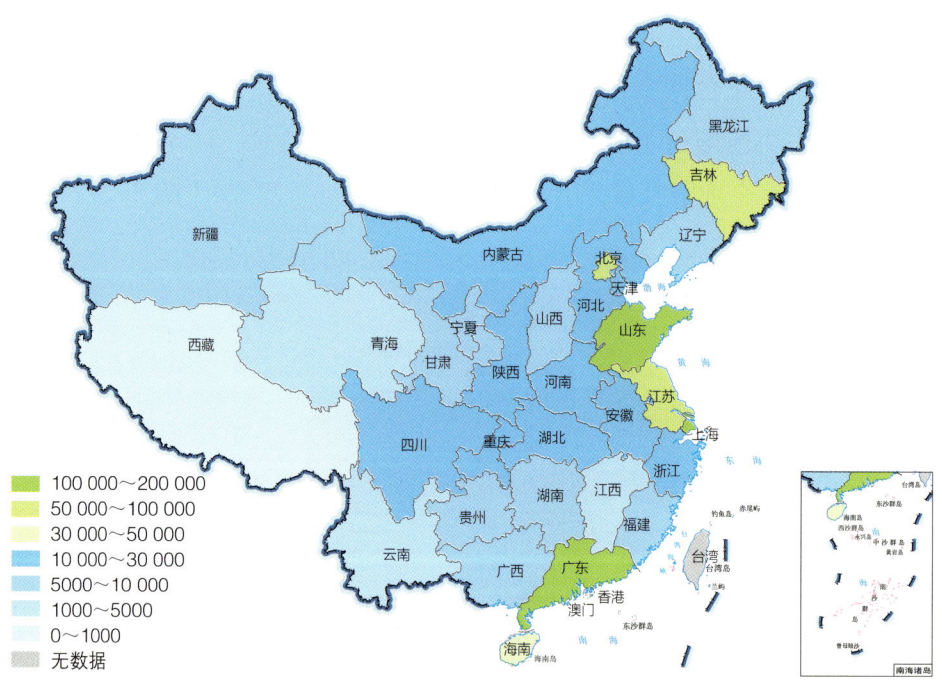

图3-2-22　科研院所以转让、许可、作价投资方式将科技成果转化至单位所在地合同金额分布情况（单位：万元）

第二章 以转让、许可、作价投资方式转化科技成果的情况

各地方承接科技成果所属行业领域数据显示,承接科技成果合同金额排名居前3位的地方分别是上海市、山东省、广东省,这3个地方合同金额最高的行业领域分别是制造业、制造业、科学研究和技术服务业,其中,各地方承接科技成果合同金额排名前10位的省市中有7个(江苏省、海南省、上海市、北京市、山东省、广东省、河北省)属于东部地区,1个(吉林省)属于东北地区,1个(内蒙古自治区)属于西部地区,1个(安徽省)属于中部地区。排名居前10位的省份中合同金额最高的行业领域有5个是制造业,3个是科学研究和技术服务业,1个是卫生和社会工作,1个是电力、热力、燃气及水生产和供应业。数据表明,2020年成果转化较为活跃的两个行业领域是制造业、科学研究和技术服务业(表3-2-3)。

表 3-2-3　地方科研院所以转让、许可、作价投资方式承接科技成果合同金额排名居前10位的省份及主要行业领域

排名	承接省份	合同总金额(万元)	合同金额最高的行业
1	上海市	154 010.24	制造业
2	山东省	130 328.26	制造业
3	广东省	101 787.61	科学研究和技术服务业
4	吉林省	80 262.78	制造业
5	北京市	67 772.21	卫生和社会工作
6	江苏省	64 130.24	制造业
7	海南省	32 939.92	科学研究和技术服务业
8	河北省	23 375.02	制造业
9	内蒙古自治区	20 838.71	电力、热力、燃气及水生产和供应业
10	安徽省	20 654.08	科学研究和技术服务业
合计/万元		696 099.1	
占全国以转让、许可、作价投资方式转化科技成果合同总金额的比重		34.4%	

（三）成果转化应用的行业领域

科技成果转化合同金额最高的领域是制造业，合同项数最多的领域是农、林、牧、渔业。按照科技成果应用的行业领域[①]统计显示，以转让、许可、作价投资方式转化合同金额排名居前3位的依次是制造业，科学研究和技术服务业，农、林、牧、渔业，其合同总金额分别为38.5亿元、19.6亿元、12.9亿元，占以转让、许可、作价投资方式转化合同总金额的比重分别为43.6%、22.2%、14.6%。合同项数排名居前3位的依次是农、林、牧、渔业，科学研究和技术服务业，制造业，其合同项数分别为2172项、679项、355项（图3-2-23）。

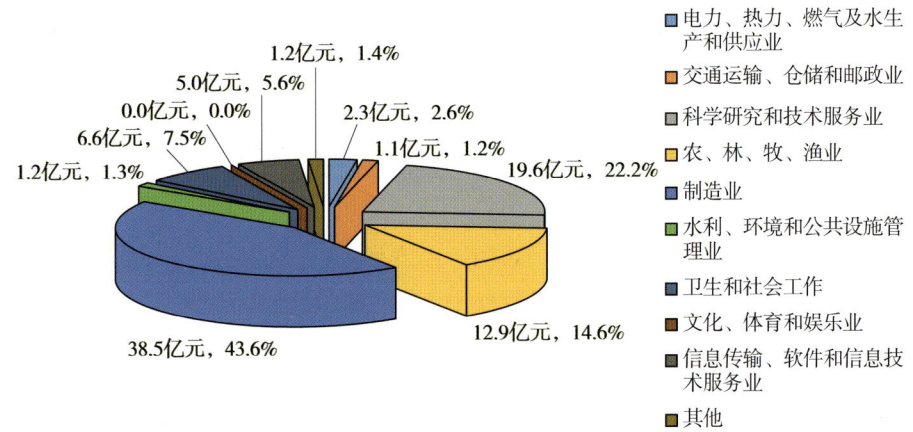

图3-2-23　科研院所以转让、许可、作价投资方式在境内转化科技成果合同金额的行业领域分布

---

① 按照国民经济行业门类，选取与科技相关性强的9个门类作为选项之一，剩余门类均归为"其他"。因此，2020年年度报告中设定行业领域为：①农、林、牧、渔业；②制造业；③电力、热力、燃气及水生产和供应业；④交通运输、仓储和邮政业；⑤信息传输、软件和信息技术服务业；⑥科学研究和技术服务业；⑦水利、环境和公共设施管理业；⑧卫生和社会工作；⑨文化、体育和娱乐业；⑩其他。由于第一次增加此指标，指标说明与各填报人员的理解可能不同，行业领域的选择存在一定偏差，后续有待完善。

第二章 以转让、许可、作价投资方式转化科技成果的情况

（四）科技成果在本地方转化的情况

27个省、自治区、直辖市产出的科技成果50%以上（按合同金额占比计）在本地实现转化。在本地方辖区内产出科技成果在本地方转化的合同项数排名居前3位的地方分别是广东省（434项）、四川省（248项）、北京市（231项），占本地方辖区内产出科技成果转化合同总项数比重排名居前3位的地方分别是海南省（100.0%）、西藏自治区（100.0%）、新疆维吾尔自治区（97.0%）。在本地方转化的合同金额排名前3位的地方分别是上海市（13.8亿元）、吉林省（7.2亿元）、北京市（5.6亿元），在本地方转化的合同金额占本地方辖区内产出科技成果转化合同总金额比重排名居前3位的地方分别是海南省（100.0%）、西藏自治区（100.0%）、吉林省（96.7%）（表3-2-4）。统计显示，除辽宁省、云南省、北京市、山西省以外，27个地方产出的科技成果50%以上（按合同金额占比计）在本地实现转化，服务本地企业，促进本地经济发展。

表3-2-4 地方辖区内高校院所产出科技成果转化至本地方的合同金额排名居前10位的省份相关情况

排名	省份	在本地方辖区内产出科技成果在本地方转化的合同项数/项	占本地方辖区内产出科技成果转化合同总项数的比重	在本地方辖区内产出科技成果在本地方转化的合同金额/亿元	占本地方辖区内产出科技成果转化合同金额的比重
1	上海市	59	44.0%	13.8	66.4%
2	吉林省	68	60.2%	7.2	96.7%
3	北京市	231	40.0%	5.6	21.0%
4	广东省	434	79.5%	3.4	79.0%
5	山东省	159	82.4%	1.8	87.0%
6	江苏省	173	68.9%	1.4	55.8%

续表

排名	省份	在本地方辖区内产出科技成果在本地方转化的合同项数/项	占本地方辖区内产出科技成果转化合同总项数的比重	在本地方辖区内产出科技成果在本地方转化的合同金额/亿元	占本地方辖区内产出科技成果转化合同金额的比重
7	天津市	23	45.1%	1.4	66.3%
8	湖北省	88	87.1%	1.2	68.8%
9	安徽省	73	81.1%	0.9	53.0%
10	黑龙江省	74	71.2%	0.8	59.5%

（五）科技成果跨地方转化的情况

科技成果跨地方转化的合同项数达三成以上，合同金额达五成以上。2020年，本地方辖区内的科技成果以转让、许可、作价投资方式转化到本地方以外的合同项数是1221项，占总合同项数的32.0%；合同金额达44.3亿元，占总合同金额的50.1%。承接其他地方科技成果合同项数排名居前3位的地方分别是山东省（155项）、广东省（103项）、江苏省（98项），合同金额排名居前3位的地方分别是山东省（11.2亿元）、广东省（6.8亿元）、江苏省（5.0亿元）。本地方产出科技成果输出至其他地方的合同项数排名居前3位的地方分别是北京市（346项）、广东省（112项）、浙江省（88项），合同金额排名居前3位的地方分别是北京市（21.3亿元）、辽宁省（8.2亿元）、上海市（7.0亿元）（图3-2-24、图3-2-25）。

第二章 以转让、许可、作价投资方式转化科技成果的情况

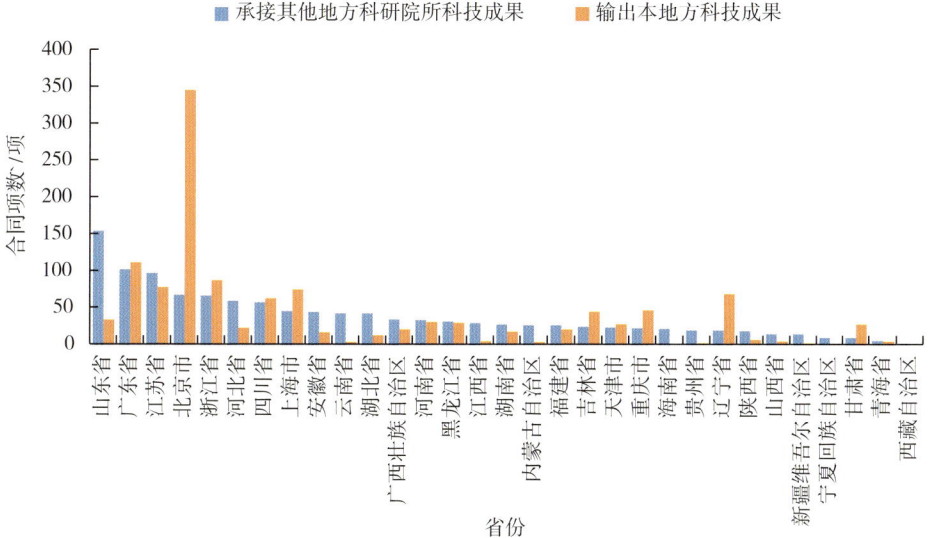

图 3-2-24　各地方承接其他地方科研院所科技成果/输出本地方科技成果合同项数统计

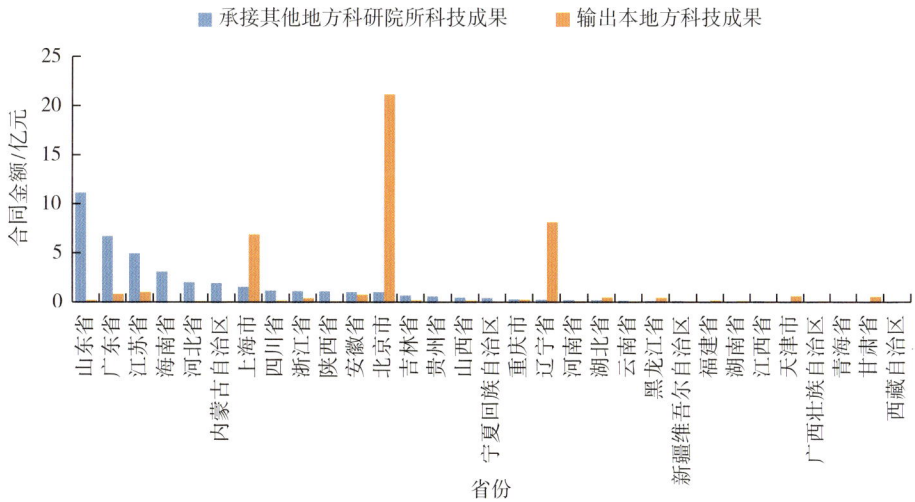

图 3-2-25　各地方承接其他地方科研院所科技成果/输出本地方科技成果合同金额统计

以上数据表明，各地方科技成果产出与承接能力呈现不同特点。北京市和上海市科研院所多、科研能力强，输出成果到其他地方合同金额远大于承接其他地方成果转化合同金额，对其他地方的辐射能力强。与上海市相比，北京市吸引辖区内科研院所产出的科技成果在本地转化的能力有待提高。山东省和广东省科研院所多，科技成果产出能力和承接能力均较强，且不仅能够留住本辖区内产出的科技成果，对其他地方产出的科技成果吸引能力也均较强。江苏省科研院所虽不多，但是科技成果产出强力强，承接和输出能力较为匹配。辽宁省和吉林省科研院所数量相近，科技成果产出能力均较强。辽宁省输出成果到其他地方合同金额远大于承接其他地方科技成果转化合同金额，承接能力需提升。吉林省承接能力明显提升，不仅能留住本辖区内产出科技成果，而且对其他地方产出科技成果的吸引力也有所提升（表3-2-5）。

表3-2-5 各地方辖区内产出科技成果、输出科技成果及承接其他地方科技成果的相关情况

省份	单位数量/家		本地方辖区内产出科技成果合同总金额/万元		跨地方输出科技成果合同金额占本地方辖区内产出科技成果转化合同总金额比重		承接其他地方科技成果合同金额/万元	
	2019年	2020年	2019年	2020年	2019年	2020年	2019年	2020年
北京市	212	235	195 002.4	268 828.2	67.4%	79.0%	23 393.3	11 286.8
天津市	60	53	47 441.8	20 429.2	50.3%	33.7%	1059.7	614.3
河北省	71	81	1078.8	2728.3	24.6%	19.9%	4029.5	21 189.4
山西省	27	69	3801.9	3836.5	34.6%	61.8%	239.7	5648.7
内蒙古自治区	79	59	710.0	920.0	10.6%	44.0%	8052.8	20 323.7

第二章 以转让、许可、作价投资方式转化科技成果的情况

续表

省份	单位数量/家		本地方辖区内产出科技成果合同总金额/万元		跨地方输出科技成果合同金额占本地方辖区内产出科技成果转化合同总金额比重		承接其他地方科技成果合同金额/万元	
	2019年	2020年	2019年	2020年	2019年	2020年	2019年	2020年
辽宁省	29	30	11 403.1	86 091.1	69.2%	95.4%	1190.5	3393.2
吉林省	31	26	13 715.0	74 944.8	70.8%	3.3%	1818.0	7798.0
黑龙江省	29	82	13 972.1	12 914.2	30.0%	40.5%	1945.9	2203.2
上海市	94	91	246 058.8	207 084.0	27.7%	33.6%	52 444.0	16 493.8
江苏省	23	24	21 365.2	24 443.9	31.5%	44.2%	37 334.2	50 486.0
浙江省	90	106	36 331.3	12 373.7	5.9%	38.0%	33 624.9	12 192.0
安徽省	40	41	9194.4	17 665.1	5.0%	47.0%	14 214.5	11 293.3
福建省	77	77	9251.6	8129.7	4.5%	29.2%	1385.2	1690.1
江西省	119	78	1796.8	649.5	30.1%	22.0%	4747.6	931.00
山东省	278	223	18 586.5	20 679.5	16.4%	13.0%	62 846.5	112 335.9
河南省	66	71	5504.4	8944.5	14.7%	18.7%	7962.7	3030.6
湖北省	112	99	7176.6	17 545.2	4.1%	31.2%	6136.3	2892.8
湖南省	93	80	12 150.8	6786.3	36.2%	27.6%	8137.1	1513.6
广东省	157	191	108 598.3	42 763.5	49.5%	21.0%	1136.0	67 987.6
广西壮族自治区	50	61	3940.2	5550.8	11.7%	8.7%	864.1	426.2
海南省	20	21	1846.0	1049.6	6.8%	0.0%	8459.9	31 890.3
重庆市	24	26	2487.9	10 144.9	2.7%	30.3%	523.9	3870.2
四川省	82	82	6112.1	8700.2	28.4%	24.6%	28 939.5	12 657.8
贵州省	24	28	308.1	309.5	51.4%	16.2%	505.1	6946.8

续表

省份	单位数量/家		本地方辖区内产出科技成果合同总金额/万元		跨地方输出科技成果合同金额占本地方辖区内产出科技成果转化合同总金额比重		承接其他地方科技成果合同金额/万元	
	2019年	2020年	2019年	2020年	2019年	2020年	2019年	2020年
云南省	47	46	3591.4	2438.2	33.1%	66.3%	342.5	2533.9
西藏自治区	8	9	86.0	50.0	0.0%	0.0%	3.0	21.1
陕西省	16	23	2007.0	1113.3	8.2%	35.9%	8096.4	12 020.2
甘肃省	49	46	16 786.2	12 706.3	65.1%	49.1%	705.7	282.2
青海省	16	16	685.0	730.0	1.5%	5.8%	67.0	344.9
宁夏回族自治区	12	13	256.5	306.9	13.6%	4.9%	601.1	5167.0
新疆维吾尔自治区	33	34	3645.1	3289.8	23.0%	9.1%	799.1	2145.7

（六）科技成果跨地区转化情况

科技成果跨地区转化的比重接近两成。2020年，各地区科技成果以转让、许可、作价投资方式转化至其他地区的合同项数为657项，占合同总项数的17.2%；合同金额达18.4亿元，占合同总金额的20.9%。东部地区产出的科技成果输出至其他地区的合同项数达351项，合同金额达6.9亿元；东部地区承接其他地区的科技成果合同项数达216项，合同金额达7.6亿元，承接科技成果的合同项数和合同金额均领先于其他地区。西部地区产出的科技成果输出至其他地区的合同项数达118项，合同金额为0.8亿元；西部地区承接其他地区的科技成果共203项，合同金额为6.0亿元。中部地区产出的科技成果输出至其他地区的合同项

第二章 以转让、许可、作价投资方式转化科技成果的情况

数达70项,合同金额为1.9亿元;中部地区承接其他地区的科技成果合同项数为176项,合同金额为2.4亿元。东北地区产出的科技成果输出至其他地区的合同项数达118项,合同金额为8.9亿元;东北地区承接其他地区的科技成果合同项数达51项,合同金额1.2亿元(图3-2-26、图3-2-27)。

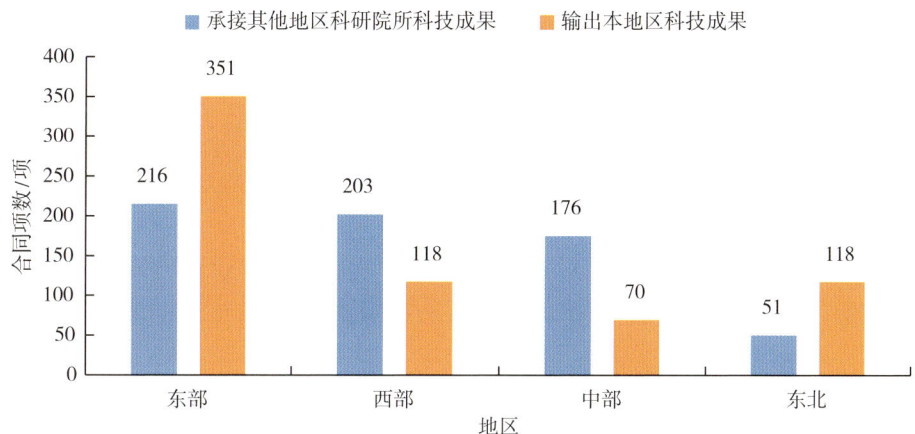

图3-2-26 各地区承接其他地区科研院所科技成果/输出本地区科技成果合同项数统计

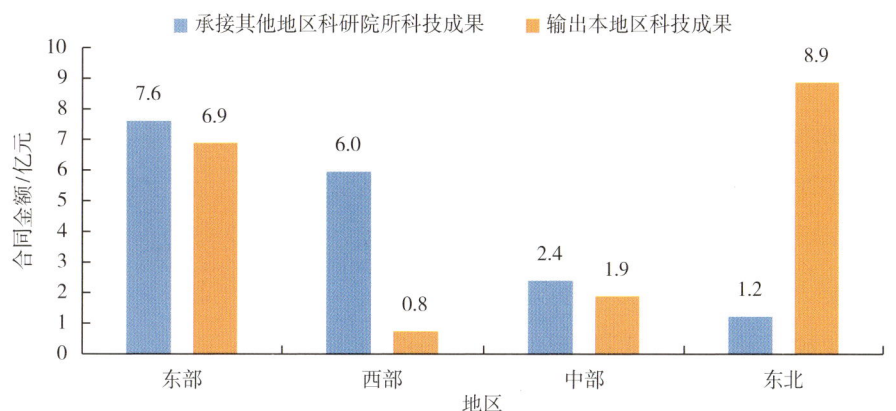

图3-2-27 各地区承接其他地区科研院所科技成果/输出本地区科技成果合同金额统计

第三章
财政资助项目以转让、许可、作价投资方式转化科技成果

受财政资助产生的科技成果以转让、许可、作价投资方式转化的合同项数、合同金额均明显增长,其中中央财政资助项目产生的科技成果转化合同项数、合同金额明显增长。

一、基本情况

(一)全国财政资助项目成果转化情况

全国财政资助项目[①]的科技成果转化合同项数、合同金额均明显增长。2020年,全国财政资助项目成果以转让、许可、作价投资方式转化合同项数为1175项,比上一年增长24.0%,占转化合同总项数(3820项)的30.8%;合同金额为32.8亿元,比上一年增长22.4%,占转化合同总金额(88.4亿元)的37.1%(图3-3-1)。

---

① 全国财政资助项目包括中央财政资助项目和地方财政资助项目。

第三章 财政资助项目以转让、许可、作价投资方式转化科技成果

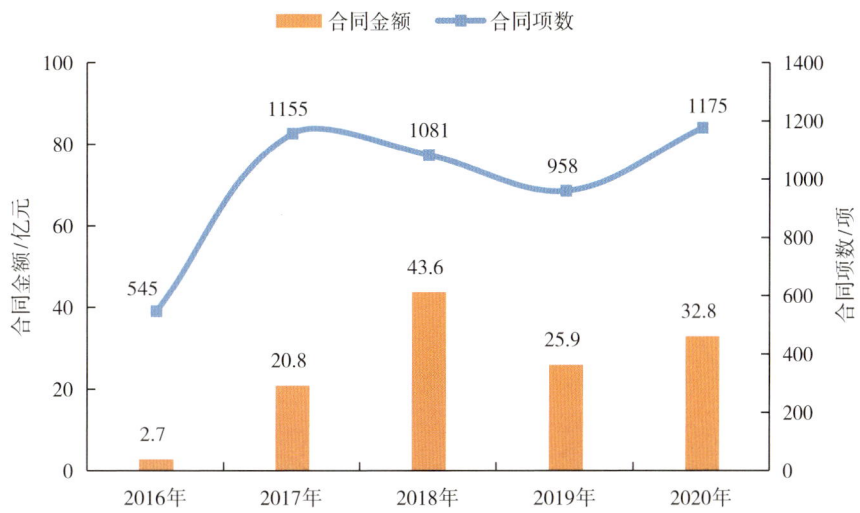

图 3-3-1　科研院所受全国财政资助项目成果以转让、许可、作价投资方式转化的合同金额和合同项数情况

（二）中央财政资助项目成果转化情况

科研院所受中央财政资助项目产生的科技成果以转让、许可、作价投资方式转化的合同项数显著增长、合同金额明显增长。2020年，科研院所受中央财政资助项目产生的科技成果以转让、许可、作价投资方式转化的合同项数为693项，比上一年增长40.5%，占全国科研院所受中央财政资助项目成果以转让、许可、作价投资方式转化合同总项数（1175项）的58.7%；合同金额达29.3亿元，比上一年增长24.5%，占全国科研院所受中央财政资助项目成果以转让、许可、作价投资方式转化合同金额（32.8亿元）的89.2%（图3-3-2）。

图 3-3-2 科研院所受中央财政资助项目成果以转让、许可、作价投资方式转化的合同金额和合同项数情况

二、中央所属科研院所科技成果转化

（一）全国财政资助项目成果转化情况

中央所属科研院所受全国财政资助项目产生的科技成果转化合同项数显著增长、合同金额明显增长。2020年，中央所属科研院所受全国财政资助项目产生的科技成果以转让、许可、作价投资方式转化的合同项数为507项，比上一年增长43.3%，占中央所属科研院所转化合同总项数（1313项）的38.6%；合同金额为28.4亿元，比上一年增长24.4%，占中央所属科研院所转化合同总金额（72.9亿元）的39.0%（图3-3-3）。

第三章 财政资助项目以转让、许可、作价投资方式转化科技成果

图 3-3-3　中央所属科研院所受全国财政资助项目成果以转让、许可、作价投资方式转化的合同金额和合同项数情况

（二）中央财政资助项目成果转化情况

中央所属科研院所受中央财政资助项目产生的科技成果以转让、许可、作价投资方式转化的合同项数显著增长、合同金额明显增长。2020年，受中央财政资助项目产生的科技成果中，以转让、许可、作价投资方式转化合同项数为436项，比上一年增长49.8%，占中央所属科研院所受全国财政资助项目成果转化合同总项数（507项）的86.0%；合同金额达27.2亿元，比上一年增长26.9%，占中央所属科研院所受全国财政资助项目成果转化合同总金额（28.4亿元）的95.7%（图3-3-4）。

图 3-3-4　中央所属科研院所受中央财政资助项目成果以转让、许可、作价投资方式转化的合同金额和合同项数情况

中央所属科研院所受中央财政资助项目产生的科技成果转化日益增加。2020 年，中国科学院上海药物研究所以转让、许可、作价投资方式共转化科技成果 12 项，合同金额达 13.8 亿元，其中，受中央财政资助项目产生的科技成果转化合同项数为 12 项，占合同总项数的比重为 100.0%，合同金额达 13.8 亿元，占合同总金额的比重为 100.0%；中国科学院动物研究所以转让、许可、作价投资方式共转化科技成果 4 项，合同金额达 1.7 亿元，其中，受中央财政资助项目产生的科技成果转化合同项数为 2 项，占合同总项数的比重为 50.0%，合同金额达 1.3 亿元，占合同总金额的比重为 76.6%。

第三章 财政资助项目以转让、许可、作价投资方式转化科技成果

三、地方所属科研院所科技成果转化

（一）全国财政资助项目成果转化情况

各地方所属科研院所受全国财政资助项目产生的科技成果转化合同项数有所增长、合同金额略有增长。2020年，地方所属科研院所受全国财政资助项目成果转化合同金额为4.4亿元，比上一年增长7.2%，占地方所属科研院所转化合同总金额（15.5亿元）的28.4%；合同项数为668项，比上一年增长13.3%，占地方所属科研院所转化合同总项数（2507项）的26.6%（图3-3-5）。

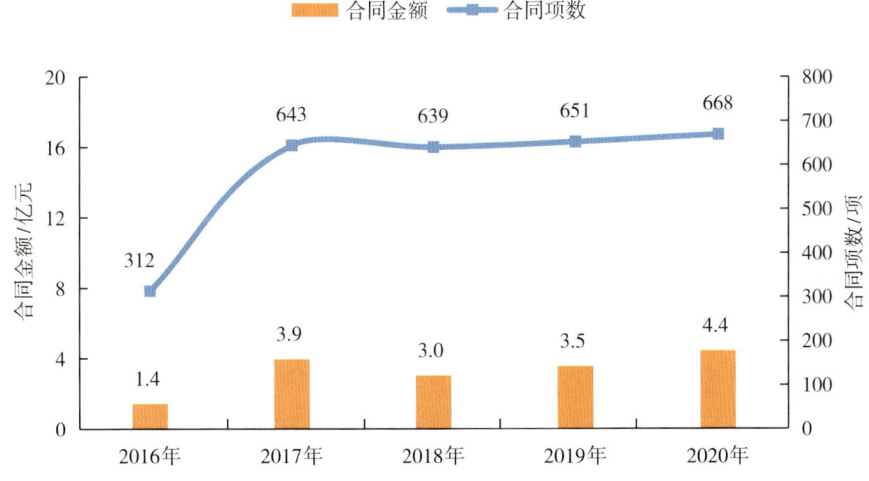

图3-3-5　地方所属科研院所受全国财政资助项目成果以转让、许可、作价投资方式转化的合同金额和合同项数情况

2020年，地方所属科研院所受全国财政资助项目成果以转让、许可、作价投资方式转化的合同金额排名居前3位的地方分别是上海市（1.1亿元）、浙江省（0.6亿元）、福建省（0.6亿元）（图3-3-6）。

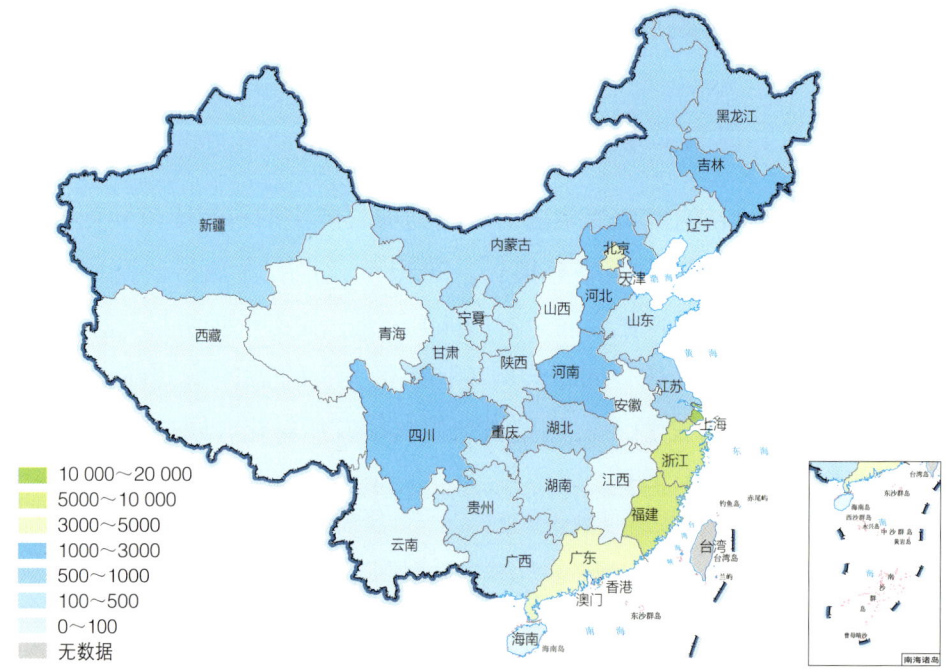

图 3-3-6　地方所属科研院所受全国财政资助项目成果以转让、许可、作价投资方式转化的合同金额分布情况（单位：万元）

（二）中央财政资助项目成果转化情况

各地方所属科研院所受中央财政资助项目产生的科技成果以转让、许可、作价投资方式转化的合同项数明显增长、合同金额有所降低。2020年，地方所属科研院所受中央财政资助项目成果以转让、许可、作价投资方式转化的合同金额达 2.1 亿元，比上一年下降 16.9%，占地方所属科研院所受全国财政资助项目成果转化合同总金额（4.4 亿元）的 46.9%；合同项数为 257 项，比上一年增长 28.1%，占地方所属科研院所受全国财政资助项目成果转化合同总项数（668 项）的 38.5%（图 3-3-7）。

第三章 财政资助项目以转让、许可、作价投资方式转化科技成果

图 3-3-7 地方所属科研院所受中央财政资助项目成果以转让、许可、作价投资方式转化的合同金额和合同项数情况

2020 年，地方所属科研院所受中央财政资助项目成果以转让、许可、作价投资方式转化的合同金额排名居前 3 位的地方分别是上海市（1.1 亿元）、北京市（0.2 亿元）、吉林省（0.1 亿元）（图 3-3-8）。

2020 年，广东省林业科学研究院以转让、许可、作价投资方式转化科技成果的合同项数为 202 项，比上一年增长 32.9%，其中，受到全国财政资助的转化成果为 22 项，比上一年增长 10.0%，受到中央财政资助的转化成果为 22 项，比上一年增长 1.2 倍。

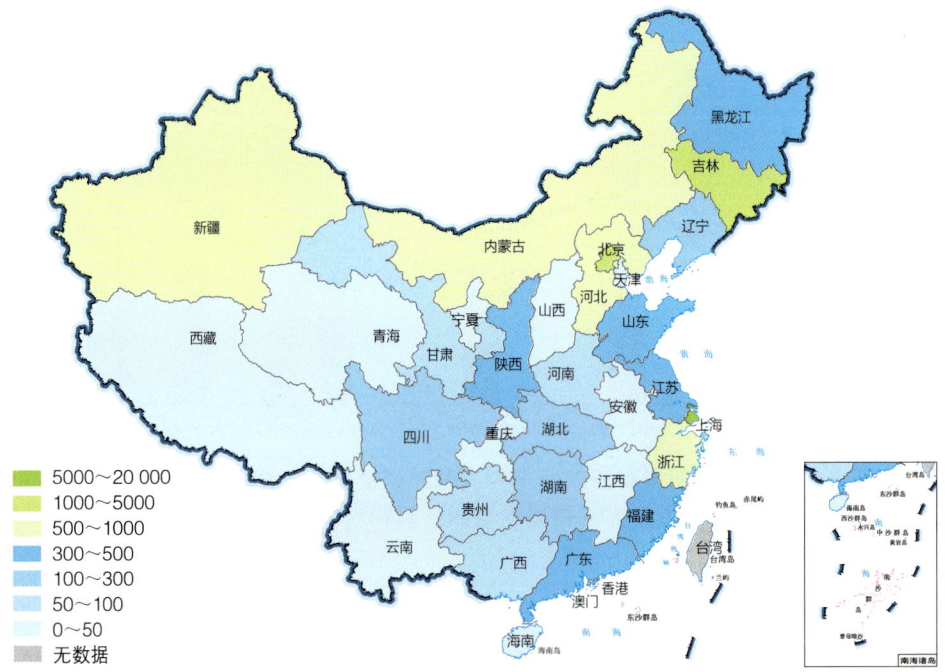

图 3-3-8　地方所属科研院所受中央财政资助项目成果以转让、许可、作价投资方式转化的合同金额分布情况（单位：万元）

四、各地区财政资助科技成果转化

（一）科研院所所在辖区科技成果转化情况

1. 全国财政资助项目成果转化情况

按单位所在地区统计，2020 年地方辖区内的科研院所受全国财政资助项目成果以转让、许可、作价投资方式转化的合同金额排名居前 3 位的地方分别是上海市（15.9 亿元）、北京市（7.1 亿元）、广东省（1.7 亿元）（图 3-3-9）。

第三章 财政资助项目以转让、许可、作价投资方式转化科技成果

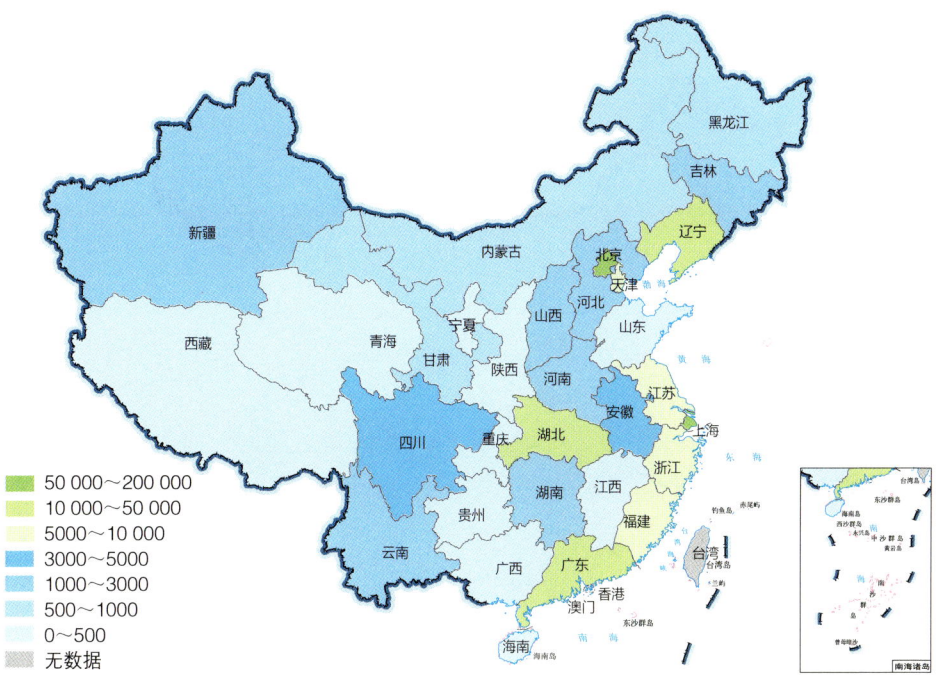

图 3-3-9 地方辖区内科研院所受全国财政资助项目成果以转让、许可、作价投资方式转化的合同金额分布情况（单位：万元）

2. 中央财政资助项目成果转化情况

2020年，地方辖区内科研院所受中央财政资助项目产生的科技成果以转让、许可、作价投资方式转化的合同金额排名居前3位的地方分别是上海市（15.8亿元）、北京市（6.9亿元）、湖北省（1.6亿元）（图 3-3-10）。

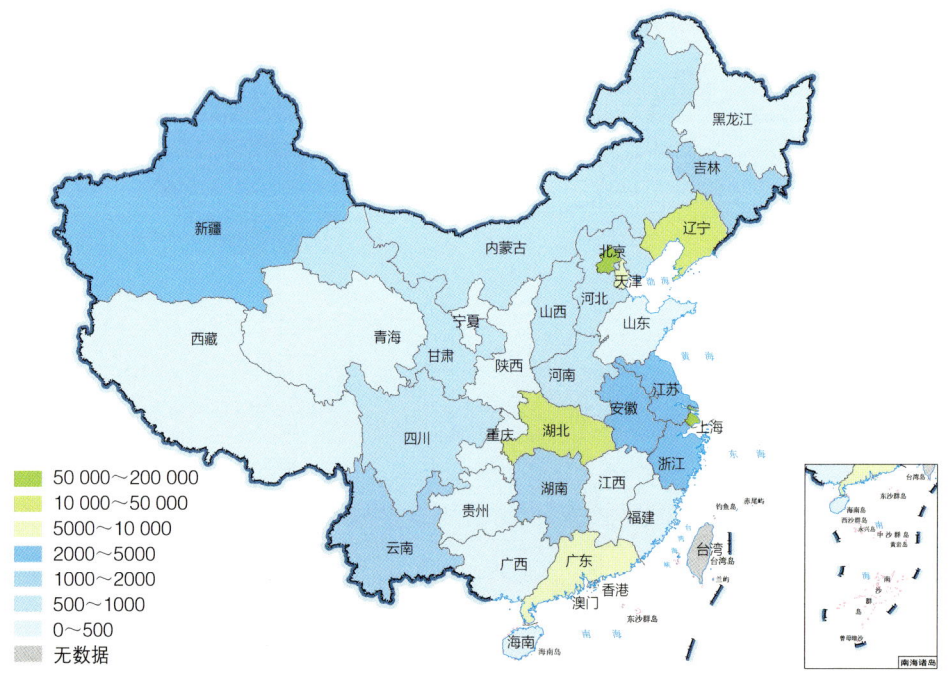

图 3-3-10　地方辖区内科研院所受中央财政资助项目成果以转让、许可、作价投资方式转化的合同金额分布情况（单位：万元）

（二）东部、中部、西部和东北地区财政资助项目成果转化情况

1. 全国财政资助项目成果转化情况

东部、西部地区科研院所受全国财政资助项目产生的科技成果以转让、许可、作价投资方式转化的合同金额明显增长，中部地区有所增长，东北地区增长约 1.4 倍。2020 年，东部地区科研院所受全国财政资助项目产生的科技成果以转让、许可、作价投资方式转化的合同金额为 27.8 亿元，比上一年增长 20.0%；中部地区合同金额为 2.6 亿元，比上一年增长 13.9%；东北地区合同金额为 1.4 亿元，比上一年增长 1.4 倍；西

第三章 财政资助项目以转让、许可、作价投资方式转化科技成果

部地区合同金额为 1.0 亿元，比上一年增长 27.6%（图 3-3-11）。

图 3-3-11　各地区科研院所受全国财政资助项目成果以转让、许可、作价投资方式转化的合同金额情况

2. 中央财政资助项目成果转化情况

2020 年，东部地区的科研院所受中央财政资助项目产生的科技成果以转让、许可、作价投资方式转化的合同金额为 25.1 亿元，比上一年增长 18.8%；中部地区合同金额为 2.2 亿元，比上一年增长 33.5%；东北地区合同金额为 1.3 亿元，比上一年增长 8.4 倍；西部地区合同金额为 0.6 亿元，比上一年增长 10.5%（图 3-3-12）。

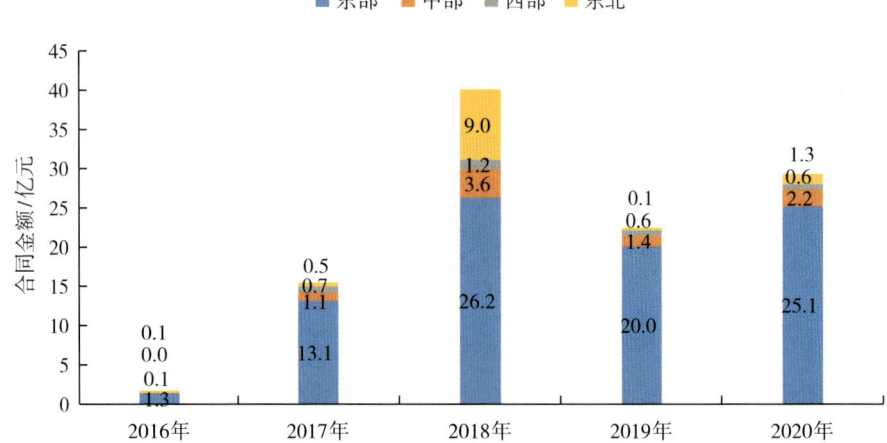

图 3-3-12　各地区科研院所受中央财政资助项目成果以转让、许可、作价投资方式转化的合同金额情况

第四章
以转让、许可、作价投资方式转化科技成果收入的奖励分配情况

《中华人民共和国促进科技成果转化法》将科技成果的使用权、处置权和收益权下放到研究开发机构、高等院校，科技成果转化后由科技成果完成单位对完成、转化该项科技成果做出重要贡献的人员给予奖励和报酬，并规定转让、许可给他人实施的职务科技成果现金奖励比例不低于成果转化净收入的50%，作价投资的职务科技成果股权奖励不低于股份或出资比例的50%。《实施〈中华人民共和国促进科技成果转化法〉若干规定》要求，在研究开发和科技成果转化中做出主要贡献的人员，获得奖励的份额不低于奖励总额的50%。统计数据显示，科研院所对个人奖励人次明显下降，个人获得的奖励金额有所增长。

一、基本情况

（一）现金和股权收入的奖励分配情况

以转让、许可、作价投资方式转化科技成果获得的现金和股权收入有所降低，个人获得的现金和股权奖励金额有所增长。2020年，现金

和股权收入总金额为50.1亿元，比上一年下降18.9%。个人获得的现金和股权奖励金额达20.9亿元，比上一年增长3.6%，其中研发与转化主要贡献人员所获现金和股权奖励达19.8亿元，比上一年增长17.2%（图3-4-1）。现金和股权奖励金额超过1亿元的单位共3家，依次是中国科学院长春光学精密机械与物理研究所（3.6亿元）、中国科学院金属研究所（2.9亿元）、中国科学院理化技术研究所（1.7亿元）。

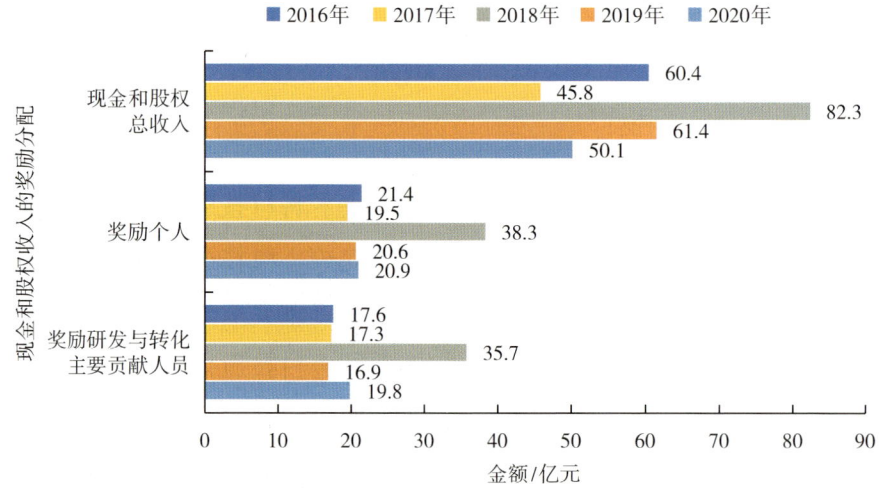

图3-4-1 科研院所以转让、许可、作价投资方式转化科技成果获得的现金和股权收入奖励分配情况

奖励个人金额占现金和股权收入总额比重超过40%，奖励研发与转化主要贡献人员金额占奖励个人金额的比重超过90%，奖励人次明显降低，人均奖励金额明显增长。2020年个人获得的现金和股权奖励占现金和股权收入的比重为41.8%，比上一年的33.6%明显增长，研发与转化主要贡献人员获得的奖励占奖励个人总金额的比重达到94.6%，比上一年的81.9%有所增长，基本符合《中华人民共和国促进科技成果转化法》《实施〈中华人民共和国促进科技成果转化法〉若干规定》的比重

第四章 以转让、许可、作价投资方式转化科技成果收入的奖励分配情况

要求（图 3-4-2、图 3-4-3）。奖励人次为 33 530 人次，比上一年下降 20.9%，人均奖励金额 6.2 万元，比上一年增长 31.0%。

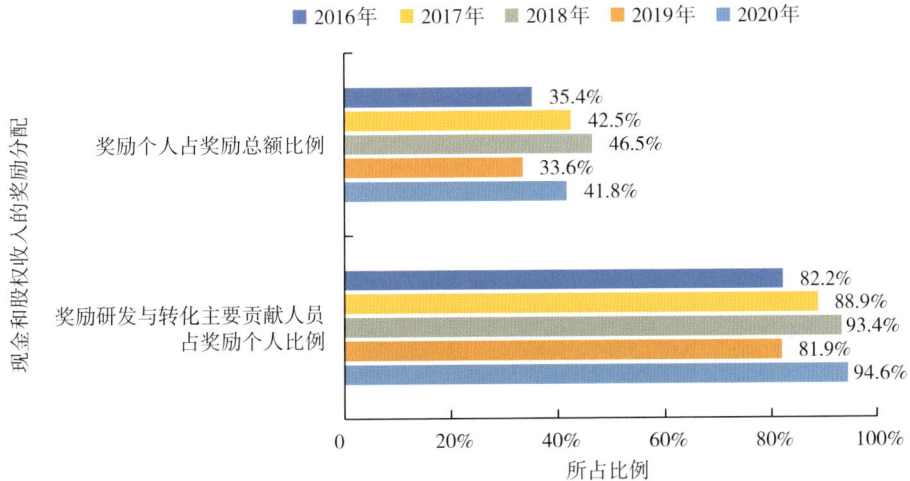

图 3-4-2 科研院所以转让、许可、作价投资方式转化科技成果获得的现金和股权奖励金额占比情况

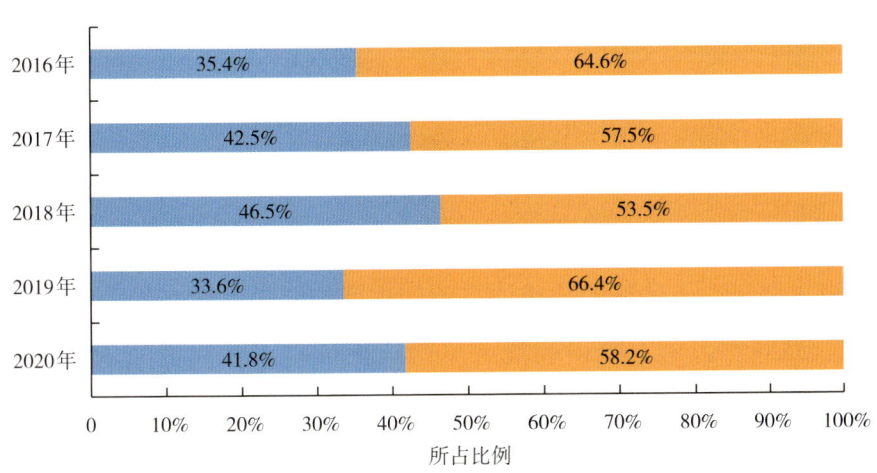

图 3-4-3 科研院所以转让、许可、作价投资方式转化科技成果获得的现金和股权收入留归单位和奖励个人分配情况

（二）现金收入的奖励分配情况

以转让、许可方式转化科技成果获得的现金收入显著降低、个人获得的现金奖励明显降低。2020年现金收入金额为24.5亿元，比上一年下降46.1%。个人获得的现金奖励金额为9.7亿元，比上一年下降33.9%，其中研发与转化主要贡献人员所获现金奖励为8.6亿元，比上一年下降26.8%（图3-4-4）。

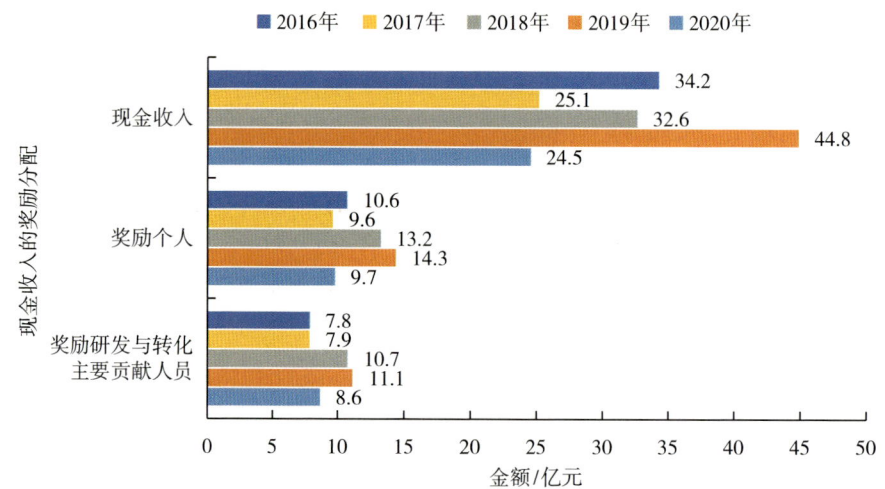

图3-4-4 科研院所以转让、许可方式转化科技成果获得的现金收入奖励分配情况

奖励个人金额占现金收入总额的比重、奖励研发与转化主要贡献人员金额占奖励个人金额的比重均有不同程度的增长，现金奖励人次有所下降。2020年，个人获得的现金奖励占现金收入的比重为39.7%，比上一年的32.0%明显增长；研发与转化主要贡献人员获得的奖励占奖励个人金额的比重为88.7%，比上一年的77.4%有所增长（图3-4-5、图3-4-6）。奖励人次为32 719人次，比上一年下降19.3%，人均奖励

第四章 以转让、许可、作价投资方式转化科技成果收入的奖励分配情况

金额为 3.0 万元,比上一年下降 18.1%。

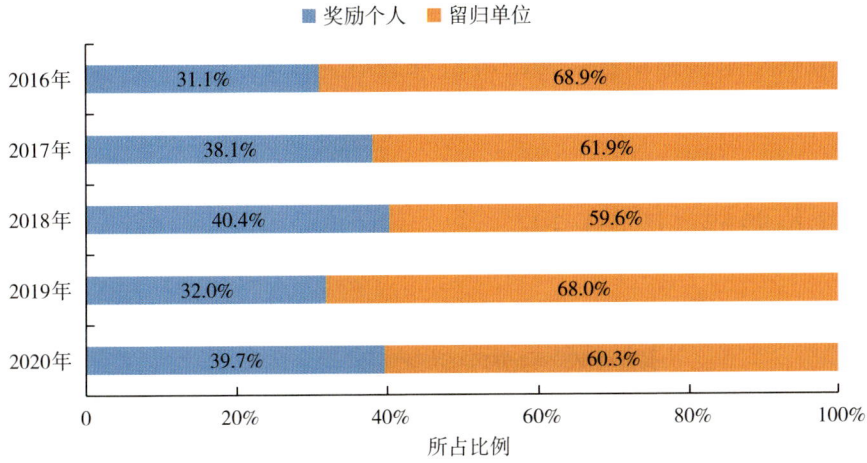

图 3-4-5 科研院所以转让、许可方式转化科技成果获得的现金收入留归单位和奖励个人分配情况

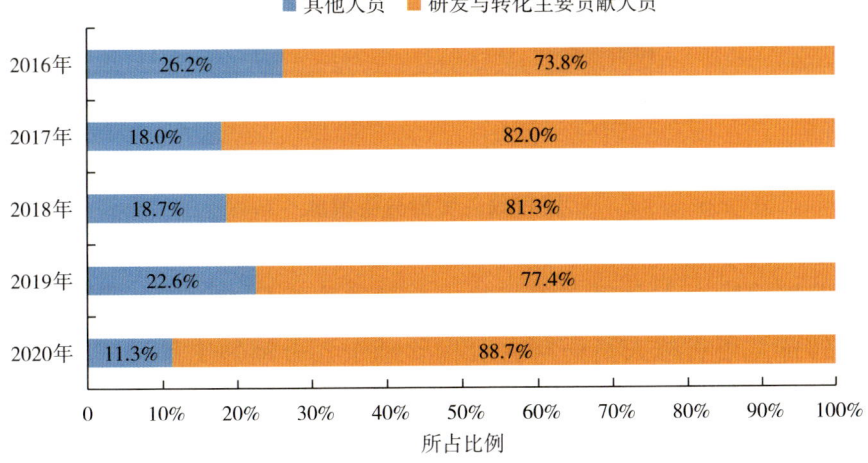

图 3-4-6 科研院所以转让、许可方式转化科技成果获得的现金收入奖励个人分配情况

（三）股权收入的奖励分配情况

以作价投资方式转化科技成果获得的股权收入显著增长，个人获得的股权奖励大幅增长。2020年，股权收入金额为25.6亿元，比上一年增长49.7%。个人获得的股权奖励金额为11.2亿元，比上一年增长80.2%，其中研发与转化主要贡献人员所获股权奖励为11.2亿元，比上一年增长95.5%（图3-4-7）。

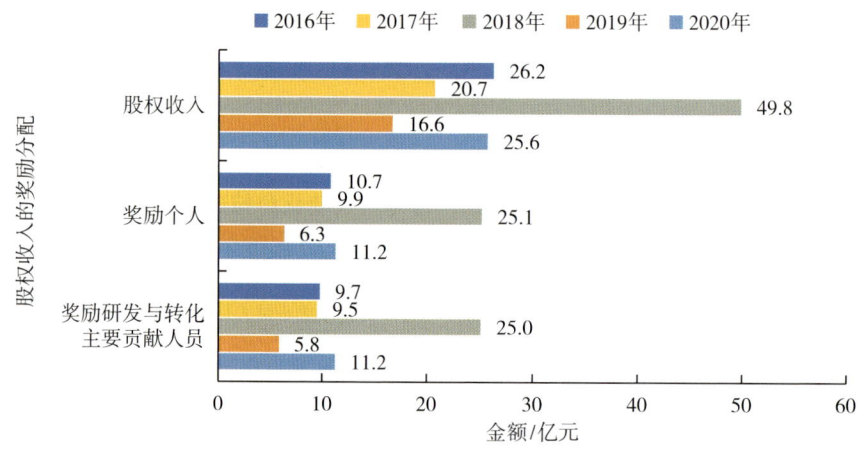

图3-4-7　科研院所以作价投资方式转化科技成果获得的股权收入奖励分配情况

股权奖励个人金额占股权收入总额的比重超过40%，股权奖励研发与转化主要贡献人员金额占股权奖励个人金额的比重超过90%，股权奖励人次大幅降低，人均股权奖励金额增长约3.5倍。2020年，个人获得的股权奖励占股权收入的比重为43.7%，比上一年的37.8%有所增长；研发与转化主要贡献人员获得的股权奖励占奖励个人股权金额的比重为99.8%，比上一年的92.2%略有增长（图3-4-8、图3-4-9）。股权奖励人次为811人次，比上一年下降60.0%，人均股权奖励金额

第四章 以转让、许可、作价投资方式转化科技成果收入的奖励分配情况

138.1 万元，比上一年增长 3.5 倍，人均股权奖励金额是人均现金奖励金额的 46.5 倍。

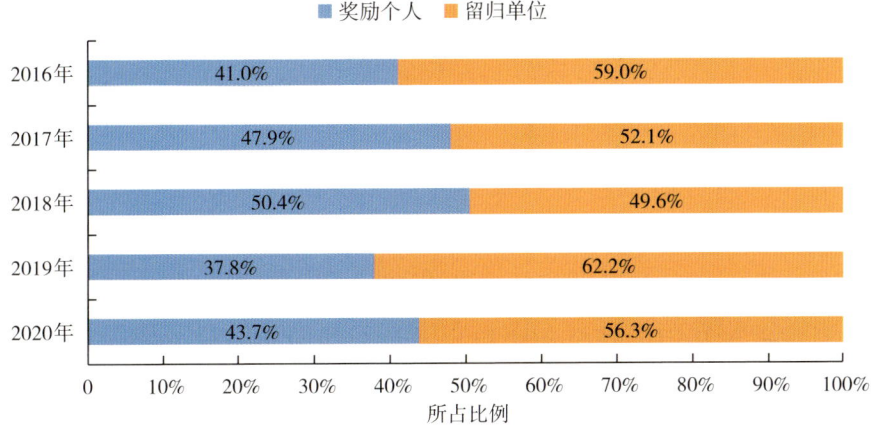

图 3-4-8　科研院所以作价投资方式转化科技成果获得的
股权收入留归单位和奖励个人分配情况

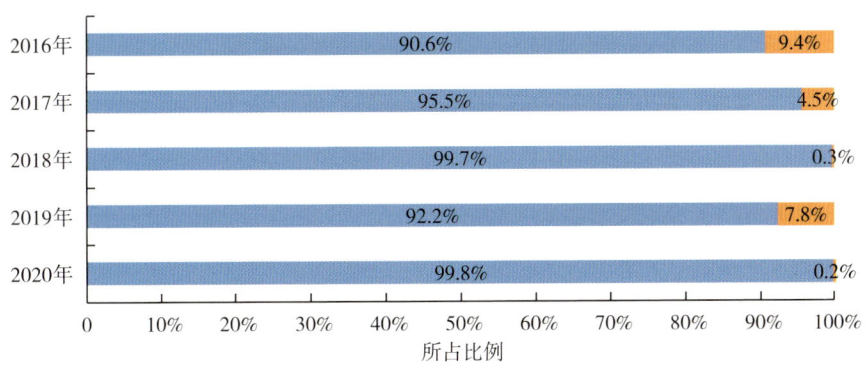

图 3-4-9　科研院所以作价投资方式转化科技成果获得的
股权收入奖励个人分配情况

股权收入奖励个人金额超过 1 亿元的单位共 3 家，分别是中国科学院长春光学精密机械与物理研究所（3.5 亿元）、中国科学院金属研究

所（2.8亿元）、中国科学院理化技术研究所（1.7亿元）。

二、中央所属科研院所收入的奖励分配

（一）现金和股权收入的奖励分配情况

中央所属科研院所以转让、许可、作价投资方式转化科技成果获得的现金和股权收入有所降低，个人获得的现金和股权奖励有所增长。2020年，453家中央所属科研院所以转让、许可、作价投资方式转化科技成果获得的现金和股权收入总金额为36.0亿元，比上一年下降12.7%。个人获得的现金和股权奖励金额达16.1亿元，比上一年增长11.7%，其中研发与转化主要贡献人员所获现金和股权奖励为15.5亿元，比上一年增长25.5%（图3-4-10）。

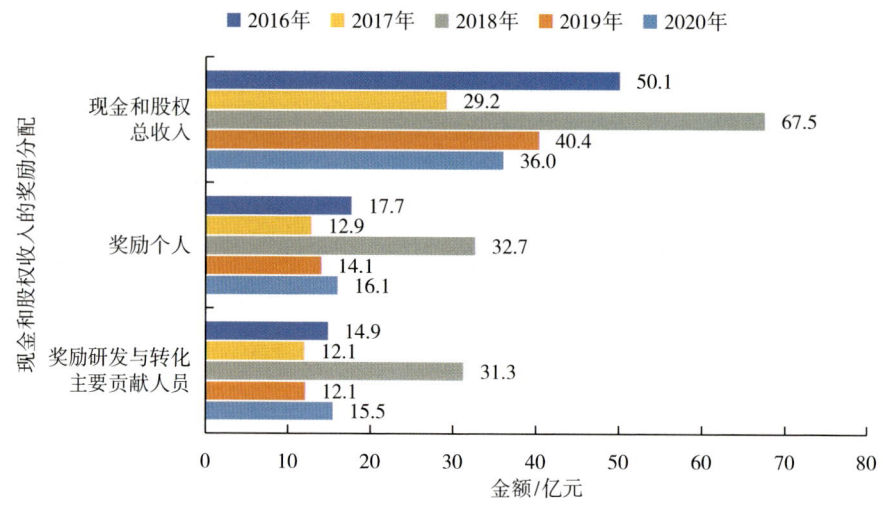

图3-4-10　中央所属科研院所以转让、许可、作价投资方式转化科技成果获得的现金和股权收入奖励分配情况

第四章 以转让、许可、作价投资方式转化科技成果收入的奖励分配情况

奖励个人金额占现金和股权收入总额的比重超过40%，奖励研发与转化主要贡献人员金额占奖励个人金额的比重超过90%，奖励人次明显降低，人均奖励金额显著增长。2020年，个人获得的现金和股权奖励占现金和股权收入的比重为44.6%，比上一年的34.9%明显增长，研发与转化主要贡献人员获得的奖励占奖励个人总金额的比重为96.6%，比上一年的86.2%有所增长（图3-4-11、图3-4-12）。奖励人次为10 646人次，比上一年下降22.3%，人均奖励金额15.1万元，比上一年增长43.8%。

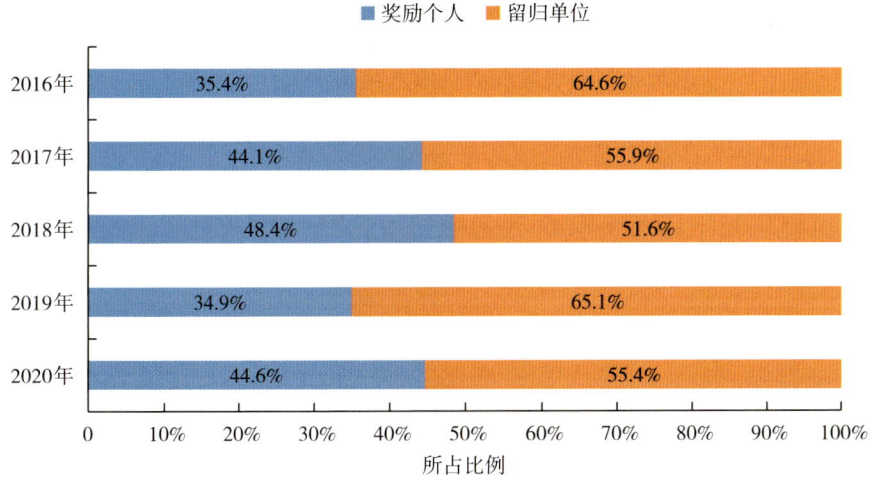

图3-4-11　中央所属科研院所以转让、许可、作价投资方式转化科技成果获得的现金和股权收入留归单位和奖励个人分配情况

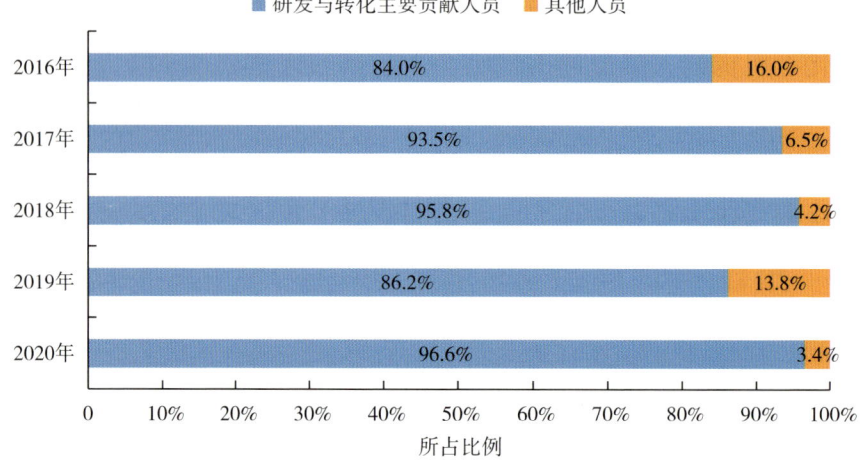

图 3-4-12 中央所属科研院所以转让、许可、作价投资方式转化科技成果获得的现金和股权收入奖励个人分配情况

2020年，以现金和股权收入奖励个人总金额排名居前3位的科研院所依次是中国科学院长春光学精密机械与物理研究所、中国科学院金属研究所、中国科学院理化技术研究所。2020年度，中国科学院长春光学精密机械与物理研究所个人获得的科技成果转化现金和股权奖励总额达3.6亿元，人均奖励金额339.3万元，其中获得现金奖励总额为154.5万元，人均奖励金额3.5万元；获得股权奖励总额为35 472.5万元，人均奖励金额581.5万元。2020年度，中国科学院金属研究所个人获得的科技成果转化现金和股权奖励总额达2.9亿元，人均奖励金额184.9万元，其中获得现金奖励总额为1384.0万元，人均奖励金额17.1万元；获得股权奖励总额为27 638.5万元，人均奖励金额363.7万元。2020年度，中国科学院理化技术研究所个人获得的科技成果转化现金和股权奖励总额达1.7亿元，人均奖励金额567.0万元，获得股权奖励总额为17 008.5万元，人均奖励金额567.0万元。

第四章 以转让、许可、作价投资方式转化科技成果收入的奖励分配情况

（二）现金收入的奖励分配情况

中央所属科研院所以转让、许可方式转化科技成果获得的现金收入显著降低，个人获得的现金奖励、研发与转化主要贡献人员所获现金奖励明显降低。2020年，453家中央所属科研院所以转让、许可方式转化科技成果获得的现金收入总金额为12.3亿元，比上一年下降55.8%。个人获得的现金奖励金额为5.5亿元，比上一年下降37.8%，其中研发与转化主要贡献人员所获现金奖励为4.9亿元，比上一年下降31.2%（图3-4-13）。

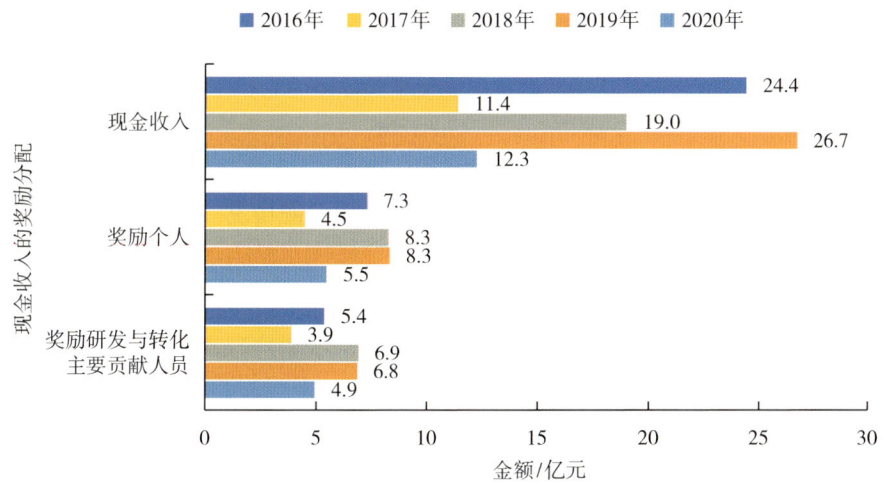

图3-4-13 中央所属科研院所以转让、许可方式转化科技成果获得的现金收入奖励分配情况

奖励个人金额占现金收入总额的比重超过40%，奖励研发与转化主要贡献人员金额占奖励个人金额的比重超过90%。奖励人次有所降低，人均奖励金额明显降低。2020年，个人获得的现金奖励占现金收入总额的比重为44.6%，比上一年的31.1%显著增长，研发与转化主要贡献人员获得的奖励占奖励个人总金额的比重为90.3%，比上一年的82.2%

略有增长（图 3-4-14、图 3-4-15）。奖励人次为 10 135 人次，比上一年下降 17.9%，人均奖励金额 5.4 万元，比上一年下降 24.2%。

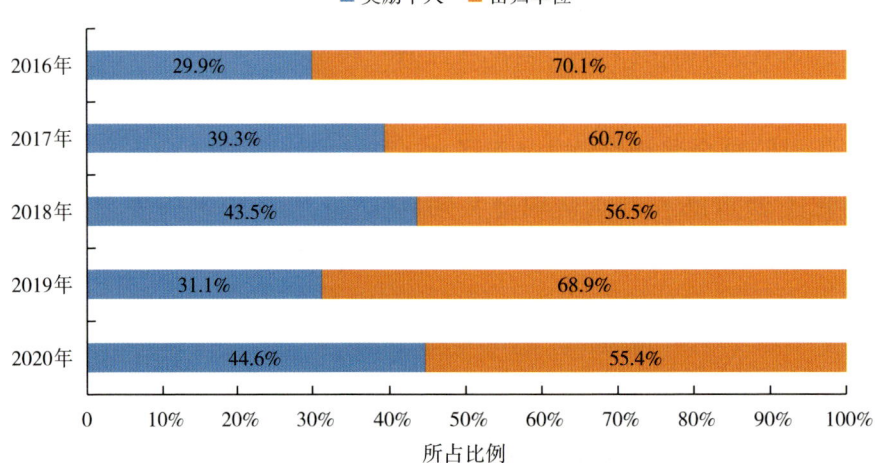

图 3-4-14　中央所属科研院所以转让、许可方式转化科技成果获得的现金收入留归单位和奖励个人分配情况

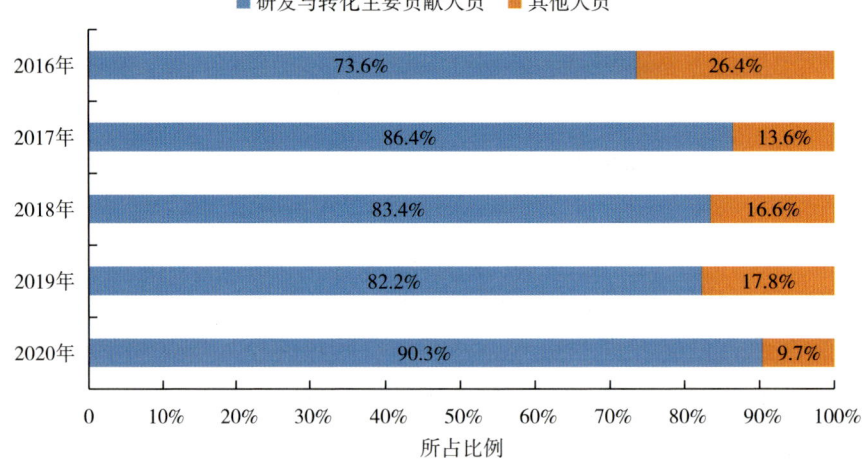

图 3-4-15　中央所属科研院所以转让、许可方式转化科技成果获得的现金收入奖励个人分配情况

第四章　以转让、许可、作价投资方式转化科技成果收入的奖励分配情况

（三）股权收入的奖励分配情况

中央所属科研院所以作价投资方式转化科技成果获得的股权收入、个人获得的股权奖励均有大幅增长。2020年，453家中央所属科研院所以作价投资方式转化科技成果获得的股权收入金额为23.8亿元，比上一年增长71.5%。个人获得的股权奖励金额为10.6亿元，比上一年增长83.0%，其中研发与转化主要贡献人员所获股权奖励为10.6亿元，比上一年增长98.6%（图3-4-16）。

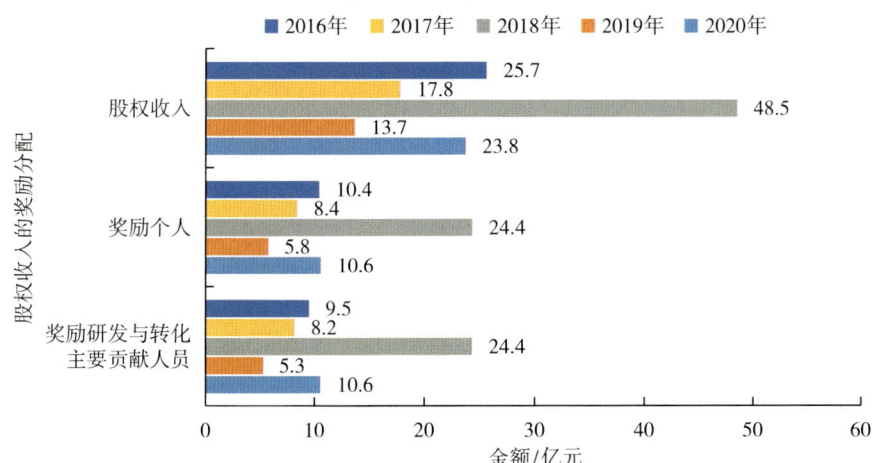

图3-4-16　中央所属科研院所以作价投资方式转化科技成果获得的股权收入奖励分配情况

股权奖励个人金额占股权收入总额的比重超过40%，奖励研发与转化主要贡献人员金额占奖励个人金额的比重超过90%，股权奖励人次大幅降低，人均股权奖励金额增长约3.7倍。2020年，个人获得的股权奖励占股权收入的比重为44.5%，比上一年的42.2%略有增长；研发与转化主要贡献人员获得的股权奖励占奖励个人股权金额的比重为99.8%，比上一年的92.0%略有增长（图3-4-17、图3-4-18）。股权奖励人次

为 511 人次，比上一年下降 61.3%，人均股权奖励金额 207.2 万元，比上一年增长 3.7 倍，是人均现金奖励金额的 38.4 倍。

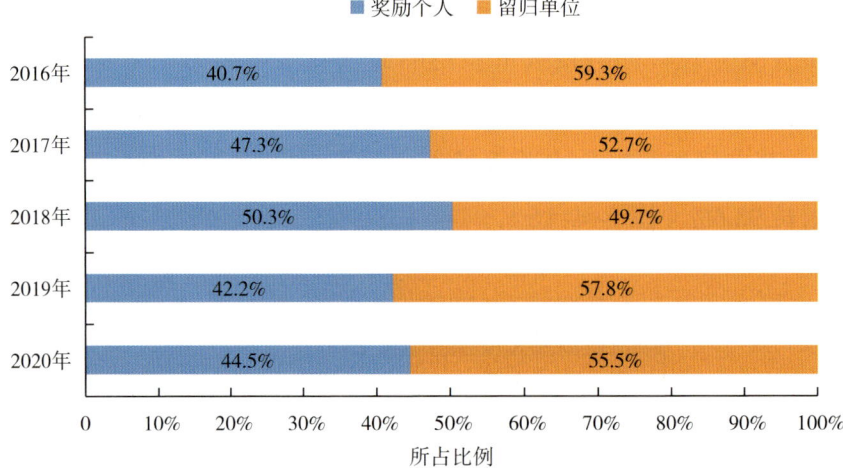

图 3-4-17　中央所属科研院所以作价投资方式转化科技成果获得的股权收入留归单位和奖励个人分配情况

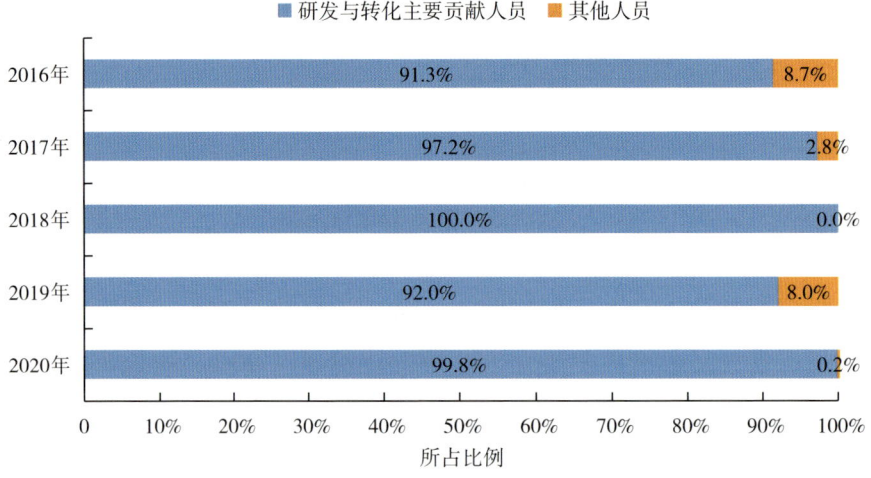

图 3-4-18　中央所属科研院所以作价投资方式转化科技成果获得的股权收入奖励个人分配情况

第四章 以转让、许可、作价投资方式转化科技成果收入的奖励分配情况

三、地方所属科研院所收入奖励的分配

（一）现金和股权收入的奖励分配情况

1. 收入的奖励分配概况

地方所属科研院所以转让、许可、作价投资方式转化科技成果获得的现金和股权收入、个人获得的现金和股权奖励均明显降低。2020年，1668家地方所属科研院所以转让、许可、作价投资方式转化科技成果获得的现金和股权收入总金额为14.1亿元，比上一年下降33.3%。个人获得的现金和股权奖励金额达4.9亿元，比上一年下降21.0%，其中研发与转化主要贡献人员所获现金和股权奖励为4.3亿元，比上一年下降10.9%（图3-4-19）。

图3-4-19 地方所属科研院所以转让、许可、作价投资方式转化科技成果获得的现金和股权收入奖励分配情况

奖励个人金额占现金和股权收入总额的比重超过30%，奖励研发与转化主要贡献人员金额占奖励个人金额的比重超过80%。奖励人次明显降低，人均奖励金额略有降低。2020年，个人获得的现金和股权奖励占现金和股权收入的比重为34.6%，比上一年的31.0%有所增长，研发与转化主要贡献人员获得的奖励占奖励个人总金额的比重为88.2%，比上一年的72.7%明显增长（图3-4-20、图3-4-21）。奖励人次为22 884人次，比上一年下降20.3%，人均奖励金额2.1万元，比上一年下降0.9%。

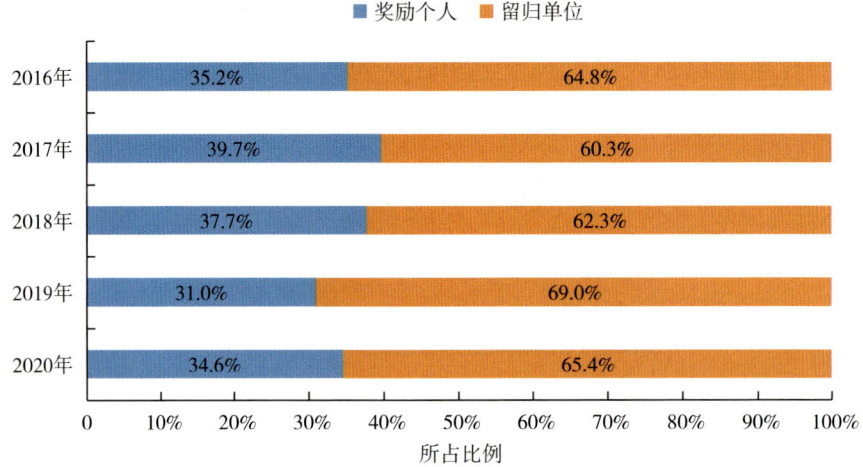

图3-4-20　地方所属科研院所以转让、许可、作价投资方式转化科技成果获得的现金和股权收入奖励个人和留归单位分配情况

第四章 以转让、许可、作价投资方式转化科技成果收入的奖励分配情况

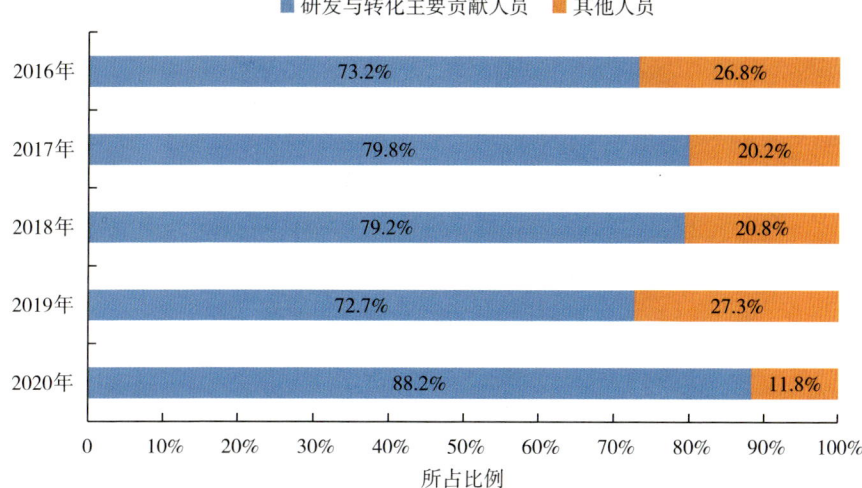

图 3-4-21 地方所属科研院所以转让、许可、作价投资方式转化科技成果获得的现金和股权收入奖励个人分配情况

2. 各地方单位收入的奖励分配情况

2020 年，地方所属科研院所以转让、许可、作价投资方式转化科技成果获得的现金和股权收入金额排名居前 3 位的地方分别是广东省（4.9 亿元）、安徽省（1.2 亿元）、黑龙江省（0.8 亿元）（图 3-4-22）。单位奖励个人金额排名居前 3 位的分别地方是黑龙江省（0.6 亿元）、广东省（0.6 亿元）、上海市（0.5 亿元）（图 3-4-23）；单位奖励研发与转化主要贡献人员金额排名居前 3 位的分别地方是黑龙江省（0.6 亿元）、广东省（0.5 亿元）、上海市（0.5 亿元）；奖励人次排名居前 3 位的地方分别是广东省（2848 人次）、广西壮族自治区（2552 人次）、江苏省（2341 人次）。

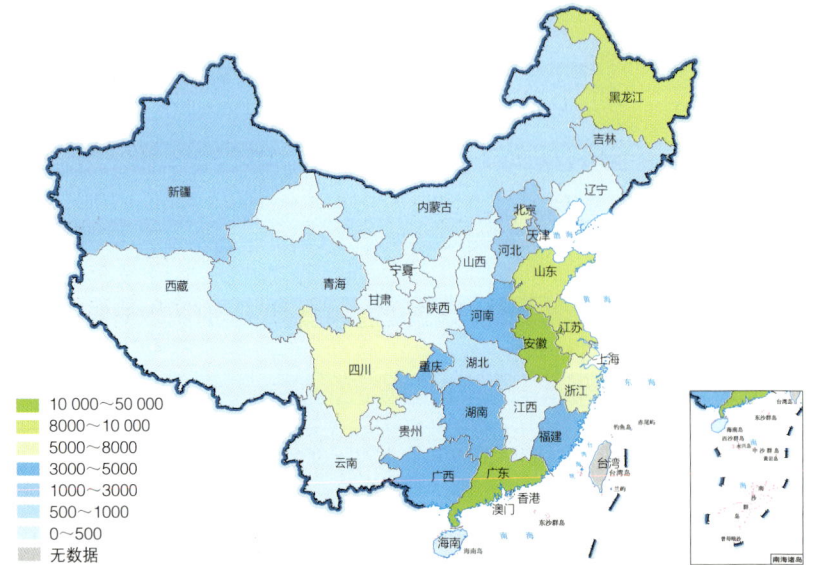

图 3-4-22　地方所属科研院所以转让、许可、作价投资方式转化科技成果获得的现金和股权收入金额分布情况（单位：万元）

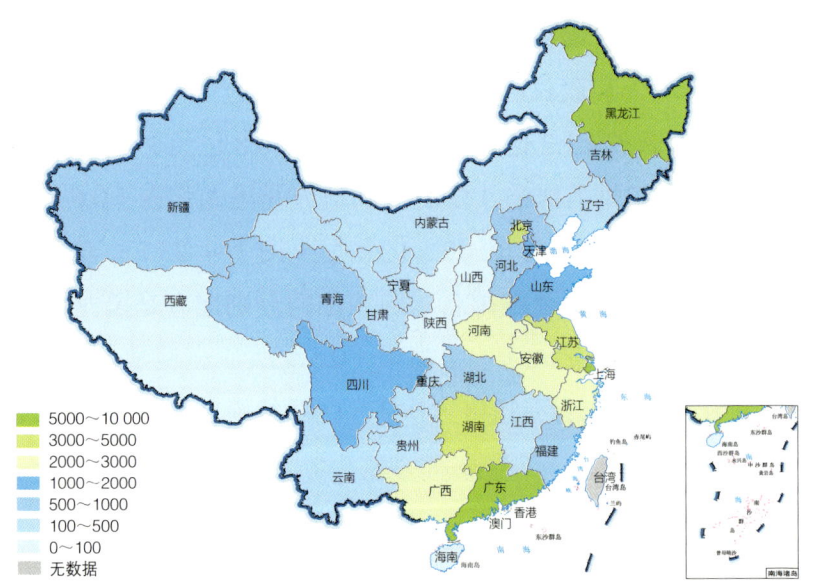

图 3-4-23　地方所属科研院所以转让、许可、作价投资方式转化科技成果获得的现金和股权奖励个人金额分布情况（单位：万元）

第四章 以转让、许可、作价投资方式转化科技成果收入的奖励分配情况

（二）现金收入的奖励分配情况

地方所属科研院所以转让、许可方式转化科技成果获得的现金收入明显降低，个人获得的现金奖励有所降低。2020年，1668家地方所属科研院所以转让、许可方式转化科技成果获得的现金收入总金额为12.2亿元，比上一年下降28.5%。个人获得的现金奖励金额为4.3亿元，比上一年下降26.3%，其中研发与转化主要贡献人员所获现金奖励为3.7亿元，比上一年下降17.5%（图3-4-24）。

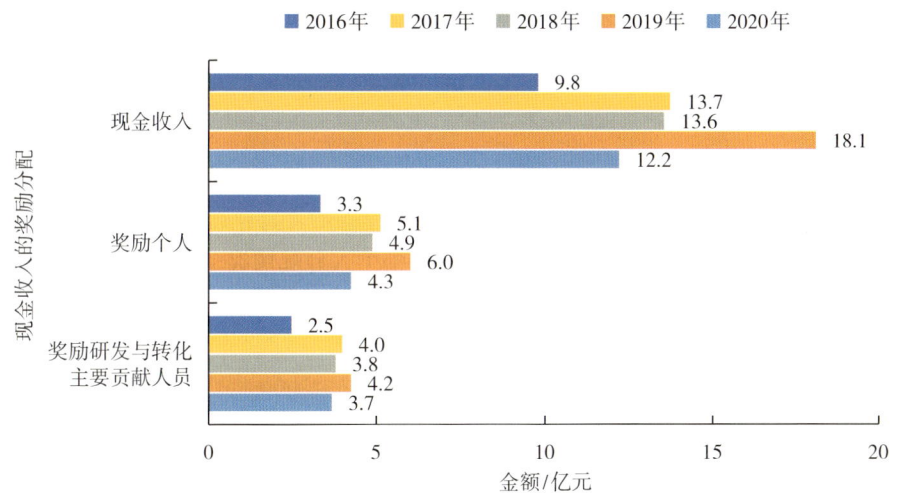

图3-4-24 地方所属科研院所以转让、许可方式转化科技成果获得的现金收入奖励分配情况

奖励个人金额占现金收入总额的比重略有增长、奖励研发与转化主要贡献人员金额占奖励个人金额的比重明显增长，奖励人次有所降低，人均奖励金额略有降低。2020年个人获得的现金奖励占现金收入总额的比重34.8%，比上一年的33.2%略有增长，研发与转化主要贡献人员获得的奖励占奖励个人总金额的比重为86.6%，比上一年的70.7%明显

增长（图 3-4-25、图 3-4-26）。奖励人次为 22 584 人次，比上一年下降 19.9%，人均奖励金额 1.9 万元，比上一年下降 8.1%。

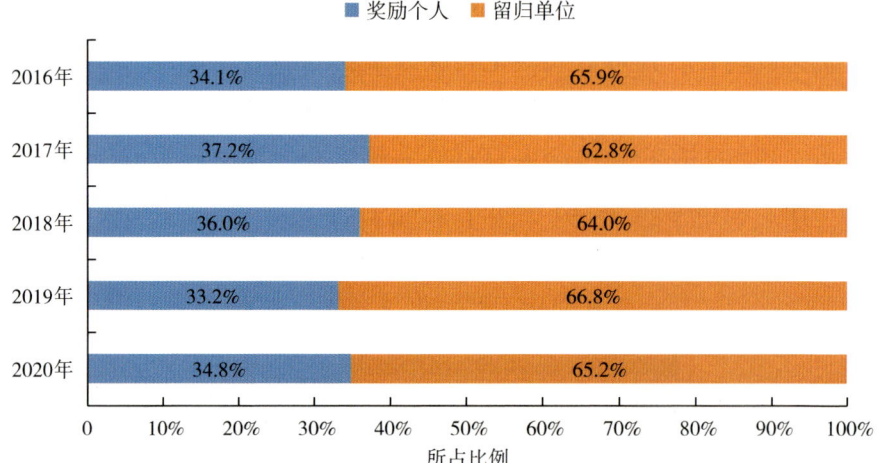

图 3-4-25　地方所属科研院所以转让、许可方式转化科技成果获得的现金收入留归单位和奖励个人分配情况

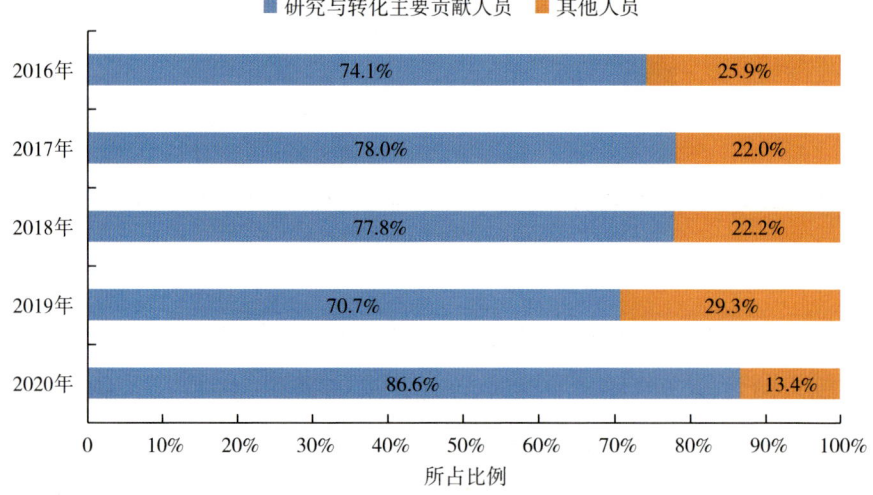

图 3-4-26　地方所属科研院所以转让、许可方式转化科技成果获得的现金收入奖励个人分配情况

第四章 以转让、许可、作价投资方式转化科技成果收入的奖励分配情况

（三）股权收入的奖励分配情况

地方所属科研院所以作价投资方式转化科技成果获得的股权收入显著降低，个人获得股权奖励显著增长。2020年，1668家地方所属科研院所以作价投资方式转化科技成果获得的股权收入金额为1.9亿元，比上一年下降59.2%。个人获得的股权奖励金额为0.6亿元，比上一年增长38.5%，其中研发与转化主要贡献人员所获股权奖励为0.6亿元，比上一年增长49.5%（图3-4-27）。

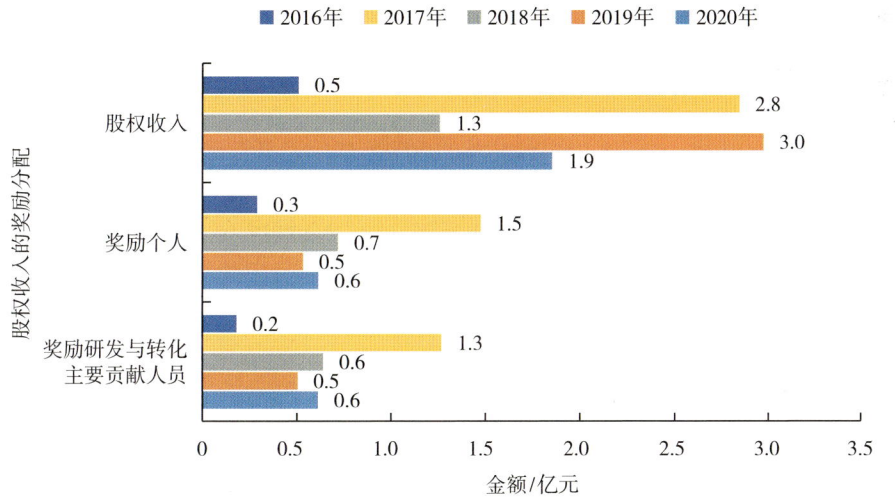

图3-4-27 地方所属科研院所以作价投资方式转化科技成果获得的股权收入奖励分配情况

股权奖励个人金额占股权收入总额的比重超过30%，奖励研发与转化主要贡献人员金额占奖励个人金额的比重超过90%，股权奖励人次显著降低，人均股权奖励金额增长约2倍，人均股权奖励金额是人均现金奖励金额的10.8倍。2020年，个人获得的股权奖励占股权收入的比重为33.0%，比上一年的17.8%大幅增长；研发与转化主要贡献人员获得的股

权奖励占奖励个人股权金额的比重为 99.7%，比上一年的 94.6% 略有增长（图 3-4-28、图 3-4-29）。股权奖励人次为 300 人次，比上一年下降 54.6%，人均股权奖励金额 20.4 万元，比上一年增长 2.0 倍。

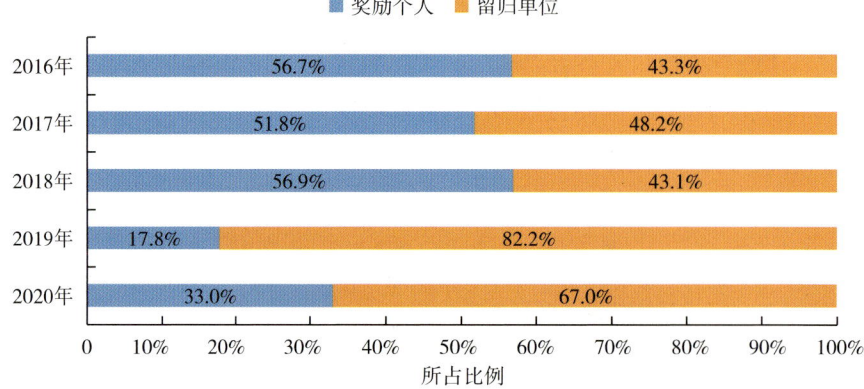

图 3-4-28　地方所属科研院所以作价投资方式转化科技成果获得的股权收入留归单位和奖励个人分配情况

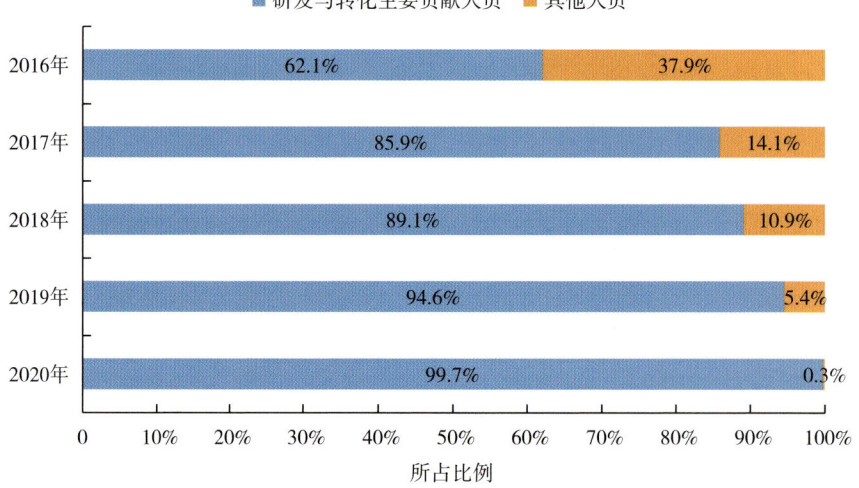

图 3-4-29　地方所属科研院所以作价投资方式转化科技成果获得的股权收入奖励个人分配情况

第四章 以转让、许可、作价投资方式转化科技成果收入的奖励分配情况

四、地区收入的奖励分配

按单位所在地区统计，2020年，地方辖区内的科研院所以转让、许可、作价投资方式转化科技成果获得的现金和股权收入金额排名居前3位的地方分别是北京市（10.9亿元）、吉林省（7.3亿元）、辽宁省（6.5亿元）；辖区内的科研院所以转让、许可、作价投资方式转化科技成果获得的现金和股权奖励个人金额排名居前3位的地方分别是北京市（4.6亿元）、吉林省（3.7亿元）、辽宁省（3.1亿元）（图3-4-30）；奖励研发与转化主要贡献人员金额排名居前3位的地方分别是北京市（4.4亿元）、吉林省（3.6亿元）、辽宁省（3.1亿元）；奖励人次排名居前3位的地方分别是北京市（5088人次）、江苏省（4163人次）、广东省（3178人次）。

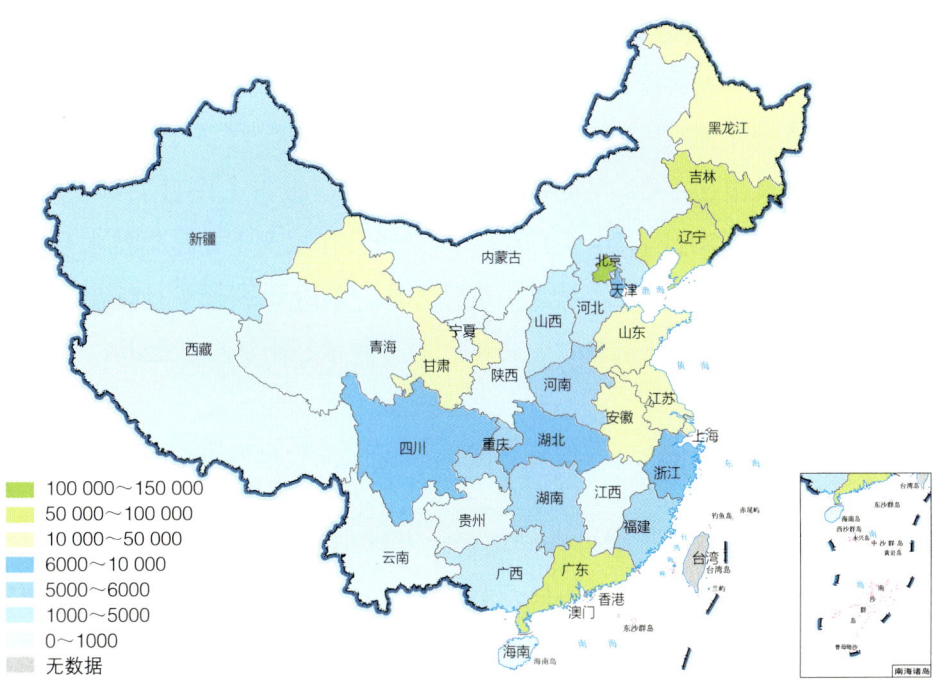

图3-4-30 地方辖区内科研院所以转让、许可、作价投资方式转化科技成果获得的现金和股权奖励个人金额分布情况（单位：万元）

第五章
以技术开发、咨询、服务方式转化科技成果的情况

《实施〈中华人民共和国促进科技成果转化法〉若干规定》指出，国家设立的研究开发机构、高等院校按照规定格式报送的科技成果转化年度报告中，应包括签订的技术开发合同、技术咨询合同、技术服务合同等产学研合作情况。《科技部办公厅 财政部办公厅关于研究开发机构和高等院校报送2020年度科技成果转化年度报告工作有关事项的通知》（国科办区〔2021〕120号）规定，产学研合作情况主要是指技术开发、咨询、服务3种方式的技术活动。统计发现，2121家科研院所输出技术、服务能力不断强化，技术开发、咨询、服务数量和质量稳步提升。

一、基本情况

技术开发、咨询、服务合同项数略有增长，合同项数占"整体[①]"合同总项数的比重达九成以上。2020年，技术开发、咨询、服务合同

[①] "整体"指以转让、许可、作价投资和技术开发、咨询、服务方式转化的科技成果的整体情况。

第五章 以技术开发、咨询、服务方式转化科技成果的情况

项数241 169项,比上一年增长3.7%,占"整体"合同总项数的比重为98.4%(2019年占比也为98.4%)(图3-5-1)。

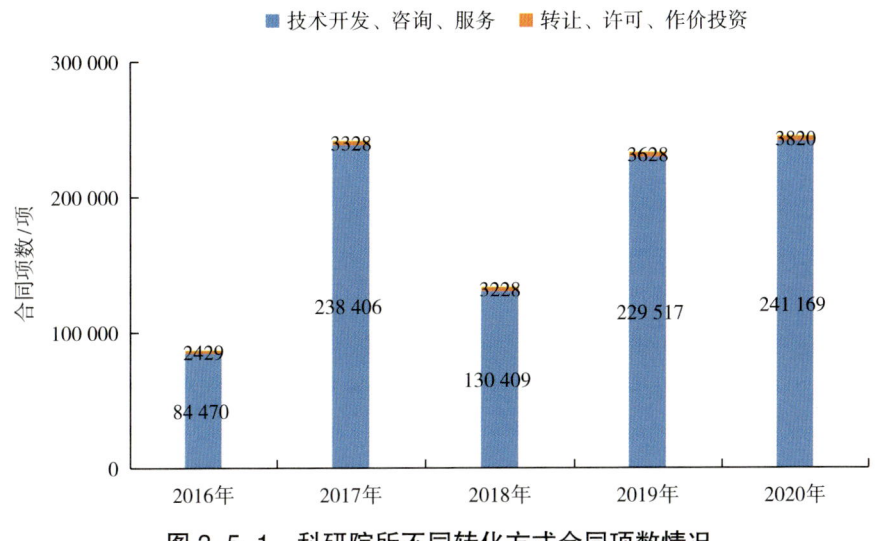

图3-5-1 科研院所不同转化方式合同项数情况

技术开发、咨询、服务合同金额有所增长,占"整体"合同总金额的比重近八成。2020年,技术开发、咨询、服务合同金额为341.2亿元,比上一年增长12.9%,占"整体"合同总金额的79.4%(2019年占比为78.8%)(图3-5-2)。

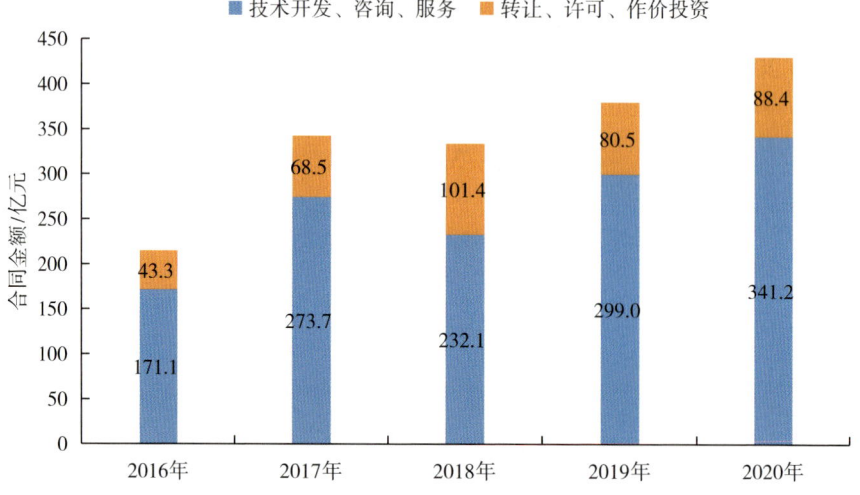

图 3-5-2　科研院所不同转化方式合同金额情况

以技术开发、咨询、服务方式转化科技成果平均合同金额比上一年略有增长。2121 家科研院所以技术开发、咨询、服务方式转化科技成果的平均合同金额为 14.1 万元，比上一年增长 9.9%（表 3-5-1）。

表 3-5-1　科研院所以技术开发、咨询、服务方式转化科技成果合同金额区间分布情况

合同金额区间	合同项数 / 项	合同项数占比	合同金额小计 / 万元	合同金额占比
1 亿元（含）以上	3	0.001%	62 167.0	1.8%
1000 万（含）~1 亿元	237	0.1%	487 990.8	14.3%
100 万（含）~1000 万元	4919	2.0%	1 222 983.5	35.8%
100 万元以下	236 010	97.9%	1 638 657.4	48.0%
总计	241 169	100%	3 411 798.7	100%

第五章 以技术开发、咨询、服务方式转化科技成果的情况

2020年,技术开发、咨询、服务合同金额超过10亿元的单位仅1家,为中国水利水电科学研究院(13.9亿元)。2020年,中国水利水电科学研究院签订的技术开发、咨询、服务合同中,合同金额超过1000万元的有8项,其中"西藏拉洛水利枢纽及配套灌区工程运行管理信息化平台建设项目"合同金额4975.7万元(表3-5-2)。

2020年,技术开发、咨询、服务合同当年到账金额共计239.7亿元,占当年签订技术开发、咨询、服务合同总金额的70.3%。其中,中央所属科研院所当年到账金额为149.7亿元,地方所属科研院所当年到账金额为90.0亿元。

2020年,技术开发、咨询、服务合同金额超过1亿元的有3项,超过5000万元的有17项,超过1000万元的有240项。

表3-5-2 科研院所技术开发、咨询、服务合同金额超过1亿元的成果

序号	成果名称	合同金额/万元	科研院所名称
1	中国石化上海光源能源化工科学实验室光束线站系统研制	30 167.00	中国科学院上海高等研究院
2	浙江省产教融合信息化平台+数据挖掘分析	20 000.00	之江实验室
3	华为(南京)沃土工场项目合作协议	12 000.00	江苏省产业技术研究院
合计/万元		62 167.00	
占全国技术开发、咨询、服务合同总金额的比重		0.6%	
占全国科研院所技术开发、咨询、服务合同总金额的比重		1.8%	

二、中央所属科研院所以技术开发、咨询、服务方式转化科技成果

中央所属科研院所技术开发、咨询、服务合同项数略有降低，合同金额有所增长。2020年，453家中央所属科研院所签订的技术开发、咨询、服务合同项数为43 169项，比上一年下降1.8%；合同金额为220.6亿元，比上一年增长13.2%（图3-5-3）。

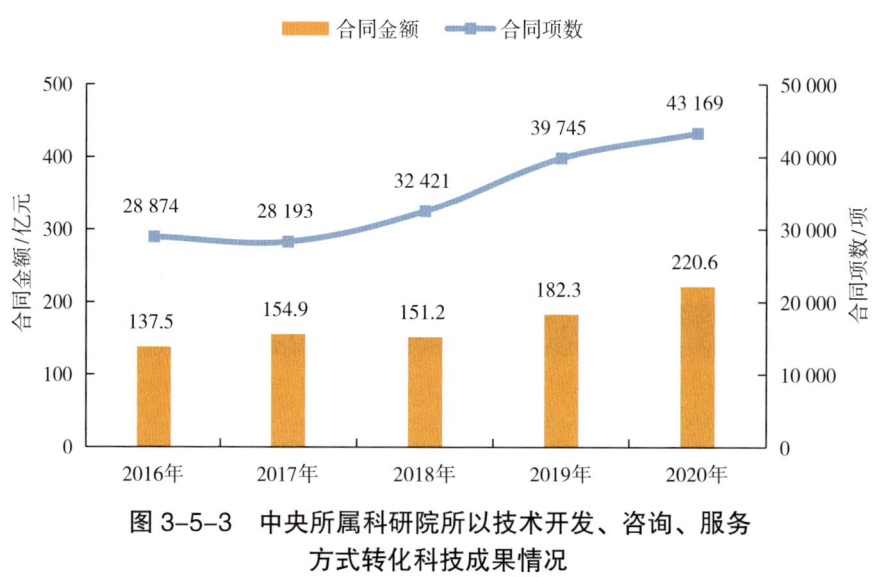

图3-5-3　中央所属科研院所以技术开发、咨询、服务方式转化科技成果情况

三、地方所属科研院所以技术开发、咨询、服务方式转化科技成果

（一）以技术开发、咨询、服务方式转化科技成果概况

地方所属科研院所技术开发、咨询、服务合同项数略有增长，合同金额有所增长。2020年，1668家地方所属科研院所签订的技术开发、

咨询、服务合同项数共 198 000 项，比上一年增长 4.9%；合同金额共 120.6 亿元，比上一年增长 12.3%（图 3-5-4）。

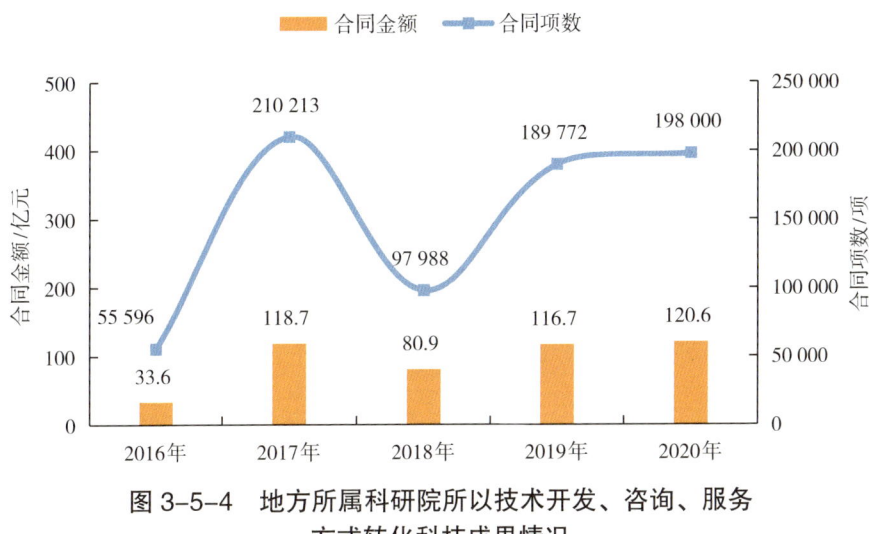

图 3-5-4 地方所属科研院所以技术开发、咨询、服务方式转化科技成果情况

（二）各地方以技术开发、咨询、服务方式转化科技成果

2020 年，地方所属科研院所签订的技术开发、咨询、服务合同总项数排名居前 3 位的地方分别是广东省（19 549 项）、浙江省（13 966 项）、重庆市（11 596 项），合同总金额排名居前 3 位的地方分别是广东省（23.6 亿元）、浙江省（15.3 亿元）、山东省（8.1 亿元）（图 3-5-5、图 3-5-6）。广东省科学院以技术开发、咨询、服务方式转化科技成果合同金额达 8.5 亿元，在所有地方所属科研院所中排名居第 1 位。

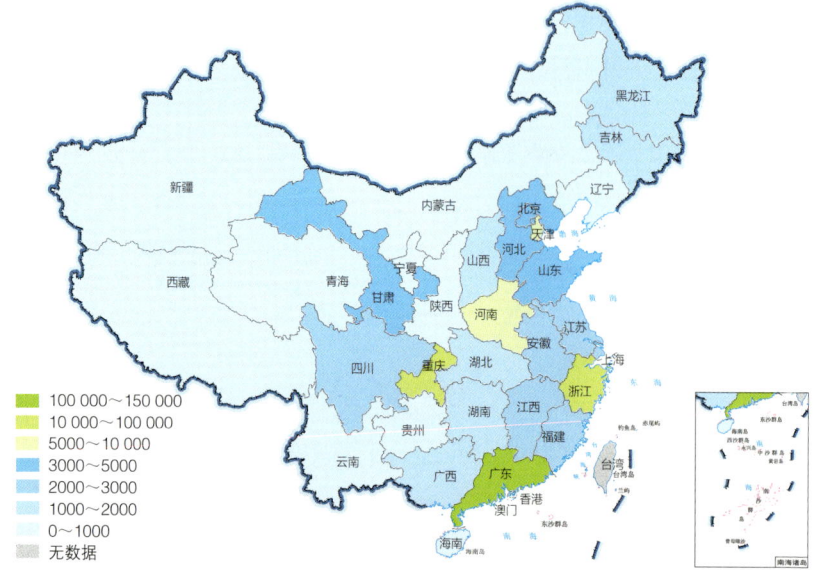

图 3-5-5　地方所属科研院所技术开发、咨询、服务方式转化科技成果合同项数分布情况（单位：项）

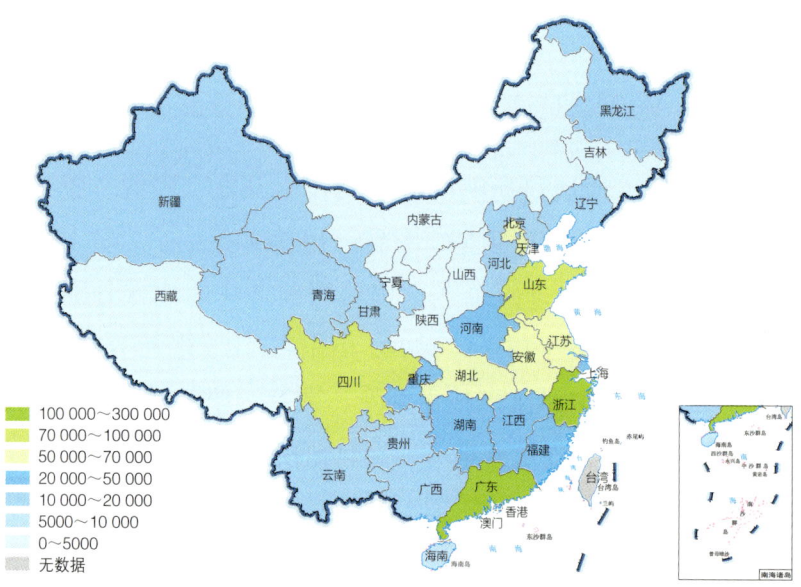

图 3-5-6　地方所属科研院所技术开发、咨询、服务方式转化科技成果合同金额分布情况（单位：万元）

第三篇 第五章 以技术开发、咨询、服务方式转化科技成果的情况

四、地区以技术开发、咨询、服务方式转化科技成果

按照单位所在辖区统计,2020年全国31个省、自治区、直辖市辖区内的科研院所签订的技术开发、咨询、服务合同项数排名居前3位的地方分别是广东省(121 751项)、北京市(22 930项)、浙江省(15 733项),合同金额排名居前3位的地方分别是北京市(104.1亿元)、广东省(40.5亿元)、江苏省(24.4亿元)(图3-5-7、图3-5-8)。

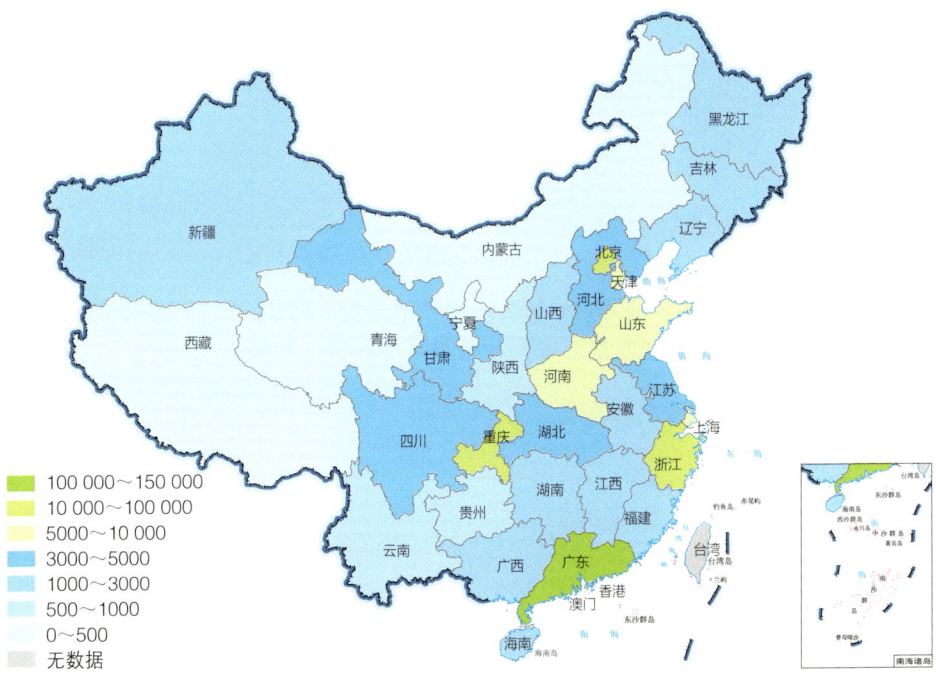

图3-5-7 各地方辖区内科研院所以技术开发、咨询、服务方式转化科技成果合同项数分布情况(单位:项)

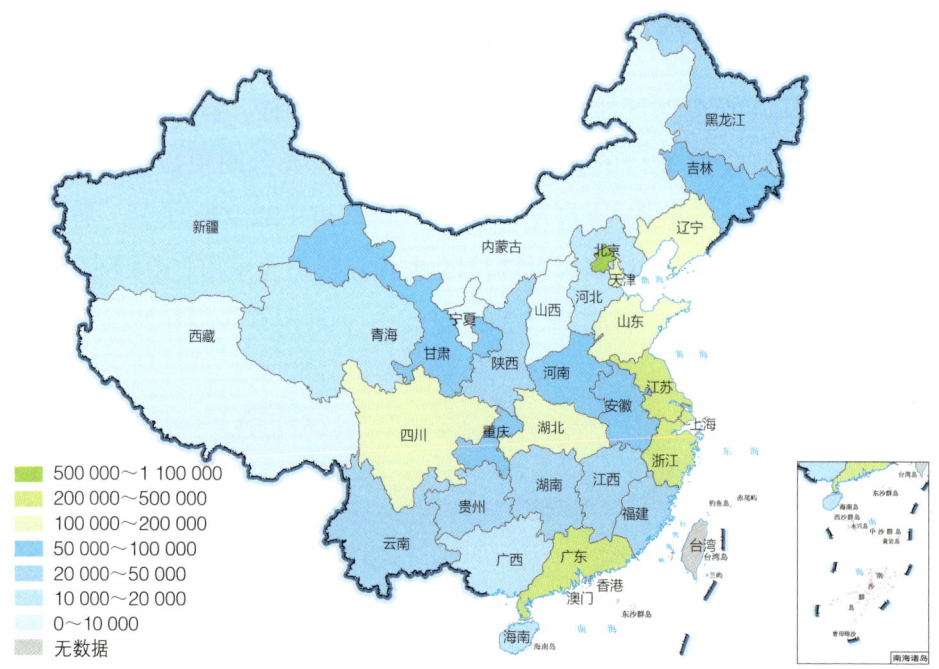

图 3-5-8　各地方辖区内科研院所以技术开发、咨询、服务方式转化科技成果合同金额分布情况（单位：万元）

第六章
兼职及离岗创业和创设参股新公司

统计数据显示，科研院所兼职从事科技成果转化和离岗创业人员数量不断增加，创设和参股新公司的数量超 2000 家，为促进科技成果的转移转化发挥了重要作用。

一、兼职及离岗创业人员

国家鼓励科研人员兼职或离岗创业促进科技成果转化。《中华人民共和国促进科技成果转化法》规定，国家鼓励研究开发机构、高等院校与企业及其他组织开展科技人员交流，根据专业特点、行业领域技术发展需要，聘请企业及其他组织科技人员兼职从事教学和科研工作，支持本单位科技人员到企业及其他组织从事科技成果转化活动。《实施〈中华人民共和国促进科技成果转化法〉若干规定》要求，研究开发机构、高等院校应当建立制度规定或与科技人员约定兼职、离岗从事科技成果转化活动期间和期满后的权利和义务。上述规定为研究开发机构、高等院校的科研人员兼职从事科技成果转化和离岗创业提供了重要政策保障。

兼职从事成果转化和离岗创业人员数量有所增长。2020年，2121家科研院所兼职从事科技成果转化和离岗创业人员数量为4044人，比上一年增长11.1%。其中，453家中央所属科研院所兼职从事科技成果转化和离岗创业人员数量为2016人，比上一年增长30.1%；1668家地方所属科研院所兼职从事科技成果转化和离岗创业人员数量为2028人，比上一年下降5.5%（图3-6-1）。平均每家科研院所兼职从事科技成果转化和离岗创业人员数量为1.9人，其中中央所属科研院所平均每家4.5人，地方所属科研院所平均每家1.2人。

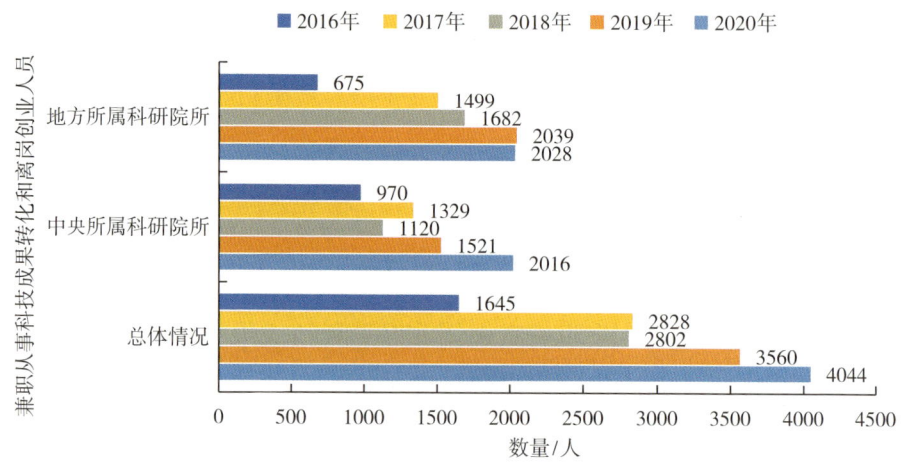

图3-6-1　科研院所兼职从事科技成果转化和离岗创业人员情况

二、创设和参股新公司[①]

科技成果转移转化相关协议签订后，科技成果的技术支持和顺利产业化是科技成果转移转化成功与否的关键。很多科研院所在转化科技成果后，通过创设和参股新公司的方式，进一步支持、服务科技成果产业

---

① 创设和参股新公司数量为到当年为止的累计数量。

第六章 兼职及离岗创业和创设参股新公司

化的后续工作，尤其是以作价投资方式转化科技成果的单位，往往成为新成立公司的股东。因此，对创设和参股新公司的统计分析，有助于更全面地了解科技成果转化成效。

创设和参股新公司数量略有增长。其中，中央所属科研院所创设和参股新公司数量、地方所属科研院所创设和参股新公司数量均略有增长。2020年，2121家科研院所创设和参股新公司数量为985家，比上一年增长3.6%。其中，中央所属科研院所创设和参股新公司数量为370家，比上一年增长3.5%；地方所属科研院所创设和参股新公司数量为615家，比上一年增长3.7%（图3-6-2）。2121家科研院所平均创设和参股新公司0.5家，中央所属科研院所平均创建0.8家，地方所属科研院所平均创建0.4家。

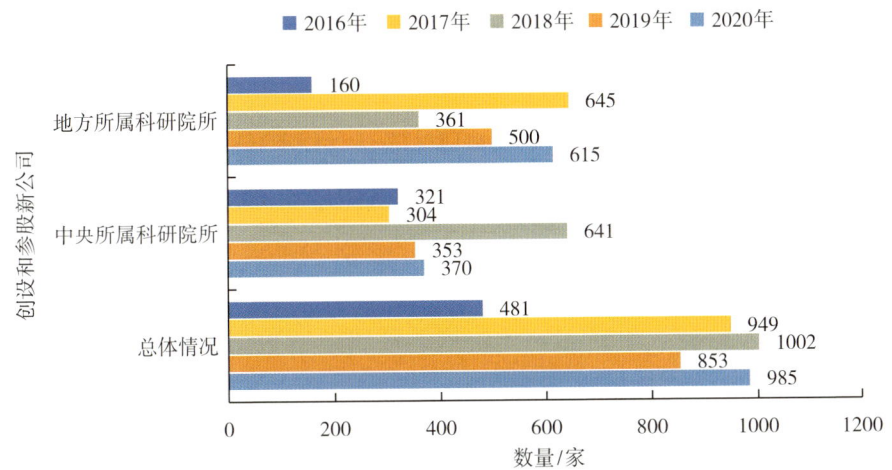

图3-6-2 科研院所创设和参股新公司情况

第七章
技术转移机构建设

统计发现,部分科研院所专门成立了适合自身特点的技术转移机构,科技成果转移转化不断趋向专业化。科研院所与企业共建的研发机构、转移机构和转化服务平台的数量快速增加,不断吸纳聚合各方资源助力科技成果转移转化。

一、科研院所技术转移机构及人才建设

(一)技术转移机构

自建从事科技成果转移转化机构的科研院所数量占单位总数的比重略有增长。240家科研院所自建了技术转移机构,占单位总数(2121家)的11.3%(图3-7-1),比上一年增长8.7%。这240家科研院所共自建了326家技术转移机构,比上一年下降2.6%。

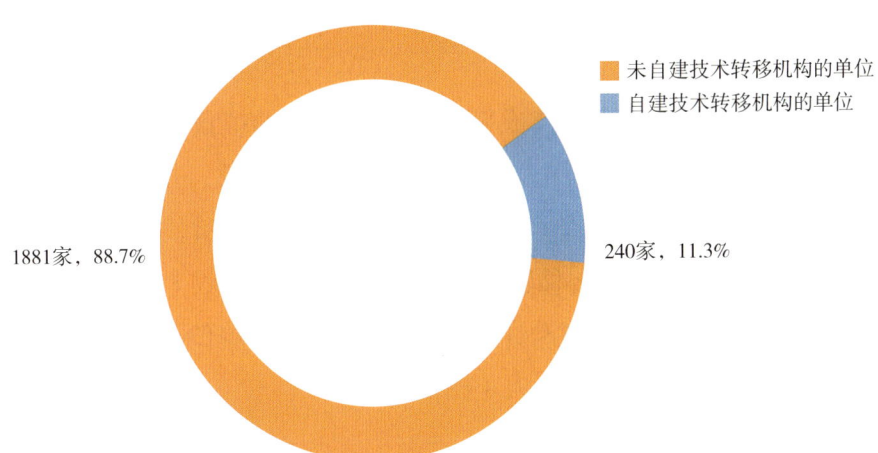

图 3-7-1　科研院所自建技术转移机构的单位数量情况

科研院所与市场化技术转移机构合作开展科技成果转化的情况持续活跃。与市场化技术转移机构合作开展科技成果转化的科研院所数量为 311 家,占单位总数的 14.7%(图 3-7-2),比上一年增长 7.3%。这 311 家科研院所共与 927 家市场化技术转移机构合作开展科技成果转化活动,比上一年下降 54.5%。

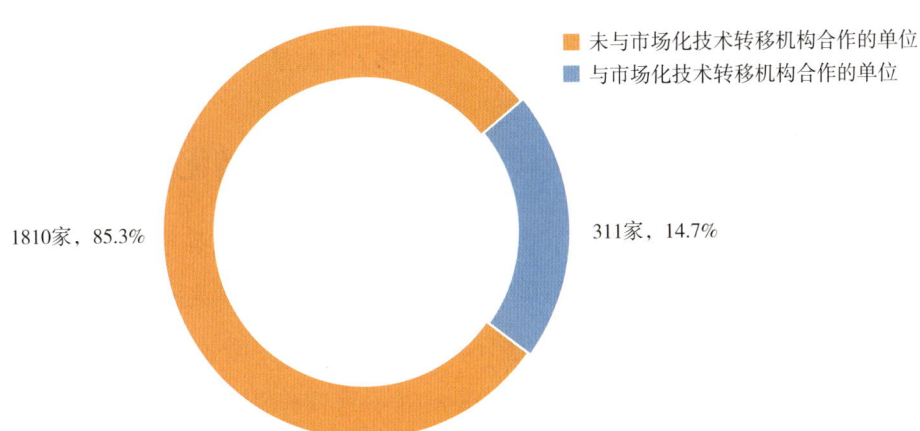

图 3-7-2　科研院所与市场化技术转移机构合作的单位数量情况

（二）技术转移人员

2121家科研院所的科技成果转化年度报告的填报信息显示，填报从事科技成果转移转化工作人员数量的单位共864家，仅占填报单位总数的40.7%，反映出各科研院所普遍缺乏技术转移人才。这864家科研院所中，从事科技成果转移转化工作的人员共10 796人，其中专职工作人员6752人，兼职工作人员4044人；平均每家单位拥有专职工作人员7.8人，兼职工作人员4.7人（图3-7-3）。

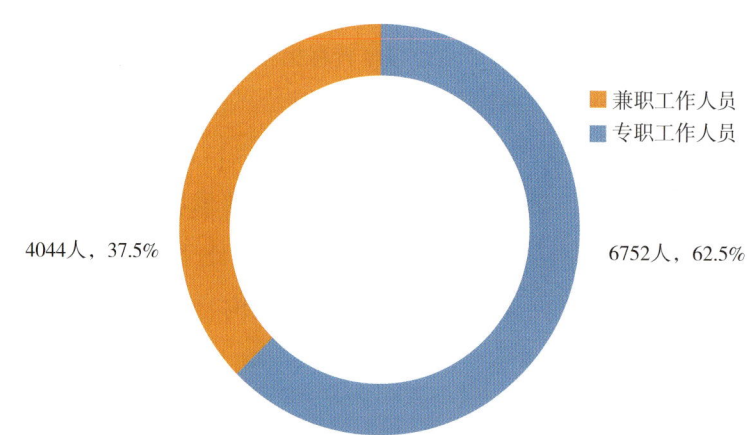

图3-7-3　科研院所技术转移人才数量情况

二、与企业共建研发机构、转移机构、转化服务平台

科研院所与企业共建研发机构、转移机构和转化服务平台的数量略有增长。2020年，2121家科研院所中的377家与企业共建研发机构、转移机构、转化服务平台总数为1645家，比上一年增长0.7%，对促进科技成果和科技研发供需的有效对接发挥了重要作用。中央所属科研院所与企业共建研发机构、转移机构、转化服务平台总数为403家，比上

一年下降 9.4%；地方所属科研院所与企业共建研发机构、转移机构、转化服务平台总数为 1242 家，比上一年增长 4.8%（图 3-7-4）。2121 家科研院所平均创建机构和平台 0.8 家，中央所属科研院所平均创建 0.9 家，地方所属科研院所平均创建 0.7 家。

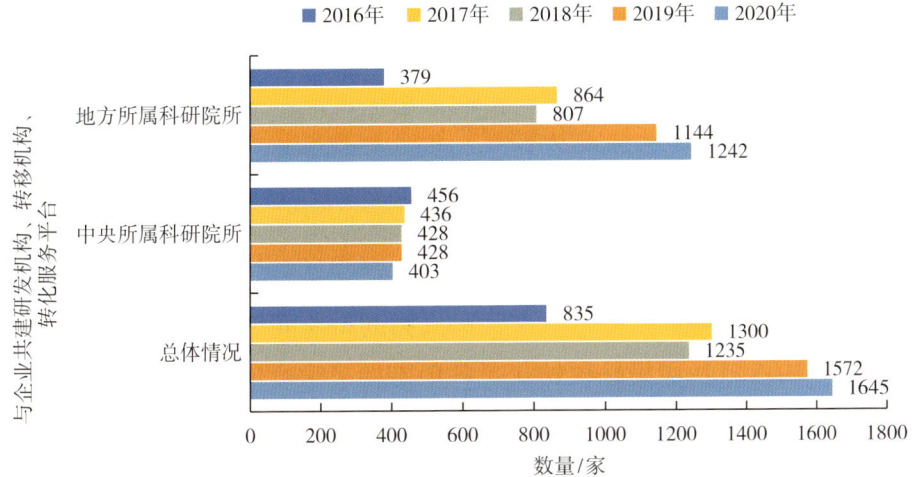

图 3-7-4　科研院所与企业共建研发机构、转移机构、转化服务平台情况

三、技术转移机构发挥作用

统计发现，近四成科研院所认为技术转移机构在科技成果转化过程中发挥了重要作用。2121 家科研院所中 39.4%（共 836 家）认为技术转移机构在科技成果转移转化过程中发挥了重要作用，15.7%（共 332 家）认为技术转移机构在科技成果转移转化过程中发挥的作用一般，6.4%（共 135 家）认为技术转移机构在科技成果转移转化过程中发挥的作用很小，38.6%（共 818 家）认为技术转移机构在科技成果转移转化过程中基本未发挥作用（图 3-7-5）。

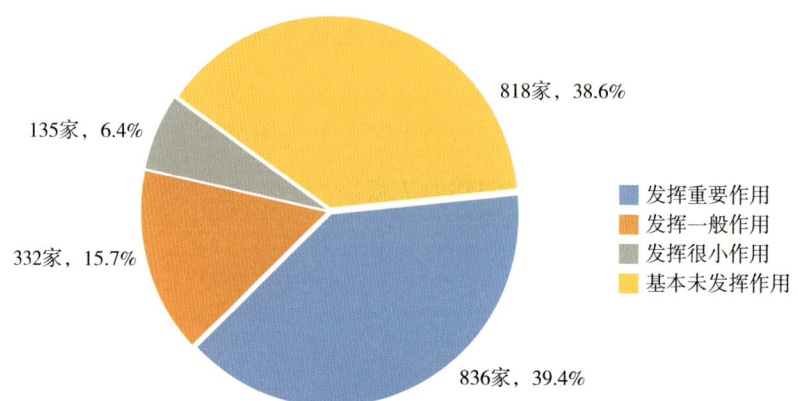

图 3-7-5　科研院所技术转移机构在科技成果转移转化过程中发挥作用情况

自建技术转移机构在科研院所的科技成果转移转化过程中发挥的作用日益显著。240 家自建有技术转移机构的科研院所中，认为自建的技术转移机构在科技成果转移转化过程中发挥了重要作用的占 79.2%（190家），认为发挥了一般作用的占 14.6%（35 家），认为发挥了很少作用的占 2.9%（7 家），认为未发挥作用的占 3.3%（8 家）（图 3-7-6），反映出各科研院所从事科技成果转移转化的机构服务能力有待提高。

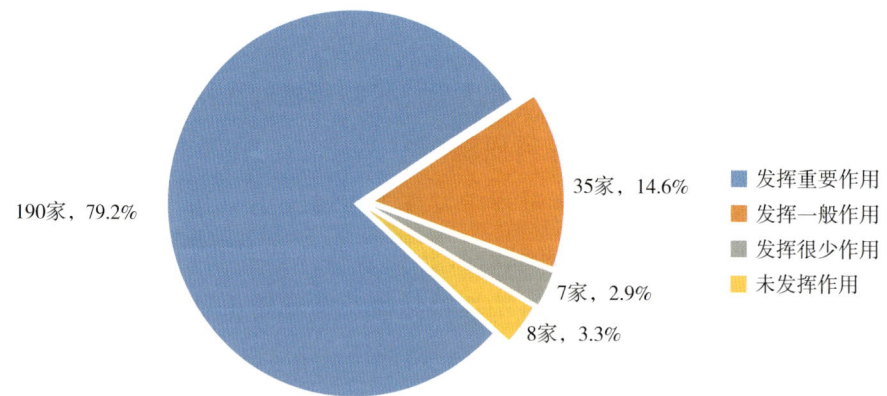

图 3-7-6　科研院所自建技术转移机构在本单位科技成果转移转化过程中发挥作用情况

附　录

附 录

附录1 2016—2021年涉及科技成果转化的主要政策法规[①]

编号	文件名称	发文号
1	中华人民共和国国民经济和社会发展第十四个五年规划和2035年远景目标纲要	
2	中华人民共和国科学技术进步法（2021年修订）	中华人民共和国主席令第一〇三号
3	行政事业性国有资产管理条例	中华人民共和国国务院令第738号
4	全国人民代表大会常务委员会关于修改《中华人民共和国种子法》的决定	
5	中共中央 国务院印发《国家标准化发展纲要》	
6	中共中央办公厅 国务院办公厅印发《关于加快推进乡村人才振兴的意见》	
7	政府工作报告——2021年3月5日在第十三届全国人民代表大会第四次会议上	
8	中共中央 国务院印发《知识产权强国建设纲要（2021—2035年）》	
9	国务院关于加快建立健全绿色低碳循环发展经济体系的指导意见	国发〔2021〕4号
10	国务院关于落实《政府工作报告》重点工作分工的意见	国发〔2021〕6号
11	国务院关于印发全民科学素质行动规划纲要（2021—2035年）的通知	国发〔2021〕9号

[①] 按发布时间排序。

续表

编号	文件名称	发文号
12	国务院印发关于推进自由贸易试验区贸易投资便利化改革创新若干措施的通知	国发〔2021〕12号
13	国务院关于印发"十四五"国家知识产权保护和运用规划的通知	国发〔2021〕20号
14	国务院关于印发2030年前碳达峰行动方案的通知	国发〔2021〕23号
15	国务院关于开展营商环境创新试点工作的意见	国发〔2021〕24号
16	国务院办公厅关于对2020年落实有关重大政策措施真抓实干成效明显地方予以督查激励的通报	国办发〔2021〕17号
17	国务院办公厅关于印发全国深化"放管服"改革着力培育和激发市场主体活力电视电话会议重点任务分工方案的通知	国办发〔2021〕25号
18	国务院办公厅关于完善科技成果评价机制的指导意见	国办发〔2021〕26号
19	国务院办公厅关于改革完善中央财政科研经费管理的若干意见	国办发〔2021〕32号
20	国务院办公厅关于进一步支持大学生创新创业的指导意见	国办发〔2021〕35号
21	科技部 深圳市人民政府关于印发《中国特色社会主义先行示范区科技创新行动方案》的通知	国科发区〔2020〕187号
22	科技部 国家发展改革委 工业和信息化部 人民银行 银保监会 证监会关于印发《长三角G60科创走廊建设方案》的通知	国科发规〔2020〕287号
23	科技部印发《关于加强科技创新促进新时代西部大开发形成新格局的实施意见》的通知	国科发区〔2020〕336号
24	科技部 财政部印发《国家技术创新中心建设运行管理办法(暂行)》的通知	国科发区〔2021〕17号
25	科技部 财政部关于印发《国家科技成果转化引导基金创业投资子基金变更事项管理暂行办法》的通知	国科发区〔2021〕46号

续表

编号	文件名称	发文号
26	科技部成果转化与区域创新司 教育部科学技术与信息化司关于首批高校专业化国家技术转移机构建设试点启动的通知	国科区函〔2021〕77号
27	科技部 中国农业银行印发《关于加强现代农业科技金融服务创新支撑乡村振兴战略实施的意见》的通知	国科发农技〔2021〕95号
28	科技部办公厅 国家开发银行办公室关于开展重大科技成果产业化专题债有关工作的通知	国科办区〔2021〕108号
29	人力资源社会保障部关于进一步加强高技能人才与专业技术人才职业发展贯通的实施意见	人社部发〔2020〕96号
30	人力资源社会保障部 财政部 科技部关于事业单位科研人员职务科技成果转化现金奖励纳入绩效工资管理有关问题的通知	人社部发〔2021〕14号
31	人力资源社会保障部 司法部关于深化公共法律服务专业人员职称制度改革的指导意见	人社部发〔2021〕59号
32	人力资源社会保障部 教育部关于深化实验技术人才职称制度改革的指导意见	人社部发〔2021〕62号
33	人力资源社会保障部 财政部 国家税务总局 国务院港澳事务办公室关于支持港澳青年在粤港澳大湾区就业创业的实施意见	人社部发〔2021〕75号
34	十部门关于印发《5G应用"扬帆"行动计划（2021—2023年）》的通知	工信部联通信〔2021〕77号
35	工业和信息化部 人民银行 银保监会 证监会关于加强产融合作推动工业绿色发展的指导意见	工信部联财〔2021〕159号
36	国务院促进中小企业发展工作领导小组办公室关于印发提升中小企业竞争力若干措施的通知	工信部企业〔2021〕169号
37	财政部、工业和信息化部联合印发《关于支持"专精特新"中小企业高质量发展的通知》	财建〔2021〕2号
38	财政部办公厅 国家知识产权局办公室关于实施专利转化专项计划 助力中小企业创新发展的通知	财办建〔2021〕23号

续表

编号	文件名称	发文号
39	关于印发《国家科技成果转化引导基金管理暂行办法》的通知	财教〔2021〕176号
40	交通运输部 科学技术部关于科技创新驱动加快建设交通强国的意见	交科技发〔2021〕80号
41	关于深入组织实施创业带动就业示范行动的通知	发改办高技〔2021〕244号
42	关于加快推动制造服务业高质量发展的意见	发改产业〔2021〕372号
43	国家发展改革委 商务部关于支持海南自由贸易港建设 放宽市场准入若干特别措施的意见	发改体改〔2021〕479号
44	国家发展改革委 科技部关于深入推进全面创新改革工作的通知	发改高技〔2021〕484号
45	国家发展改革委等部门关于推广"十三五"时期产业转型升级示范区典型经验做法的通知	发改振兴〔2021〕1454号
46	国家知识产权局关于《专利权质押登记办法》的公告（第461号）	国家知识产权局公告第四六一号
47	国家知识产权局 中国科学院 中国工程院 中国科学技术协会关于推动科研组织知识产权高质量发展的指导意见	国知发运字〔2021〕7号
48	国家知识产权局 公安部印发《关于加强协作配合强化知识产权保护的意见》的通知	国知发保字〔2021〕12号
49	国家知识产权局 中国银保监会 国家发展改革委关于印发《知识产权质押融资入园惠企行动方案（2021—2023年）》的通知	国知发运字〔2021〕17号
50	国家知识产权局关于印发《知识产权公共服务能力提升工程工作方案》的通知	国知发服函字〔2021〕104号
51	国家知识产权局办公室 教育部办公厅关于印发《高校知识产权信息服务中心建设实施办法（修订）》通知	国知办发服字〔2021〕23号

续表

编号	文件名称	发文号
52	国家知识产权局办公室 教育部办公厅 科技部办公厅关于印发《产学研合作协议知识产权相关条款制定指引(试行)》的通知	国知办发运字〔2021〕41号
53	教育部关于印发《高等学校碳中和科技创新行动计划》的通知	教科信函〔2021〕30号
54	农业农村部办公厅关于开展全国农业科技现代化先行县共建工作的通知	农办科〔2021〕10号
55	中国银保监会关于银行业保险业支持高水平科技自立自强的指导意见	银保监发〔2021〕46号
56	中国银保监会办公厅关于2021年进一步推动小微企业金融服务高质量发展的通知	银保监办发〔2021〕49号
57	中华人民共和国民法典	2020年中华人民共和国主席令第45号
58	《中华人民共和国专利法(一)》(2020年新修订)	2020年中华人民共和国主席令第55号
59	国家科学技术奖励条例	中华人民共和国国务院令第731号
60	中共中央关于制定国民经济和社会发展第十四个五年规划和二〇三五年远景目标的建议	
61	中共中央办公厅 国务院办公厅印发《深圳建设中国特色社会主义先行示范区综合改革试点实施方案(2020—2025年)》	
62	中共中央 国务院关于构建更加完善的要素市场化配置体制机制的意见	
63	国务院关于深化北京市新一轮服务业扩大开放综合试点建设国家服务业扩大开放综合示范区工作方案的批复	国函〔2020〕123号
64	中共中央 国务院关于新时代加快完善社会主义市场经济体制的意见	

续表

编号	文件名称	发文号
65	国务院办公厅关于提升大众创业万众创新示范基地带动作用进一步促改革稳就业强动能的实施意见	国办发〔2020〕26号
66	国务院关于促进国家高新技术产业开发区高质量发展的若干意见	国发〔2020〕7号
67	国务院办公厅关于推广第三批支持创新相关改革举措的通知	国办发〔2020〕3号
68	国务院关于2019年度国家科学技术奖励的决定	国发〔2020〕2号
69	关于开展双创示范基地创业就业"校企行"专项行动的通知	发改办高技〔2020〕310号
70	科技部 财政部 发展改革委关于印发《中央财政科技计划（专项、基金等）绩效评估规范（试行）》的通知	国科发监〔2020〕165号
71	科技部办公厅关于加快推动国家科技成果转移转化示范区建设发展的通知	国科办区〔2020〕50号
72	科技部 教育部印发《关于进一步推进高等学校专业化技术转移机构建设发展的实施意见》的通知	国科发区〔2020〕133号
73	科技部等9部门印发《赋予科研人员职务科技成果所有权或长期使用权试点实施方案》的通知	国科发区〔2020〕128号
74	科技部办公厅 财政部办公厅 教育部办公厅 中科院办公厅 工程院办公厅 自然科学基金委办公室关于印发《新形势下加强基础研究若干重点举措》的通知	国科办基〔2020〕38号
75	科技部 财政部印发《关于推进国家技术创新中心建设的总体方案（暂行）》的通知	国科发区〔2020〕93号
76	科技部关于贯彻落实《法治政府建设实施纲要（2015—2020年）》情况的报告	
77	科技部印发《关于科技创新支撑复工复产和经济平稳运行的若干措施》的通知	国科发区〔2020〕67号

续表

编号	文件名称	发文号
78	科技部印发《关于破除科技评价中"唯论文"不良导向的若干措施（试行）》的通知	国科发监〔2020〕37号
79	教育部 科技部印发《关于规范高等学校SCI论文相关指标使用 树立正确评价导向的若干意见》的通知	教科技〔2020〕2号
80	教育部 国家知识产权局 科技部关于提升高等学校专利质量 促进转化运用的若干意见	教科技〔2020〕1号
81	科技部 农业农村部 教育部 财政部 人力资源社会保障部 银保监会 中华全国供销合作总社印发《关于加强农业科技社会化服务体系建设的若干意见》的通知	国科发农〔2020〕192号
82	农业农村部办公厅关于开展国家农业科技示范展示基地建设的通知	农办科〔2020〕6号
83	国家知识产权局办公室关于进一步提升企业知识产权管理体系贯标认证质量的通知	国知办函运字〔2020〕953号
84	国家知识产权局办公室关于印发《知识产权信息公共服务工作指引》的通知	国知办发服字〔2020〕43号
85	国家铁路局关于印发《铁路行业科技创新基地管理办法（试行）》的通知	国铁科法规〔2020〕38号
86	教育部关于第五轮学科评估工作方案	
87	国务院办公厅 关于支持国家级新区深化改革创新加快推动高质量发展的指导意见	国办发〔2019〕58号
88	中共中央办公厅 国务院办公厅印发《关于促进劳动力和人才社会性流动体制机制改革的意见》	
89	国务院办公厅 关于印发科技领域中央与地方财政事权和支出责任划分改革方案的通知	国办发〔2019〕26号
90	科技部 教育部关于印发《国家大学科技园管理办法》的通知	国科发区〔2019〕117号
91	科技部 印发《关于促进新型研发机构发展的指导意见》的通知	国科发政〔2019〕313号

续表

编号	文件名称	发文号
92	科技部等6部门印发《关于扩大高校和科研院所科研相关自主权的若干意见》的通知	国科发政〔2019〕260号
93	科技部印发《关于新时期支持科技型中小企业加快创新发展的若干政策措施》的通知	国科发区〔2019〕268号
94	财政部关于修改《事业单位国有资产管理暂行办法》的决定	中华人民共和国财政部令第100号
95	财政部关于进一步加大授权力度促进科技成果转化的通知	财资〔2019〕57号
96	人力资源社会保障部 农业农村部关于深化农业技术人员职称制度改革的指导意见	人社部发〔2019〕114号
97	中共自然资源部党组关于激励科技创新人才的若干措施	自然资党发〔2019〕2号
98	中共国家林业和草原局党组关于实施激励科技创新人才若干措施的通知	林发〔2019〕22号
99	人力资源社会保障部关于进一步支持和鼓励事业单位科研人员创新创业的指导意见	人社部发〔2019〕137号
100	关于推动先进制造业和现代服务业深度融合发展的实施意见	发改产业〔2019〕1762号
101	交通运输部办公厅关于公布2019年度交通运输重大科技创新成果库入库成果的通知	交办科技函〔2019〕1647号
102	中共中央办公厅 国务院办公厅印发《关于分类推进人才评价机制改革的指导意见》的通知	中办发〔2018〕6号
103	中共中央办公厅 国务院办公厅印发《关于进一步加强科研诚信建设的若干意见》	中办发〔2018〕23号
104	中共中央办公厅 国务院办公厅印发《关于深化项目评审、人才评价、机构评估改革的意见》	中办发〔2018〕37号
105	国务院关于全面加强基础科学研究的若干意见	国发〔2018〕4号

续表

编号	文件名称	发文号
106	国务院关于优化科研管理提升科研绩效若干措施的通知	国发〔2018〕25号
107	国务院关于推动创新创业高质量发展打造"双创"升级版的意见	国发〔2018〕32号
108	国务院办公厅关于推进农业高新技术产业示范区建设发展的指导意见	国办发〔2018〕4号
109	国务院办公厅关于印发《知识产权对外转让有关工作办法(试行)》的通知	国办发〔2018〕19号
110	国务院办公厅关于推广第二批支持创新相关改革举措的通知	国办发〔2018〕126号
111	国务院办公厅关于抓好赋予科研机构和人员更大自主权有关文件贯彻落实工作的通知	国办发〔2018〕127号
112	科技部等九部门印发《振兴东北科技成果转移转化专项行动实施方案》	国科发创〔2018〕17号
113	科技部 国资委印发《关于进一步推进中央企业创新发展的意见》的通知	国科发资〔2018〕19号
114	科技部关于印发《关于技术市场发展的若干意见》的通知	国科发创〔2018〕48号
115	科技部 财政部 税务总局关于科技人员取得职务科技成果转化现金奖励信息公示办法的通知	国科发政〔2018〕103号
116	财政部 税务总局 科技部关于科技人员取得职务科技成果转化现金奖励有关个人所得税政策的通知	财税〔2018〕58号
117	国家税务总局关于科技人员取得职务科技成果转化现金奖励有关个人所得税征管问题的公告	国家税务总局公告2018年第30号
118	国家发展改革委关于印发《国家产业创新中心建设工作指引(试行)》的通知	发改高技规〔2018〕68号
119	教育部关于印发《高校科技创新服务"一带一路"倡议行动计划》的通知	教技〔2018〕12号

续表

编号	文件名称	发文号
120	教育部 财政部 国家发展改革委印发《关于高等学校加快"双一流"建设的指导意见》的通知	教研〔2018〕5号
121	教育部关于印发《高等学校科技成果转化和技术转移基地认定暂行办法》的通知	教技〔2018〕7号
122	教育部科学技术司 中关村科技园区管理委员会 关于印发《促进在京高校科技成果转化实施方案》的通知	教技司〔2018〕115号
123	工业和信息化部办公厅关于印发《国家制造业创新中心考核评估办法（暂行）》的通知	工信厅科〔2018〕37号
124	工业和信息化部 财政部关于印发国家新材料产业资源共享平台建设方案的通知	工信部联原〔2018〕78号
125	财政部 科技部 国资委印发《关于扩大国有科技型企业股权和分红激励暂行办法实施范围等有关事项通知》	财资〔2018〕54号
126	财政部 国家税务总局 科技部关于企业委托境外研究开发费用税前加计扣除有关政策问题的通知	财税〔2018〕64号
127	财政部 税务总局 科技部关于提高研究开发费用税前加计扣除比例的通知	财税〔2018〕99号
128	财政部 税务总局 科技部关于科技企业孵化器大学科技园和众创空间税收政策的通知	财税〔2018〕120号
129	中共自然资源部党组关于深化科技体制改革提升科技创新效能的实施意见	自然资党发〔2018〕31号
130	交通运输部办公厅关于建立交通运输重大科技创新成果库的通知	交办科技〔2018〕37号
131	关于印发国家卫生健康委员会科技重大专项实施管理细则的通知	国卫办科教发〔2018〕15号
132	食品药品监管总局 科技部关于加强和促进食品药品科技创新工作的指导意见	食药监科〔2018〕14号
133	国务院关于印发国家技术转移体系建设方案的通知	国发〔2017〕44号

续表

编号	文件名称	发文号
134	科技部关于印发国家科技成果转移转化示范区建设指引的通知	国科发创〔2017〕304号
135	教育部办公厅关于进一步推动高校落实科技成果转化政策相关事项的通知	教技厅函〔2017〕139号
136	教育部等五部门关于深化高等教育领域简政放权放管结合优化服务改革的若干意见	教政法〔2017〕7号
137	财政部关于印发《中央部门所属高校国有资产处置管理补充规定》的通知	财资〔2017〕72号
138	财政部关于《国有资产评估项目备案管理办法》的补充通知	财资〔2017〕70号
139	人力资源社会保障部关于支持和鼓励事业单位专业技术人员创新创业的指导意见	人社部规〔2017〕4号
140	质检总局关于促进科技成果转化的指导意见	国质检科〔2017〕140号
141	交通运输部关于印发促进科技成果转化暂行办法的通知	交科技发〔2017〕55号
142	国家林业局关于印发《国家林业局促进科技成果转移转化行动方案》的通知	林科发〔2017〕46号
143	国家食品药品监督管理总局关于促进科技成果转化的意见	食药监科〔2017〕71号
144	中共中央 国务院印发《国家创新驱动发展战略纲要》	中发〔2016〕4号
145	中共中央办公厅 国务院办公厅印发《关于实行以增加知识价值为导向分配政策的若干意见》的通知	厅字〔2016〕35号
146	国务院关于印发实施《中华人民共和国促进科技成果转化法》若干规定的通知	国发〔2016〕16号
147	国务院办公厅关于印发促进科技成果转移转化行动方案的通知	国办发〔2016〕28号
148	教育部科技部关于加强高等学校科技成果转移转化工作的若干意见	教技〔2016〕3号

续表

编号	文件名称	发文号
149	国家卫生计生委 科学技术部 国家食品药品监督管理总局 国家中医药管理局 中央军委后勤保障部 卫生局关于加强卫生与健康科技成果转移转化工作的指导意见	国卫科教发〔2016〕51号
150	教育部办公厅关于印发《促进高等学校科技成果转移转化行动计划》的通知	教技厅函〔2016〕115号
151	财政部 国家税务总局关于完善股权激励和技术入股有关所得税政策的通知	财税〔2016〕101号
152	财政部 科技部 国资委关于印发《国有科技型企业股权和分红激励暂行办法》的通知	财资〔2016〕4号
153	国土资源部关于印发促进科技成果转化暂行办法的通知	国土资发〔2016〕105号
154	农业部关于印发《农业部深入实施〈中华人民共和国促进科技成果转化法〉若干细则》的通知	农科教发〔2016〕7号
155	中国科学院关于印发《中国科学院促进科技成果转移转化专项行动实施方案》的通知	科发促字〔2016〕37号
156	中国科学院、科学技术部关于印发《中国科学院关于新时期加快促进科技成果转移转化指导意见》的通知	科发促字〔2016〕97号
157	中国科学院关于印发《中国科学院科技成果转移转化重点专项项目管理办法》的通知	科发促字〔2016〕138号
158	国家粮食局关于大力促进粮食科技成果转化的实施意见	国粮储〔2016〕148号
159	交通运输部关于深化科技体制改革落实创新驱动发展战略的意见	交科技发〔2016〕173号

附录2 2020年高校院所以转让、许可、作价投资和技术开发、咨询、服务方式转化科技成果合同金额前100名

排名	单位名称	合同金额/万元
1	清华大学	321 470.56
2	浙江大学	268 828.15
3	北京理工大学	262 630.54
4	上海交通大学	203 937.63
5	四川大学	167 659.56
6	东南大学	166 616.27
7	中国科学院上海药物研究所	158 137.31
8	重庆大学	154 349.20
9	华中科技大学	150 703.66
10	北京航空航天大学	145 622.44
11	中国水利水电科学研究院	139 463.53
12	同济大学	137 419.80
13	西安交通大学	126 546.60
14	华南理工大学	126 032.23
15	中国科学院长春光学精密机械与物理研究所	109 666.90
16	北京大学	106 586.81
17	江苏大学	95 841.23
18	湖南大学	95 260.17
19	复旦大学	95 237.13

续表

排名	单位名称	合同金额/万元
20	西北工业大学	92 680.78
21	广东省科学院	87 240.07
22	山东大学	85 560.15
23	中南大学	84 675.60
24	武汉理工大学	81 634.26
25	电子科技大学	80 672.16
26	中国环境科学研究院	77 750.25
27	西南交通大学	76 260.27
28	中国科学院金属研究所	74 188.74
29	天津大学	73 630.69
30	江南大学	73 485.83
31	哈尔滨工业大学	73 179.01
32	华东理工大学	73 154.63
33	南京航空航天大学	71 220.92
34	中国矿业大学	69 159.50
35	上海科技大学	67 168.05
36	水利部交通运输部国家能源局南京水利科学研究院	65 635.21
37	武汉大学	65 269.00
38	齐鲁工业大学（山东省科学院）	62 484.87
39	中国科学技术大学	59 823.27
40	中国石油大学（华东）	59 295.41
41	东北大学	59 155.25
42	生态环境部南京环境科学研究所	58 712.00

续表

排名	单位名称	合同金额/万元
43	华北电力大学	57 581.12
44	西安电子科技大学	55 183.13
45	湘潭大学	54 372.26
46	南京理工大学	53 629.12
47	兰州大学	53 223.90
48	吉林大学	52 442.60
49	西南石油大学	52 191.66
50	南京大学	51 905.70
51	北京科技大学	49 520.95
52	长江水利委员会长江科学院	49 493.94
53	中国科学院大连化学物理研究所	48 657.47
54	北京交通大学	48 580.60
55	中国石油大学（北京）	48 462.25
56	大连理工大学	46 371.20
57	浙江工业大学	45 219.42
58	中国科学院沈阳自动化研究所	44 587.11
59	珠江水利委员会珠江水利科学研究院	43 563.43
60	中国电子信息产业发展研究院	42 733.64
61	南京工业大学	42 387.36
62	上海大学	42 316.50
63	中国药科大学	41 930.41
64	生态环境部华南环境科学研究所	41 620.90
65	厦门大学	41 354.39

续表

排名	单位名称	合同金额/万元
66	中山大学	41 246.75
67	河海大学	40 366.65
68	中国科学院合肥物质科学研究院	40 149.53
69	中国科学院理化技术研究所	40 148.10
70	国家工业信息安全发展研究中心（工业和信息化部电子第一研究所）	39 631.37
71	中国科学院深圳先进技术研究院	39 226.99
72	南方科技大学	39 216.94
73	中国农业大学	38 495.37
74	北京邮电大学	37 906.26
75	中国科学院工程热物理研究所	37 636.73
76	中国科学院上海硅酸盐研究所	37 620.00
77	江苏省产业技术研究院	36 888.80
78	中北大学	36 743.90
79	中国科学院上海高等研究院	36 136.80
80	中国科学院微生物研究所	35 385.00
81	交通运输部天津水运工程科学研究所	34 453.95
82	哈尔滨工程大学	33 061.41
83	西安理工大学	32 994.61
84	中国科学院微电子研究所	32 165.34
85	暨南大学	31 586.66
86	中国科学院半导体研究所	31 185.12
87	东华大学	30 919.86

续表

排名	单位名称	合同金额/万元
88	中国科学院空天信息创新研究院	30 712.88
89	扬州大学	30 533.68
90	郑州大学	30 043.80
91	成都理工大学	30 003.01
92	中国农业科学院兰州兽医研究所	29 878.60
93	北京化工大学	29 855.64
94	中国矿业大学（北京）	29 637.00
95	公安部第三研究所	27 972.00
96	南开大学	27 129.27
97	中国地质大学（武汉）	26 962.01
98	西安科技大学	26 505.70
99	交通运输部公路科学研究所	26 170.62
100	太原理工大学	25 785.95
	合计	6 985 731.00

附录 3　2020 年高校院所以转让、许可和技术开发、咨询、服务方式转化科技成果的当年到账金额前 100 名

排名	单位名称	当年到账金额 / 万元
1	清华大学	308 243.00
2	北京理工大学	223 988.20
3	浙江大学	187 129.93
4	东南大学	146 413.14
5	同济大学	132 438.48
6	北京航空航天大学	128 880.54
7	华南理工大学	107 107.19
8	上海交通大学	98 804.17
9	华中科技大学	95 982.97
10	四川大学	83 542.63
11	重庆大学	77 836.40
12	广东省科学院	72 738.97
13	深圳华大生命科学研究院	66 018.14
14	西北工业大学	64 660.27
15	中国环境科学研究院	57 809.00
16	北京大学	57 452.76
17	武汉大学	57 216.00
18	华北电力大学	53 989.51
19	东北大学	53 636.20

续表

排名	单位名称	当年到账金额/万元
20	电子科技大学	52 466.27
21	西安交通大学	50 073.08
22	西南交通大学	49 926.02
23	南京航空航天大学	48 416.76
24	中南大学	47 225.70
25	武汉理工大学	46 058.31
26	中国矿业大学	44 660.13
27	天津大学	44 310.05
28	山东大学	43 763.74
29	西南石油大学	43 572.05
30	南京理工大学	41 029.99
31	生态环境部华南环境科学研究所	40 866.69
32	西安电子科技大学	38 191.56
33	中国石油大学（北京）	37 862.89
34	生态环境部南京环境科学研究所	37 397.80
35	水利部交通运输部国家能源局南京水利科学研究院	37 374.35
36	江南大学	37 360.33
37	湖南大学	36 604.00
38	国家工业信息安全发展研究中心（工业和信息化部电子第一研究所）	34 590.30
39	北京交通大学	34 254.92
40	中国电子信息产业发展研究院	33 439.80
41	中国科学院上海药物研究所	33 134.96

续表

排名	单位名称	当年到账金额/万元
42	河海大学	32 787.94
43	中国水利水电科学研究院	32 359.16
44	北京科技大学	31 855.64
45	吉林大学	31 178.25
46	复旦大学	31 175.18
47	中国科学院沈阳自动化研究所	29 871.25
48	南京大学	29 566.89
49	大连理工大学	29 297.59
50	兰州大学	29 102.99
51	中国石油大学（华东）	28 138.07
52	厦门大学	27 708.85
53	公安部第三研究所	27 657.00
54	南京工业大学	27 233.60
55	齐鲁工业大学（山东省科学院）	26 557.27
56	交通运输部公路科学研究所	26 503.11
57	中山大学	26 464.03
58	中国科学院自动化研究所	26 335.28
59	中国农业大学	25 878.93
60	华东理工大学	25 323.00
61	中北大学	25 285.10
62	郑州大学	25 215.80
63	珠江水利委员会珠江水利科学研究院	24 695.85
64	浙江工业大学	24 286.51

续表

排名	单位名称	当年到账金额/万元
65	西安理工大学	24 099.40
66	郑州轻工业大学	23 957.35
67	交通运输部天津水运工程科学研究所	23 538.06
68	北京邮电大学	23 394.64
69	中国科学院西安光学精密机械研究所	23 278.92
70	中国科学院半导体研究所	23 182.00
71	自然资源部第二海洋研究所	22 437.34
72	中国农业科学院哈尔滨兽医研究所	21 931.80
73	中国药科大学	21 277.99
74	中国科学技术大学	21 117.70
75	长江水利委员会长江科学院	20 469.12
76	江苏省农业科学院	20 339.90
77	中国科学院金属研究所	20 264.38
78	哈尔滨工程大学	20 152.94
79	中国科学院大连化学物理研究所	20 116.59
80	中国科学院信息工程研究所	20 011.20
81	西安科技大学	19 989.10
82	南通大学	19 940.83
83	广东工业大学	19 872.00
84	安徽省（水利部淮河水利委员会）水利科学研究院（安徽省水利工程质量检测中心站）	19 819.28
85	中国地质大学（武汉）	19 514.07
86	西南大学	19 510.62

续表

排名	单位名称	当年到账金额/万元
87	长江大学	19 152.36
88	中国科学院软件研究所	18 884.47
89	中国计量大学	18 858.29
90	中国科学院地理科学与资源研究所	18 780.00
91	杭州电子科技大学	18 718.31
92	中国农业科学院兰州兽医研究所	18 456.60
93	中国矿业大学（北京）	18 041.00
94	交通运输部科学研究院	18 021.17
95	福州大学	17 965.61
96	东华大学	17 585.47
97	中国科学院长春光学精密机械与物理研究所	17 544.32
98	北京市科学技术研究院	17 523.53
99	北京工业大学	17 385.57
100	浙江理工大学	17 384.08
	合计	4 353 460.50

附录 4　2020 年高校院所以转让、许可、作价投资方式转化科技成果合同金额前 100 名

排名	单位名称	合同金额/万元
1	中国科学院上海药物研究所	137 800.00
2	清华大学	104 078.56
3	四川大学	84 367.07
4	上海交通大学	82 308.63
5	中国科学院长春光学精密机械与物理研究所	71 254.00
6	上海科技大学	63 439.05
7	复旦大学	58 220.50
8	中国科学院金属研究所	51 915.53
9	湘潭大学	50 608.00
10	中国科学院理化技术研究所	35 077.00
11	中国科学院大连化学物理研究所	33 252.75
12	华东理工大学	31 723.63
13	湖南大学	31 361.42
14	中国科学技术大学	28 711.65
15	中国科学院空天信息创新研究院	28 250.00
16	浙江大学	27 675.46
17	中国科学院上海硅酸盐研究所	25 840.00
18	中国科学院微生物研究所	25 475.00
19	中南大学	24 835.00

续表

排名	单位名称	合同金额/万元
20	齐鲁工业大学（山东省科学院）	22 213.47
21	中国科学院微电子研究所	21 425.00
22	暨南大学	20 782.66
23	西安交通大学	18 914.23
24	天津中医药大学	18 028.00
25	中国科学院动物研究所	17 100.00
26	中国科学院深圳先进技术研究院	16 047.99
27	中国药科大学	15 470.00
28	中国中医科学院	15 000.00
29	国家纳米科学中心	14 100.00
30	中国科学院合肥物质科学研究院	13 269.53
31	中国科学院天津工业生物技术研究所	12 595.00
32	武汉理工大学	12 374.26
33	山东大学	12 283.15
34	集美大学	12 067.50
35	上海大学	12 006.50
36	哈尔滨工业大学	11 919.95
37	西北工业大学	11 433.12
38	华中科技大学	11 089.82
39	中国民航科学技术研究院（中国民用航空局航空安全技术中心）	10 271.47
40	上海市公共卫生临床中心	10 200.00
41	北京航空航天大学	10 171.44
42	中国医学科学院医药生物技术研究所	10 150.00

续表

排名	单位名称	合同金额/万元
43	中国科学院工程热物理研究所	9702.00
44	南方科技大学	9445.50
45	北京大学	9353.70
46	江苏省农业科学院	9066.36
47	华南理工大学	9016.01
48	陕西科技大学	8775.36
49	中国医学科学院药物研究所	8700.00
50	北京理工大学	8195.35
51	中国科学院声学研究所	7959.50
52	中国农业科学院油料作物研究所	7924.00
53	中国科学院上海微系统与信息技术研究所	7746.60
54	郑州轻工业大学	7684.00
55	重庆大学	7571.20
56	重庆市农业科学院	7429.28
57	电子科技大学	7009.16
58	济南市环境研究院	6905.10
59	南京航空航天大学	6863.21
60	中国科学院脑科学与智能技术卓越创新中心	6860.00
61	大连理工大学	6659.86
62	广东省农业科学院	6197.29
63	中国疾病预防控制中心病毒病预防控制所	6060.00
64	中国科学院近代物理研究所	6000.00
65	东北大学	5980.85

续表

排名	单位名称	合同金额/万元
66	江南大学	5963.28
67	陕西警官职业学院	5630.00
68	江西理工大学	5612.59
69	沈阳化工大学	5542.64
70	中国科学院信息工程研究所	5500.00
71	清华大学深圳国际研究生院	5410.00
72	东南大学	5404.27
73	重庆理工大学	5402.55
74	中山大学	5311.75
75	中国农业科学院兰州兽医研究所	5128.60
76	北京科技大学	5065.65
77	中国科学院生物物理研究所	5059.41
78	中国科学院苏州生物医学工程技术研究所	4863.50
79	中国科学院上海巴斯德研究所	4760.00
80	黑龙江省农业科学院水稻研究所	4515.60
81	中国科学院上海有机化学研究所	4467.00
82	成都中医药大学	4253.00
83	北京市农林科学院	4158.29
84	杭州市农业科学研究院	4117.00
85	中国农业科学院哈尔滨兽医研究所	3898.00
86	中国科学院山西煤炭化学研究所	3760.00
87	南开大学	3724.00
88	西南交通大学	3655.24

续表

排名	单位名称	合同金额/万元
89	中国科学院精密测量科学与技术创新研究院	3600.00
90	福建海洋研究所	3574.49
91	武汉工程大学	3527.92
92	南京大学	3452.24
93	中国农业大学	3448.58
94	青岛海洋生物医药研究院	3428.00
95	南京工业大学	3425.76
96	东莞深圳清华大学研究院创新中心	3342.00
97	公安部交通管理科学研究所	3338.32
98	湖南杂交水稻研究中心	3314.98
99	上海应用技术大学	3240.00
100	中国科学院半导体研究所	3179.12
	合计	1 654 284.45

附录 5　2020 年高校院所以转让、许可、作价投资方式转化科技成果的平均合同金额前 100 名

排名	单位名称	平均合同金额 / 万元
1	中国中医科学院	15 000.00
2	中国科学院长春光学精密机械与物理研究所	14 250.80
3	中国科学院上海药物研究所	11 483.33
4	上海科技大学	10 573.18
5	国家纳米科学中心	7050.00
6	天津中医药大学	6009.33
7	中国科学院空天信息创新研究院	5650.00
8	中国科学院微电子研究所	5356.25
9	中国医学科学院医药生物技术研究所	5075.00
10	中国科学院动物研究所	4275.00
11	中国科学院理化技术研究所	3897.44
12	湘潭大学	3614.86
13	上海市公共卫生临床中心	3400.00
14	湖南杂交水稻研究中心	3314.98
15	中国科学院金属研究所	3244.72
16	复旦大学	3234.47
17	中国科学院近代物理研究所	3000.00
18	陕西警官职业学院	2815.00
19	中国科学院工程热物理研究所	2425.50

续表

排名	单位名称	平均合同金额/万元
20	中国科学院脑科学与智能技术卓越创新中心	2286.67
21	中国医学科学院药物研究所	2175.00
22	濮阳光电产业技术研究院	2000.00
23	中国科学院上海硅酸盐研究所	1987.69
24	中国科学院精密测量科学与技术创新研究院	1800.00
25	中国民航科学技术研究院（中国民用航空局航空安全技术中心）	1711.91
26	东莞深圳清华大学研究院创新中心	1671.00
27	中国科学技术大学	1595.09
28	中国科学院上海巴斯德研究所	1586.67
29	中国科学院大连化学物理研究所	1511.49
30	北京市肿瘤防治研究所	1500.00
31	中国科学院西双版纳热带植物园	1500.00
32	中国科学院信息工程研究所	1375.00
33	杭州市农业科学研究院	1372.33
34	浙江中科应用技术研究院	1370.00
35	中国科学院微生物研究所	1340.79
36	中国科学院声学研究所	1326.58
37	山东省果树研究所	1250.00
38	青岛海洋生物医药研究院	1142.67
39	广东粤港澳大湾区国家纳米科技创新研究院	1100.00
40	清华大学深圳国际研究生院	1082.00
41	华东理工大学	1057.45
42	中国科学院天津工业生物技术研究所	1049.58

续表

排名	单位名称	平均合同金额/万元
43	中国农业科学院兰州兽医研究所	1025.72
44	中国测试技术研究院	1000.00
45	中国医学科学院基础医学研究所	1000.00
46	中国医学科学院病原生物学研究所	1000.00
47	南方科技大学	944.55
48	中国科学院山西煤炭化学研究所	940.00
49	四川大学	917.03
50	中国科学院计算机网络信息中心	900.00
51	北京中医药大学	869.14
52	集美大学	861.96
53	新疆维吾尔自治区中医药研究院	800.00
54	暨南大学	799.33
55	中国地质科学院勘探技术研究所	790.00
56	中国矿业报社	770.00
57	清华大学	765.28
58	天津医科大学	721.00
59	沈阳化工大学	692.83
60	中国科学院合肥物质科学研究院	663.48
61	广西职业师范学院	650.00
62	中国科学院上海微系统与信息技术研究所	645.55
63	湖南大学	627.23
64	山东省药学科学院	609.00
65	中国中医科学院广安门医院	600.00

续表

排名	单位名称	平均合同金额/万元
66	上海交通大学	596.44
67	应急管理部消防产品合格评定中心	579.00
68	中国药科大学	552.50
69	石河子大学	551.00
70	天津先进技术研究院	547.50
71	中国中医科学院西苑医院	540.00
72	北京大学东莞光电研究院	540.00
73	中国科学院重庆绿色智能技术研究院	529.20
74	中国农业科学院油料作物研究所	528.27
75	中国疾病预防控制中心病毒病预防控制所	505.00
76	四川省医学科学院·四川省人民医院	503.67
77	黑龙江省中医药科学院	500.00
78	广西壮族自治区蚕业技术推广站（广西壮族自治区蚕种质量检验检疫站、广西壮族自治区蚕业科学研究院）	500.00
79	中国科学院上海有机化学研究所	496.33
80	中国科学院苏州生物医学工程技术研究所	486.35
81	河南中医药大学	464.00
82	中国科学院半导体研究所	454.16
83	中国科学院水生生物研究所	452.98
84	重庆理工大学	450.21
85	台州市农业科学研究院	450.00
86	中国科学院生物物理研究所	421.62
87	中国科学技术大学先进技术研究院	417.83

续表

排名	单位名称	平均合同金额/万元
88	中科大数据研究院	417.50
89	新疆医科大学	405.00
90	上海工程技术大学	402.71
91	水利部南京水利水文自动化研究所	400.00
92	深圳霁因生物医药转化研究院	380.00
93	中国科学院高能物理研究所	380.00
94	上海大学	375.20
95	中南大学	370.67
96	中国科学院广州生物医药与健康研究院	369.33
97	中国科学院力学研究所	352.50
98	中国科学院化学研究所	350.78
99	中国科学院深圳先进技术研究院	334.33
100	中国科学院广州能源研究所	332.21
	以上100家平均合同金额	1829.90

附录 6 2020 年高校院所以转让、许可方式转化科技成果的当年到账金额前 100 名

排名	单位名称	当年到账金额 / 万元
1	深圳华大生命科学研究院	30 000.00
2	清华大学	23 430.00
3	中国农业科学院哈尔滨兽医研究所	18 177.30
4	中国中医科学院	15 000.00
5	中国科学院上海药物研究所	12 100.51
6	中国农业科学院兰州兽医研究所	11 061.60
7	四川大学	9552.43
8	浙江大学	9241.16
9	江苏省农业科学院	7670.00
10	重庆市农业科学院	7348.18
11	中国民航科学技术研究院（中国民用航空局航空安全技术中心）	7057.51
12	西安交通大学	6795.62
13	中国科学院大连化学物理研究所	6350.00
14	中国科学院上海硅酸盐研究所	6270.00
15	天津中医药大学	6028.00
16	中国药科大学	5265.19
17	陕西科技大学	5220.05
18	上海市公共卫生临床中心	5200.00
19	华南理工大学	5190.87

续表

排名	单位名称	当年到账金额/万元
20	南京航空航天大学	4951.37
21	中国科学院动物研究所	4850.00
22	中国科学院微生物研究所	4720.52
23	黑龙江省农业科学院水稻研究所	4515.60
24	郑州轻工业大学	4429.55
25	东南大学	4333.14
26	电子科技大学	4214.27
27	北京市农林科学院	4158.29
28	北京理工大学	3802.20
29	山东大学	3762.50
30	中南大学	3615.00
31	中国科学院声学研究所	3445.96
32	公安部交通管理科学研究所	3338.32
33	湖南杂交水稻研究中心	3314.98
34	济南市环境研究院	3260.60
35	福建海洋研究所	3250.63
36	广东省农业科学院	3194.20
37	国家纳米科学中心	3069.00
38	北京航空航天大学	3000.84
39	上海交通大学	2947.17
40	北京大学	2945.75
41	江南大学	2917.47
42	东北大学	2814.27

续表

排名	单位名称	当年到账金额/万元
43	中国疾病预防控制中心病毒病预防控制所	2735.00
44	南京大学	2556.45
45	中国科学院半导体研究所	2540.00
46	华东理工大学	2528.00
47	中国科学院天津工业生物技术研究所	2492.86
48	湘潭大学	2433.00
49	广东省计量科学研究院（华南国家计量测试中心）	2382.51
50	杭州师范大学	2343.10
51	中国农业大学	2236.04
52	中国科学院深圳先进技术研究院	2231.00
53	淮阴师范学院	2191.30
54	北京邮电大学	2129.86
55	中国医学科学院药物研究所	2107.00
56	华中科技大学	2075.23
57	浙江省农业科学院	2027.28
58	华南农业大学	1909.05
59	中国农业科学院油料作物研究所	1879.20
60	广东省林业科学研究院	1875.92
61	北京科技大学	1863.01
62	中国农业科学院郑州果树研究所	1840.00
63	中国医学科学院阜外医院	1765.00
64	中国科学院自动化研究所	1759.00
65	西北工业大学	1752.83

续表

排名	单位名称	当年到账金额/万元
66	东北电力大学	1718.70
67	中国科学院上海微系统与信息技术研究所	1683.36
68	中国科学院金属研究所	1636.50
69	中山大学	1630.23
70	大连理工大学	1575.29
71	中国农业科学院麻类研究所	1575.00
72	复旦大学	1570.48
73	西安电子科技大学	1558.72
74	南京理工大学	1533.95
75	武汉理工大学	1524.31
76	中国农业科学院蔬菜花卉研究所	1500.00
77	中国石油大学（华东）	1498.40
78	华北电力大学	1489.16
79	北京市科学技术研究院	1449.11
80	中国科学院上海光学精密机械研究所	1413.00
81	河海大学	1366.76
82	广东省科学院	1365.94
83	武汉工程大学	1365.40
84	南京工业大学	1340.50
85	华中农业大学	1330.00
86	齐鲁工业大学（山东省科学院）	1317.87
87	重庆大学	1314.70
88	湖南大学	1309.00

续表

排名	单位名称	当年到账金额/万元
89	上海市农业科学院	1300.10
90	水利部南京水利水文自动化研究所	1280.00
91	中国农业科学院北京畜牧兽医研究所	1267.49
92	重庆工程职业技术学院	1266.46
93	华北水利水电大学	1222.88
94	应急管理部上海消防研究所	1214.00
95	辽宁科技学院	1194.25
96	广西壮族自治区农业科学院	1161.11
97	中国科学院苏州生物医学工程技术研究所	1156.10
98	西南石油大学	1149.10
99	中国测绘科学研究院	1121.71
100	盐城工学院	1115.83
	合计	379 978.10

附录7 2020年高校院所以技术开发、咨询、服务方式转化科技成果合同金额前100名

排名	单位名称	合同金额/万元
1	北京理工大学	254 435.19
2	浙江大学	241 152.69
3	清华大学	217 392.00
4	东南大学	161 212.00
5	重庆大学	146 778.00
6	华中科技大学	139 613.84
7	中国水利水电科学研究院	139 463.53
8	北京航空航天大学	135 451.00
9	同济大学	134 260.80
10	上海交通大学	121 629.00
11	华南理工大学	117 016.22
12	西安交通大学	107 632.37
13	北京大学	97 233.11
14	江苏大学	94 267.68
15	广东省科学院	84 889.59
16	四川大学	83 292.49
17	西北工业大学	81 247.66
18	中国环境科学研究院	77 650.25
19	电子科技大学	73 663.00

续表

排名	单位名称	合同金额/万元
20	山东大学	73 277.00
21	西南交通大学	72 605.03
22	天津大学	71 987.82
23	武汉理工大学	69 260.00
24	中国矿业大学	68 355.00
25	江南大学	67 522.55
26	水利部交通运输部国家能源局南京水利科学研究院	65 634.21
27	武汉大学	64 700.00
28	南京航空航天大学	64 357.71
29	湖南大学	63 898.75
30	哈尔滨工业大学	61 259.06
31	中南大学	59 840.60
32	生态环境部南京环境科学研究所	58 712.00
33	中国石油大学(华东)	58 212.43
34	华北电力大学	55 489.49
35	西安电子科技大学	53 585.02
36	东北大学	53 174.40
37	兰州大学	52 591.20
38	吉林大学	51 489.30
39	南京理工大学	50 637.02
40	西南石油大学	50 521.51
41	长江水利委员会长江科学院	49 493.94
42	南京大学	48 453.46

续表

排名	单位名称	合同金额 / 万元
43	中国石油大学（北京）	47 924.00
44	北京交通大学	47 342.02
45	浙江工业大学	44 591.04
46	中国科学院沈阳自动化研究所	44 587.11
47	北京科技大学	44 455.30
48	珠江水利委员会珠江水利科学研究院	43 563.43
49	中国电子信息产业发展研究院	42 733.64
50	生态环境部华南环境科学研究所	41 620.90
51	华东理工大学	41 431.00
52	齐鲁工业大学（山东省科学院）	40 271.40
53	大连理工大学	39 711.34
54	国家工业信息安全发展研究中心（工业和信息化部电子第一研究所）	39 631.37
55	厦门大学	38 977.18
56	南京工业大学	38 961.60
57	中国科学院长春光学精密机械与物理研究所	38 412.90
58	河海大学	37 979.67
59	复旦大学	37 016.63
60	中北大学	36 500.00
61	中山大学	35 935.00
62	中国科学院上海高等研究院	35 776.80
63	北京邮电大学	35 459.00
64	江苏省产业技术研究院	35 258.80

续表

排名	单位名称	合同金额/万元
65	中国农业大学	35 046.79
66	交通运输部天津水运工程科学研究所	34 453.95
67	哈尔滨工程大学	32 915.41
68	西安理工大学	32 706.41
69	中国科学技术大学	31 111.62
70	上海大学	30 310.00
71	南方科技大学	29 771.44
72	中国矿业大学（北京）	29 637.00
73	郑州大学	29 446.52
74	东华大学	29 187.26
75	成都理工大学	28 724.47
76	扬州大学	28 642.18
77	中国科学院半导体研究所	28 006.00
78	公安部第三研究所	27 972.00
79	中国科学院工程热物理研究所	27 934.73
80	中国科学院合肥物质科学研究院	26 880.00
81	北京化工大学	26 693.48
82	中国药科大学	26 460.41
83	中国地质大学（武汉）	26 378.21
84	西安科技大学	26 269.88
85	交通运输部公路科学研究所	26 003.14
86	太原理工大学	24 923.25
87	之江实验室	24 832.90

续表

排名	单位名称	合同金额/万元
88	中国农业科学院兰州兽医研究所	24 750.00
89	安徽省（水利部淮河水利委员会）水利科学研究院（安徽省水利工程质量检测中心站）	24 584.00
90	中国科学院软件研究所	24 580.51
91	西南大学	23 681.01
92	中国科学院地理科学与资源研究所	23 506.06
93	北京工业大学	23 503.31
94	南开大学	23 405.27
95	中国特种设备检测研究院	23 336.23
96	中国科学院西安光学精密机械研究所	23 248.92
97	中国科学院深圳先进技术研究院	23 179.00
98	福州大学	23 047.00
99	南京信息工程大学	22 977.00
100	黄河水利委员会黄河水利科学研究院	22 796.00
	合计	5 752 379.41

附录 8 2020 年高校院所以技术开发、咨询、服务方式转化科技成果的当年到账金额前 100 名

排名	单位名称	当年到账金额 / 万元
1	清华大学	284 813.00
2	北京理工大学	220 186.00
3	浙江大学	177 888.77
4	东南大学	142 080.00
5	同济大学	131 886.98
6	北京航空航天大学	125 879.70
7	华南理工大学	101 916.32
8	上海交通大学	95 857.00
9	华中科技大学	93 907.74
10	重庆大学	76 521.70
11	四川大学	73 990.20
12	广东省科学院	71 373.03
13	西北工业大学	62 907.44
14	中国环境科学研究院	57 789.00
15	武汉大学	56 547.00
16	北京大学	54 507.01
17	华北电力大学	52 500.35
18	东北大学	50 821.93
19	西南交通大学	49 759.11

续表

排名	单位名称	当年到账金额/万元
20	电子科技大学	48 252.00
21	武汉理工大学	44 534.00
22	中国矿业大学	44 432.13
23	中南大学	43 610.70
24	南京航空航天大学	43 465.39
25	西安交通大学	43 277.46
26	天津大学	43 244.85
27	西南石油大学	42 422.95
28	生态环境部华南环境科学研究所	40 866.69
29	山东大学	40 001.24
30	南京理工大学	39 496.04
31	生态环境部南京环境科学研究所	37 397.80
32	水利部交通运输部国家能源局南京水利科学研究院	37 373.35
33	中国石油大学（北京）	37 108.74
34	西安电子科技大学	36 632.84
35	深圳华大生命科学研究院	36 018.14
36	湖南大学	35 295.00
37	国家工业信息安全发展研究中心（工业和信息化部电子第一研究所）	34 590.30
38	江南大学	34 442.86
39	北京交通大学	34 137.48
40	中国电子信息产业发展研究院	33 439.80
41	中国水利水电科学研究院	32 359.16

续表

排名	单位名称	当年到账金额/万元
42	河海大学	31 421.18
43	吉林大学	30 708.95
44	北京科技大学	29 992.63
45	中国科学院沈阳自动化研究所	29 871.25
46	复旦大学	29 604.70
47	兰州大学	28 594.29
48	大连理工大学	27 722.30
49	公安部第三研究所	27 657.00
50	厦门大学	27 401.05
51	南京大学	27 010.44
52	中国石油大学（华东）	26 639.67
53	交通运输部公路科学研究所	26 402.62
54	南京工业大学	25 893.10
55	齐鲁工业大学（山东省科学院）	25 239.40
56	中北大学	25 100.00
57	中山大学	24 833.80
58	郑州大学	24 743.52
59	珠江水利委员会珠江水利科学研究院	24 695.85
60	中国科学院自动化研究所	24 576.28
61	西安理工大学	23 811.20
62	浙江工业大学	23 730.60
63	中国农业大学	23 642.89
64	交通运输部天津水运工程科学研究所	23 338.06

续表

排名	单位名称	当年到账金额/万元
65	中国科学院西安光学精密机械研究所	23 248.92
66	华东理工大学	22 795.00
67	自然资源部第二海洋研究所	22 327.09
68	北京邮电大学	21 264.78
69	中国科学院上海药物研究所	21 034.45
70	中国科学院半导体研究所	20 642.00
71	长江水利委员会长江科学院	20 469.12
72	中国科学技术大学	20 307.68
73	哈尔滨工程大学	20 009.94
74	安徽省（水利部淮河水利委员会）水利科学研究院（安徽省水利工程质量检测中心站）	19 819.28
75	西安科技大学	19 803.28
76	南通大学	19 644.83
77	郑州轻工业大学	19 527.80
78	中国科学院信息工程研究所	19 506.00
79	中国地质大学（武汉）	19 430.27
80	西南大学	19 235.88
81	广东工业大学	19 196.00
82	长江大学	19 107.36
83	中国科学院地理科学与资源研究所	18 780.00
84	中国科学院软件研究所	18 684.47
85	中国科学院金属研究所	18 627.88
86	杭州电子科技大学	18 050.65

续表

排名	单位名称	当年到账金额/万元
87	中国矿业大学（北京）	18 041.00
88	交通运输部科学研究院	17 935.17
89	中国计量大学	17 870.29
90	中国科学院长春光学精密机械与物理研究所	17 544.32
91	福州大学	17 467.11
92	湖北省生态环境科学研究院（省生态环境工程评估中心）	16 946.72
93	北京工业大学	16 846.86
94	东华大学	16 765.87
95	重庆地质矿产研究院	16 740.33
96	湖南城市学院	16 340.50
97	浙江理工大学	16 338.16
98	北京市科学技术研究院	16 074.42
99	中国药科大学	16 012.80
100	合肥工业大学	15 680.27
	合计	4 134 278.48

附录9 2020年高校院所以转让方式转化科技成果合同金额前100名

排名	单位名称	合同金额/万元
1	中国科学院上海药物研究所	127 750.00
2	浙江大学	21 579.69
3	中国科学技术大学	20 375.02
4	中国科学院微电子研究所	20 000.00
5	天津中医药大学	18 018.00
6	复旦大学	17 447.50
7	华东理工大学	16 373.50
8	中南大学	15 545.00
9	中国中医科学院	15 000.00
10	中国药科大学	14 470.00
11	国家纳米科学中心	13 800.00
12	中国科学院上海硅酸盐研究所	13 510.00
13	西安交通大学	12 062.10
14	上海大学	11 358.50
15	中国医学科学院医药生物技术研究所	10 150.00
16	上海市公共卫生临床中心	10 000.00
17	山东大学	9231.15
18	陕西科技大学	8718.36
19	中国医学科学院药物研究所	8700.00
20	四川大学	8128.32

续表

排名	单位名称	合同金额/万元
21	武汉理工大学	6959.00
22	济南市环境研究院	6905.10
23	中国科学院脑科学与智能技术卓越创新中心	6840.00
24	重庆大学	6155.20
25	中国科学院声学研究所	6031.00
26	上海交通大学	5597.17
27	清华大学	5422.90
28	中山大学	5205.75
29	南京航空航天大学	4582.74
30	重庆市农业科学院	4439.08
31	中国疾病预防控制中心病毒病预防控制所	4060.00
32	广东省农业科学院	3984.74
33	北京市农林科学院	3764.29
34	福建海洋研究所	3574.49
35	华中科技大学	3496.36
36	北京大学	3270.22
37	中国科学院上海微系统与信息技术研究所	3230.00
38	大连理工大学	3129.29
39	华南理工大学	3127.84
40	中国科学院微生物研究所	3100.00
41	武汉工程大学	3028.26
42	东南大学	2636.05
43	北京航空航天大学	2529.50

续表

排名	单位名称	合同金额/万元
44	广东省计量科学研究院（华南国家计量测试中心）	2382.51
45	华南农业大学	2307.55
46	北京邮电大学	2234.76
47	江南大学	2203.28
48	中国科学院工程热物理研究所	2202.00
49	石河子大学	2200.00
50	电子科技大学广东电子信息工程研究院	2185.00
51	同济大学	2164.00
52	河海大学	2092.48
53	淮阴师范学院	2067.80
54	中国科学院深圳先进技术研究院	2029.00
55	中国农业科学院上海兽医研究所	2025.00
56	中国医学科学院基础医学研究所	2000.00
57	南京农业大学	1931.08
58	杭州师范大学	1875.80
59	厦门大学	1834.50
60	中国科学院化学研究所	1800.00
61	佛山科学技术学院	1788.91
62	广东省林业科学研究院	1708.92
63	西北工业大学	1703.22
64	中科大数据研究院	1670.00
65	安徽省农业科学院	1661.00
66	长沙理工大学	1593.90

续表

排名	单位名称	合同金额/万元
67	中国农业科学院麻类研究所	1535.00
68	中国科学院半导体研究所	1510.00
69	四川省医学科学院·四川省人民医院	1506.00
70	北京市肿瘤防治研究所	1500.00
71	中国科学院新疆理化技术研究所	1500.00
72	中国科学院天津工业生物技术研究所	1500.00
73	中国科学院西双版纳热带植物园	1500.00
74	湖北工业大学	1492.90
75	北京理工大学	1492.00
76	南京工业大学	1489.76
77	中国科学院上海光学精密机械研究所	1413.00
78	潍坊学院	1406.06
79	河南中医药大学	1392.00
80	辽宁科技学院	1386.05
81	北京化工大学	1383.12
82	浙江中科应用技术研究院	1370.00
83	中国科学院生物物理研究所	1361.98
84	南京理工大学	1356.30
85	青岛农业大学	1277.00
86	山东省果树研究所	1250.00
87	南京大学	1231.78
88	贵州大学	1229.00
89	中国科学院广州生物医药与健康研究院	1108.00

续表

排名	单位名称	合同金额/万元
90	重庆医科大学	1104.10
91	西南石油大学	1093.00
92	齐鲁工业大学（山东省科学院）	1087.47
93	中国计量大学	1084.60
94	中国中医科学院西苑医院	1080.00
95	中国科学院金属研究所	1065.53
96	西安电子科技大学	1062.91
97	广东工业大学	1038.20
98	内蒙古农业大学	1038.00
99	北京中医药大学	1000.00
100	中国科学院重庆绿色智能技术研究院	1000.00
	合计	582 790.59

附录 10　2020 年高校院所以转让方式转化科技成果的当年到账金额前 100 名

排名	单位名称	当年到账金额 / 万元
1	深圳华大生命科学研究院	30 000.00
2	中国中医科学院	15 000.00
3	中国科学院上海药物研究所	8756.09
4	中国科学院上海硅酸盐研究所	6210.00
5	天津中医药大学	6018.00
6	四川大学	5330.16
7	浙江大学	5229.69
8	中国药科大学	5197.26
9	陕西科技大学	5163.05
10	上海市公共卫生临床中心	5000.00
11	西安交通大学	4600.49
12	重庆市农业科学院	4439.08
13	北京市农林科学院	3764.29
14	南京航空航天大学	3511.13
15	中南大学	3505.00
16	济南市环境研究院	3260.60
17	福建海洋研究所	3250.63
18	山东大学	3250.50
19	国家纳米科学中心	3069.00

续表

排名	单位名称	当年到账金额/万元
20	中国科学院声学研究所	3013.16
21	广东省农业科学院	2731.90
22	清华大学	2622.00
23	东南大学	2485.85
24	广东省计量科学研究院（华南国家计量测试中心）	2382.51
25	中国医学科学院药物研究所	2107.00
26	上海交通大学	2103.34
27	北京邮电大学	1944.86
28	浙江省农业科学院	1895.28
29	淮阴师范学院	1864.30
30	华南农业大学	1838.55
31	中国医学科学院阜外医院	1765.00
32	广东省林业科学研究院	1708.92
33	北京大学	1634.22
34	中国科学院深圳先进技术研究院	1604.00
35	杭州师范大学	1585.80
36	华东理工大学	1521.00
37	西北工业大学	1494.83
38	中山大学	1489.23
39	北京航空航天大学	1483.80
40	江南大学	1455.53
41	中国农业科学院麻类研究所	1450.00
42	中国科学院上海微系统与信息技术研究所	1425.00

续表

排名	单位名称	当年到账金额 / 万元
43	中国科学院上海光学精密机械研究所	1413.00
44	武汉理工大学	1359.05
45	武汉工程大学	1349.90
46	南京工业大学	1219.80
47	中国疾病预防控制中心病毒病预防控制所	1215.00
48	广东省科学院	1194.64
49	南京大学	1148.15
50	河海大学	1117.26
51	南京理工大学	1111.15
52	华南理工大学	1105.15
53	江苏省农业科学院	1092.00
54	重庆大学	1082.90
55	北京理工大学	1059.43
56	中国科学院物理研究所	1045.54
57	潍坊学院	1041.08
58	中国科学院半导体研究所	1040.00
59	复旦大学	1022.50
60	中国医学科学院基础医学研究所	1020.00
61	四川省医学科学院·四川省人民医院	1006.00
62	内蒙古农业大学	950.40
63	中国农业科学院上海兽医研究所	949.02
64	佛山科学技术学院	894.55
65	周口市农业科学院	876.00

续表

排名	单位名称	当年到账金额/万元
66	北京科技大学	875.31
67	哈尔滨工业大学	874.84
68	天津大学	856.20
69	盐城工学院	855.83
70	黑龙江省农业科学院水稻研究所	850.00
71	山西农业大学	841.40
72	西安电子科技大学	834.02
73	大连理工大学	833.19
74	哈尔滨医科大学	814.10
75	河北工业职业技术学院	806.20
76	长沙理工大学	791.00
77	中国医学科学院医药生物技术研究所	750.00
78	浙江中科应用技术研究院	720.00
79	中国科学院化学研究所	700.00
80	淮阴工学院	695.23
81	深圳市绿航星际太空科技研究院	688.06
82	宁波大学	681.10
83	中国农业大学	677.68
84	电子科技大学	670.12
85	中国农业科学院作物科学研究所	666.57
86	太原理工大学	650.50
87	黑龙江省农垦科学院	650.00
88	浙江理工大学	642.92

续表

排名	单位名称	当年到账金额/万元
89	西南石油大学	632.95
90	青岛海洋生物医药研究院	625.00
91	河北工业大学	624.00
92	东华大学	617.60
93	电子科技大学广东电子信息工程研究院	615.00
94	安徽省农业科学院	612.15
95	陕西师范大学	607.50
96	石河子大学	600.00
97	安徽农业大学	593.40
98	上海大学	585.00
99	燕山大学	579.59
100	中国科学技术大学	575.02
	合计	218 165.05

附录 11　2020 年高校院所以许可方式转化科技成果合同金额前 100 名

排名	单位名称	合同金额 / 万元
1	上海交通大学	64 551.46
2	上海科技大学	63 439.05
3	湘潭大学	50 104.00
4	复旦大学	40 773.00
5	中国科学院微生物研究所	22 375.00
6	中国科学院大连化学物理研究所	20 720.00
7	暨南大学	20 250.00
8	清华大学	18 155.66
9	中国科学院动物研究所	17 100.00
10	华东理工大学	15 175.13
11	中国民航科学技术研究院（中国民用航空局航空安全技术中心）	10 271.47
12	中国科学院上海药物研究所	10 050.00
13	中国科学院天津工业生物技术研究所	8750.00
14	江苏省农业科学院	7975.36
15	中国农业科学院油料作物研究所	7534.00
16	郑州轻工业大学	7222.00
17	华中科技大学	6243.70
18	浙江大学	6095.77
19	四川大学	6069.77

续表

排名	单位名称	合同金额/万元
20	中国科学院近代物理研究所	6000.00
21	东北大学	5766.85
22	陕西警官职业学院	5630.00
23	电子科技大学	5232.65
24	中国农业科学院兰州兽医研究所	5128.60
25	沈阳化工大学	5100.00
26	华南理工大学	5073.08
27	中国科学院上海巴斯德研究所	4760.00
28	成都中医药大学	4222.00
29	中国科学院苏州生物医学工程技术研究所	4205.00
30	北京科技大学	4166.84
31	杭州市农业科学研究院	4117.00
32	中国农业科学院哈尔滨兽医研究所	3898.00
33	北京航空航天大学	3867.24
34	中国科学院上海有机化学研究所	3797.00
35	江南大学	3760.00
36	中国科学院生物物理研究所	3697.43
37	黑龙江省农业科学院水稻研究所	3665.60
38	公安部交通管理科学研究所	3338.32
39	湖南杂交水稻研究中心	3314.98
40	大连理工大学	3233.60
41	重庆市农业科学院	2990.20
42	西安交通大学	2967.13

续表

排名	单位名称	合同金额/万元
43	北京理工大学	2960.49
44	应急管理部消防产品合格评定中心	2895.00
45	天津医科大学	2800.00
46	东南大学	2768.22
47	湖南大学	2700.00
48	山东科技大学	2652.08
49	中国农业大学	2517.80
50	重庆工业职业技术学院	2300.00
51	南京大学	2220.46
52	中国地震局地震研究所	2145.32
53	南开大学	2126.00
54	东北电力大学	2038.60
55	中国疾病预防控制中心病毒病预防控制所	2000.00
56	南京航空航天大学	1980.47
57	山东农业大学	1970.40
58	中国科学院声学研究所	1928.50
59	中国农业科学院北京畜牧兽医研究所	1872.63
60	中国科学院过程工程研究所	1815.50
61	西北农林科技大学	1805.00
62	华北水利水电大学	1640.75
63	南京理工大学	1635.80
64	水利部南京水利水文自动化研究所	1600.00
65	福建省农业科学院水稻研究所	1590.00

续表

排名	单位名称	合同金额/万元
66	农业农村部南京农业机械化研究所	1581.71
67	中国地质科学院勘探技术研究所	1530.00
68	广西壮族自治区农业科学院	1523.20
69	贵州大学	1511.00
70	中国农业科学院蔬菜花卉研究所	1500.00
71	中国科学院金属研究所	1475.00
72	中国信息通信研究院	1473.94
73	重庆大学	1416.00
74	中国科学院化学研究所	1357.00
75	东华理工大学	1356.79
76	北京市科学技术研究院	1353.63
77	中国科学院合肥物质科学研究院	1330.00
78	齐鲁工业大学（山东省科学院）	1330.00
79	浙江大学自贡创新中心	1325.26
80	应急管理部上海消防研究所	1314.75
81	重庆工程职业技术学院	1266.46
82	中国科学院广州能源研究所	1200.00
83	北京大学	1180.00
84	四川轻化工大学	1129.32
85	中国测绘科学研究院	1121.71
86	辽宁科技学院	1114.50
87	中国地质大学（北京）	1111.00
88	黑龙江省农业科学院绥化分院	1108.90

续表

排名	单位名称	合同金额/万元
89	成都理工大学	1107.04
90	华北电力大学	1104.60
91	杭州师范大学	1092.98
92	中国科学院理化技术研究所	1060.00
93	河南省作物分子育种研究院	1057.00
94	天津科技大学	1050.00
95	中国热带农业科学院香料饮料研究所	1043.70
96	长安大学	1041.47
97	中国科学院分子细胞科学卓越创新中心	1010.00
98	中国水稻研究所	1007.50
99	中国测试技术研究院	1000.00
100	中国药科大学	1000.00
	合计	593 934.37

附录 12　2020 年高校院所以许可方式转化科技成果的当年到账金额前 100 名

排名	单位名称	当年到账金额 / 万元
1	清华大学	20 808.00
2	中国农业科学院哈尔滨兽医研究所	18 177.30
3	中国农业科学院兰州兽医研究所	11 061.60
4	中国民航科学技术研究院（中国民用航空局航空安全技术中心）	7057.51
5	江苏省农业科学院	6578.00
6	中国科学院大连化学物理研究所	6050.00
7	中国科学院动物研究所	4800.00
8	郑州轻工业大学	4417.55
9	四川大学	4222.27
10	中国科学院微生物研究所	4160.52
11	华南理工大学	4085.72
12	浙江大学	4011.47
13	黑龙江省农业科学院水稻研究所	3665.60
14	电子科技大学	3544.15
15	中国科学院上海药物研究所	3344.42
16	公安部交通管理科学研究所	3338.32
17	湖南杂交水稻研究中心	3314.98
18	重庆市农业科学院	2 909.10

续表

排名	单位名称	当年到账金额/万元
19	北京理工大学	2742.77
20	东北大学	2630.27
21	中国科学院天津工业生物技术研究所	2382.86
22	西安交通大学	2195.13
23	湘潭大学	2068.00
24	东南大学	1847.29
25	中国农业科学院郑州果树研究所	1840.00
26	中国科学院自动化研究所	1759.00
27	华中科技大学	1653.90
28	东北电力大学	1630.70
29	中国农业大学	1558.36
30	中国农业科学院油料作物研究所	1529.20
31	中国疾病预防控制中心病毒病预防控制所	1520.00
32	北京航空航天大学	1517.04
33	中国农业科学院蔬菜花卉研究所	1500.00
34	中国科学院半导体研究所	1500.00
35	江南大学	1461.94
36	南京航空航天大学	1440.24
37	中国科学院金属研究所	1417.50
38	南京大学	1408.30
39	北京市科学技术研究院	1353.63
40	北京大学	1311.53
41	水利部南京水利水文自动化研究所	1280.00

续表

排名	单位名称	当年到账金额/万元
42	重庆工程职业技术学院	1266.46
43	中国农业科学院北京畜牧兽医研究所	1259.09
44	中国石油大学（华东）	1241.90
45	应急管理部上海消防研究所	1214.00
46	华北水利水电大学	1204.38
47	中国测绘科学研究院	1121.71
48	黑龙江省农业科学院绥化分院	1108.90
49	华北电力大学	1104.60
50	中国热带农业科学院香料饮料研究所	1043.70
51	华东理工大学	1007.00
52	广西壮族自治区农业科学院	1005.26
53	中国信息通信研究院	1004.57
54	中国水稻研究所	1001.55
55	湖南大学	994.00
56	北京科技大学	987.70
57	应急管理部天津消防研究所	972.81
58	华中农业大学	968.00
59	辽宁科技学院	965.20
60	鲁迅美术学院	947.00
61	中国科学院苏州生物医学工程技术研究所	933.00
62	中国科学院上海有机化学研究所	896.56
63	浙江大学自贡创新中心	890.76
64	中国科学院过程工程研究所	871.21

续表

排名	单位名称	当年到账金额/万元
65	齐鲁工业大学（山东省科学院）	866.40
66	山东农业大学	865.00
67	西安工程大学	845.90
68	上海交通大学	843.83
69	西北农林科技大学	823.41
70	山东科技大学	821.51
71	黑龙江省农业科学院黑河分院	804.00
72	上海市农业科学院	785.10
73	杭州师范大学	757.30
74	农业农村部南京农业机械化研究所	753.21
75	武汉体育学院	748.54
76	大连理工大学	742.10
77	西安电子科技大学	724.70
78	中国计量大学	710.00
79	国家海洋局北海海洋工程勘察研究院	692.82
80	青海省农林科学院	684.00
81	中国石油大学（北京）	674.15
82	中国科学院深圳先进技术研究院	627.00
83	河南科技学院	613.00
84	北京市食品安全监控和风险评估中心（北京市食品检验所）	612.20
85	东华理工大学	611.73
86	河南省作物分子育种研究院	603.00
87	浙江大学台州研究院	594.80

续表

排名	单位名称	当年到账金额/万元
88	重庆工商大学	591.81
89	吉林省农业科学院	591.00
90	长安大学	570.30
91	滁州学院	569.34
92	云南省农业科学院经济作物研究所	549.23
93	复旦大学	547.98
94	中原工学院	540.80
95	延边大学	520.10
96	西南石油大学	516.15
97	湖北省水利水电科学研究院	515.00
98	山东大学	512.00
99	中国科学院信息工程研究所	505.20
100	中国科学院近代物理研究所	500.00
	合计	202 936.14

附录 13　2020 年高校院所以作价投资方式转化科技成果合同金额前 100 名

排名	单位名称	合同金额 / 万元
1	清华大学	80 500.00
2	中国科学院长春光学精密机械与物理研究所	70 945.00
3	四川大学	70 168.98
4	中国科学院金属研究所	49 375.00
5	中国科学院理化技术研究所	34 017.00
6	中国科学院空天信息创新研究院	28 250.00
7	湖南大学	27 959.92
8	齐鲁工业大学（山东省科学院）	19 796.00
9	中国科学院深圳先进技术研究院	13 391.99
10	中国科学院上海硅酸盐研究所	12 250.00
11	上海交通大学	12 160.00
12	集美大学	12 000.00
13	中国科学院大连化学物理研究所	11 932.75
14	中国科学院合肥物质科学研究院	11 737.05
15	哈尔滨工业大学	10 553.31
16	南方科技大学	9312.50
17	西北工业大学	9137.50
18	中南大学	8970.00
19	中国科学技术大学	8101.63

续表

排名	单位名称	合同金额/万元
20	中国科学院工程热物理研究所	7500.00
21	重庆理工大学	5385.00
22	江西理工大学	5359.09
23	清华大学深圳国际研究生院	5300.00
24	武汉理工大学	5250.00
25	北京大学	4903.48
26	中国科学院信息工程研究所	4800.00
27	中国科学院上海微系统与信息技术研究所	4261.00
28	西安交通大学	3885.00
29	北京航空航天大学	3774.70
30	北京理工大学	3742.86
31	中国科学院精密测量科学与技术创新研究院	3600.00
32	中国科学院山西煤炭化学研究所	3460.00
33	东莞深圳清华大学研究院创新中心	3342.00
34	西南交通大学	3150.34
35	上海应用技术大学	3000.00
36	上海工程技术大学	2700.00
37	中国科学技术大学先进技术研究院	2506.95
38	上海理工大学	2490.00
39	青岛海洋生物医药研究院	2428.00
40	山东大学	2400.00
41	中国科学院天津工业生物技术研究所	2345.00
42	大连海事大学	2100.00

续表

排名	单位名称	合同金额/万元
43	濮阳光电产业技术研究院	2000.00
44	清华大学天津电子信息研究院	1870.33
45	南京工业大学	1870.00
46	扬州大学	1600.00
47	广东省农业科学院	1550.00
48	桂林电子科技大学	1500.00
49	天津先进技术研究院	1500.00
50	中国科学院微电子研究所	1425.00
51	嘉兴学院	1420.00
52	江苏省产业技术研究院	1350.00
53	华中科技大学	1349.76
54	西安建筑科技大学	1320.00
55	山东省药学科学院	1218.00
56	中国科学院自动化研究所	1200.00
57	北京化工大学	1199.04
58	中国科学院城市环境研究所	1177.44
59	中国科学院分子植物科学卓越创新中心	1167.00
60	广东省科学院	1131.18
61	广东粤港澳大湾区国家纳米科技创新研究院	1100.00
62	北京中医药大学	1007.41
63	张家口市农业科学院	1000.00
64	江西中医药大学	1000.00
65	四川大学青岛研究院	1000.00

续表

排名	单位名称	合同金额/万元
66	电子科技大学	951.00
67	江苏省农业科学院	930.80
68	安徽大学	919.33
69	东华大学	916.00
70	长安大学	900.00
71	中国科学院计算机网络信息中心	900.00
72	华南理工大学	815.09
73	河北工业大学	803.09
74	中国科学院广州能源研究所	790.00
75	中国矿业报社	770.00
76	中国科学院高能物理研究所	760.00
77	中国科学院国家空间科学中心	750.00
78	辽宁科技大学	749.34
79	中国科学院半导体研究所	720.00
80	中国科学院力学研究所	700.00
81	中国科学院海洋研究所	700.00
82	广西职业师范学院	650.00
83	中国科学院上海有机化学研究所	650.00
84	安徽理工大学	610.00
85	南开大学	606.00
86	华北电力大学	602.47
87	湖南师范大学	600.00
88	长春理工大学	600.00

续表

排名	单位名称	合同金额/万元
89	中国科学院重庆绿色智能技术研究院	587.60
90	深圳清华大学研究院	585.00
91	广东工业大学	568.80
92	泉州师范学院	560.00
93	北京大学东莞光电研究院	540.00
94	厦门大学	535.71
95	深圳大学龙华生物产业创新研究院	505.00
96	北京交通大学	500.00
97	中国地质大学(武汉)	500.00
98	武汉工程大学	481.16
99	郑州轻工业大学	450.00
100	沈阳化工大学	417.64
	合计	642 821.24

附录 14　2020 年高校院所以转让、许可、作价投资方式转化的科技成果奖励个人现金和股份总金额前 100 名

排名	单位名称	奖励个人金额 / 万元
1	清华大学	62 695.00
2	中国科学院长春光学精密机械与物理研究所	35 627.00
3	中国科学院金属研究所	29 022.47
4	湖南大学	25 769.50
5	中南大学	17 384.50
6	中国科学院理化技术研究所	17 008.50
7	齐鲁工业大学（山东省科学院）	14 616.80
8	集美大学	10 845.85
9	中国农业科学院哈尔滨兽医研究所	8968.00
10	西北工业大学	7516.13
11	四川大学	7308.00
12	西安交通大学	7185.37
13	中国科学院合肥物质科学研究院	6886.58
14	南方科技大学	6552.75
15	浙江大学	6468.81
16	华南理工大学	5574.95
17	北京航空航天大学	5423.46
18	北京理工大学	5159.50
19	中国农业科学院兰州兽医研究所	4890.91

续表

排名	单位名称	奖励个人金额/万元
20	北京大学	4889.88
21	武汉理工大学	4742.02
22	山东大学	4527.47
23	重庆理工大学	4295.04
24	江苏省农业科学院	4254.43
25	天津中医药大学	4219.60
26	中国科学院工程热物理研究所	4093.36
27	广东工业大学	3969.00
28	郑州轻工业大学	3948.64
29	中国科学院上海硅酸盐研究所	3839.82
30	黑龙江省农业科学院水稻研究所	3799.88
31	清华大学深圳国际研究生院	3787.00
32	上海市公共卫生临床中心	3686.36
33	南京航空航天大学	3675.91
34	东南大学	3466.51
35	中国科学院上海药物研究所	3429.99
36	北京市农林科学院	3398.78
37	中国科学院微生物研究所	2943.03
38	电子科技大学	2903.37
39	中国科学院声学研究所	2799.20
40	哈尔滨工业大学	2719.26
41	湖南杂交水稻研究中心	2630.90
42	上海应用技术大学	2585.60

续表

排名	单位名称	奖励个人金额/万元
43	东北大学	2578.97
44	西南交通大学	2558.43
45	江南大学	2529.04
46	华中科技大学	2470.40
47	中国科学院深圳先进技术研究院	2375.50
48	同济大学	2359.77
49	中国科学技术大学	2169.20
50	上海理工大学	2124.67
51	湘潭大学	2117.43
52	杭州师范大学	2108.79
53	广东省农业科学院	1998.36
54	中国科学院上海微系统与信息技术研究所	1988.92
55	上海工程技术大学	1962.32
56	华东理工大学	1891.50
57	中国科学技术大学先进技术研究院	1880.21
58	淮阴师范学院	1804.77
59	南京工业大学	1793.00
60	大连海事大学	1735.94
61	中国科学院山西煤炭化学研究所	1730.00
62	武汉工程大学	1617.13
63	北京科技大学	1615.94
64	中国科学院半导体研究所	1592.00
65	华南农业大学	1527.24

续表

排名	单位名称	奖励个人金额/万元
66	北京邮电大学	1491.00
67	西南石油大学	1469.73
68	西安建筑科技大学	1439.92
69	华北电力大学	1415.82
70	东华大学	1388.48
71	东北电力大学	1374.96
72	中国科学院天津工业生物技术研究所	1361.60
73	浙江省农业科学院	1317.04
74	中国农业科学院油料作物研究所	1315.44
75	长安大学	1309.56
76	清华大学天津电子信息研究院	1309.23
77	广西壮族自治区农业科学院	1307.46
78	中国农业科学院郑州果树研究所	1288.00
79	水利部南京水利水文自动化研究所	1280.00
80	南京大学	1276.33
81	中国科学院大连化学物理研究所	1256.80
82	重庆工程职业技术学院	1253.80
83	河海大学	1163.70
84	北京中医药大学	1143.99
85	中国计量大学	1125.69
86	中国科学院自动化研究所	1120.00
87	中国疾病预防控制中心病毒病预防控制所	1076.60
88	南京理工大学	1073.76

续表

排名	单位名称	奖励个人金额/万元
89	中国农业科学院蔬菜花卉研究所	960.16
90	浙江理工大学	956.93
91	大连理工大学	945.37
92	中国农业大学	944.74
93	西北农林科技大学	939.49
94	华中农业大学	931.00
95	广东省林业科学研究院	923.99
96	中国科学院上海有机化学研究所	891.20
97	中国科学院广州能源研究所	891.00
98	重庆大学	889.18
99	上海市农业科学院	876.00
100	黑龙江省农业科学院绥化分院	871.00
	合计	456 617.63

附录 15 2020 年地方辖区内的高校院所以转让、许可、作价投资和技术开发、咨询、服务方式转化科技成果的合同金额排名

排名	省、自治区、直辖市名称	合同金额/万元
1	北京市	2 639 097.41
2	江苏省	1 308 584.71
3	上海市	1 183 614.15
4	广东省	862 434.44
5	浙江省	760 826.27
6	湖北省	683 722.95
7	四川省	598 343.30
8	山东省	549 255.97
9	陕西省	545 733.48
10	辽宁省	444 903.66
11	湖南省	401 032.17
12	重庆市	336 848.96
13	天津市	323 896.90
14	安徽省	270 452.41
15	河南省	238 586.34
16	吉林省	226 434.86
17	黑龙江省	203 618.24
18	福建省	193 396.38
19	甘肃省	168 586.69

续表

排名	省、自治区、直辖市名称	合同金额/万元
20	江西省	134 520.47
21	河北省	108 184.03
22	山西省	100 157.00
23	广西壮族自治区	57 958.49
24	云南省	51 258.37
25	新疆维吾尔自治区	48 788.11
26	贵州省	48 605.55
27	海南省	24 614.33
28	内蒙古自治区	23 053.19
29	青海省	15 737.29
30	宁夏回族自治区	7483.94
31	西藏自治区	1241.52
	合计	12 560 971.58

附录16 2020年地方辖区内的高校院所以转让、许可、作价投资方式转化科技成果的合同金额排名

排名	省、自治区、直辖市名称	合同金额/万元
1	上海市	470 448.71
2	北京市	425 418.74
3	湖南省	118 113.37
4	辽宁省	114 675.46
5	四川省	113 746.05
6	广东省	102 575.47
7	江苏省	87 836.77
8	吉林省	80 335.18
9	山东省	68 501.39
10	陕西省	56 683.98
11	湖北省	53 981.35
12	浙江省	53 873.23
13	安徽省	52 349.49
14	天津市	50 074.10
15	重庆市	31 076.16
16	黑龙江省	26 794.42
17	福建省	26 681.51
18	河南省	25 377.49
19	甘肃省	14 728.43

续表

排名	省、自治区、直辖市名称	合同金额/万元
20	江西省	12 228.69
21	广西壮族自治区	9649.21
22	新疆维吾尔自治区	7213.82
23	山西省	6508.05
24	河北省	5922.23
25	贵州省	3407.42
26	云南省	2957.92
27	内蒙古自治区	2127.93
28	海南省	1396.27
29	宁夏回族自治区	921.71
30	青海省	730.65
31	西藏自治区	105.00
	合计	2 026 440.20

附录17 2020年地方辖区内的高校院所以技术开发、咨询、服务方式转化科技成果的合同金额排名

排名	省、自治区、直辖市名称	合同金额/万元
1	北京市	2 213 678.67
2	江苏省	1 220 747.94
3	广东省	759 858.97
4	上海市	713 165.44
5	浙江省	706 953.04
6	湖北省	629 741.60
7	陕西省	489 049.50
8	四川省	484 597.25
9	山东省	480 754.58
10	辽宁省	330 228.20
11	重庆市	305 772.80
12	湖南省	282 918.80
13	天津市	273 822.80
14	安徽省	218 102.92
15	河南省	213 208.85
16	黑龙江省	176 823.82
17	福建省	166 714.87
18	甘肃省	153 858.26
19	吉林省	146 099.68

续表

排名	省、自治区、直辖市名称	合同金额/万元
20	江西省	122 291.78
21	河北省	102 261.80
22	山西省	93 648.95
23	广西壮族自治区	48 309.28
24	云南省	48 300.45
25	贵州省	45 198.13
26	新疆维吾尔自治区	41 574.29
27	海南省	23 218.06
28	内蒙古自治区	20 925.26
29	青海省	15 006.64
30	宁夏回族自治区	6562.23
31	西藏自治区	1136.52
	合计	10 534 531.38

附录18 2020年地方辖区内高校院所产出科技成果以转让、许可、作价投资方式转化至本地方的合同项数与合同金额情况

序号	省份	单位数量/家	在本地方辖区内产出科技成果在本地方转化的合同项/数项	占本地方辖区内产出科技成果转化合同总项数的比例	在本地方辖区内产出科技成果在本地方转化的合同金额/万元	占本地方辖区内产出科技成果转化合同金额的比例
1	上海市	131	266	46.9%	272 767.86	58.0%
2	北京市	280	706	44.6%	155 350.49	36.5%
3	四川省	157	627	69.5%	92 838.89	81.6%
4	广东省	287	1079	79.2%	83 605.24	81.5%
5	吉林省	54	205	67.4%	75 721.81	94.3%
6	山东省	327	812	66.9%	61 697.58	90.1%
7	江苏省	93	3264	75.7%	47 174.71	53.7%
8	湖南省	146	266	61.6%	42 301.58	35.8%
9	湖北省	158	544	58.2%	36 597.97	67.8%
10	浙江省	169	1155	65.5%	34 231.24	63.5%
11	陕西省	87	991	61.4%	31 815.12	56.1%
12	重庆市	63	388	59.7%	24 590.59	79.1%
13	辽宁省	104	401	58.6%	22 140.20	19.3%
14	福建省	123	407	83.1%	21 527.52	80.7%
15	安徽省	113	513	67.4%	21 008.44	40.1%
16	河南省	128	357	62.7%	17 843.67	70.3%

续表

序号	省份	单位数量/家	在本地方辖区内产出科技成果在本地方转化的合同项/数项	占本地方辖区内产出科技成果转化合同总项数的比例	在本地方辖区内产出科技成果在本地方转化的合同金额/万元	占本地方辖区内产出科技成果转化合同金额的比例
17	天津市	72	271	62.0%	15 798.56	31.6%
18	黑龙江省	112	170	50.7%	15 477.01	57.8%
19	江西省	124	126	50.2%	10 584.73	86.6%
20	广西壮族自治区	103	239	69.7%	8550.89	88.6%
21	甘肃省	87	108	53.7%	7996.42	54.3%
22	河北省	164	348	62.1%	4468.38	75.5%
23	山西省	94	263	70.7%	3561.82	54.7%
24	新疆维吾尔自治区	48	37	86.0%	3111.82	43.1%
25	内蒙古自治区	104	33	84.6%	1184.93	55.7%
26	海南省	24	31	75.6%	1183.27	84.7%
27	云南省	103	50	67.6%	1042.72	35.3%
28	贵州省	47	47	72.3%	705.60	20.7%
29	青海省	20	9	60.0%	688.00	94.2%
30	宁夏回族自治区	19	42	73.7%	631.01	68.5%
31	西藏自治区	13	3	100.0%	105.00	100.0%
	总计	3554	13758		1116303.07	

附录19 2020年地方辖区内高校院所产出科技成果以转让、许可、作价投资方式输出至其他地方合同金额占合同总金额比重的相关情况

排名	省份	单位数量/家	本地方辖区内产出科技成果合同总金额/万元	输出成果到其他地方合同金额/万元	输出成果至其他地方合同金额占本地方辖区内产出科技成果合同总金额比重
1	辽宁省	104	114 675.46	92 535.26	80.7%
2	贵州省	47	3407.42	2701.82	79.3%
3	天津市	72	50 074.10	34 275.54	68.4%
4	云南省	103	2957.92	1915.20	64.7%
5	湖南省	146	118 113.37	75 811.79	64.2%
6	北京市	280	425 418.74	270 068.25	63.5%
7	安徽省	113	52 349.49	31 341.05	59.9%
8	新疆维吾尔自治区	48	7213.82	4102.00	56.9%
9	江苏省	93	87 836.77	40 662.06	46.3%
10	甘肃省	87	14 728.43	6732.01	45.7%
11	山西省	94	6508.05	2946.23	45.3%
12	内蒙古自治区	104	2127.93	943.00	44.3%
13	陕西省	87	56 683.98	24 868.86	43.9%
14	黑龙江省	112	26 794.42	11 317.41	42.2%
15	上海市	131	470 448.71	197 680.85	42.0%
16	浙江省	169	53 873.23	19 641.99	36.5%

续表

排名	省份	单位数量/家	本地方辖区内产出科技成果合同总金额/万元	输出成果到其他地方合同金额/万元	输出成果至其他地方合同金额占本地方辖区内产出科技成果合同总金额比重
17	湖北省	158	53 981.35	17 383.38	32.2%
18	宁夏回族自治区	19	921.71	290.70	31.5%
19	河南省	128	25 377.49	7533.82	29.7%
20	河北省	164	5922.23	1453.85	24.5%
21	重庆市	63	31 076.16	6485.57	20.9%
22	福建省	123	26 681.51	5153.99	19.3%
23	广东省	287	102 575.47	18 970.23	18.5%
24	四川省	157	113 746.05	20 907.16	18.4%
25	海南省	24	1396.27	213.00	15.3%
26	江西省	124	12 228.69	1643.96	13.4%
27	广西壮族自治区	103	9649.21	1098.32	11.4%
28	山东省	327	68 501.39	6803.81	9.9%
29	青海省	20	730.65	42.65	5.8%
30	吉林省	54	80 335.18	4613.37	5.7%
31	西藏自治区	13	105.00	0.00	0

附录20 2020年高等院校以转让、许可、作价投资和技术开发、咨询、服务方式转化科技成果合同金额前100名

排名	单位名称	合同金额/万元
1	清华大学	321 470.56
2	浙江大学	268 828.15
3	北京理工大学	262 630.54
4	上海交通大学	203 937.63
5	四川大学	167 659.56
6	东南大学	166 616.27
7	重庆大学	154 349.20
8	华中科技大学	150 703.66
9	北京航空航天大学	145 622.44
10	同济大学	137 419.80
11	西安交通大学	126 546.60
12	华南理工大学	126 032.23
13	北京大学	106 586.81
14	江苏大学	95 841.23
15	湖南大学	95 260.17
16	复旦大学	95 237.13
17	西北工业大学	92 680.78
18	山东大学	85 560.15
19	中南大学	84 675.60

续表

排名	单位名称	合同金额/万元
20	武汉理工大学	81 634.26
21	电子科技大学	80 672.16
22	西南交通大学	76 260.27
23	天津大学	73 630.69
24	江南大学	73 485.83
25	哈尔滨工业大学	73 179.01
26	华东理工大学	73 154.63
27	南京航空航天大学	71 220.92
28	中国矿业大学	69 159.50
29	上海科技大学	67 168.05
30	武汉大学	65 269.00
31	齐鲁工业大学(山东省科学院)	62 484.87
32	中国科学技术大学	59 823.27
33	中国石油大学(华东)	59 295.41
34	东北大学	59 155.25
35	华北电力大学	57 581.12
36	西安电子科技大学	55 183.13
37	湘潭大学	54 372.26
38	南京理工大学	53 629.12
39	兰州大学	53 223.90
40	吉林大学	52 442.60
41	西南石油大学	52 191.66
42	南京大学	51 905.70

续表

排名	单位名称	合同金额/万元
43	北京科技大学	49 520.95
44	北京交通大学	48 580.60
45	中国石油大学（北京）	48 462.25
46	大连理工大学	46 371.20
47	浙江工业大学	45 219.42
48	南京工业大学	42 387.36
49	上海大学	42 316.50
50	中国药科大学	41 930.41
51	厦门大学	41 354.39
52	中山大学	41 246.75
53	河海大学	40 366.65
54	南方科技大学	39 216.94
55	中国农业大学	38 495.37
56	北京邮电大学	37 906.26
57	中北大学	36 743.90
58	哈尔滨工程大学	33 061.41
59	西安理工大学	32 994.61
60	暨南大学	31 586.66
61	东华大学	30 919.86
62	扬州大学	30 533.68
63	郑州大学	30 043.80
64	成都理工大学	30 003.01
65	北京化工大学	29 855.64

续表

排名	单位名称	合同金额/万元
66	中国矿业大学（北京）	29 637.00
67	南开大学	27 129.27
68	中国地质大学（武汉）	26 962.01
69	西安科技大学	26 505.70
70	太原理工大学	25 785.95
71	郑州轻工业大学	25 349.38
72	中国计量大学	24 384.10
73	南京农业大学	24 383.66
74	北京工业大学	24 067.02
75	广东工业大学	23 950.00
76	西南大学	23 904.75
77	福州大学	23 767.00
78	南京信息工程大学	23 098.88
79	合肥工业大学	22 798.50
80	山东科技大学	22 738.38
81	天津中医药大学	22 480.20
82	浙江理工大学	22 042.89
83	华南农业大学	22 014.11
84	南通大学	20 849.45
85	上海应用技术大学	20 650.00
86	集美大学	20 521.97
87	河南理工大学	20 179.46
88	重庆交通大学	20 141.02

续表

排名	单位名称	合同金额/万元
89	重庆科技学院	20 071.75
90	东华理工大学	19 849.79
91	长安大学	19 662.62
92	长江大学	19 152.36
93	河北工程大学	18 856.00
94	杭州电子科技大学	18 720.41
95	武汉工程大学	18 640.29
96	华东师范大学	17 879.72
97	江苏科技大学	17 739.68
98	新疆大学	17 700.00
99	山东交通学院	17 530.38
100	华中农业大学	17 372.77
	合计	6 019 415.21

附录 21 2020 年高等院校以转让、许可、作价投资方式转化科技成果合同金额前 100 名

排名	单位名称	合同金额/万元
1	清华大学	104 078.56
2	四川大学	84 367.07
3	上海交通大学	82 308.63
4	上海科技大学	63 439.05
5	复旦大学	58 220.50
6	湘潭大学	50 608.00
7	华东理工大学	31 723.63
8	湖南大学	31 361.42
9	中国科学技术大学	28 711.65
10	浙江大学	27 675.46
11	中南大学	24 835.00
12	齐鲁工业大学（山东省科学院）	22 213.47
13	暨南大学	20 782.66
14	西安交通大学	18 914.23
15	天津中医药大学	18 028.00
16	中国药科大学	15 470.00
17	武汉理工大学	12 374.26
18	山东大学	12 283.15
19	集美大学	12 067.50

续表

排名	单位名称	合同金额/万元
20	上海大学	12 006.50
21	哈尔滨工业大学	11 919.95
22	西北工业大学	11 433.12
23	华中科技大学	11 089.82
24	北京航空航天大学	10 171.44
25	南方科技大学	9445.50
26	北京大学	9353.70
27	华南理工大学	9016.01
28	陕西科技大学	8775.36
29	北京理工大学	8195.35
30	郑州轻工业大学	7684.00
31	重庆大学	7571.20
32	电子科技大学	7009.16
33	南京航空航天大学	6863.21
34	大连理工大学	6659.86
35	东北大学	5980.85
36	江南大学	5963.28
37	陕西警官职业学院	5630.00
38	江西理工大学	5612.59
39	沈阳化工大学	5542.64
40	清华大学深圳国际研究生院	5410.00
41	东南大学	5404.27
42	重庆理工大学	5402.55

续表

排名	单位名称	合同金额/万元
43	中山大学	5311.75
44	北京科技大学	5065.65
45	成都中医药大学	4253.00
46	南开大学	3724.00
47	西南交通大学	3655.24
48	武汉工程大学	3527.92
49	南京大学	3452.24
50	中国农业大学	3448.58
51	南京工业大学	3425.76
52	上海应用技术大学	3240.00
53	北京化工大学	3162.16
54	同济大学	3159.00
55	南京理工大学	2992.10
56	杭州师范大学	2968.78
57	天津医科大学	2884.00
58	上海工程技术大学	2819.00
59	贵州大学	2740.00
60	山东科技大学	2702.08
61	上海理工大学	2702.00
62	南京农业大学	2698.08
63	北京中医药大学	2607.41
64	辽宁科技学院	2500.55
65	华南农业大学	2448.05

续表

排名	单位名称	合同金额/万元
66	北京邮电大学	2447.26
67	淮阴师范学院	2423.80
68	河海大学	2386.98
69	厦门大学	2377.21
70	重庆工业职业技术学院	2311.68
71	石河子大学	2204.00
72	长安大学	2188.62
73	山东农业大学	2170.40
74	大连海事大学	2165.21
75	东北电力大学	2126.60
76	华北电力大学	2091.63
77	中国计量大学	2076.10
78	扬州大学	1891.50
79	东华理工大学	1888.79
80	江西中医药大学	1845.90
81	西北农林科技大学	1820.00
82	佛山科学技术学院	1788.91
83	长沙理工大学	1735.90
84	东华大学	1732.60
85	广东工业大学	1721.00
86	河北工业大学	1706.59
87	桂林电子科技大学	1703.87
88	华北水利水电大学	1674.25

续表

排名	单位名称	合同金额/万元
89	西安建筑科技大学	1670.80
90	西南石油大学	1670.15
91	天津大学	1642.87
92	西安电子科技大学	1598.11
93	江苏大学	1573.55
94	嘉兴学院	1520.20
95	湖北工业大学	1518.90
96	潍坊学院	1406.06
97	河南中医药大学	1392.00
98	成都理工大学	1278.54
99	青岛农业大学	1277.00
100	重庆工程职业技术学院	1266.46
	合计	1 041 383.39

附录 22 2020 年高等院校以转让、许可、作价投资方式转化的科技成果奖励个人现金和股份总金额前 100 名

排名	单位名称	奖励个人金额/万元
1	清华大学	62 695.00
2	湖南大学	25 769.50
3	中南大学	17 384.50
4	齐鲁工业大学（山东省科学院）	14 616.80
5	集美大学	10 845.85
6	西北工业大学	7516.13
7	四川大学	7308.00
8	西安交通大学	7185.37
9	南方科技大学	6552.75
10	浙江大学	6468.81
11	华南理工大学	5574.95
12	北京航空航天大学	5423.46
13	北京理工大学	5159.50
14	北京大学	4889.88
15	武汉理工大学	4742.02
16	山东大学	4527.47
17	重庆理工大学	4295.04
18	天津中医药大学	4219.60
19	广东工业大学	3969.00

续表

排名	单位名称	奖励个人金额/万元
20	郑州轻工业大学	3948.64
21	清华大学深圳国际研究生院	3787.00
22	南京航空航天大学	3675.91
23	东南大学	3466.51
24	电子科技大学	2903.37
25	哈尔滨工业大学	2719.26
26	上海应用技术大学	2585.60
27	东北大学	2578.97
28	西南交通大学	2558.43
29	江南大学	2529.04
30	华中科技大学	2470.40
31	同济大学	2359.77
32	中国科学技术大学	2169.20
33	上海理工大学	2124.67
34	湘潭大学	2117.43
35	杭州师范大学	2108.79
36	上海工程技术大学	1962.32
37	华东理工大学	1891.50
38	淮阴师范学院	1804.77
39	南京工业大学	1793.00
40	大连海事大学	1735.94
41	武汉工程大学	1617.13
42	北京科技大学	1615.94

续表

排名	单位名称	奖励个人金额/万元
43	华南农业大学	1527.24
44	北京邮电大学	1491.00
45	西南石油大学	1469.73
46	西安建筑科技大学	1439.92
47	华北电力大学	1415.82
48	东华大学	1388.48
49	东北电力大学	1374.96
50	长安大学	1309.56
51	南京大学	1276.33
52	重庆工程职业技术学院	1253.80
53	河海大学	1163.70
54	北京中医药大学	1143.99
55	中国计量大学	1125.69
56	南京理工大学	1073.76
57	浙江理工大学	956.93
58	大连理工大学	945.37
59	中国农业大学	944.74
60	西北农林科技大学	939.49
61	华中农业大学	931.00
62	重庆大学	889.18
63	内蒙古农业大学	864.75
64	河北工业大学	858.33
65	天津大学	855.59

续表

排名	单位名称	奖励个人金额/万元
66	北京化工大学	839.00
67	中国石油大学（华东）	818.57
68	安徽大学	790.79
69	太原理工大学	784.88
70	杭州职业技术学院	749.01
71	复旦大学	727.37
72	长沙理工大学	726.41
73	河北工业职业技术学院	685.35
74	盐城工学院	684.66
75	淮阴工学院	669.76
76	哈尔滨医科大学	649.72
77	上海交通大学	635.20
78	杭州电子科技大学	634.28
79	山东农业大学	628.40
80	佛山科学技术学院	626.18
81	南开大学	624.80
82	安徽工业大学	605.68
83	宁波大学	549.68
84	西安电子科技大学	547.98
85	山东科技大学	545.13
86	燕山大学	541.90
87	中原工学院	520.40
88	湖南师范大学	511.17

续表

排名	单位名称	奖励个人金额/万元
89	台州学院	497.25
90	安徽农业大学	484.32
91	山西农业大学	481.11
92	北京工业大学	480.90
93	武汉大学	468.30
94	长春理工大学	451.01
95	兰州大学	448.89
96	浙江工业大学	444.73
97	河南科技学院	444.50
98	延边大学	440.08
99	重庆科技学院	439.61
100	上海大学	436.10
	合计	312 919.70

附录

附录23 2020年地方辖区内的高等院校以转让、许可、作价投资和技术开发、咨询、服务方式转化科技成果的合同金额排名

排名	省、自治区、直辖市名称	合同金额/万元
1	北京市	1 329 095.86
2	江苏省	1 040 458.21
3	上海市	761 747.73
4	浙江省	539 415.48
5	湖北省	510 242.01
6	陕西省	503 869.53
7	四川省	485 961.21
8	广东省	414 730.61
9	山东省	393 650.29
10	湖南省	352 924.43
11	重庆市	275 166.76
12	辽宁省	235 138.30
13	天津市	187 082.46
14	河南省	169 292.99
15	安徽省	167 858.35
16	黑龙江省	156 487.79
17	福建省	136 700.16
18	江西省	101 959.34
19	吉林省	98 599.54

续表

排名	省、自治区、直辖市名称	合同金额/万元
20	山西省	86 733.32
21	河北省	86 260.37
22	甘肃省	82 777.71
23	广西壮族自治区	35 434.64
24	新疆维吾尔自治区	29 272.94
25	贵州省	27 999.11
26	云南省	25 310.94
27	内蒙古自治区	13 897.39
28	海南省	7057.12
29	宁夏回族自治区	6244.04
30	青海省	2542.54
31	西藏自治区	1115.10
	合计	8 265 026.27

附录 24　2020 年地方辖区内的高等院校以转让、许可、作价投资方式转化科技成果的合同金额排名

排名	省、自治区、直辖市名称	合同金额/万元
1	上海市	263 364.69
2	北京市	156 590.50
3	湖南省	111 327.03
4	四川省	105 045.87
5	江苏省	63 392.88
6	广东省	59 811.97
7	陕西省	55 570.69
8	山东省	47 821.88
9	浙江省	41 499.55
10	湖北省	36 436.17
11	安徽省	34 684.36
12	天津市	29 644.93
13	辽宁省	28 584.38
14	重庆市	20 931.27
15	福建省	18 551.82
16	河南省	16 433.02
17	黑龙江省	13 880.20
18	江西省	11 579.23
19	吉林省	5390.43

续表

排名	省、自治区、直辖市名称	合同金额/万元
20	广西壮族自治区	4098.41
21	新疆维吾尔自治区	3924.00
22	河北省	3193.94
23	贵州省	3097.92
24	山西省	2671.53
25	甘肃省	2022.15
26	内蒙古自治区	1207.93
27	宁夏回族自治区	614.81
28	云南省	519.70
29	海南省	346.68
30	西藏自治区	55.00
31	青海省	0.65
	合计	1 142 293.59

附录 25 2020 年地方辖区内的高等院校以技术开发、咨询、服务方式转化科技成果的合同金额排名

排名	省、自治区、直辖市名称	合同金额/万元
1	北京市	1 172 505.36
2	江苏省	977 065.33
3	上海市	498 383.04
4	浙江省	497 915.93
5	湖北省	473 805.84
6	陕西省	448 298.84
7	四川省	380 915.34
8	广东省	354 918.64
9	山东省	345 828.41
10	重庆市	254 235.49
11	湖南省	241 597.40
12	辽宁省	206 553.92
13	天津市	157 437.53
14	河南省	152 859.97
15	黑龙江省	142 607.59
16	安徽省	133 173.99
17	福建省	118 148.34
18	吉林省	93 209.11
19	江西省	90 380.11

续表

排名	省、自治区、直辖市名称	合同金额/万元
20	山西省	84 061.79
21	河北省	83 066.43
22	甘肃省	80 755.56
23	广西壮族自治区	31 336.23
24	新疆维吾尔自治区	25 348.94
25	贵州省	24 901.19
26	云南省	24 791.24
27	内蒙古自治区	12 689.46
28	海南省	6710.44
29	宁夏回族自治区	5629.23
30	青海省	2541.89
31	西藏自治区	1060.10
	合计	7 122 732.68

附录26 2020年科研院所以转让、许可、作价投资和技术开发、咨询、服务方式转化科技成果合同金额前100名

排名	单位名称	合同金额/万元
1	中国科学院上海药物研究所	158 137.31
2	中国水利水电科学研究院	139 463.53
3	中国科学院长春光学精密机械与物理研究所	109 666.90
4	广东省科学院	87 240.07
5	中国环境科学研究院	77 750.25
6	中国科学院金属研究所	74 188.74
7	水利部交通运输部国家能源局南京水利科学研究院	65 635.21
8	生态环境部南京环境科学研究所	58 712.00
9	长江水利委员会长江科学院	49 493.94
10	中国科学院大连化学物理研究所	48 657.47
11	中国科学院沈阳自动化研究所	44 587.11
12	珠江水利委员会珠江水利科学研究院	43 563.43
13	中国电子信息产业发展研究院	42 733.64
14	生态环境部华南环境科学研究所	41 620.90
15	中国科学院合肥物质科学研究院	40 149.53
16	中国科学院理化技术研究所	40 148.10
17	国家工业信息安全发展研究中心（工业和信息化部电子第一研究所）	39 631.37
18	中国科学院深圳先进技术研究院	39 226.99

续表

排名	单位名称	合同金额/万元
19	中国科学院工程热物理研究所	37 636.73
20	中国科学院上海硅酸盐研究所	37 620.00
21	江苏省产业技术研究院	36 888.80
22	中国科学院上海高等研究院	36 136.80
23	中国科学院微生物研究所	35 385.00
24	交通运输部天津水运工程科学研究所	34 453.95
25	中国科学院微电子研究所	32 165.34
26	中国科学院半导体研究所	31 185.12
27	中国科学院空天信息创新研究院	30 712.88
28	中国农业科学院兰州兽医研究所	29 878.60
29	公安部第三研究所	27 972.00
30	交通运输部公路科学研究所	26 170.62
31	中国科学院信息工程研究所	25 006.00
32	中国科学院软件研究所	24 990.51
33	之江实验室	24 832.90
34	安徽省（水利部淮河水利委员会）水利科学研究院（安徽省水利工程质量检测中心站）	24 584.00
35	中国科学院地理科学与资源研究所	23 506.06
36	中国特种设备检测研究院	23 336.23
37	中国科学院西安光学精密机械研究所	23 278.92
38	中国民航科学技术研究院（中国民用航空局航空安全技术中心）	22 939.89
39	江苏省农业科学院	22 881.58
40	中国科学院声学研究所	22 838.50

续表

排名	单位名称	合同金额/万元
41	黄河水利委员会黄河水利科学研究院	22 796.00
42	广东省农业科学院	22 518.29
43	自然资源部第二海洋研究所	22 327.09
44	交通运输部科学研究院	21 701.70
45	湖北省生态环境科学研究院（省生态环境工程评估中心）	21 692.58
46	中国科学院生态环境研究中心	21 079.66
47	中国科学院过程工程研究所	20 776.04
48	长江水利委员会水文局	20 232.17
49	中国科学院上海微系统与信息技术研究所	19 773.30
50	中国安全生产科学研究院	19 126.39
51	中国科学院动物研究所	18 907.70
52	交通运输部水运科学研究所	18 724.00
53	中国科学院兰州化学物理研究所	17 775.53
54	北京市科学技术研究院	17 523.53
55	重庆地质矿产研究院	17 096.11
56	天津市交通科学研究院	16 984.82
57	中国科学院上海有机化学研究所	16 899.94
58	中国科学院天津工业生物技术研究所	16 454.50
59	北京市农林科学院	16 063.78
60	中国科学院苏州纳米技术与纳米仿生研究所	16 044.00
61	浙江省水利河口研究院（浙江省海洋规划设计研究院）	15 715.00
62	深圳清华大学研究院	15 636.19
63	中国科学院武汉病毒研究所	15 465.55

续表

排名	单位名称	合同金额/万元
64	中国科学院自动化研究所	15 013.42
65	中国中医科学院	15 000.00
66	江西省水利科学院	14 648.12
67	国家纳米科学中心	14 313.18
68	中国医学科学院药物研究所	14 175.00
69	广东华中科技大学工业技术研究院	13 928.03
70	上海市公共卫生临床中心	13 725.62
71	自然资源部第三海洋研究所	13 655.00
72	清华大学天津高端装备研究院	13 538.80
73	上海市预防医学研究院	13 439.00
74	中国科学院计算技术研究所	13 332.79
75	深圳航天科技创新研究院	13 257.00
76	山东省水利科学研究院	13 054.51
77	清华四川能源互联网研究院	13 008.00
78	浙江大学计算机创新技术研究院	12 996.20
79	长沙市规划勘测设计研究院	12 985.00
80	深圳华大生命科学研究院	12 971.76
81	山东省交通科学研究院	12 901.86
82	中国科学技术大学先进技术研究院	12 857.29
83	中国科学院广州能源研究所	12 692.25
84	国家海洋环境监测中心	12 618.00
85	中国科学院武汉岩土力学研究所	12 585.00
86	中国标准化研究院	12 573.52

续表

排名	单位名称	合同金额/万元
87	甘肃省自然资源规划研究院	12 408.15
88	浙江清华长三角研究院	12 035.23
89	中国科学院上海应用物理研究所	12 031.37
90	中国科学院海洋研究所	12 011.52
91	中国科学院近代物理研究所	11 926.54
92	重庆市农业科学院	11 881.69
93	中国科学院山西煤炭化学研究所	11 825.70
94	中国医学科学院医药生物技术研究所	11 742.35
95	浙江省交通运输科学研究院	11 733.50
96	中国科学院生物物理研究所	11 731.15
97	自然资源部第一海洋研究所	11 609.40
98	中国科学院力学研究所	11 568.00
99	生态环境部卫星环境应用中心	11 507.76
100	中国科学院上海光学精密机械研究所	11 477.37
	合计	2 741 079.87

附录27 2020年科研院所以转让、许可、作价投资方式转化科技成果合同金额前100名

排名	单位名称	合同金额/万元
1	中国科学院上海药物研究所	137 800.00
2	中国科学院长春光学精密机械与物理研究所	71 254.00
3	中国科学院金属研究所	51 915.53
4	中国科学院理化技术研究所	35 077.00
5	中国科学院大连化学物理研究所	33 252.75
6	中国科学院空天信息创新研究院	28 250.00
7	中国科学院上海硅酸盐研究所	25 840.00
8	中国科学院微生物研究所	25 475.00
9	中国科学院微电子研究所	21 425.00
10	中国科学院动物研究所	17 100.00
11	中国科学院深圳先进技术研究院	16 047.99
12	中国中医科学院	15 000.00
13	国家纳米科学中心	14 100.00
14	中国科学院合肥物质科学研究院	13 269.53
15	中国科学院天津工业生物技术研究所	12 595.00
16	中国民航科学技术研究院（中国民用航空局航空安全技术中心）	10 271.47
17	上海市公共卫生临床中心	10 200.00
18	中国医学科学院医药生物技术研究所	10 150.00

续表

排名	单位名称	合同金额/万元
19	中国科学院工程热物理研究所	9702.00
20	江苏省农业科学院	9066.36
21	中国医学科学院药物研究所	8700.00
22	中国科学院声学研究所	7959.50
23	中国农业科学院油料作物研究所	7924.00
24	中国科学院上海微系统与信息技术研究所	7746.60
25	重庆市农业科学院	7429.28
26	济南市环境研究院	6905.10
27	中国科学院脑科学与智能技术卓越创新中心	6860.00
28	广东省农业科学院	6197.29
29	中国疾病预防控制中心病毒病预防控制所	6060.00
30	中国科学院近代物理研究所	6000.00
31	中国科学院信息工程研究所	5500.00
32	中国农业科学院兰州兽医研究所	5128.60
33	中国科学院生物物理研究所	5059.41
34	中国科学院苏州生物医学工程技术研究所	4863.50
35	中国科学院上海巴斯德研究所	4760.00
36	黑龙江省农业科学院水稻研究所	4515.60
37	中国科学院上海有机化学研究所	4467.00
38	北京市农林科学院	4158.29
39	杭州市农业科学研究院	4117.00
40	中国农业科学院哈尔滨兽医研究所	3898.00
41	中国科学院山西煤炭化学研究所	3760.00

续表

排名	单位名称	合同金额/万元
42	中国科学院精密测量科学与技术创新研究院	3600.00
43	福建海洋研究所	3574.49
44	青岛海洋生物医药研究院	3428.00
45	东莞深圳清华大学研究院创新中心	3342.00
46	公安部交通管理科学研究所	3338.32
47	湖南杂交水稻研究中心	3314.98
48	中国科学院半导体研究所	3179.12
49	中国科学院化学研究所	3157.00
50	应急管理部消防产品合格评定中心	2895.00
51	中国科学技术大学先进技术研究院	2506.95
52	广东省计量科学研究院（华南国家计量测试中心）	2382.51
53	广东省科学院	2350.48
54	天津先进技术研究院	2190.00
55	电子科技大学广东电子信息工程研究院	2185.00
56	中国科学院自动化研究所	2179.00
57	中国地震局地震研究所	2145.32
58	清华大学天津电子信息研究院	2030.33
59	中国农业科学院上海兽医研究所	2025.00
60	中国医学科学院基础医学研究所	2000.00
61	濮阳光电产业技术研究院	2000.00
62	中国科学院广州能源研究所	1993.25
63	中国科学院过程工程研究所	1991.13
64	中国农业科学院北京畜牧兽医研究所	1881.03

续表

排名	单位名称	合同金额/万元
65	广东省林业科学研究院	1875.92
66	四川大学青岛研究院	1866.00
67	农业农村部南京农业机械化研究所	1851.11
68	广西壮族自治区农业科学院	1775.05
69	中国农业科学院麻类研究所	1735.00
70	安徽省农业科学院	1689.65
71	中科大数据研究院	1670.00
72	中国科学院分子植物科学卓越创新中心	1646.00
73	江苏省产业技术研究院	1630.00
74	水利部南京水利水文自动化研究所	1600.00
75	福建省农业科学院水稻研究所	1590.00
76	中国科学院新疆理化技术研究所	1588.00
77	中国科学院重庆绿色智能技术研究院	1587.60
78	中国地质科学院勘探技术研究所	1580.00
79	四川省医学科学院·四川省人民医院	1511.00
80	北京市肿瘤防治研究所	1500.00
81	中国农业科学院蔬菜花卉研究所	1500.00
82	中国科学院西双版纳热带植物园	1500.00
83	中国信息通信研究院	1473.94
84	北京市科学技术研究院	1449.11
85	中国科学院上海光学精密机械研究所	1413.00
86	浙江中科应用技术研究院	1370.00
87	浙江大学自贡创新中心	1325.26

续表

排名	单位名称	合同金额/万元
88	应急管理部上海消防研究所	1314.75
89	山东省果树研究所	1250.00
90	中国科学院武汉病毒研究所	1232.00
91	山东省药学科学院	1218.00
92	中国科学院城市环境研究所	1177.44
93	张家口市农业科学院	1125.00
94	中国测绘科学研究院	1121.71
95	黑龙江省农业科学院绥化分院	1108.90
96	中国科学院广州生物医药与健康研究院	1108.00
97	广东粤港澳大湾区国家纳米科技创新研究院	1100.00
98	中国中医科学院西苑医院	1080.00
99	河南省作物分子育种研究院	1057.00
100	山东省农业科学院	1050.80
	合计	801 159.95

附录 28 2020 年科研院所以转让、许可、作价投资方式转化的科技成果奖励个人现金和股份总金额前 100 名

排名	单位名称	奖励个人金额 / 万元
1	中国科学院长春光学精密机械与物理研究所	35 627.00
2	中国科学院金属研究所	29 022.47
3	中国科学院理化技术研究所	17 008.50
4	中国农业科学院哈尔滨兽医研究所	8968.00
5	中国科学院合肥物质科学研究院	6886.58
6	中国农业科学院兰州兽医研究所	4890.91
7	江苏省农业科学院	4254.43
8	中国科学院工程热物理研究所	4093.36
9	中国科学院上海硅酸盐研究所	3839.82
10	黑龙江省农业科学院水稻研究所	3799.88
11	上海市公共卫生临床中心	3686.36
12	中国科学院上海药物研究所	3429.99
13	北京市农林科学院	3398.78
14	中国科学院微生物研究所	2943.03
15	中国科学院声学研究所	2799.20
16	湖南杂交水稻研究中心	2630.90
17	中国科学院深圳先进技术研究院	2375.50
18	广东省农业科学院	1998.36
19	中国科学院上海微系统与信息技术研究所	1988.92

续表

排名	单位名称	奖励个人金额/万元
20	中国科学技术大学先进技术研究院	1880.21
21	中国科学院山西煤炭化学研究所	1730.00
22	中国科学院半导体研究所	1592.00
23	中国科学院天津工业生物技术研究所	1361.60
24	浙江省农业科学院	1317.04
25	中国农业科学院油料作物研究所	1315.44
26	清华大学天津电子信息研究院	1309.23
27	广西壮族自治区农业科学院	1307.46
28	中国农业科学院郑州果树研究所	1288.00
29	水利部南京水利水文自动化研究所	1280.00
30	中国科学院大连化学物理研究所	1256.80
31	中国科学院自动化研究所	1120.00
32	中国疾病预防控制中心病毒病预防控制所	1076.60
33	中国农业科学院蔬菜花卉研究所	960.16
34	广东省林业科学研究院	923.99
35	中国科学院上海有机化学研究所	891.20
36	中国科学院广州能源研究所	891.00
37	上海市农业科学院	876.00
38	黑龙江省农业科学院绥化分院	871.00
39	中国水稻研究所	849.54
40	公安部交通管理科学研究所	772.99
41	广东粤港澳大湾区国家纳米科技创新研究院	770.00
42	中国测绘科学研究院	735.32

续表

排名	单位名称	奖励个人金额/万元
43	中国科学院物理研究所	731.55
44	中国科学院海洋研究所	712.50
45	中国医学科学院阜外医院	705.79
46	中国农业科学院北京畜牧兽医研究所	703.12
47	周口市农业科学院	700.80
48	广东省科学院	665.65
49	中国农业科学院农业质量标准与检测技术研究所	660.45
50	农业农村部南京农业机械化研究所	645.13
51	安徽省农业科学院	640.80
52	中国科学院化学研究所	637.50
53	中国科学院国家空间科学中心	622.00
54	中国信息通信研究院	594.59
55	吉林省农业科学院	591.00
56	黑龙江省农业科学院黑河分院	587.33
57	应急管理部天津消防研究所	583.69
58	新疆农垦科学院	577.75
59	中国农业科学院上海兽医研究所	556.91
60	青海省农林科学院	547.00
61	中国科学院重庆绿色智能技术研究院	544.00
62	河南省作物分子育种研究院	524.61
63	山东省农业科学院	516.69
64	中国科学院精密测量科学与技术创新研究院	510.00
65	中国科学院近代物理研究所	500.00

续表

排名	单位名称	奖励个人金额/万元
66	深圳大学龙华生物产业创新研究院	500.00
67	广西壮族自治区自然资源遥感院	494.00
68	中国科学院力学研究所	490.00
69	四川省农业科学院水稻高粱研究所	473.97
70	中国农业科学院麻类研究所	472.50
71	中国科学院新疆理化技术研究所	465.39
72	湖北省水利水电科学研究院	463.50
73	中国科学院城市环境研究所	438.72
74	中国科学院生物物理研究所	436.39
75	北京大学东莞光电研究院	402.80
76	中国农业科学院作物科学研究所	399.94
77	深圳清华大学研究院	390.00
78	浙江省淡水水产研究所	386.46
79	中国科学院上海光学精密机械研究所	367.59
80	浙江省计量科学研究院	362.29
81	中国科学院苏州纳米技术与纳米仿生研究所	356.27
82	山东省农业科学院作物研究所	344.52
83	中国医学科学院病原生物学研究所	340.90
84	四川省农业科学院蚕业研究所	333.08
85	广西壮族自治区森林资源与生态环境监测中心	301.14
86	广西壮族自治区林业科学研究院	300.40
87	漯河市农业科学院	265.70
88	中国医学科学院药物研究所	258.00

续表

排名	单位名称	奖励个人金额/万元
89	中国科学院信息工程研究所	252.60
90	中国农业科学院植物保护研究所	250.00
91	中国科学院长春应用化学研究所	240.00
92	河北省农林科学院旱作农业研究所	230.52
93	中国农业科学院兰州畜牧与兽药研究所	229.80
94	上海市生物医药技术研究院（原上海市计划生育科学研究所）	227.74
95	中国农业科学院茶叶研究所	224.50
96	中国林业科学研究院林产化学工业研究所	214.80
97	中国科学院成都生物研究所	204.02
98	中国医学科学院北京协和医院	198.56
99	自然资源部第三海洋研究所	198.00
100	中国兵器科学研究院宁波分院	195.00
	合计	195 785.53

附录29 2020年地方辖区内的科研院所以转让、许可、作价投资和技术开发、咨询、服务方式转化科技成果的合同金额排名

排名	省、自治区、直辖市名称	合同金额/万元
1	北京市	1 310 001.55
2	广东省	447 703.83
3	上海市	421 866.42
4	江苏省	268 126.50
5	浙江省	221 410.79
6	辽宁省	209 765.36
7	湖北省	173 480.94
8	山东省	155 605.68
9	天津市	136 814.44
10	吉林省	127 835.32
11	四川省	112 382.09
12	安徽省	102 594.06
13	甘肃省	85 808.98
14	河南省	69 293.35
15	重庆市	61 682.20
16	福建省	56 696.22
17	湖南省	48 107.74
18	黑龙江省	47 130.45
19	陕西省	41 863.95

续表

排名	省、自治区、直辖市名称	合同金额/万元
20	江西省	32 561.13
21	云南省	25 947.43
22	广西壮族自治区	22 523.85
23	河北省	21 923.66
24	贵州省	20 606.44
25	新疆维吾尔自治区	19 515.17
26	海南省	17 557.21
27	山西省	13 423.68
28	青海省	13 194.75
29	内蒙古自治区	9155.80
30	宁夏回族自治区	1239.90
31	西藏自治区	126.42
	合计	4 295 945.31

附录30 2020年地方辖区内的科研院所以转让、许可、作价投资方式转化科技成果的合同金额排名

排名	省、自治区、直辖市名称	合同金额/万元
1	北京市	268 828.24
2	上海市	207 084.02
3	辽宁省	86 091.08
4	吉林省	74 944.75
5	广东省	42 763.50
6	江苏省	24 443.89
7	山东省	20 679.51
8	天津市	20 429.17
9	安徽省	17 665.13
10	湖北省	17 545.18
11	黑龙江省	12 914.22
12	甘肃省	12 706.28
13	浙江省	12 373.68
14	重庆市	10 144.89
15	河南省	8944.47
16	四川省	8700.18
17	福建省	8129.69
18	湖南省	6786.34
19	广西壮族自治区	5550.80

续表

排名	省、自治区、直辖市名称	合同金额/万元
20	山西省	3836.52
21	新疆维吾尔自治区	3289.82
22	河北省	2728.29
23	云南省	2438.22
24	陕西省	1113.29
25	海南省	1049.59
26	内蒙古自治区	920.00
27	青海省	730.00
28	江西省	649.46
29	贵州省	309.50
30	宁夏回族自治区	306.90
31	西藏自治区	50.00
	合计	884 146.61

附录 31　2020 年地方辖区内的科研院所以技术开发、咨询、服务方式转化科技成果的合同金额排名

排名	省、自治区、直辖市名称	合同金额 / 万元
1	北京市	1 041 173.31
2	广东省	404 940.33
3	江苏省	243 682.61
4	上海市	214 782.40
5	浙江省	209 037.11
6	湖北省	155 935.76
7	山东省	134 926.17
8	辽宁省	123 674.28
9	天津市	116 385.27
10	四川省	103 681.91
11	安徽省	84 928.93
12	甘肃省	73 102.70
13	河南省	60 348.88
14	吉林省	52 890.57
15	重庆市	51 537.31
16	福建省	48 566.53
17	湖南省	41 321.40
18	陕西省	40 750.66
19	黑龙江省	34 216.23

续表

排名	省、自治区、直辖市名称	合同金额/万元
20	江西省	31 911.67
21	云南省	23 509.21
22	贵州省	20 296.94
23	河北省	19 195.37
24	广西壮族自治区	16 973.05
25	海南省	16 507.62
26	新疆维吾尔自治区	16 225.35
27	青海省	12 464.75
28	山西省	9587.16
29	内蒙古自治区	8235.80
30	宁夏回族自治区	933.00
31	西藏自治区	76.42
	合计	3 411 798.70

附录 32 科技成果转化年度报告指标体系

一、单位基本情况

单位名称			邮政编码	
地址	省（直辖市、自治区）市（县）区路（街道）号			
单位性质		单位类型	单位网址	
法定代表人		电话	传真	
联系人	姓名		所在部门、职务	
	手机号码		办公电话	
	电子邮件		传真	

二、科技成果转移转化情况

（一）科技成果转移转化总体情况

序号	项目		2020 年度		
			总计	其中：财政资助	中央财政资助
一	以转让方式转化科技成果	合同项数 / 项			
		合同金额 / 万元			
		当年到账金额 / 万元			
二	以许可方式转化科技成果	合同项数 / 项			
		合同金额 / 万元			
		当年到账金额 / 万元			

续表

序号	项目		2020 年度		
			总计	其中：财政资助	中央财政资助
三	以作价投资方式转化科技成果	合同项数/项			
		作价金额/万元			
小计	以上一、二、三项小计	合同总项数/项			
		合同总金额/万元			
	以上一、二项小计	当年到账总金额/万元			
四	产学研合作情况	技术开发、咨询、服务项目合同数/项			
		技术开发、咨询、服务项目合同金额/万元			
		技术开发、咨询、服务项目当年到账总金额/万元			
合计	以上一、二、三、四项合计	科技成果转让、许可、作价投资项目和技术开发、咨询、服务合同项目数/项		—	—
		科技成果转让、许可、作价投资项目和技术开发、咨询、服务项目合同总金额/万元		—	—
	以上一、二、四项合计	科技成果转让、许可项目和技术开发、咨询、服务项目当年到账总金额/万元			

续表

序号	项目	2020 年度		
		总计	其中：财政资助	中央财政资助
五	其他相关指标			
	与企业共建研发机构、转移机构、转化服务平台数量 / 个			
	自建技术转移机构数量 / 个			
	专职从事科技成果转化工作人数 / 人			
	与本单位合作开展科技成果转化的市场化转移机构数量 / 个			
	在外兼职从事成果转化人员和离岗创业人员数 / 人		—	—
	创设新公司和参股新公司数 / 个		—	—
	单位认为其他需报告的指标 / 可不填			

注：1."合同项数"为当年新签订的合同总数目。

2."合同金额"为当年新签订的合同总金额，往年签订的成果转化合同当年发生到账的不计入。若有以销售提成方式约定科技成果转化金额的情况，如"5350 万元 + 专利技术药品年销售额 3%""30 万元 + 每套设备 5 万元销售提成"等，则"合同金额"仅填写"5350 万元""30 万元"即可，无须折算销售提成。

3."当年到账金额"为当年新签订和往年签订的合同在当年实际到账的总金额。

4."财政资助"为经费来源中受到过财政（包括中央财政和地方财政）资助的项目取得的科技成果转化后产生的合同数目、合同金额、当年到账金额。

5."中央财政资助"为"财政资助"中受到过中央财政资助的项目取得的科技成果转化后产生的合同数、合同金额、当年到账金额等数据信息。财政资助包括中央财政资助和地方财政资助，"中央财政资助"的合同数目、合同金额、当年到账金额等数据应小于或等于"财政资助"相关数据。

6."其他相关指标"由单位填报截至当年年底的机构、平台、人员、公司的数量。

7."单位认为其他需报告指标"由单位自行判断填报，可以填标准制定等相关情况。

8.表中"—"的地方不用填内容。

（二）科技成果转化清单

表 1　以转让、许可、作价投资方式转化成果

序号	合同名称	对应成果名称	合同金额/万元	当年到账金额/万元	转化方式	定价方式	是否评估	转化去向	转化至单位名称（选填）	转化至单位所在地	该成果应用的行业领域	受财政资助类型（可多选）	是否为当年新签订合同
1													
2	（可加页）												

注：1. 本表中需填写如下两个方面相关信息：当年新签订的以转让、许可、作价投资方式转化成果的合同相关信息；往年签订但当年有到账的以转让、许可、作价投资方式转化成果的合同相关信息。

2."对应成果名称"为某项已签订合同涉及的科技成果名称，若某项合同含有成果数太多，可列举几项主要成果名称，如：××等××项成果。

3."合同金额"为某项成果转化当年新签订的单项合同金额，若某项成果转化当年签订多份合同，则应列出每份合同相关信息。"合同金额"一项只填写当年新签订的合同金额信息，往年签订的成果转化合同当年发生到账的，"合同金额"一项不用填写。若有以销售提成方式约定科技成果转化金额的情况，如"5350万元+专利技术药品年销售额3%""30万元+每套设备5万元销售提成"等，则"合同金额"仅填写"5350万元""30万元"即可，无须折算销售提成。

4."当年到账金额"为某项成果转化当年新签订或往年签订的合同在当年实际到账金额，若某项成果转化当年有多份合同到账，则应列出每份合同当年到账相关信息，请填写具体数字。

5."转化方式"为某项已签订合同中约定的转化方式,如果是单一转化方式,请选"转让"、"许可"或"作价投资"；如果是多种转化方式的组合，请选择"其他"。

6."是否评估"指采取协议定价、挂牌交易、拍卖以及其他定价方式对科技成果定价时，是否进行过评估。

7."中小微企业"和"大型企业"标准参考《国家统计局关于印发统计上大中小微型企业划分办法的通知》（国统字〔2011〕75号），"国有企业"标准参考《关于划分企业登记注册类型的规定调整的通知》（国统字〔2011〕86号），非国有企业均归类为"其他企业"。

8. "转化至单位名称"为选填项,若转化至单位名称较敏感,可不填。

9. "该成果应用的行业领域"标准参考《国民经济行业分类与代码》(GB/T 4754—2017)中门类分类标准。

10. "受财政资助类型"为某项合同内对应成果在研发及转化过程中受中央财政及地方财政资助类型。受"中央财政"资助类型可多选,若受五大类科技计划之外的中央财政资助则选"其他",并填写具体科技计划名称,若未受到中央财政资助,请选"无";若受到地方财政资助,请填写"地方财政资助科技计划名称",或未受到地方财政资助,请填写"无"。

11. 本表当年新签订合同的合同项数与"(一)科技成果转移转化总体情况"中的一、二、三项小计"合同总项数"相同。

12. 本表当年新签订合同的"合同金额"的合计与"(一)科技成果转移转化总体情况"中的一、二、三项小计"合同总金额"相同。

13. 本表当年新签订合同的"受财政资助类型"中财政资助金额、中央财政资助金额分别与"(一)科技成果转移转化总体情况"中的一、二、三项小计对应"财政资助"、"中央财政资助"金额相同。

14. 往年签订合同的"合同金额"填"0""当年到账金额"如实填写。

表2 技术开发、咨询、服务项目

序号	技术开发、咨询、服务项目名称	合同金额/万元	当年到账金额/万元	是否为新签订合同
1				
2				

注:1. 本表填写当年新签订合同"合同金额"在100万元以上的项目,以及往年签订合同"当年到账金额"在100万元以上的项目。以上当年新签订项目合同金额合计等于或者小于第二部分(一)中技术开发、咨询、服务项目合同金额。以上当年到账金额合计等于或者小于第二部分(一)中技术开发、咨询、服务项目当年到账总金额。

2. 往年签订合同的"合同金额"填"0","当年到账金额"如实填写。

三、成果转化收入的分配情况

序号	项目			2020年
一	现金收入及奖励	转让、许可的科技成果转化当年实现分配的现金总收入/万元	留归单位/万元	
			奖励个人/万元	
			研发与转化主要贡献人员/万元	
		转让、许可的科技成果取得的现金收入奖励人次/次		
		技术开发、咨询、服务项目当年实现分配的现金总收入/万元	留归单位/万元	
			奖励个人/万元	
			研发与转化主要贡献人员/万元	
		技术开发、咨询、服务项目取得的现金收入奖励人次/次		
二	股权收入及奖励	科技成果作价总金额/万元		
		作价投资的科技成果转化当年实现分配的股份金额/万元	留归单位/万元	
			奖励个人/万元	
			研发与转化主要贡献人员/万元	
		股权奖励人次（次）		
三	奖励情况小计	以上一、二项单位获得现金和股权收入总额/万元		
		以上一、二项对个人现金、股权奖励总额/万元		
		以转让、许可、作价投资方式转化科技成果单位获得现金、股权收入总额/万元		
		以转让、许可、作价投资方式转化科技成果对个人现金、股权奖励总额/万元		

注：1. 本表只统计以转让、许可、作价投资方式转化科技成果，以及技术开发、咨询、服务项目取得的到账收入当年实际完成分配的情况，不统计到账后未完成分配的收入。

2. 转让、许可的科技成果转化当年实现分配的现金总收入中，"奖励个人"为科技成果转化净收入中以现金方式奖励给个人的部分；"留归单位"为现金净收入中除去奖励个人以外的部分。

3. 技术开发、咨询、服务项目当年实现分配的现金总收入中，"奖励个人"为成果转化项目现金总收入中给予个人的现金奖励、绩效奖金、劳务费、供个人或其所在团队使用的科研经费等非基本工资部分；"留归单位"为现金总收入中除去成本和奖励个人以外的部分，包含管理费、单位收益等。

4. 作价投资的科技成果转化当年实现分配的股权总收入中，"奖励个人"为科技成果转化总收入中以股权方式奖励给个人的部分；"留归单位"为股权总收入中除去奖励个人以外的部分。

5. "研发与转化主要贡献人员"为在研究开发和科技成果转化中作出主要贡献的人员，原则上该指标应不低于"奖励个人"的50%。

6. 第二栏中"股份奖励人次"中如果是一个人代持团队的股份，请按照团队实际人数填报。

7. "单位获得现金和股权收入总额"是现金和股权收入"留归单位"部分的合计；"对个人现金、股权奖励总额"是现金和股权收入"奖励个人"部分的合计。

8. "以转让、许可、作价投资方式转化科技成果单位获得现金、股权收入总额"是转让、许可的科技成果转化现金收入和作价投资的科技成果转化股权收入"留归单位"部分的合计；"以转让、许可、作价投资方式转化科技成果对个人现金、股权奖励总额"是转让、许可的科技成果转化现金收入和作价投资的科技成果转化股权收入"奖励个人"部分的合计。

四、成效、问题与建议

（一）取得的成效与经验

1. 单位取得科技成果的数量总体情况

单位取得科技成果的数量总体情况（如专利总数量、授权专利数、有效专利数、当年新增专利数、当年新增软件著作权数、当年发表论文数、当年获得科技奖励情况等）。

2. 在成果转化方面取得成效和工作经验

包括规章制度体系建设及执行情况（如科技成果转化管理机构、审批流程、奖励机制、尽职调查程序和考核评价体系等）、项目运作流程、科技成果转化年度报告制度建设情况等。

3. 技术转移机构和技术转移队伍情况

包括技术转移机构在科技成果转化过程中发挥的作用、单位内部技术转移机构人才队伍建设等情况。

（二）成果转化典型案例

介绍 2~3 个近 3 年内科技成果转化的典型案例。重点填报受财政资助产出的重大科技成果的转化案例、国家及各省市开展赋权改革试点工作中产生的具有代表性或特色做法的成果转化案例、发挥了抗击疫情或者复工复产作用的典型案例。案例内容主要包括成果的特点、前期研发投入（如财力、人力、物力等）、研发周期、转化方式及过程、定价方式（如协议定价、挂牌交易、拍卖等，定价过程中是否进行过评估等）、转化收益（如合同金额、到账金额等）、单位内部或外部的第三方技术转移机构发挥的作用、收益分配情况（包括奖励比例、奖励金额及奖励人次等），转化成果应用领域、产生的经济和社会效益、对国家战略的贡献，转化过程中遇到的相关问题及处理方式等。

（三）问题与建议

在开展成果转化过程中面临的问题和障碍，相关政策建议。

附录33　名词解释

1. 科技成果：指按照《中华人民共和国促进科技成果转化法》第二条规定的通过科学研究与技术开发所产生的具有实用价值的成果。

2. 科技成果转化：指按照《中华人民共和国促进科技成果转化法》第二条规定的为提高生产力水平而对科技成果所进行的后续试验、开发、应用、推广直至形成新技术、新工艺、新材料、新产品，发展新产业等活动。

3. 科技成果转让：指通过所有权转移等转让方式进行科技成果转化。

4. 科技成果许可：指以许可使用等方式进行科技成果转化。

5. 科技成果作价投资：是指以技术折算一定价值对外投资的科技成果转化，包括以专利作价入股、以技术作价投资创设新公司、以技术作价投资参股公司等方式。

6. 技术合同：指按照《民法典》第二十章规定的当事人就技术开发、转让、许可、咨询或者服务订立的确立相互之间权利和义务的合同。

7. 技术开发、转让、许可、咨询和服务合同：指按照《民法典》第二十章签署的合同。

技术开发合同：当事人之间就新技术、新产品、新工艺、新品种或者新材料及其系统的研究开发所订立的合同。

技术转让合同：合法拥有技术的权利人，将现有特定的专利、专利申请、技术秘密的相关权利让与他人所订立的合同。

技术许可合同：包括专利实施许可、技术秘密使用许可等合同。

技术咨询合同：当事人一方以技术知识为对方就特定技术项目提供可行性论证、技术预测、专题技术调查、分析评价报告等所订立的合同。

技术服务合同：当事人一方以技术知识为对方解决特定技术问题所订立的合同，不包括承揽合同和建设工程合同。

8.合同金额：指某项成果转化当年新签订的单项合同金额。

9.当年到账金额：指当年新签订和往年签订的合同在当年实际到账的总金额。

10.财政资助：指经费来源中受到过财政（包括中央财政和地方财政）资助的项目取得的科技成果转化后产生的合同数目、合同金额、当年到账金额。

11.根据国家统计局公布的《东西中部和东北地区划分方法》，本报告中东部、中部、西部、东北地区包括的省（区、市）如下。

东部地区：北京、天津、河北、上海、江苏、浙江、福建、山东、广东和海南，共10个省市。

中部地区：山西、安徽、江西、河南、湖北和湖南，共6个省。

西部地区：内蒙古、广西、重庆、四川、贵州、云南、西藏、陕西、甘肃、青海、宁夏和新疆，共12个省、自治区、直辖市。

东北地区：辽宁、吉林和黑龙江，共3个省。

12.定价方式：指协议定价、挂牌交易和拍卖。

13.是否评估：指采取协议定价、挂牌交易、拍卖方式对科技成果定价时，是否进行过评估。

14.科技成果转化取得的现金和股权收入：现金收入指《中华人民共和国促进科技成果转化法》第四十五条第（一）款规定取得的现金收入，主要是以转让和许可两种方式转化科技成果取得的收入；股权收入指第四十五条第（二）款规定的股份收入，主要是以作价投资方式转化科技成果取得的收入；现金和股权收入是指现金收入和股权收入的总和。

15. 对个人现金、股权奖励总额：指现金和股权收入"奖励个人"部分的合计。

16. 留归单位：指当年现金总收入或股权总收入中除去"奖励个人"以外的部分。

17. 单位获得现金和股权收入总额：指现金和股权收入"留归单位"部分的合计。

18. 研发与转化主要贡献人员：指在研究开发和科技成果转化中做出主要贡献的人员。

19. 兼职和离岗创业人员：指经单位审批程序批准，在外兼职或进行离岗创业（且保留人事关系）的人员。

20. 产学研合作：根据《实施〈中华人民共和国促进科技成果转化法〉若干规定》部署，国家设立的研究开发机构、高等院校年度报告的报送内容，应该包括自建、共建研究开发机构、技术转移机构、科技成果转化服务平台情况，签订技术开发合同、技术咨询合同、技术服务合同情况，人才培养和人员流动情况等。本报告中产学研合作指以技术开发、技术咨询、技术服务3种方式转移转化科技成果。

21. 创设和参股新公司：研究开发机构、高等院校及其科技人员可以采取多种方式转化高新技术成果，创办高新技术企业和参股新公司。

22. 转化去向：指非企业单位、中小微企业和其他企业。"中小微企业"和"大型企业"标准参考《国家统计局关于印发统计上大中小微型企业划分办法的通知》（国统字〔2011〕75号），"国有企业"标准参考《关于划分企业登记注册类型的规定调整的通知》（国统字〔2011〕86号），非国有企业归类为"其他企业"。

23. "该成果应用的行业领域"标准参考《国民经济行业分类》（GB/T 4754—2017）中门类分类标准。